公書林

惜古拂尘录

姚伯岳 著

国家图书馆出版社

图书在版编目（CIP）数据

惜古拂尘录 / 姚伯岳著 . — 北京 : 国家图书馆出版社 , 2019.6
（“公书林”学术丛书）
ISBN 978-7-5013-6726-9

Ⅰ . ①惜… Ⅱ . ①姚… Ⅲ . ①版本目录学—中国—文集 ②古籍—编目工作—中国—文集 Ⅳ . ① G256.1-53 ② G254.319-53

中国版本图书馆 CIP 数据核字（2019）第 051933 号

书　　名　惜古拂尘录
著　　者　姚伯岳 著
责任编辑　邓咏秋
封面设计　翁涌工作室

出版发行　国家图书馆出版社（北京市西城区文津街 7 号　100034）
（原书目文献出版社　北京图书馆出版社）
010-66114536　63802249　nlcpress@nlc.cn（邮购）
网　　址　http://www.nlcpress.com
排　　版　九章文化
印　　装　北京金康利印刷有限公司
版次印次　2019 年 6 月第 1 版　2019 年 6 月第 1 次印刷

开　　本　710 × 1000（毫米） 1/16
印　　张　20
字　　数　320 千字

书　　号　ISBN 978-7-5013-6726-9
定　　价　98.00 元

“公书林”学术丛书出版说明

图书情报档案学图书是我社主要出版方向之一。为了促进图书情报档案学的繁荣发展、展现该领域具有代表性的学术成果，我们策划了“公书林”学术丛书，专门收录我国图书情报档案学学人优秀著作，自2019年起陆续出版，以期逐渐形成规模，成为本社和专业领域的精品系列丛书。

“公书林”典出1910年韦棣华女士（Mary Elizabeth Wood, 1861—1931）在武昌创办的文华公书林。以“公书林”为丛书名，既传递了图书情报档案事业立足于文献资源，无私、开放地为社会提供信息知识服务的理念，也表达了我们继承学术传统、守正开新的学术立场。尽管时代已发生巨大的变化，然而“开放”“化私为公”“共享”等精神是永恒的。

希望借着这个有历史感的文化符号，表达我们襄助图书情报档案学专业学人深耕学术、多出佳作的心愿，争取能在学术史上留下我们这代人应有的足迹，无愧于时代。

国家图书馆出版社

2019年5月

目　录

卷一　学人与书

卷二　图书馆史与馆藏

卷三　版本鉴定与古籍编目

卷四　传统与现代

序　一

沈　津

姚伯岳兄的大作《惜古拂尘录》即将出版，真是令人高兴之事。这是继其《黄丕烈评传》《中国图书版本学》《燕北书城困学集》之后的又一部力作。书名“惜古拂尘”，乍一看颇有道家的韵味，但做过图书馆古籍工作的人都知道，古籍被尘封土埋，那是司空见惯的。伯岳兄做了二十多年的古籍编目工作，不知为多少古籍撣土去尘，这种又脏又累的活儿，若没有对古籍深深的眷恋，是不大容易坚持下来的。所以这里所说的“惜古拂尘”，或许就是伯岳兄命中注定的机缘；也正因为他对古籍的挚爱，才有了这部书中的这些文字。

回忆第一次和伯岳兄见面，他就将刚刚出版的大作《中国图书版本学》送给我。他告诉我，这是他在离开北京赴美前的两天在出版社取到的样书，一共才拿到三本。看来这墨香犹存的新作，我算是先睹为快的第一读者了。

我在图书馆里工作，接触到的各种新旧图书多得不计其数，至于善本书库，每日必进数次至十数次，但是要去专心读一本书，却是没有闲工夫。然而伯岳兄的这本即将出版的书稿，我却是要读的。他看得起我，还要我为他的大作撰序，我不敢作序，但我愿意将我的读后感写出来供伯岳兄参考。

中国历代藏书家很多，仅以清代至现代来说，郑伟章的《文献家通考》就著录了 1500 余人，然细细读来，对后代有大影响并值得研究者并不多。除去清末的丁氏八千卷楼、瞿氏铁琴铜剑楼、陆氏皕宋楼、杨氏海源阁四大藏书家外，我以为乾嘉时代的吴骞、鲍廷博、黄丕烈也是其中的佼佼者。藏书之举，必逢升平之世、文富之家，方可得遂其盛，其聚书之苦辛、庋藏之慎谨，实有难以言之者也。

譬如黄丕烈，表面上看，他只不过是位鸿儒，时人及后人称之为“书痴”“书淫”“书虫”“书魔”，被誉为藏书界的“五百年来第一人”。黄丕烈是中国历史上的一个很平常的人物，既没有登过什么高官显位，也没有创下轰轰烈烈的伟业，他的一生只是平平静静地藏书、鉴书、校书、刻书、为书编目、题跋。但这样一个人竟然能够名噪一时，在藏书界广泛传扬，甚至在其逝后近二百年的今天，仍为人们所津津乐道，说明此人确有其非同寻常之处。

也正因为黄氏在古书收藏、研究、传播上的贡献，他引起了学者们的注意。据我所知，这几十年来，港台地区的学者以黄丕烈为题所做的研究，较重要者有1962年香港学者罗炳绵的论文《黄丕烈研究》，1978年台北出版的封思毅的《士礼居黄氏学》，1994年台湾大学赵飞鹏的博士论文《黄丕烈〈百宋一廛赋注〉笺证及相关问题研究》。至于其他论文及文章约有二十余篇，他们从不同的角度对黄丕烈做出了诠释。而在内地，研究成果并不多，且多为辑录出版的黄氏题跋。

黄丕烈是书林中之识途老马、艺林玉树，他的贡献是多方面的。我对其并无专门之研究，但我对黄氏的八百多篇“黄跋”有极大的兴趣。黄的题跋曾被后来的学者多方搜集，编辑成为《藏书题识》数种，涉及古书的品评、鉴赏、考订、记事等。我喜欢读黄跋，就在于其中所述书之源流及书林掌故，尤其是在不经意的记载中，透析出当年书之递藏、书价、学人藏家之交往，这不仅被今天的研究者所认识，也丰富了书志学、目录学、版本学、文献学的内容。近代学者缪荃孙对黄氏的题跋评价云：“于版本之后先，篇第之多寡，音训之异同，字画之增损，授受之源流，翻摹之本末，下至行幅之疏密广狭，装缀之精粗弊好，莫不心营目识，条分缕析。跋一书而其书之形状如在目前，非《敏求记》空发议论可比。”这段评价是极为允当的。

有道是知音难觅，而伯岳兄实在是黄丕烈的知音。早在三十年前，伯岳兄的硕士论文就是《论黄丕烈在版本目录学上的成就》，而二十年前的1998年，他的《黄丕烈评传》面世，这或许是国内第一本专研黄氏的专著，从质量上看，也是一部言之有物的著作。我相信这与伯岳兄自1984年以来接触古籍整理有关，用他自己的话来说：“我几十年来所从事的图书馆古籍整理工作，又是和黄丕烈一生为之献身的古籍收藏，内容性质大致相同。大概也正是因为这些因素，我对黄丕烈充满了一种既景仰又亲切的感情。”可以设想的是，如若没有“景仰”，没有“感情”，又怎么能写出《评传》？对于这一点，我是深有体会的。当年我在写《翁方纲年谱》和《顾廷龙年谱》时，花费了许多精力，前者从收集资料到整理出版，先后费时四十五年之久；后者历时一年半，所有的业余时间全都倾注于此。我曾说：“这本年谱（《顾廷龙年谱》）或许是我一生中写作的最重要的一本书，它和我写的其他几本书最大的不同，就在于这本书是带着我对先师的感情去写的。”所以黄丕烈九泉之下，如有所知，当必引伯岳兄为知己，并额手称谢。

王重民先生是一位很重要的版本目录学家，对于这位前辈，我是非常崇敬的，这倒并非他是先师顾廷龙先生的朋友，而是在于他对敦煌学、太平天国文献、版本目录学的贡献。我在撰写《美国哈佛大学哈佛燕京图书馆善本书志》时，经常要参考王先生的《中国善本书提要》。王先生应该是二十世纪三十至四十年代在美国访书的为数极少的中国学者之一，他的贡献就在于揭示了当年美国国会图书馆、普林斯顿大学葛思德东方图书馆馆藏的中文古籍善本，而且都写成了书录。

自清末到二十世纪三十年代，中国私家藏书楼凡有规模者多撰有藏书志，或本人撰写，或聘请学者为之。但自有图书馆始，却没有图书馆内的专家或学者专门就馆藏善本撰为书录的。因此王先生不仅为海外尤其是在欧美地区的两个重要藏馆做了善本记录，而且我们可以认为，海外图书馆中国古籍善本书录的有系统撰写，发端于王先生，王先生开了个好头。伯岳兄有关王先生的几篇考证文章，写得很有趣，他就所得史料信件娓娓道来，引人细思。尤其是《王重民 1941 年秘密返国史事钩沉》，将王先生的几件重要史实从小处入手，并就细节作了详细分析，有理有据，使王先生的形象更为清楚地挺立在读者面前。我们读这样的文章丝毫不会有厌倦之感。

美国东亚图书馆所藏中国古籍，数量及质量都不容小看。从二十世纪八十年代直至现在，我去过美国不少图书馆，甚至或短期或长期曾在一些重要图书馆工作过，但所见并非全部，尤其是美国西部的东亚馆，我仅能从简单的书目中略知一二。至于国内社科领域中的一些访问学者，近二十年来访美人数骤增，但他们所利用的图书馆只是东亚馆中的极少数，且局限性很大，更不要说是一馆之藏能了然于胸了。重要的著名东亚馆也仅有善本古籍被不断揭示，而一些小馆甚至不为国内同人所认知。

伯岳兄曾在 2015 年 1 月至 2016 年 5 月，在美国华盛顿大学东亚图书馆和加拿大不列颠哥伦比亚大学（UBC）亚洲图书馆做访问学者，期间，他将两个馆的古籍以及金石拓片、舆图悉数做了整理，并完成了工作报告。这不仅为国内的出版单位了解华大及加拿大 UBC 藏书提供了第一手的材料，而且使一些研究者得其门而入。我在美国的哈佛大学哈佛燕京图书馆工作了十八年，深知要了解并解剖分析馆藏之不易，要想了解西方的图书馆所藏中文典籍，必须要有像伯岳兄这样的专才，可惜目前这方面的人才太少了。

一些大的重要的图书馆多有累年积存之未曾编目的线装古书，北大图书馆也不例外，一百五十万册的古籍几乎要接近上海图书馆的馆藏了，当然，这个数字中还有四十万册左右需要编目。大有大的难处，要弄清家底实在是不容易的事。所以有的大馆编目人员长年累月地在努力为未整理之书编目入藏。伯岳兄是古籍编目总校，这项工作并不是什么人都可以胜任的，他不是理论上的什么家，他要为多位同仁所编之书把关，这就要求他的工作能力必须能够去发现问题，这也决定了北大馆古籍编目的质量。

2004 年 12 月，伯岳兄作为美国哈佛大学哈佛燕京学社的访问学者，来到哈佛燕京图书馆，为期一年，为该馆整理日本人堀越喜博“堀越文库”所藏碑帖拓片。应该说，伯岳兄于“哈佛燕京”是有贡献的。哈佛燕京学社的访问学者一般都不坐班，可在宿舍也可在办公室做自己的课题研究，基本上活动自由，没有杂七杂八的琐事去烦扰你，也没有人管着你，你只要在一年时间结束时，将你的学术报告交出来即可。但伯岳兄就没有这么自由了，他每天要到“哈佛燕京”上下班。堀越文库所藏图书万余册、金石拓片八百多种以及艺术品百余种是 1945 年捐献给“哈佛燕京”的，但存放了六十年，一直没有人去整理，直至伯岳兄的驾临，才了解了这批文献的数量、质量和价值。如今，要想了解“哈佛燕京”所藏金石拓片，那就必须参阅他所写的《拂去历史的尘埃——哈佛燕京图书馆藏金石拓片综述》。

在中国图书馆领域中的版本目录学界，真正的有实践经验的版本学家是很少的，高手更是难得。在二十世纪三十年代至四十年代成名者，也仅有北京的赵万里、王重民，上海的顾廷龙、潘景郑、瞿凤起，浙江杭州的毛春翔、夏定棫，山东的王献唐，仅此而已。他们长期在图书馆一线工作，得天独厚的环境优势造就了他们扎实的专业水平，这种丰富的编目、整理、鉴定实践，也就显得愈加珍贵。而二十世纪五十年代成名者仅有冀淑英一人。

二十世纪七十年代，我曾和浙江图书馆邱力成副馆长专门聊过一次关于培养古籍整理及版本鉴定专业人员的事。我当时说的三点是从我自己走过的路来总结的。分别是：第一是自己主观上想学，而领导也蓄意培养；第二是要有好的导师，最好是一流的专家，他们的实践经验丰富，可以从各方面去指导你；第三是要有大量的善本书、普通线装书以及工具书、参考书可以看、查，而且要不断地总结。三条缺一不可。这些年来，在国内几乎没有人能说出自己的“师承”，所谓的“专家”也多是自学努力而成，直至今天，国内的古籍版本鉴定都没有一位“一言九鼎”的人物，今后三十年内也不会出现像徐森玉、顾廷龙、赵万里、潘景郑这样的大家了，包括他们的道德文章。

这个圈子本来就很小，要产生版本学家并不是一件容易的事，这需要有大量的业务实践，像黄裳、黄永年、王贵忱、韦力等都是在实践中去获得真知。伯岳兄是近年来崛起的为数极少的版本目录学家之一。他在北京大学图书馆古籍部工作，北大馆古籍资源丰厚，宋元秘椠、明清雕本、名稿精钞，应有尽有，那是几代人为之搜集而成规模的。伯岳兄在图书馆近水楼台先得月，又时时请教有经验的前辈，通过他自身的努力，勤看多查，版本实践不断增多，因某种机缘可以随时调阅比对，以增加实践和知识之积累。我相信，他写的《古籍版本鉴别和著录中的内封、牌记依据问题》《活字本鉴别与著录的几个问题及思考》《图书馆古籍编目中广州刻书的版本著录问题》等文，就是以他的实践并借助于丰富的馆藏而得出的真知。

版本鉴定，是一门科学，来不得半点虚假，二十世纪八九十年代出版的几本有关版本鉴定的专书，除少数的一二本外，其他的多为唬人之作。有的图书馆里的古籍“专家”谈起版本来多是人云亦云，很少实践，而堕落到剽窃、抄袭他人学术文字的人中居然也有些是有脸面的人物。不可否认的是，在版本鉴定中时常会遇到一些复杂的特殊情况和事例，如鉴定者的眼光一般，必定一晃而过，但若有心，则疑难杂症有时也会迎刃而解，就似翻刻本或书贾作伪等，只要细查，迷惑也会逐步变得清晰，版本的真相当能得以揭示。我是赞同伯岳兄的一些做法的，文章必须从小处入手，以小见大，发人之未说，且有见地，虽不敢说是大手笔写小文章，却是有血有肉，让读者包括研究者感到文中没有大道理，没有冗繁的文字，耐看、爱看。

北大馆的中文古籍善本的收藏，其数量和质量，在国内的大学馆中是首屈一指的，这些资源的整理和揭示或许还要等若干年后才能陆续完成。就以撰写馆藏善本书志来说，自1900年庚子事变前京师大学堂藏书楼建立，一直到今天的北大馆，一百多年来，都没有一本像样的善本书志，或提要，或书录，王重民先生当年曾写过一些，但在内容的揭示上略显单薄，多为卡片的放大。伯岳兄也曾写过数十篇，虽然没有收入此书，但或许也可看作为北大馆写作善本书志的先声。

近些年来，伯岳兄利用业余时间写了不少文章，而这本书中的不少大作都是我喜欢读的，因为独具匠心，启我新知。有些题目是前人没有想到的，当然也就无人去查核材料认真探究了。由此，我的感觉是，伯岳兄有自信，在这个领域里脚踏实地，不断实践，时时挑战自我，终于在事业上有所成就。当然我也是很钦佩他的工作能力，在北大馆工作的几年中，他费力并思考最多的应该是“高校古文献资源库”的规划和设计，这发轫于2000年“北京大学数字图书馆古文献资源库”的建设，于是年9月筹备，至2003年底初步建成。如今有“秘籍琳琅”“学苑汲古”这样的网络化古籍书目数据库，为国内外广大读者提供服务，其嘉惠于学林多多，伯岳兄之功不可没也。

如今伯岳兄在天津师范大学古籍保护研究院获得新职，虽重担在肩，实际上也是如鱼得水，这也要感谢天津师大为他提供了一个新的平台，让他放开手脚，运用他的聪明才智，为培养、训练中国古籍保护以及整理、编目、鉴定的专业人才多做贡献，我也期望他能够不负各方众望，做出新的成绩。

对于伯岳兄，我个人是感铭斯切的。2005年春夏之际，津患重症，幸天意垂怜，得有更生之庆。那个时候的我，手术之后，全身乏力，寝寐难安，伯岳兄则每隔三五天来看我，并带来各处寄来的书信等物件，其时又恰遇出版社发来《中国珍稀古籍善本书录》等三本书之校样，在急难之中，是伯岳兄助余一臂之力，他费半月之功，将《书录》中的集部全部雠竣，这是我特别感激于他的。借此机会，我要郑重地对伯岳兄说一声：谢谢！

2018年8月8日

写于美国波士顿之慕维居

序　二

韦　力

《惜古拂尘录》乃姚伯岳先生近年所写关于文献学方面文章的结集，大致可分为四卷：第一卷是关于藏书家的生平及史实钩沉，第二卷是对藏书楼及图书馆源头的考证，第三卷为版本鉴定中的新发现，第四卷则是对古籍传承的理念认知。我当然知道在这四卷中，最后一卷更能代表作者的学养，但我个人对前三卷更有兴趣，这源于我关注点的狭窄，以及跟作者的交往细节。

本书作者姚伯岳先生乃是当今国内著名的版本目录学家，长期任职于北京大学图书馆古籍部。约二十年前，经过徐雁先生介绍我得以结识姚先生，那时我刚刚买到他的大作《黄丕烈评传》。因为爱好藏书，我对黄丕烈有着天然的崇拜，因此姚先生的这部大作令我得到了不少的收获，虽然现代版本目录学家有人对黄丕烈的学问不以为然，认为黄的书跋不过是把一些拉杂闲话融入其中，对版本目录学并无实质上的贡献。但我对这种说法不以为然，一个人的历史价值，并不单纯要关注他在学术上是否有所发明，同时也要看他对后世社会风气所产生的巨大影响。洪亮吉将藏书家分为五等，将黄丕烈放在第四等，称黄为赏鉴家。洪亮吉为何有此区分？后世有着不同的解读，我觉得他的这个说法应当是受当时学术风气的影响。章学诚在《文史通义》中曾言："浙东贵专家，浙西尚博雅。"按其所论，专家高于博雅，想来洪亮吉将黄丕烈视为赏鉴派当有这方面的考量，毕竟藏书涉及历史典籍的方方面面，更偏重于博而轻于专。但正是因为如此，若无广博的知识，则难以应对历史典籍的浩瀚以及不同门类典籍之间的相互关联性。站在这个角度来谈，黄丕烈的重要性以及学术贡献，正体现在博雅上。如此说来，洪亮吉将其归为赏鉴派，倒是一句中肯的评价。只是如何看待博雅，倒是值得探讨的问题。而我在《黄丕烈评传》中果真读到了姚先生对黄的公允评价："古今藏书家大多是刻苦治学的学者、擅长于整理图书的目录学家、校勘家或热心于刻印图书的出版家，但一般也只是偏重于其中的一二种。而同时做到藏而能鉴，鉴而能读，读而能校，校而能刊，刊而能精者，则首推黄丕烈；经他所藏、所鉴、所校、所刻之书，更是身价百倍，被人珍若拱璧。"正是因为作者的这种见识，虽然那时我与姚先生还未曾谋面，但心中已将其引为知己。

我与姚先生的第一次见面是在他的办公室，那时他正为其所在之北大图书馆所藏古籍中未整理部分进行编目，但我们的话题却围绕着黄丕烈而展开。姚先生是位严谨的学者，但也有着自己的个性，面对别人给予黄丕烈的不公正评价，颇带情绪地予以反驳，这种谈话方式带给我很深的感染力。如今细读他的这部书稿，他将对于黄丕烈的研究之文放在了本书最前面，这也足见二十年过去了，他对黄丕烈仍然情有独钟。

对于黄丕烈的研究，我已读过相应的不少著述，然而书中所收录的这篇《黄丕烈生前居所及庐墓家系略考》却让我又增加了新的认识。比如姚伯岳先生在1986年撰写的硕士论文，题目就是《论黄丕烈在版本目录学上的成就》，如此推算起来，姚伯岳对黄丕烈的研究已有三十多年的历史。他为什么对黄丕烈如此痴迷呢？我在该文中有了小发现，原来姚先生与黄丕烈的生年竟然正好相隔整二百年，这样的巧合不知是否是冥冥中的安排？

两年前，苏州平江华府酒店的沈春蕾总经理跟我商议，于黄丕烈生日之时可在其酒店举办晒书活动，以此来纪念这位藏书大家。该酒店的一部分原本就建造在黄丕烈故居之上，并且酒店在改造时也特意将黄丕烈的藏书楼复建了起来。沈总告诉我，藏书楼的建造乃是使用了原楼的旧料。如果纪念黄丕烈的晒书会能够在这个楼里举行，当然非常有意义。我对沈总的提议大感兴趣，可是阴错阳差，这件事至今未能办成。通过本书让我了解到，作为研究黄丕烈专家的姚伯岳恰在黄丕烈之后二百年出生，所以我想到，如果在举办晒书活动时，能把姚先生请来，是何等有意义之事！

姚先生在本文中也详细考证了黄丕烈生前的居所。他从昭明巷讲起，而后提到了王洗马巷，以及黄丕烈的终老之地悬桥巷。我对古代的藏书楼有着特别的感情，近十几年来，走遍全国各地去寻访藏书楼，与黄丕烈相关的这几处旧址，我当然也都探访过。而今读到姚先生文中所写，当然感到别样的亲切。而对于黄丕烈墓的探访，我跟他同样是从江澄波老先生那里得到线索，而姚先生则根据这个线索，进一步从史料中挖掘出不为人注意的记载，这也是我未曾留意过的史实。姚先生在李根源的《吴郡西山访古记》中查得黄丕烈墓的具体位置，并且根据文中所载“乙山辛向”一句来断定黄丕烈墓处在其父墓的左侧，且墓的方位坐东朝西。而且这篇文章还对黄丕烈的子孙作了相应的查证，这也给喜爱黄丕烈之人以及后世的研究增加了不少新的线索。

王重民先生是现代著名的版本目录学家，后世研究者则大多关注王重民在版本目录学方面的贡献，以及他在“文革”后期含冤自杀的悲惨历史。而姚伯岳此书中的《王重民1941年秘密返国史事钩沉》一文，用很长一个篇幅仔细钩沉出王重民不为人知的一段秘密经历。

1941年，王重民受国民政府驻美大使胡适的委派，从美国秘密返回上海，准备将藏在那里的一批国立北平图书馆馆藏善本暂时运到美国妥为保存。因为各种原因，这件事当时未能马上办成，但王重民的确为此付出很多辛劳。虽然此前也有学者撰文谈到过这段经历，但因为史料的缺乏，并未能对这段历史做出详尽描述。而姚先生在整理北京大学信息管理系资料室所藏的一批王重民文稿时，惊喜地发现了在那个时段王重民写给夫人刘修业的十七通手札。通过对这些手札的仔细研究，他将王重民往返美国上海间的具体情况得以完整地展现。2016年5月，姚先生在结束美国华盛顿大学东亚图书馆访问学者生涯之前，曾专程飞赴首都华盛顿寻找王重民当年的住处，虽然费尽周折，但由于缺乏线索，只好无功而返。但当他翻阅这十七通手札时，却意外地从中发现了王重民在华盛顿准确的家庭住址。他通过网络地图的查勘，发现王重民当年的住所距国会图书馆仅有步行八分钟的距离，这个发现是前人从未研究提及的。

在此前的藏书文献中，我未曾听闻过著名物理学家饶毓泰也有古籍收藏。姚先生在整理北大图书馆未编目古籍时，无意间发现未编书库的一个角落有一批钤盖有“饶毓泰赠书”印章的古籍线装书。而在此前的十几年，他就从易竹贤撰写的《胡适传》中读到过 1962 年胡适在去世之前所说的最后一段话，而这段话恰好提到了饶毓泰。胡适骄傲于他的学生中有两位物理学家，一位是吴健雄，另一位则是饶毓泰。胡适是在这年的 2 月 24 日下午五点于台湾“中研院”第五次会议举办的招待酒会上说出的这样一番话。酒会结束之时，胡适走到门口突发心脏病去世，这段话因而也广为人知。但是对于饶毓泰，人们更多的是关注他在物理学方面的成就，鲜有人提及他的藏书。姚先生在文中也提及他以前对饶的藏书并不了解，但是后来经过多方仔细打听，终于了解到饶毓泰去世后，藏书由其女儿捐赠的详细过程。此外，姚先生还以十分克制的笔调谈及了饶毓泰在“文革”中自杀的情由。

就馆藏的丰富性和重要性而言，北京大学图书馆可谓是中国大学中收藏古籍善本的翘楚。2012 年 11 月，北大图书馆举办了建馆 110 周年的盛大庆典。为了这次庆典，该馆制作了多件纪念品，其中之一是一册复制的馆藏藏书票，我也有幸得到一册，并因此想当然地认定该馆的创建时间乃是 1902 年。那时的北大图书馆叫京师大学堂藏书楼，然而京师大学堂的实际创建时间却是 1898 年，这两者之间相差了四年。虽然此前也有学者对此提出过疑问，并且通过一些间接的证据予以讨论，可惜都未曾找到重要实物予以印证，故而没有得到北大校方的认可。然而姚伯岳在进行馆藏古籍未编书的编目时无意中发现了一册《大学堂书目》，通过对该书目的仔细考证，最终确认京师大学堂藏书楼的建成时间是在 1898 年。他将这个发现提交给馆务会，而后将此发现上报学校，结果校方很快予以批复，同意将北大图书馆的建馆时间上溯到 1898 年，比原来认定的建馆时间提前了四年，恢复了历史真相。

既然确认了北大图书馆的建馆时间，那么该馆建馆之初的所在之地究竟在哪里？姚先生对此问题又予以深入的研究。2017 年底，复旦大学古籍保护研究院在浙江开化县举办成立三周年庆典以及开化纸学术研讨会，我在此遇到了姚伯岳先生，他马上把我拉到一边，向我讲述他通过现存档案终于证明京师大学堂的第一座藏书楼位于原公主寝殿。他在讲述之时颇为兴奋，由此可见他对自己供职的北大图书馆有着特别的感情。通过姚先生的研究，不仅仅将北大图书馆的历史向前提了四年，而且还通过对史料的钩沉，最终确认了该馆的第一座馆址。他在文中也提到了八国联军攻入北京后，俄军和德军先后占据京师大学堂，对大学堂藏书楼的种种破坏行径。其爱国爱书之情溢于言表。

姚伯岳先生令我敬佩之处，还在于他关注到一些古籍版本鉴定中习惯性地被人忽视的问题。比如古籍中的内封和牌记乃是著录版本的主要依据，而姚先生在文中通过详细地比勘、具体地梳理，而后以图片对比的方式来说明：仅通过内封和牌记来断定版本是远远不够的。几年前，我曾在姚先生的办公室与之聊天时，他在电脑上向我出示这些比勘结果，在他所展示的书影中，有几种是我从未听闻过有后翻之本者。正是他的心细如发，才发现了出原刻与翻刻之间的细微差别。比如他认为有些覆刻本会将原书的内封和牌记也刻制下来，甚至原书中的避讳字以及刻工等等也同样照刻不误，而这样的版本最具欺骗性。如果没有在不疑处生疑的心态，很难发现这些区别。古籍版本鉴定近似于一种归纳推理，必须将同一部书进行各种版本间的比勘，才能有这样的发现。可惜的是，对于藏在不同公共图书馆的古籍而言，很难将同一部书的各种版本汇在一起进行比较，而单纯通过电子文本或者书影来比较，则很难发现版本上的细微差别。虽然说，姚先生能够有这样的发现，得益于北大图书馆丰富的古籍收藏，但是如果不仔细地对这些版本进行比较，也很难从中发现翻刻本，尤其是覆刻本等后刻问题。而对于增刻本，由于书前的内封以及书内的牌记并未改换，故而如果不一页一页地对比下来，也难以发现这是增刻后的后印本。正是由于姚先生有着这样的警惕，所以即使他发现书内有一些避讳字，他也依然会仔细地比对下去，由此发现内容上的不同，并以此来断定这是后印本。

关于活字本的断定，同样是版本鉴定方面长期存在争论的话题。而姚伯岳则提出："活字本是最有可能会被用来作为覆刻的底本进行复制的。"而后他举出了下如此断语的依据。虽然说之前也有专家指出过这个问题，但那些说法都没有姚先生说得这样简洁明了。对于"外聚珍"究竟是翻刻还是覆刻的问题，姚先生也分门别类地予以具体问题具体分析。另外，在活字鉴定方面，以字与字之间笔画是否有交叉点作为判定依据这个问题，姚先生也进行了具体的比较，从而确认单纯以此作为判定依据显然有些武断。

关于近现代印刷之铅排本究竟是否应该著录为铅活字这个问题，姚先生也有自己的看法，他不赞成把这种排印本著录成铅活字本，而恰好这也是我的观点。因为近代中国也有用传统的方式制作成铅活字，然后以手工方式印书的问题，显然以这种方式制作的铅活字跟西方传来的现代印刷铅字排印本不是一个概念。如果笼统地把这两种印本均称为铅活字本，就无法体现出用中国传统方式制作的铅活字本的独特性与珍罕性。

在去年开化县举行的开化纸国际学术研讨会上，姚先生也作了专题发言。由于时间所限，他未能将自己的论文展开论述。而今我在书稿中读到了他所写的《从开化纸说开去》，由此让我了解到，他对这个问题进行过深入的思考。比如他建议编纂《中国传统纸张研究资料汇编》，如果能有这样的一部汇编面世，将为传统古纸的研究学者提供很多的便利。他还寻求编制《中国传统纸张纸谱》，而这也是我十几年前的想法。我觉得现有的纸谱大多是用照片的形式印刷在书中，读者所见其实是纸张的颜色，而对于纸张的质地却完全感受不到，因此也曾着手编一部《中国印刷用纸纸谱》，可惜这本书在编完之后却因为各种原因未能面世。当我在本书稿中看到姚先生的这个建议时，还是大感兴奋，真希望姚先生的建议能够变成现实，这将为古纸的鉴别以及古籍版本鉴定提供重要依据。

以上是我读此书而引发的一些感想，也是我从此书受益之处。我想此书的其他读者应该也会有相同的感受吧。

2018 年 2 月 16 日，时为戊戌年正月初一日

卷一

学人与书

“真个苏杭闻见广，艺林嘉话遍天涯”

——对黄丕烈及其题跋的认识与评价①

今天，2011 年 6 月 12 日，是清代乾嘉时期苏州大藏书家黄丕烈的 248 岁诞辰纪念日。海内外文献学界 60 余位专家学者齐聚于美丽的西子湖畔，参加由西泠印社拍卖有限公司发起并联合中国阅读学研究会、中国图书馆学会经典阅读推广专业委员会共同主办的“2011 华夏阅读论坛 ·‘黄跋顾校鲍刻’与中国古旧书文化研讨会”，诚为书坛盛事，藏界佳话！

黄丕烈像

黄丕烈，字绍武，号荛圃，清乾隆二十八年（1763）农历五月十一日出生，道光五年（1825）八月十三日病逝，享年 63 岁。我感觉冥冥之中好像和黄丕烈有一些前世今生的缘分。因为我出生于 1963 年，和黄丕烈的生年正好相隔 200 年。1986 年，我的硕士研究生学位论文题为《论黄丕烈在版本目录学上的成就》；1998 年，我又撰写出版了《黄丕烈评传》一书；我几十年来所从事的图书馆古籍整理工作，又是和黄丕烈一生为之献身的古籍收藏，内容性质大致相同。大概也正是因为这些因素，

① 本文系作者在“2011 华夏阅读论坛 ·‘黄跋顾校鲍刻’与中国古旧书文化研讨会”上的主旨发言。

我对黄丕烈充满了一种既景仰又亲切的感情。

黄丕烈是中国历史上一个看似平常的人物。他既没有登过什么高官显位，也没有创下轰轰烈烈的伟业，他的一生只是平平静静地藏书、鉴书、校书、刻书、为书编目、为书写题跋。但这样一个人竟然能够名噪一时，在藏书界广泛传扬，甚至在其逝后将近二百年的今天仍为人们所津津乐道，说明此人确有其非同寻常之处。

我在《黄丕烈评传》一书中曾这样写道：“古今藏书家大多是刻苦治学的学者、擅长于整理图书的目录学家、校勘家或热心于刻印图书的出版家，但一般也只是偏重于其中的一二种。而同时做到藏而能鉴，鉴而能读，读而能校，校而能刊，刊而能精者，则首推黄丕烈；经他所藏、所鉴、所校、所刻之书，更是身价百倍，被人珍若拱璧。”①

下面我就从黄丕烈的藏书活动、黄丕烈的题跋、黄丕烈的学术地位及影响等三个方面对这位先贤做一番概括的评介。

一、黄丕烈的藏书活动

黄丕烈的藏书活动囊括了中国古代藏书文化的所有元素：藏书、藏书处所、藏书印、古书修复、校书、抄书、刻书、藏书编目。在这些方面，黄丕烈都有上乘的表现。

1. 黄丕烈藏书的最大特点是：专收善本，兼蓄重本。这一收书宗旨使得他的藏书质量古今无人能与之相比。他从 20 多岁开始藏书，直至去世，历时约 40 年，一生前后收藏了大约二百多部宋版书和上千种元、明刻本以及大量的旧抄本、旧校本，所藏几乎全部是古籍善本。

2. 黄丕烈的藏书处所名目之多，令人眩目。已知有：士礼居、百宋一廛、读未见书斋、求古居、陶陶室、陶复斋、学山海居、听松轩、养恬书屋、红椒山馆、太白楼、联吟西馆、学耕堂、见复居、县桥小隐、学圃堂、仪宋堂、小茭芦馆、小千顷堂、龟巢等。这些室名有的是表现黄氏的藏书特点，如学山海居、士礼居、百宋一廛、读未见书斋、求古居、陶陶室、陶复斋、龟巢等；有的是表达黄氏的

① 姚伯岳《黄丕烈评传》，南京：南京大学出版社，1998 年：第 274 页。

志趣爱好，如养恬书屋、听松轩、学耕堂、见复居、县桥小隐、学圃堂、仪宋堂等；有的是表达对前人的倾慕之意，如太白楼、小千顷堂、小茭芦馆等。

3. 黄丕烈对治印一事情有独钟，将藏书印的实用性与艺术性很好地结合了起来，从另一个侧面为世人展现了藏书活动的丰富内涵。现已知的黄氏藏书印就有70余枚，数量之多，在历代藏书家中屈指可数。这些藏印多是请高手篆刻的，其中许多印章是清代著名篆刻家陈鸿寿（号曼生）所刻，类型多样，风格各异，生动体现了黄丕烈高雅的生活情趣和不凡的审美追求。受其影响，其子黄寿凤成为一名著名的篆刻家。

4. 在古书修复方面，黄丕烈也有很好的理论和实践。他不惜花费重金，对破损的古籍重加装潢，常常是装修之费相当于购书之费，甚至二倍乃至数倍于购书之费。黄丕烈装修古书，同他校勘、翻刻古书的宗旨一样，都是要在保存、传播古书的同时，尽可能地保存古书原本的面貌。所以他修复古书的宗旨是“纤悉皆还旧时面目”[①]可以说，今日装修古书的一个重要原则——“整旧如旧”，早在乾嘉时期，就由黄丕烈倡导力行了。黄丕烈的工作，不但为后人整理古书提供了丰富的研究成果，而且也为后来的图书馆古籍整理工作树立了极好的范例。

5. 黄丕烈非常重视藏书目录的编撰。他说：“藏书不可无目，且书目不可不载何代之刻，何时之抄，俾后人有所征信也。”[②]可见黄丕烈已经把编撰目录当作藏书家的责任，并认为编撰目录的目的是“俾后人有所征信”。黄丕烈一生所编的目录有：《所见古书录》《百宋一廛书录》《求古居宋本书目》。此外他请顾千里作赋、他自己作注的《百宋一廛赋注》，实际上也是一种版本目录。

6. 黄丕烈校书严守家法，他用传统的“死校”方法，在大量的明清抄、刻本上保留了宋元版本的面貌。古书一经黄丕烈校勘，便成为名副其实的善本。黄丕烈一生校书极勤、极多，经他校勘并留下校记、校语的图书版本有数百种，其中精心而完整校过的本子少说也有数十种。光是形成校勘专著的就有：《仪礼郑氏注校录》一卷及续校一卷、《嘉靖本校周礼札记》一卷、《袁本傅嵩卿夏小正校录》

---

① （清）黄丕烈《荛圃藏书题识·孔氏祖庭广记十二卷（元刻本）》，金陵：江阴缪荃孙，1919年刻本。

② （清）黄丕烈《荛圃刻书题识·季沧苇藏书目》，金陵：江阴缪荃孙，1919年刻本。

一卷、《校刊明道本韦氏解国语札记》一卷、《重刻剡川姚氏本战国策札记》三卷、《汪本隶释刊误》一卷、《重雕曝书亭藏宋刻舆地广记札记》三卷、《宋刻伤寒总病论札记》一卷等十来种。

7. 黄丕烈刻书最善。从嘉庆四年（1799）起，至道光四年（1824）止，除个别年份外，黄丕烈几乎每年都有刻书之举。26 年间，总计刻书 30 种。其中收入《士礼居黄氏丛书》中的有 25 种。这些刻本只有少数几种是用宋体字上版，其他不是影刻本，就是写刻本，都不惜工本，纸墨俱佳，书法优美，精致典雅，而且校勘精审，在当时即已被公认为精本、善本。王欣夫教授曾这样评价黄氏刻书：“他自己和代友人所刻的书，一向被学者们认为最标准、最正确的善本，称为‘清朝宋版’而不止一次的翻刻，至今还是盛行着。”①

8. 黄丕烈抄书多用影抄之法。黄丕烈常常效法毛晋，用影抄之法抄录古书善本。如苏州藏书家周锡瓒家藏宋刻残本《孙尚书大全文集》，仅存三十三卷，极为珍罕。黄丕烈从周家借出，找出旧纸让其门仆张泰影摹，费时整整两个月。黄丕烈欣然作跋曰：“藏诸读未见书斋，居然影宋抄本矣。虽不及毛抄之精，而一时好事之所为，以视汲古阁中‘入门僮仆尽抄书’者，其风致何多让焉？”②

黄丕烈还说：“余抱残守缺，喜为古书补亡。”③“为古书补亡”，就是将古书中的残缺之处借助其他版本抄补齐全。多少残损古籍都因黄氏的抄补而减少了残缺，甚至重新成为内容完整的全书。

二、黄丕烈的题跋

除了上述成就，黄丕烈留给后人的另一个巨大的财富就是他的题跋，即所谓“黄跋”。迄今为止，已有 800 多篇“黄跋”被后人多方搜集，编辑成为极富价值的版本目录。

① 王欣夫《大藏书家黄荛圃》，载《复旦大学学报》，1962 年第 1 期。

② （清）黄丕烈《荛圃藏书题识·孙尚书大全文集残本三十三卷》，金陵：江阴缪荃孙，1919 年刻本。

③ （清）黄丕烈《荛圃藏书题识·契丹国志十七卷（旧抄本）》，金陵：江阴缪荃孙，1919 年刻本。

黄丕烈喜欢为他所收藏的古籍善本撰写题跋。黄丕烈的题跋，首先是他的学术札记。因系藏书的关系，他不必另置一札记册子，而可以直接写在所藏之书上。这种方式较之一般的札记，更能有的放矢，更利于深入考证。人们重视黄跋，正是因为这些题跋就是黄丕烈的考据成果，是极富学术价值的学术札记。

在研究版本之外，黄跋也特别喜好叙往事、述见闻。例如，黄跋好记藏书家姓名事迹。对当时江浙一带特别是苏州的书业经营情况，黄氏题跋中有极为丰富的记载，堪称书林掌故之渊薮。

不仅如此，黄丕烈还将题跋当作全面表现自己一生活动的一种文体和形式。他的生日、家庭、儿女、日常生活、藏书生活、工作方法、学术观点、学术活动、交游，乃至诗作，都巨细靡遗地出现在他的题跋中。所以，他的题跋不仅保存了大批珍贵的版本学资料，同时也是我们研究他本人生平、思想和建树的主要参考文献。我写作《黄丕烈评传》，主要的取材就是他的题跋。

黄丕烈的题跋内容丰富，活泼多样，长短随意，收放自如，不拘一格。有的题跋不厌其详，将收书始末娓娓道来，描写细微，神形毕具，令人闭目可以想见当时之情景，可称是一篇优美的书话式散文；有的题跋又极短，但言简意赅，字字精到，充分体现了黄氏渊博深厚的人文底蕴和随心所欲的驾驭语言能力。在黄丕烈之前，从来没有人将藏书题跋写成这个样子。现代盛行的书话体裁，无论在写作思想上，还是在文章写法上，都程度不同地受到了黄丕烈题跋的影响。许多书话写作者都自觉不自觉地借鉴了黄氏题跋的风格和写法，甚至着意加以模仿。所以尽管题跋写作不自黄丕烈始，以图书为题材内容的题跋写作在清代和清代以前也不只黄氏一家，但人们仍愿意从黄氏题跋中找寻书话的源头，奉其为书话体文章的楷模。从对后世的影响来看，我们完全可以这样说：黄丕烈的题跋开创并完善了一种新的题跋类型，可谓现代书话之滥觞。

正因如此，后来的文献学名家均对“黄跋”给予了高度评价。

缪荃孙说黄丕烈：

其题跋于版本之后先，篇第之多寡，音训之异同，字画之增损，授受之源流，翻摹之本末，下至行幅之疏密广狭，装缀之精粗弊好，莫不心营目识，条分缕析。跋一书而其书之形状如在目前，非《敏求记》空发议论可比。[①]

傅增湘说：

夫荛圃当乾嘉极盛之时，居吴越图籍之府，收藏宏富，交友广远，于古书版刻先后异同及传授源流靡不赅贯，其题识所及，闻见博而鉴别详，巍然为书林一大宗，举世推挹之，宜矣。[②]

黄裳先生说：

黄荛圃也喜欢在题跋里记琐事，买书经过，书肆、书估、书价、藏家……，包括日常生活，都随手记在跋文里。虽然有些学者很不以这样的作风为然，加以讥笑，但我却喜欢读这样的题跋。他的题跋已经被搜辑为厚厚一叠，他曾经跋过的书的身价也被抬高到不可思议的荒谬高度。不管是怎样的破书，只要有他一两行题跋，就会身价百倍（其实百倍也不止）……[③]

三、黄丕烈的学术地位及影响

1. 藏书家之巨擘

黄丕烈有极强的历史使命感，他收藏古书、校勘古书、刊行古书，都是为了保存古书，使之能以其原来的面貌长久流传。一切都是为了“存古”：求古是为了存古书之形，求真是为了存古书之义。这种思想和行为的客观结果，就是更多并且更真实地保存了我们民族的珍贵文化遗产。由南京大学中国思想家研究中心编纂、南京大学出版社出版的《中国思想家评传丛书》，选择了中国历史上 200 余位

---

① （清）黄丕烈《荛圃藏书题识 · 缪荃孙序》，金陵：江阴缪荃孙，1919 年刻本。

② 傅增湘《思适斋书跋序》，见：（清）黄丕烈、顾广圻《黄丕烈书目题跋 · 顾广圻书目题跋》，北京：中华书局，1993 年。

③ 黄裳《谈“题跋”》，见：《黄裳书话》，北京：北京出版社，1996 年：第 34 页。

各个领域最有影响力的代表人物，并分别以专书形式为每人立传，黄丕烈作为中国古代藏书家的唯一代表而被收入，说明黄丕烈确实是公认的中国藏书史上首屈一指的人物。

2. 目录学之盟主

黄丕烈对于晚清目录学的影响是巨大的。他亲手编撰了《所见古书录》《百宋一廛书录》《百宋一廛赋注》《求古居宋本书目》等多部书目，发展了目录学中版本目录一派。晚清的目录编撰，几乎成为版本目录的一统天下，无论是提要式的目录，还是简录式的目录，版本都是其中最重要的著录内容。而造就这种风气的，就是黄丕烈。袁同礼先生在其所撰《清代私家藏书概略》一文中毫不犹豫地称黄丕烈为“目录学之盟主”①。在黄丕烈的大旗下，先后聚集了一大批著名古今藏书家和学者，形成了中国目录学史上一个极为重要的派别——版本目录学派。

3. 版本学之泰斗

黄丕烈用乾嘉考据学的思想、方法研究古书版本，使版本研究真正开始为学术研究服务，成为学术研究的得力助手和利器；而版本学也从此才成为一种为学术界所认可的学术研究，并成为乾嘉学术的一个重要组成部分。黄丕烈为版本学的确立和发展做出了具有里程碑意义的贡献。姚名达先生在其《中国目录学史》一书中称黄丕烈为“版本学之泰斗”②，可谓名副其实。在版本学已经成为一门独立学科的今天，人们不得不承认，黄丕烈是这门学科真正的奠基人，是当之无愧的一代版本学大师。

王欣夫先生曾对黄丕烈有一番全面的评价：

> 有清一代学术大兴，咸能超迈往古，独树帜；而校勘亥豕，鉴别版刻，上希中垒，下亦不失为晁、陈。藏书家自汲古、传是以后，流风所扇，吴会为盛。至嘉庆间，长洲黄氏士礼居之藏而集其大成。盖荛圃有竹汀、茂堂、匪石、涧苹以助其校勘，兔床、香岩、抱冲、寿阶以互为通假，兼以独具卓识，

---

① 袁同礼《清代私家藏书概略》，载《图书馆学季刊》，1926年第1卷第1期。

② 姚名达《中国目录学史》，上海：商务印书馆，1957年：第394页。

鉴别不差毫厘，身际承平，处东南文物之邦，抱残守缺，从容校理，至今读其题跋，令人神往，有生晚之慨。昔阮文达曰：“今宋本无黄氏鉴藏印者，终若缺然可疑。”洪稚存列藏书家为五等，而目先生为赏鉴家，其为当时儒林所推重如此。至今士礼居所刊书，虽单本零册，犹为士林所宝。若有手跋藏印者，几与球璧等视。世之藏书家盖莫不以先生为归。呜呼，可谓盛矣。[①]

200 多年来，黄丕烈的故事为多少人所传颂，其人、其书、其跋为多少人所津津乐道，流风余韵，绵延不绝。今天，海内外著名的版本学家、藏书家、学者聚集一堂，纪念黄丕烈的 248 岁诞辰，回顾他的生平和成就，欣赏他的藏书，品味他的题跋和墨迹，这充分体现了黄丕烈无可替代的历史地位和深远的社会影响。黄丕烈与他的藏书和题跋将同归不朽！

原载《天一阁文丛（第 11 辑）》，宁波出版社，2013 年：第 174—178 页

① 王大隆《黄荛圃先生年谱补·序》，见：《黄丕烈年谱》，北京：中华书局，1988 年：第 99 页。

黄丕烈生前居所及庐墓家系略考

黄丕烈，字绍武，号荛圃，是清代乾嘉时期苏州著名的大藏书家。他于乾隆二十八年（1763）五月十一日出生，道光五年（1825）八月十三日病逝。享年63岁。黄丕烈一生都在苏州度过，生前住所及死后庐墓均见于文献记载。但时至今日，不仅他的后人了无踪影，而且他的故居也面目全非，湮没无闻，令人喟然长叹！

2013年为黄丕烈诞辰250周年，谨撰此小文，略考其生前居所、死后庐墓及家系传承，以为纪念。

一、昭明巷

昭明巷是黄丕烈父母的居所，黄氏称之为“老屋”。嘉庆二十年（1815），黄丕烈为校宋本《老学庵笔记》再作跋语时，曾感慨万千地说：“嘉庆乙亥重阅此，已越廿年矣。计跋此尚在昭明巷老屋。今一再迁徙，家中唯老妻犹是旧有者，长妇及幼儿、幼女、三孙皆后添矣。长儿已亡，长女、次女已嫁，时事变迁，可感也夫！”

昭明巷在哪里？如今在苏州旧城区已找不到这个地名。但当代人潘君明所编《苏州街巷文化》（古吴轩出版社，2012年）一书第288页，著录有“照明弄”一街巷名，该弄在苏州老城区中部偏西南，位于今干将西路以南，连接太平桥弄和富郎中巷，为南北向的一条里弄。黄丕烈嘉庆元年（1796）从昭明巷迁至王洗马巷，而照明弄在王洗马巷正南方向也就1 000米左右的距离，很有可能就是当年的昭明巷。

黄丕烈藏书始于其居昭明巷老屋之时，那时其藏书处所即已有读未见书斋、学耕堂、养恬轩等。读未见书斋是黄丕烈较早创设的藏书处所，也是其使用时间最长的室名之一，昭明巷老屋、王洗马巷、县桥巷三处均设此斋。学耕堂也是如此。养恬轩又称养恬书屋，二名互用，区分不很严格。

在昭明巷老屋，黄丕烈度过了从出生到进入中年的整整 33 年，经历了人生的种种悲欢离合。乾隆四十六年（1781），黄丕烈 19 岁，恰好以第十九名的名次考中秀才，入长洲县庠。乾隆五十三年（1788），年方 26 岁的黄丕烈又以名列第三的名次考中举人。但黄丕烈的好运似乎到此为止，乾隆五十八年（1793）黄丕烈第二次会试落第，同年其母去世，第二年其父去世。随后其次子也不幸幼年夭亡。

乾隆六十年（1795）六月二十日夜，黄家因一已遣之婢寻物失火，前一年冬天病故的其父黄维灵柩尚停放在家。火起，延及黄丕烈卧室。黄丕烈仓皇奔至灵堂，据棺大恸，誓与亡父同殉于火，而火在众人的扑救下，竟然没有烧至灵堂。黄丕烈之孝，从此被广为传颂，故《［民国］吴县志》将其列于《孝义传》。黄家这次大火，“器用财贿为之一空”（黄丕烈语），但所贮书籍岿然独存，毫无损失，不能不说是一个奇迹。火后的黄家，房屋损坏严重，残破不堪，已不适于居住，所以第二年也就是嘉庆元年的五月，黄家迁居到了城西王洗马巷。

二、王洗马巷

王洗马巷是苏州名巷，其巷名至今仍存。王洗马巷在苏州旧城区内西部，即现今的金门内正东方向西百花巷之北，西起汤家巷，东至中街路。洗马为古代官名，汉时为东宫官属，太子出则为前导，晋时改掌朝廷图籍，后代因袭之。历史上可能有一位姓王的洗马曾在此居住，因而得名。不过这只是猜测而已，并无史料验证。巷内有春申君庙，祀战国时楚国大臣春申君黄歇，明代王鏊所撰《姑苏志》上即有著录。

嘉庆元年五月由昭明巷迁居到王洗马巷，这是黄丕烈的第一次移居。搬到新居之后，黄丕烈仍以其旧宅已有之名如“学耕堂”“读未见书斋”等命名其藏书堂室，还请安徽歙县的著名学者程瑶田（字易畴）先生为其新庐题匾“学耕堂”。同年，黄丕烈购得宋刻《仪礼》一书，内有《士冠礼》《士昏礼》《士相见礼》诸篇，因而又名新居为“士礼居”。他在新居院中隙地营建了一个小小的花园——“荛

苏州王洗马巷口的标志牌

圃”，广莳红椒、荷、菊、芙蓉、鸡冠等花木，并以“荛圃”自号，“荛圃”从此成为他最为人所熟知的别号。黄丕烈还召集四方名人硕学至其家雅集谈宴，吟诗作画，风流韵致，一时无比。“红椒山馆”“联吟西馆”“太白楼”“小千顷堂”等堂室之名都是黄氏搬迁到王洗马巷后开始使用的。

嘉庆六年（1801），黄丕烈 39 岁，逢举人大挑。清乾隆以后定制，三科以上会试不中的举人，挑取其中一等的以知县用，二等的以教职用，每六年举行一次，意在使举人出身的有较宽的出路，名为“大挑”。黄丕烈在这次大挑中名列一等，故以知县用，签发直隶。但黄丕烈不愿赴任，于是又纳资议叙，捐得兵部主事的官衔。这是一个候补官衔，并无实职可任，所以黄丕烈不久即返回苏州。由于由举人大挑入仕，在当时人看来不是正途，所以第二年春，黄丕烈又一次北上赴京，参加会试，希冀成功，不想依旧被黜。夏五月，黯然离京。这是他生平最后一次参加会试。这最后一搏的失败，使他顿觉“世事都淡，惟此几本破书，尚有不能释然”（《荛圃藏书题识·戴石屏诗集十卷（明刻本）》），从此断绝从政之念，全身心地投入藏书、校书的活动中。于是，就有了迁居悬桥巷之举。

三、悬桥巷

嘉庆七年（1802）冬十二月，黄丕烈迁居悬桥巷。这是黄丕烈一生中第二次，也是最后一次迁居。在悬桥巷，黄丕烈度过了他的后半生。

悬桥巷在苏州城东，东西向，位于临顿路和平江路中段之间，观前街玄妙观在其西南仅数百米，步行约十分钟即可到达。巷前还有一条水道。黄家在悬桥巷靠近东口处，前门在悬桥巷，后门在菉葭巷，从家里出门即可坐船，向东不远就驶入东外城河，向北然后迤西可经阊门至山塘、虎丘，也可至枫桥进入京杭大运河。

宋代长洲县治在天宫寺西，其左有桥名“县东桥”，桥址应在现在的悬桥巷东口。黄丕烈曾考证“悬桥”即“县”之误，江标以宋《平江图碑》证之，确实如此。但现在当地人仍称之为“悬桥巷”，可见约定俗成，也是无可奈何之事。

黄丕烈曾说：“东城多故家，故家多古书，时有散出者。东城之坊间为易收，亦为东城之人所易得：盖搜访便也。”〔《荛圃藏书题识·雁门集八卷（抄校本）》〕可见黄丕烈此次迁居实为其方便藏书起见。黄丕烈好友赵怀玉《亦有生斋文集》有《黄荛圃移居图赞》一篇，即为黄氏此次迁居悬桥巷而作：

> 维圣有戒，择不仁处。传亦有言，千万买邻。夫君之卜宅，去浮薄而就淳。赗轴与丹墨，时面稽于古人。然则疏泉累石，不如日积一册；排戟拥旄，不如坐傲百城。王谢之堂，奚若孟之窟、曹之仓乎?

黄丕烈的另一个朋友瞿中溶也为此赋诗四首云：

> 祀灶匆匆逼岁除，有人于此赋移居。披图莫认村夫子，曾读人间未见书。
> 旧治东偏古寺西，平江一棹接葑溪。满船载去书千卷，入室先教插架齐。
> 一徙枫桥一县桥，良朋从此路迢遥。丁宁倘有奇书获，共赏还来折简招。
> 滞我吴阊廿载多，身如幕燕不成窠。练祁久有归耕愿，无计移家唤奈何。
> （瞿氏《古泉山馆集·嘉平廿又三日黄荛圃移居悬桥巷出新诗与图见示因题》）

黄丕烈由王洗马巷迁居悬桥巷后，在新居特建一室名“百宋一廛”，专贮其所藏宋版书100余部，请顾莼（字希翰，号南雅）题写室名，请顾千里作《百宋一廛赋》赞之。又嘱陈鸿寿（字曼生）刻“百宋一廛”白文长方印一枚，印旁镌款云：“荛圃颜新居室曰‘百宋一廛’，为藏宋椠本书所，属曼生刻印。”一时书林传为佳话。

“求古居”“见复居”“县桥小隐”等室名堂号，也都是黄丕烈迁居悬桥巷后所起的藏书处所别名。

现已成为平江华府酒店会所的悬桥巷黄丕烈旧居

清末光绪年间，黄家后人迁出悬桥巷，其旧居为潘氏所购，辟为潘氏宗族公产——松鳞义庄，二十世纪五十年代原有建筑尚较完整，后为一丝绸服装厂所占。笔者二十世纪九十年代初为撰写《黄丕烈评传》一书曾特意前往探察，当时可辨认为黄氏旧居者仅一正厅和东侧小院而已。正厅已倾圮，东侧小院内有三间平房，宝瓶形拱门还算完整，院墙上的雕花漏窗依约透露出昔日黄家的气韵风致。2012 年笔者再次前往，发现其地又改为平江华府酒店会所（标牌为菉葭巷 88 号），仅东边一排保留了原有的一些格局和建筑风格，但全部翻建重修，辟为酒宴之所。旧地凭吊，令人顿生世道沧桑之感，为之慨叹不已。

四、黄丕烈的庐墓和家系传承

黄丕烈逝于道光五年（1825）八月十三日。其死后墓葬在哪里？这一直是困扰笔者的一个难题。2011 年笔者在由西泠印社拍卖公司主办的“‘黄跋顾批鲍刻’与中国古旧书文化研讨会”上得遇苏州文育山房旧书店主人江澄波先生，向其询问此事，数月后竟接到江老赐信，告知答案就在《[民国] 吴县志》一书中，该书卷四十（冢墓一）第三十五叶后面载：“**举人黄丕烈墓**　在五峰山博士坞，近道林精舍，祔其考维墓，维石韫玉有传。”“**黄氏十二人墓**　同在博士坞。咸丰庚申苏城陷，丕烈孙縠需、廷元等避难五峰山墓庐，四月十四日，贼麋至，合家投丕烈墓前池死之，从葬于此。”一个难题就此破解！

循此线索，笔者进一步查考，发现民国李根源先生的《吴郡西山访古记》一书卷二中也有关于黄丕烈墓葬情况的记载，而且较《[民国] 吴县志》更为详细：

[民国十五年丙寅初七日] 出博士坞村……达黄乐志堂墓，祠废，大池二，

葬候选部主事耐庵黄公墓（咸丰二年七月元孙定喜、永喜等立碣。耐庵名维，丕烈考，见石琢堂先生所撰《传》）。左侧为荛圃先生（丕烈）墓，乙山辛向也。（乡人云：咸丰庚申，苏城失陷，黄氏子姓避难祠中。四月十四日，贼麏至，举家十三人赴池死，贼敬其义烈，救之，得活一人。次日尸浮水面，乡中人裹以槁丛，葬道林庵前。乡人导余往谒之。咸同时，余家遭杜文秀之乱，先叔曾祖材六公、先祖考鸣鸾公、从伯祖自森公、从叔祖自儒公先后死难，达数十人。拜此荒冢，触余家难，怆怀久之。）

李根源（1879—1965），字印泉，又字养溪、雪生，别署高黎贡山人，云南腾冲人。李根源是辛亥革命的元老，民国初年先后参加过“二次革命”“护国”“护法”等运动，1922年至1923年历任北京政府航空督办、农商部总长、署理总理等职，1923年9月因曹锟贿选总统，愤而辞职南下，寓居苏州葑门，故有《吴郡西山访古记》之作。

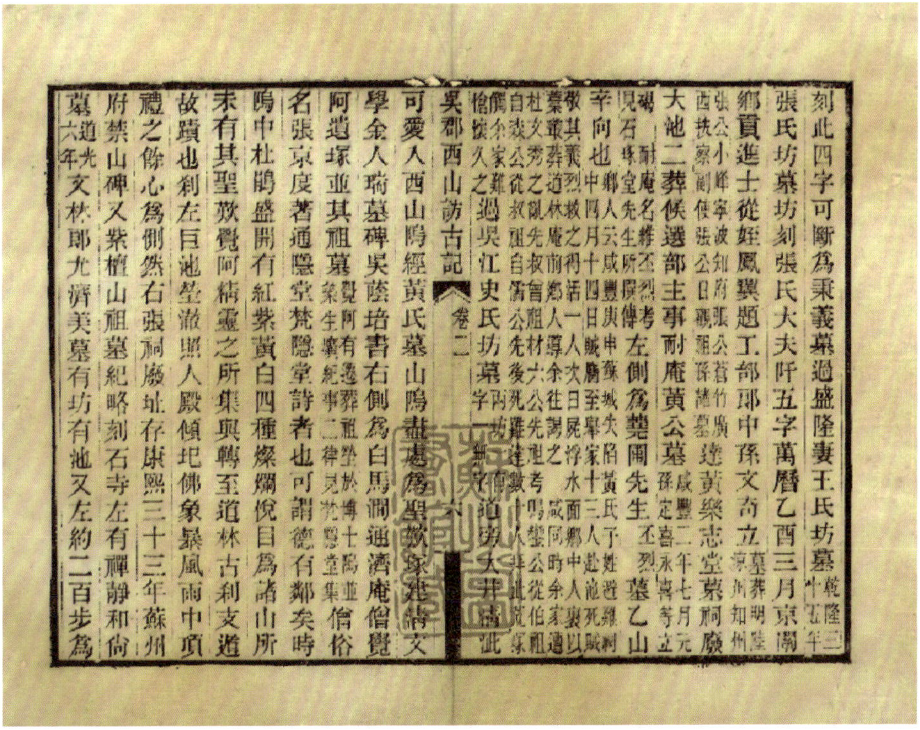
刻此四字可斷為秉義幕過盛隆妻王氏坊墓（乾隆三十五年）
張氏坊墓坊刻張氏大夫吁五字萬曆乙酉三月京闈
鄉貢進士從姪鳳翼題工部郎中孫文奇立（墓葬明陞寧州知州張公小峰寧波知府張公蒼竹廣西按察副使張公日祇祖孫諸墓）迤黃樂志堂墓祠廢
大池二葬候選部主事耐庵黃公墓（咸豐二年七月元孫定喜永喜等立碣耐庵名維丕烈考見石琢堂先生所撰傳）左側為蕘圃先生丕烈墓乙山
辛向也（鄉人云咸豐庚申蘇城失陷黃氏子姓避難祠中四月十四日賊騖至舉家十三人赴池死賊敬其義烈救之得活一人次日屍浮水面鄉中人裹以藁葬道林庵前鄉人導余往謁之咸同時余家遭杜文秀之亂先叔曾祖材六公先祖考鳴鑾公從伯自森公從叔祖自儒公先後死難達數十人拜此荒冢觸余家難愴懷久之）
過吳江史氏坊墓[illegible]

吳郡西山訪古記　卷二

可愛入西山塢經黃氏墓山塢甚邃[illegible]清文
學金人璚墓碑吳蔭培書右側為白馬澗通濟庵僧覺
阿遺塚並其祖墓（覺阿有遺葬祖塋於導十塢並系生擯紀事二律見梵隱堂集）偕俗
名張京度著通隱堂梵隱堂詩者也可謂德有鄰矣時
塢中杜鵑盛開有紅紫黃白四種燦爛悅目為諸山所
未有其聖淼覺阿精靈之所集與轉至道林古刹支遁
故蹟也刹左巨池瑩澈照人殿傾圯佛象暴風雨中頂
禮之餘心為惻然右張祠廢址存康熙三十三年蘇州
府禁山碑又紫檀山祖墓紀略刻石寺左有禪靜和尚
墓（道光六年）文林郎尤濟美墓有坊有池又左約二百步為

民国十八年李氏曲石精庐家刻本《吴郡西山访古记》卷二关于黄丕烈墓的记载

该书五卷，约六万余言，记述了作者民国十五年（1926）二月至民国十八年（1929）五月期间，三次和朋友一起从胥门水路出发，遍游苏州西郊灵岩、天池、天平、支硎、邓尉、穹窿等几十座山，考察当地的名胜古刹、碑刻墓葬的经历，以日记方式逐日随时记录，可以说是极具参考价值的考古报告。《吴郡西山访古记》传世版本有二，一为民国十五年上海泰东书局铅印五卷本，附录《镇扬游记》一卷，一为民国十八年曲石精庐李氏家刻五卷本。两种版本内容各有特点，可互为补充。李根源还是民国二十二年出版的《[民国]吴县志》的总纂之一，他将其西山访古的成果写入志中，所以才有《[民国]吴县志》中关于黄丕烈墓葬那么翔实生动的记载。

五峰山在苏州城西木渎镇藏书乡境内，其东有支硎山、天平山，其西南有穹窿山。博士坞现尚存有金圣叹墓。据前述二书记载，五峰山博士坞黄家墓地葬有自黄维、黄丕烈以下祖孙数代人，而且规模应该不小，有较大的祠堂，还有两个大池塘。李根源 1926 年到访时，祠已废，说明已经很久没有黄氏后人来祭拜清扫维护了。

黄丕烈先世居于福建莆田，其十世祖黄秀陆迁至南京，到其曾祖黄琅才移居苏州。其祖墓在江宁，黄丕烈曾往祭扫，其诗集《荛言》二卷（即《述德继声》和《省余游草》）就是道光二年（1822）九月，黄丕烈至江宁扫墓，一路诗兴勃发而撰成的。

黄丕烈的父亲名维，号耐庵，死于乾隆五十九年（1794），后来就安葬在苏州城西郊五峰山下的博士坞。黄维生有二子，长子叫黄承勋，死于嘉庆八年（1803），黄丕烈是次子。黄维之兄黄任达无后，乃将黄承勋过继为嗣子。所以黄丕烈虽为次子，但得以和父亲葬在一起。《吴郡西山访古记》说他的墓在其父墓的左侧，而且是“乙山辛向”，天干中乙代表东，辛代表西，说明黄丕烈的墓是坐东朝西。

黄丕烈生有三子，长子名玉堂，字屿柏，号署伯，从小受父亲的影响，好学爱书，是黄丕烈从事藏书活动的得力助手。可惜英年早逝，不幸病殁于嘉庆九年（1804）二月七日，为黄氏遗下三个孙子。

黄丕烈的次子大约生于乾隆末年，不过数岁，即于乾隆五十九年（1794）夭亡。

三子寿凤，字同叔，生于嘉庆八年（1803）。《[光绪]苏州府志》卷八十三，在黄丕烈传下有黄寿凤附传云：“丕烈子寿凤，长庠生，为人好善，求者填门。兵荒迭起，当道延司出纳，局中收放银失出千两，在寿凤所，据实以闻，人称其不苟。工篆，能摹印，亦能诗。”黄寿凤撰有《书印谱》一书，瞿中溶曾于道光四年（1824）

为其书作跋，其时黄丕烈尚在世，可见黄寿凤当时已是一名小有名气的印章篆刻家了。但终其一生，只是个长洲县学的秀才，在仕途上没有得到发展。

黄丕烈所生三女名皆不详。长女于嘉庆十三年出嫁。次女于嘉庆十四年嫁与袁廷梼之次子袁兆篪（字仲和）为妻。三女嫁与王芑孙（字惕甫）之幼子王嘉禄（1797—1824，字井叔），不久病殁。王嘉禄亦于道光四年病逝，有《嗣雅堂记存》二十五册传世。

黄丕烈长子黄玉堂为其留下三个孙子。长孙美镠，生于嘉庆二年（1797），黄丕烈仅35岁就做了祖父。黄美镠字秉刚，号赋孙，一号赋生。美镠能仰承先志，喜事丹铅，颇受黄氏喜爱，常命其随侍左右，时时加以指点传授。美镠于嘉庆十九年（1814）九月十九日结婚，娶潘氏，嘉庆二十二年（1817）生子。这年黄丕烈55岁。王芑孙《渊雅堂编年诗续集》有《戏柬黄荛圃同年奉助重孙喜诗》云："君今五十抱重孙，求之近古无其人"。石韫玉《独学庐四稿》也有《贺黄绍武表弟得曾孙诗》。

二孙黄美铭，生平事迹不详。

三孙美镐，字饮鱼，生卒年不详。道光元年（1821）正月二十七日，美镐娶李福（字子仙）之女李慧生。李慧生，字定之，能诗善画，为潘奕隽诗弟子，有才女之称。道光三年春，美镐生有一子，请陶筠椒为作《兰征图》，以乞同人题咏。潘奕隽有诗云："露蕊纷披整复斜，谢庭兰玉擅清华。凭将陶令春风管，留作黄家及第花。"同年，美镐参加院试，以《春荫诗》见赏于江苏提学使周石芳（字系英），赋未终卷，即蒙取录，得中秀才。但后极不得意，屠苏《小草庵诗钞·梅影轩图》《为黄饮鱼表兄作句》有："憔悴青衫直到今"之语。

道光元年，黄丕烈同年友汤达曾说："荛圃幼嗣暨诸孙皆聪慧能诗，厚福正自无涯。"（见黄丕烈刻《梦境唱和诗集》）但其后不过五年，黄丕烈就撒手人寰，而其儿孙竟无人能承继其业，家业也日渐衰落。前述《[民国]吴县志》载，咸丰十年（1860），太平军攻入苏州，黄氏后人12人投水自尽于五峰山博士坞黄丕烈墓前的池塘中，这12人中有名姓者只知有孙辈縠霑、廷元二人。但李根源《吴郡西山访古记》中又记有"（葬候选部主事耐庵黄公墓）咸丰二年七月元孙定喜、永喜等立碣"字样。元孙就是玄孙，也就是黄丕烈的曾孙，縠霑、廷元应该是字而不是名，也可能就是定喜、永喜二人。黄丕烈三孙中，黄美镠于嘉庆二十二年

(1817)生子，黄美镐生子于道光三年(1823)，算来咸丰二年(1852)黄丕烈这两个曾孙应分别是35岁和29岁，他们的父祖辈黄美镠、黄美镐、黄寿凤此时可能都已过世了，所以才以两个玄孙的名义为高祖父重新立碑。

清末石渠(字梅孙)跋黄氏生前所绘《问梅诗社图册》云："先生没于乙酉秋。越戊子，始与哲嗣同叔、文孙饮鱼定交，不及见先生。而其家藏曾一一寓目，即诗社册犹及睹其全也。自是晨夕过从，两家契好者，三十年无间。沧海横流，里社邱墟，同叔父、饮鱼已前卒，其家以投池死，以疾病死，殆不下二十人，存者饮鱼一孙十余龄，同丈一嗣曾孙才数龄。近闻其三代诗集，皆在庙湾司墓者某姓家。"推敲其中文字，这篇题跋大概写在同治年间(1862—1874)，所谓"嗣"就是过继的意思，说明黄寿凤这个同治年间"才数龄"的曾孙不是他嫡亲的。看来，黄丕烈的三个儿子中，只有长子黄玉堂这一支有后人传宗接代。

另据江标记载，黄玉堂长子黄美镠有二孙分别字实甫、望岵，名皆不详。江标说黄实甫兼祧祖饮鱼，说明前述石渠跋中提到的黄美镐(字饮鱼)的那个孙子后来竟也夭亡了。黄实甫光绪二十三年(1897)尚健在，江标曾于是年从其处借得《鱼玄机诗思图题词册》，其上有道光五年七月二十一日海虞胡骏声(字芑香)为黄丕烈所绘半身像，江标请骏声之孙琴安影摹一幅，刻入所编之《黄荛圃先生年谱》中。但自此之后，其后人再未见任何文献提及，迄今杳无音讯，不知散于何方了。

说明：此文中昭明巷和五峰山博士坞黄丕烈墓地两处承蒙苏州文育山房旧书店主人江澄波老先生指点线索，谨此致谢！

参考文献

[1] 姚伯岳《黄丕烈评传》，南京大学出版社，1998年。

[2] 李根源《吴郡西山访古记：五卷》，李氏曲石精庐刻本，1929年。

[3] 李根源《吴郡西山访古记：五卷》，上海：泰东图书局铅印本，1926年。

[4] 曹允源《[民国]吴县志：八十卷》，苏州：文新公司铅印本，1933年。

[5] 潘君明《苏州街巷文化》，苏州：古吴轩出版社，2012年。

原载《文津学志(第六辑)》，北京图书馆出版社，2013年：第54—60页

北京大学图书馆新发现的三部王重民先生原藏线装书

王重民先生并非以藏书闻名，他的近万册藏书都是普通的实用性图书，在他1975年去世后由其夫人刘修业女士捐赠给了中国科学院《历史研究》编辑部图书馆；所藏敦煌学方面的文献资料则捐给了敦煌研究院，数量多少暂时还不清楚。北大图书馆在近年来的古籍未编书编目工作中先后发现了三部王重民先生原藏的线装书，弥足珍贵。本文拟就这三部书逐一做个简单的介绍。

一、民国三年傅增湘铅印本《郘亭知见传本书目》十六卷

这部铅印本书前后没有标明任何出版说明文字，正文每半叶九行，行二十字，注双行低一格三十三字，细黑口，左右双栏，天头还时常印有铅字眉批。令人惊喜的是，该书卷端钤有“王重民印”（回文印）、“冷庐”两枚朱文印。卷端小题“经部一”的上方天头有朱批“天禄目有宋巾箱本五经，构字缺笔，眘、仝、瑗字不缺，知为高宗时刊”。“经部一”下方的空白处有旁批：“天禄目有元至善堂刊本“九经”：《周易》《尚书》《毛诗》《春秋》《礼记》《孝经》《论语》《孟子》《尔雅》《小尔雅》，附《中庸》，《大学》重出，九经序文传注均不载。”同叶左上方天头也有朱批若干字。该叶字体绝类王重民先生手迹。此后几乎每叶都有朱笔眉批或旁批，也间或有墨笔批语，但有的像是王先生手迹，有的不像。观其语气，似一大藏书家，如称李木斋为师，并与涵芬楼联系紧密，如类似“曾为涵芬楼收得宋刊本”“曾为涵芬楼收得元刊本，精刻初印”等语；且收藏有很多宋元版古籍，如“收得北宋本《周易》单疏本十四卷，十五行，二十六七字，为海内孤本”；时间跨度则从清末至民国，绝非王重民先生本人的情形和语气。联系到这本书本身的书名《郘

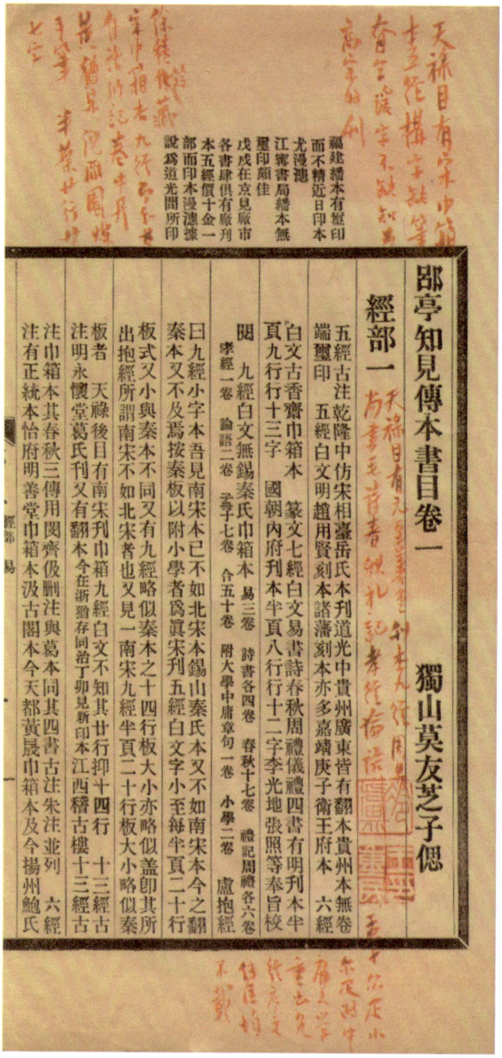
福建藩本有蠟印而不精近日印本尤漫漶　江寧書局藩本無墨印頗佳　戊戌在京見廠市各書肆俱有廠刊本五經價十金一部而印本漫漶據說爲道光間所印

郘亭知見傳本書目卷一　獨山莫友芝子偲

經部一

五經古注乾隆中仿宋相臺岳氏本刊道光中貴州廣東皆有翻本貴州本無卷端璽印　五經白文明趙用賢刻本諸藩刻本亦多嘉靖庚子衛王府本　六經白文古香齋巾箱本　篆文七經白文易書詩春秋周禮儀禮四書有明刊本半頁九行行十三字　國朝内府刊本半頁八行行十二字李光地張照等奉旨校閲　九經白文無錫秦氏巾箱本 易三卷 詩書各四卷 春秋十七卷 禮記周禮各六卷 孝經一卷 論語二卷 孟子七卷 合五十卷 附大學中庸章句一卷 小學二卷　盧抱經曰九經小字本吾見南宋本已不如北宋本錫山秦氏本又不如南宋本今之翻秦本又不及焉按秦板以附小學者爲眞宋刊五經白文字小至每半頁二十行板式又小與秦本不同又有九經略似秦本之十四行板大小亦略似盖即其所出抱經所謂南宋不如北宋者也又見一南宋九經半頁二十行板大小略似秦板者　天祿後目有南宋刊巾箱九經白文不知其廿行抑十四行　十三經古注明永懷堂葛氏刊又有翻本今在浙猶存同治丁卯見新印本江西稽古樓十三經古注巾箱本其春秋三傳用閔齊伋刪注與葛本同其四書古注朱注並列　六經注有正統本怡府明善堂巾箱本汲古閣本今天都黃晟巾箱本及今揚州鮑氏

民国三年傅增湘铅印本《郘亭知见传本书目》十六卷，王重民原藏

亭知见传本书目》，我马上想到这个人很可能就是傅增湘。于是赶紧找来中华书局 1993 年版的《藏园订补郘亭知见传本书目》，果不其然，书前傅熹年所撰《整理说明》清清楚楚地写着：

> 一九一二年，先祖在苏州购得清末抄本《郘亭书目》，携之南北访书，有见即录，数年间在眉上行间加了大量批注。逐渐形成自为一书的规模。友人陈师曾先生（衡恪）用篆书写了《双鉴楼主人补记莫氏知见传本书目》的签题。此后，这个批本逐渐流传于外，王重民、孙楷第、谢国桢、邵锐诸人，都有过录之本。

由此可知，这个本子就是王重民先生过录的当年傅增湘的《双鉴楼主人补记莫氏知见传本书目》，书中眉批和旁批的主人都是傅增湘先生。

该书正文前还有傅熹年先生所撰《〈藏园订补郘亭知见传本书目〉原稿本及主要传本简介》一文，说《郘亭知见传本书目》在民国间有三个铅印本，一个是清宣统元年（1909）日本人田中庆太郎在北京排印出版本，每半叶十行，行二十四字；一个是民国初年张钧衡适园排印本，每半叶十二行，每行三十四字；一个是民国三年（1914）傅增湘藏园于天津出版之排印本，每半叶九行，行二十字，注双行低一格三十三字，细黑口，左右双栏。此本即民国三年傅增湘排印本。对于此铅印本，傅熹年先生在该文中还有详细的考证云：

> 熹年谨案：关于此目之校印，先祖藏园先生遗稿、日记中无记述，仅于家藏此本书签上题云："天津官报局印，藏园手校付印，民国三年铅字排版"。因知此本确系先祖校印。又，上海图书馆藏适园印本上莫棠手跋言，癸丑岁（一九一三年）先祖曾借其初本校新抄本，以铅字印行云。检《藏园日记》，于癸丑岁确有九月十七日邮寄借到王秉恩校本《郘亭书目》，九月二十七日寄还的记载。三者互证，可知此本是据王秉恩校勘付印的。据莫棠跋，王秉恩本是用莫棠录自原稿之本校过的，故尽管是间接的，莫棠仍然承认藏园本出于其初本，并认为视田中本、适园本为优。

这部书还透露出王重民先生与傅增湘的特殊关系。王先生1929年到位于中南海居仁堂的北平图书馆工作，与当时在中海西苑《国语大辞典》编纂处做编辑的大学同学孙楷第同住在居仁堂西四所，往来密切，亲如兄弟。孙楷第和傅增湘渊源深厚。早在清宣统二年（1910），傅增湘任直隶提学史到沧州视学，发现当时尚为高等小学学生的孙楷第天资颖异因而大加赏识。后来孙楷第到北平上大学，拜于傅增湘门下，傅增湘为他提供了很多帮助，比如听说他要研究《刘子新论》，就让其子送来两部明版善本，供其参考。王先生通过孙楷第结识了傅增湘，从此建立了师生之谊。1930年王先生辑杨守敬撰《日本访书志补》出版，孙楷第为其作序，傅增湘也亲笔为其题写书名，并在书名下方注"重民属"，可见当时的亲近关系。如果不是王先生后来出国十多年，相信他们之间的情谊会得到很深入的发展。正是因为这层关系，王先生才有机会将傅增湘的批注过录下来，而且能够采用傅增湘出版的铅印本作为底本过录。在北大图书馆的线装书中，傅增湘的这个铅印本也是馆藏该书唯一版本，加上王重民先生亲手过录的傅增湘眉批、旁批，可以说是相当珍贵难得了。

王重民先生去世前的工作地点是北大图书馆，时值"文革"后期，北大图书馆学系和北大图书馆合并为一家，这部书很可能是王先生放在其图书馆办公室中随时参考用的，所以后来没有同王先生家中的藏书一起捐赠，成为北大图书馆收藏的为数不多的几部王重民藏书之一。唯一遗憾的是缺卷十一、十二、十五、十六共 2 册。

二、清光绪十年长沙王先谦刻本《昭德先生郡斋读书志》二十卷附志二卷

此书内封题“晁氏郡斋读书志二十卷赵氏附志二卷”，内封背面有牌记“光绪甲申仲春 / 长沙王氏刊藏”，可知为清光绪十年（1884）长沙王先谦刻本。书衣内面右侧墨笔题：“西堂兄赠 / 二一、六、廿四日收到。”；其左侧有钢笔字题：“转赠 / 思杜兄，作为新年小礼品！ / 王重民、刘修业同拜。卅七、十二、卅一日　北平”。首叶“叙”下方钤有“胡思杜”长条白文朱印。

题记的字不多，但是却清楚地说明这部书是王重民先生于 1932 年 6 月 24 日收到的西堂的赠书，时隔 16 年之后，又以王先生夫妇的名义转赠给了胡思杜。

胡思杜是胡适的小儿子，出生在 1921 年 12 月 17 日，这天正好也是胡适的生日，取名“思杜”是为了表示对恩师——美国哲学家杜威的感怀思念之情。

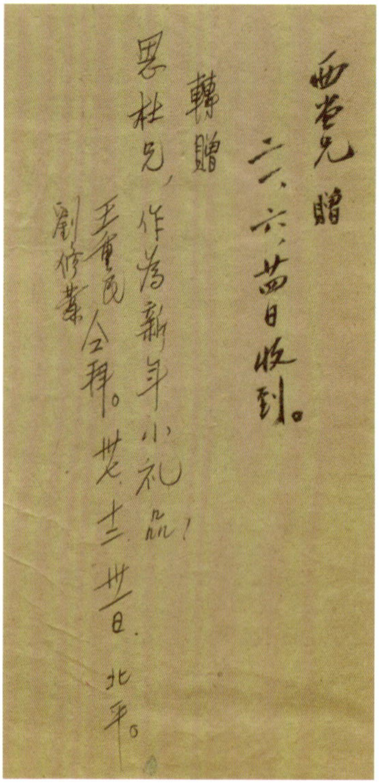

《昭德先生郡斋读书志》书衣内侧的题字

西堂即张西堂（1901—1960），名正，字西堂，以字行。湖北武昌人。最初曾考入北京清华学堂，因病辍学。1919 年复考入山西大学国文科。在校期间即开始学术研究，1920 年发表的学术论文《评胡适的〈中国哲学史纲〉》，指出胡适书中不少史料及观点错误，引起轰动。1923 年大学毕业后，先在太原做中学教师。1926 年秋到北京，在北京各大学任教。与钱玄同、顾颉刚等“古史辨”派人物交好，撰写《唐人辨伪集语》《春秋六论》《穀梁真伪考》等书，见解独到，奠定了他在学术界的地位。1931 年 8 月到 1934 年 7 月，经顾颉刚介绍推荐，赴国立武汉大学和河南大学任教。1934 年 8 月回到北平，先后任

北平师范大学、民国大学、中国大学教授。1937 年 7 月，卢沟桥事变爆发，张辗转到广西梧州，任广东襄勤大学教授，后又到贵阳任贵州大学中文系教授兼系主任，并曾一度在四川江津国立编译馆工作。1944 年 8 月，到陕西省城固县国立西北大学文学院中文系任教，曾任文学院院长和中文系系主任。此后即长期在西北大学工作直到 1960 年逝世。张西堂一生治学严谨，著作甚丰，有《唐人辨伪考》《王船山学谱》《尚书引论》《颜习斋学谱》《荀子真伪考》《穀梁真伪考》《王船山学谱》《公孙龙子研究》《周秦诸子论丛》《孙卿子考证》《汉晋传经表》《目录学四种》《〈文心雕龙〉笔记》《诗经六论》《经学史纲》《学术思想论集》《诗经选注》等 20 余部。

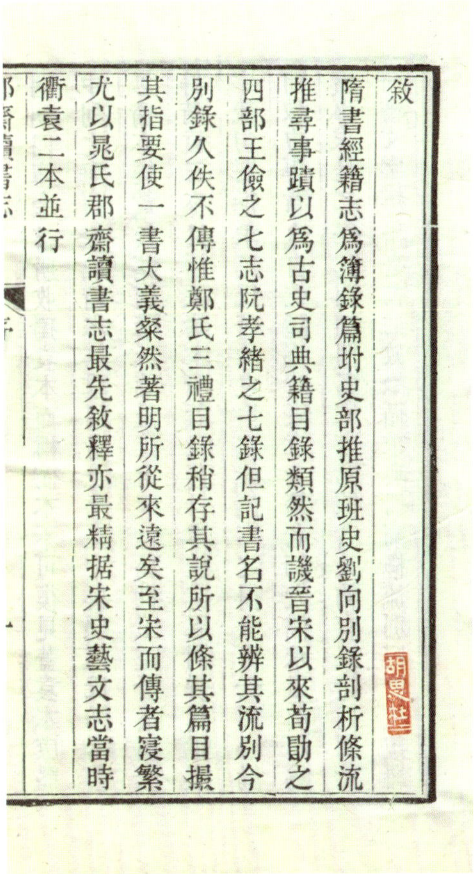
敘
隋書經籍志爲簿錄篇坿史部推原班史劉向別錄剖析條流
推尋事蹟以爲古史司典籍目錄類然而譏晉宋以來荀勖之
四部王儉之七志阮孝緒之七錄但記書名不能辨其流別今
別錄久佚不傳惟鄭氏三禮目錄稍存其說所以條其篇目撮
其指要使一書大義粲然著明所從來遠矣至宋而傳者寖繁
尤以晁氏郡齋讀書志最先敘釋亦最精据宋史藝文志當時
衢袁二本並行

《昭德先生郡斋读书志》首叶正面

1932 年，张西堂正在武汉大学教书，这部《郡斋读书志》应该是张西堂特意从武昌寄给王先生的，所以王先生题识用的是“收到”二字。这也说明王先生对这部书的特别重视。

《郡斋读书志》是中国目录学史上的经典之作，为宋代藏书家晁公武所编撰。此书最早的两个刻本，一为南宋理宗淳祐九年（1249）衢州刻本，一为淳祐十年（1250）袁州刻本。衢本二十卷，分 45 类，著录图书 1 461 部；袁本四卷，附后志二卷，附志一卷、考异一卷，分 43 类，共著录图书 1 468 部。此王氏刻本《郡斋读书志》二十卷，附赵希弁《附志》一卷、王先谦《考证》一卷、《校补》一卷，系糅合衢本、袁本二家之长而成的一个新的版本系统。书前郭嵩焘序云：“王益吾祭酒兼得衢、袁二本，又博采诸家所藏及旧抄本，校其异同，辨其讹误，字疏句剔，推求晁氏著论之旨，以证诸本之得失，可云用心勤而致力专者也。”

王重民夫妇之所以将这部书赠给胡思杜，背后有很多故事。

胡适1938年9月任中国驻美大使，至1946年6月1日离美返国，共7年有余。其间与在美国国会图书馆亚洲部工作的王重民先生过从甚密，结下了深厚的友谊。胡适回国担任北大校长后，力邀王先生回国任北大教授。1947年2月王重民先生携全家返国。仍回北平图书馆工作，同时兼任北大中文系教授，并在中文系下创办了图书馆学专修科。

胡思杜是1941年5月与王先生一起到美国的。王重民1941年5月19日致胡适的信中写道：“适之先生：委命已失败。归航明日抵檀香山，约二十八、九日可抵华盛顿。与思杜兄同住一舱，颇不寂寞。”1941年王先生受胡适委派，由美回国返沪移运北平图书馆善本书的使命虽一时未获成功，但也有一个功劳，就是将胡适的小儿子胡思杜从沦陷的上海带到了美国。这封信大概是在客轮中途停靠檀香山时发出的。将近一个月海上之旅的同吃同住，他和胡思杜建立了良好的私人友谊。

胡思杜到美国后，进贵格会主办的教会学校费城海勿浮学院（Haverford College）就读，后又转学，均未毕业，胡适在1943年5月25日夜致王重民的信中说他“成绩很不佳”。其实思杜在假期回家探亲期间，也帮胡适抄写了不少稿子，耳濡目染，对中国传统学术也产生了很浓厚的兴趣。1948年夏胡思杜回国，胡适安排他到北大图书馆工作，用意是让他多读书长学问。1948年11月19日王重民致胡适信中说“《东潜诗稿》第三、四册已于两礼拜前抄好，并已由思杜世兄用朱笔详校一过。”可见胡思杜确实在胡适的安排下、由王先生具体指导，做着国学研究方面的工作。

可惜这样的日子没有持续多久，1948年12月15日，胡适夫妇乘南京政府派来的飞机离开被解放军包围的北平，胡思杜拒绝与之同行。北平解放后，胡思杜到华北人民革命大学（中国人民大学的前身）政治部学习，毕业后到唐山铁道学院“马列部”教历史，1955年秋任新成立的马列主义教研组资料室主任。胡思杜一直单身，积极要求进步，将父母留给他的一箱金银细软上交组织，并一直争取加入共产党。1957年反右运动中被打成“右派”，同年9月21日晚上吊自杀，1980年11月获平反昭雪。

胡思杜当初虽拒绝与父母一同南下，但离别之痛是人之常情。时隔仅仅半月之后的 1948 年底，王先生夫妇送给思杜这部《郡斋读书志》，一来是作为新年礼物，对思杜的一种感情慰藉；二来也是体恤胡适让儿子认真读书的苦心，有意引导思杜走上学术研究之路。可以说是意味深长。

胡适南下后，于 1949 年 4 月赴美作寓公，1958 年移居台湾，任“中央研究院”院长，1962 年 2 月 24 日，在台北参加“中研院”成立 15 周年的酒会上猝发心脏病离世，至死也没有能够确定胡思杜的真实下落。而思杜之死对王先生的触动一定也是很大的。18 年后他走上了同样的道路，肯定有胡思杜的影子在他的脑际中徘徊。

这部书之所以能进入北大图书馆的古籍未编书库，我想很可能是胡思杜当时在北大图书馆边工作，边读书，这部书应该就放置在图书馆。不久他到华北人民革命大学学习，读书的内容范围发生了很大的变化，对中国传统目录学也不会再感兴趣，这部原本属于私人的线装书就与图书馆未编目的古籍放到了一起，直到今天才被重新发现。

三、1948 年北京大学出版组铅印本《国会图书馆藏中国善本书录》

这部线装铅印本《国会图书馆藏中国善本书录》共 8 卷 8 册 1 函，半叶 11 行，

《国会图书馆藏中国善本书录》函套

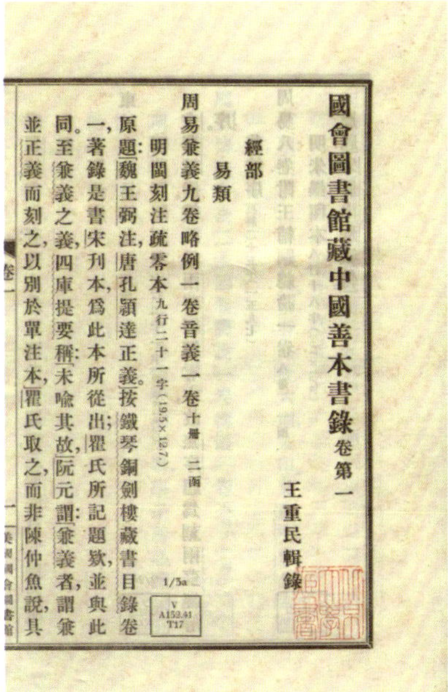

國會圖書館藏中國善本書錄卷第一

王重民輯錄

經部

易類

周易兼義九卷略例一卷音義一卷 十冊 二函

明閩刻注疏零本 九行二十一字 (19.5×12.7)

原題：魏王弼注，唐孔穎達正義。按鐵琴銅劍樓藏書目錄卷一，著錄是書宋刊本，爲此本所從出；瞿氏所記題欵，並與此同。至兼義之義，四庫提要稱：未喻其故，阮元謂：兼義者，謂兼並正義而刻之，以別於單注本，瞿氏取之，而非陳仲魚說，具

《国会图书馆藏中国善本书录》正文卷端叶

行24字，小字双行同；版心下方印“美国国会图书馆”。全书按经史子集部类编排，经部1卷1册，史部3卷3册，子部3卷3册，集部仅存1卷1册，截止于明万历间刻本《栖碧先生黄杨集三卷补遗一卷》，未完。每书规范著录书名、册数、函数、版本、行款、版框高广尺寸、国会图书馆典藏号，然后是提要，最后著录各人序跋及年款。

这部书是最近在北大图书馆古籍未编书的编目中被发现的，书中还夹有3张纸条，内容分别是：

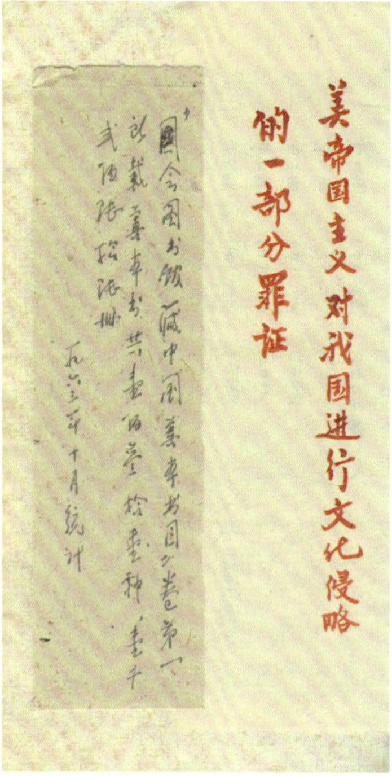

《国会图书馆藏中国善本书录》书中夹条

1：“美帝国主义对我国进行文化侵略的一部分罪证”

2：“《国会图书馆藏中国善本书录》卷第一所载善本书共壹佰叁拾壹种、壹千贰佰陆拾陆册。一九六三年十月统计。”

3：“第一册　131种　1 266册

第二册　153种　2 612册

第三册　131种　1 269册

第四册　197种　2 211册

第五册　141种　1 634册

第六册　203种　2 628册

第七册　190种　2 844册

第八册　122种　1 088册

共1 268种，15 552册”

字体不像是王重民先生的，很可能是当时的图书馆工作人员所为。

看来这部书曾经作为20世纪60年代某次揭露美帝国主义罪行展览的展品之一。既然如此，这部书就不宜再为王先生私人所有，展览之后便被送到北大图书馆古籍未编书库中等待编目，这样一放就是50年。

查《王重民先生百年诞辰纪念文集》（北京图书馆出版社2002年版）中收录

的刘修业编撰、王媛修订之《王重民先生著述目录》，其中著录有“《国会图书馆藏中国善本书录》十二卷（八册半）”，并有提要云：

> 一九四八年由北京大学出版组印行，原计划分十二卷，但仅印到八册半即终止印行，故只有清样一份。此书著录美国国会图书馆收买的中国善本书约一千六百余种，每书均详记所存卷数、著者、编校者及版刻情况。凡《四库全书总目》有提要的，则不再写提要，但《四库全书总目》所写提要有错误或有遗漏的则再加考订。此书著录的提要，是在美国一九三九年八月至一九四七年二月写出，未印行。抗日战争胜利，重民同志回国，把所写提要带回国内印行。

最后有修订者按：“此书已全部收于《中国善本书提要》中。”

王重民先生的《中国善本书提要》及《补编》分别于 1983 年 8 月和 1991 年 12 月由上海古籍出版社和北京图书馆出版社出版，已经成为现代中国古典目录学的经典之作。这两部书目汇集了王重民先生为国立北平图书馆、北大图书馆、美国国会图书馆 3 个图书馆所藏中国古籍善本书所做的提要共 5 620 余篇。由于王先生 1975 年 4 月 16 日猝然离世，这两部书目的编辑工作是由其夫人刘修业先生最后完成的。

但根据刘修业先生上述的那段话，结合本书的实际情况，我们发现另外一个事实，即：王先生 1947 年回国之前，很可能和美国国会图书馆有过约定，将他撰写的美国国会图书馆藏中国古籍善本提要在中国结集出版，所以将全部提要手稿拍摄胶卷留存国会图书馆，提要手稿则由王先生携带回国；王先生回国后确实很快就开始进行该书的编辑整理工作，并于 1948 年将全书 12 卷交由北京大学出版组排印。但由于时局变化，这项出版工作当时只印出《国会图书馆藏中国善本书录》的前 8 册样本就终止了，而全书本应是 12 卷 12 册。所以我们看到的这 8 册线装书，应该就是刘修业先生说的那 8 册“清样”，实在是珍罕异常！

大概是《国会图书馆藏中国善本书录》在中国国内终止出版的消息传到了美国，于是国会图书馆便决定在美国另行出版，并将编辑该书的任务交给了 1949 年携家人流亡美国的前北平图书馆馆长袁同礼先生。

袁同礼根据留存国会图书馆的胶卷，编辑整理了一部新的《国会图书馆藏中国善本书录》，手写誊清，精装 2 册，于 1957 年由国会图书馆在华盛顿影印出版。广西师范大学出版社 2014 年又将该本重新影印出版。

据美国国会图书馆亚洲部卢雪乡先生《袁同礼先生与美国国会图书馆》一文记载：

> 袁先生接下这个撰编馆内的中文善本书目任务后，他先把王重民的注释风格标准化，删除一些不必要的词句，然后以中文古书沿用的四部分类法去排列这些善本书。最后袁先生在书面上题上书名，这本重要的古籍参考书目终于在 1957 年面世。书中包括 1 777 种善本书，比王重民手稿上注释的多上 155 种。其中 11 本是宋版本（960—1279），1 本是金版本（1115—1234），14 本是日本版本的中文书，11 种韩国印的中文书及 1 个拓片。

美国版《国会图书馆藏中国善本书录》之所以较《中国善本书提要》多出 155 种，据范邦瑾在《美国国会图书馆藏中文善本书续录》（上海古籍出版社 2011 版）书前序言中表述，可能是因为王先生当年尚有少量手稿遗存在国会图书馆未携走的缘故。这是美国版的优点。但袁同礼不仅删去了王先生提要中原来记载的每书版框尺寸，而且删除了书中辑录的前人题记和重要的序跋，没有完整反映王先生所撰提要的全貌。

北京大学出版组 1948 年出版的 12 卷铅印本《国会图书馆藏中国善本书录》由于尚缺最后 4 卷，故仅收录 1 268 种提要。虽较该书美国版和《中国善本书提要》中所收国会图书馆藏本提要数量都少，但是将之与《中国善本书提要》相比勘，发现有许多不同之处。

如经部《周易传义大全二十四卷图说一卷纲领一卷》提要，《中国善本书提要》书名下著录“八册”后，紧跟一圆括号，中有“《四库总目》卷五”6 字。而北大版《国会图书馆藏中国善本书录》无此圆括号和这 6 个字，但在“八册”后多“一函”2 字。从而发现，《中国善本书提要》将原本著录的所有“× 函”内容全部删除了，也就是只著录册数而不著录函数，而北大版《国会图书馆藏中国善本书录》二者是都著录的。

该提要开首“明胡广等奉敕撰”下，北大版《国会图书馆藏中国善本书录》多以下文字：

按：是书为明代功令书，学子所必读，除《五经大全》本外，坊间翻刻必多，乃诸家绝少著录。今虽有志搜访，已不易得矣。约而言之，此类坊刻通俗书，其刻于嘉靖以前者，多流入日本；隆、万所刻，又间存于欧洲。自杨守敬《留真谱》《访书志》出，医药、小学之书，始稍见著录，他尚未遑。此本有日本人笔迹，为自东瀛购来者。

该篇提要中其他文字，仅微有异同，不再赘述。

又如北大版《国会图书馆藏中国善本书录》史部提要中《后汉书补志》三十卷提要的全文是这样的：

九册　三函

宋绍兴间刻本　九行十六字（21.4×17.3）

原题：“刘昭注补。”按《后汉书》此刻本流传甚鲜，今日似已无全书。涵芬楼有一部，大致完备，与北平图书馆藏本相配，已印入《百衲本二十四史》内。平馆所藏凡五部，无一完整者。其本皆从内阁大库流出；此本亦内阁大库物，《补志》适完备，为可宝也。内有元代补版，盖为元代所刷印。百衲本有张菊生先生跋，余亦稍治北平图书馆藏本，故不再详。卷内有“双鉴楼”、“藏园秘籍”、“沅叔审定宋本”、“傅增湘”、“书潜”等印记。

自序

《中国善本书提要》此条提要与之大同小异，但在“其本皆从内阁大库流出”句前，删去“平馆所藏凡五部，无一完整者。”一句，导致“其本皆从内阁大库流出”不知何指，显得突兀。在“盖为元代所刷印”句后，删去“百衲本有张菊生先生跋，余亦稍治北平图书馆藏本，故不再详。”减少了个人色彩。此外将前面的版本著录“宋绍兴间刻本”改为“宋刻元印本”，与提要内容相呼应，显得更加客观周全。

造成这些差异的原因可能有两个：一是 1948 年北京大学出版组出版《国会图书馆藏中国善本书录》之后，王重民先生对这部分提要又亲自做过一些删改；二是在刘修业先生在编辑《中国善本书提要》时，曾请杨殿珣、傅振伦二位先生复查审阅一遍，这两位先生审校时也会做一些小的修改。

由此看来，王重民先生所撰写的美国国会图书馆藏中国善本书提要，其实有三种不同的版本，其中 1948 年北大出版组铅印线装出版的这部《国会图书馆藏中国善本书录》最符合王先生提要手稿的原貌，而且装印精美，古色古香，唯一遗憾就是没有最后完成。对这三种不同版本从各方面进行对比分析研究，应该是今后一件有意义的工作。

北京大学图书馆最近发现的这三部王重民先生原藏线装书，都属于书目类著作，这并非巧合，而正凸显了王重民先生的目录学家本色。也从不同侧面透露了王重民先生的治学情趣和友朋交际的点滴秘密。他与傅增湘的师生之谊，对胡思杜的栽培爱护，撰写中国古籍善本书提要的呕心沥血，在这三部书上得到了验证，使我们愈发真切地感受到其人其学的无穷魅力。

原载《版本目录学研究（第五辑）》，北京大学出版社，2014 年：第 103—112 页

王重民1941年秘密返国史事钩沉

1941 年 2 月至 5 月，美国国会图书馆访问馆员王重民，奉驻美大使胡适的委派，秘密回到被日本占领的上海，意在将北平图书馆秘藏于上海租界内的善本古籍运送美国暂存，以拯救国宝于危难之际！虽然王重民本人未能直接完成此项工作，他所做的种种努力和在沪期间的相关工作，为这批国宝最终得以转存美国做了必要的准备和铺垫。

这在当时是一项秘密使命，原始文献记载甚少。幸好接任此事的钱存训先生后来撰有《北平图书馆善本书籍运美经过》一文[1]，以当事人的身份记录了一些史实。2003 年纪念王重民先生百年诞辰之际，朱红召又撰写了《国立北平图书馆善本图书运送美国保存经过述略》一文[2]，比较系统地叙述了事情经过。只是王重民这次回国的细节情况，因为文献缺失，世人无从得知。

2016 年末，为编《王重民全集》，我们对北京大学信息管理系资料室保存的一批王重民文稿作了初步的整理，惊喜地发现了一批王重民当年给其夫人刘修业的书信，共 17 通 24 页，比较详细地反映了王重民这次返国的经过。现据信中所记，参考王重民致胡适的书信及其他资料，考述王重民此行始末及相关情况。

一、返国使命

20 世纪 30 年代的国立北平图书馆，珍藏着我国历朝各代的文献精华，藏品之精，数量之丰，冠于全国，实为中华文化命脉之所系。1931 年日本发动“九一八”事变，东北四省相继沦陷，日军锋芒随即又指向华北，北平危在旦夕！ 1932 年 12 月 8 日，淞沪战事爆发，商务印书馆附设之东方图书馆包括宋、元、明珍本在内的全部馆藏悉数毁于日寇孽火。有鉴于此，1933 年 1—5 月，国立北平图书馆当即着手将馆藏中最为珍贵的古籍封装寄存到较为安全的地方。随着华北局势日趋紧张，1934 年 4 月 1 日及次年 11 月 24 日，国民政府教育部先后密电该馆馆长蔡元培、副馆长袁同礼和国立北平图书馆委员会副委员长傅斯年，建议将馆藏最为精善者紧急装运南迁，以防不虞。国立北平图书馆随即开始了馆藏最珍贵文献的南迁工作，于 1935 年底至 1937 年初，将馆藏甲、乙两库善本全部、敦煌写本全部、金石拓片及楚器全部、内阁大库舆图及参谋部地图、西文善本及专门杂志全部，分别运送上海、南京各处，其中甲库 180 箱、乙库 120 箱共 300 箱运至法租界亚尔培路科学社图书馆。1938 年初，为安全起见，甲、乙两库善本又迁移到位于法租界吕班路的震旦大学博物馆。后又化整为零，由震旦大学迁入附近租用的民房，分散掩藏，以避免引起敌人注意。

1940 年 3 月 5 日，蔡元培馆长去世，袁同礼代理馆长。6 月 22 日，法国向德国投降，其在远东的权利也大半转入日本人之手，存放在法租界的这批国宝朝不保夕。何处安放这些关系中华文化命脉的宝物？焦虑之中，袁同礼馆长将目光投向了大洋彼岸远离战火的美国，投向了世界上典藏最为丰富的美国国会图书馆。他和时任驻美大使的胡适一同代表中国政府与美国政府反复交涉，美方同意暂时代为保管。在重庆方面的专项拨款未能到位的情况下，胡适自己提供经费，派遣王重民秘密回国，与袁同礼一起设法使这批善本珍籍脱离险境。

1934 年 10 月，王重民赴法国巴黎，用 5 年多时间整理法国国家图书馆所藏敦煌卷子。1939 年 8 月 28 日，再受国立北平图书馆指派，由洛克菲勒基金会资助，携妻子刘修业及尚在襁褓中的长子黎敦从巴黎来到华盛顿，作为美国国会图书馆东方部的访问馆员，为该馆东方部整理所藏中国古籍善本。在接到胡适委命时，王重民已经在美国生活了将近 1 年半。

二、往返行程

王重民在返美向胡适提交的报告中写道：“重民受命，乃于二月三日离华盛顿，八日在旧金山登舟，二十八日抵香港，谒袁守和先生，于三月四日同赴上海。”[3]

此报告似乎将此行日程讲得非常清楚，过去人们讲述这段历史时也多以此为据。新发现的这批书信不但能够印证王重民的报告，而且还能纠正王重民报告中误记的一些关键日期，因为我们相信书信中所记的当时日期应该是最准确的。

首先是去程日期。

我们发现的王重民写给刘修业的这批信中，第一封信写于 1941 年 2 月 5 日，是王重民在火车快驶出科罗拉多州时写的。此区域距芝加哥的距离远大于华盛顿特区距芝加哥的距离，而 2 月 4 日，王重民正在芝加哥等候转车并给胡适写信，由此判断，王重民坐火车离开华盛顿特区的日期确实是王重民在报告信中所说的 2 月 3 日。

到达旧金山的时间是 2 月 6 日晚上。凌晨 12 时他在旧金山旅馆写的信中说："抵旧金山的时刻，前信把晚十时半误为早十时半，所以说到此还有时间，实则今晚十一时方到旅馆，明早十时便须上船，正午就开行了。"可见，王重民乘船离开旧金山的时间是 2 月 7 日正午，而不是王重民在报告信中说的 2 月 8 日。

从旧金山到香港的这艘邮轮走的是北线，旅程并不舒服。2 月 24 日信：

> 此次航行不经檀香山，从旧金山一直到横滨，故路线较北，在较冷的地带，渡了四千余海哩的深洋，大家未免都感受痛苦。我开船之次日，即晕了船，躺了七八天，才完全恢复。（大家都差不多，据说坐三等舱没有一个人不晕，因风浪之大，为从来所未有。我幸而坐了二等。）以后饮食渐增，到今日或将比开行时还胖壮了。

离开日本横滨之后，邮轮便向西南经台湾海峡沿中国大陆航行。王重民 2 月 24 日信中写道："明天便抵香港了。此刻似尚未过完台湾海峡，换句话说，便是正沿着福建海边走，可是已过福州了。若是有您在此，一定有更多感慨。不知何年何月，我能伴您一探故乡，到福州去闲住几天。"刘修业是福建福州人，经过自己妻子的故乡，王重民自然倍感亲切，更何况，对岸的大陆还是正被日本铁蹄蹂躏的祖国！ 2 月 27 日信中就这样写道：

> 二十四日我写完信不久，便远远的看到小山，知道那便是祖国的土地了。

一时悲欢交集，心中莫知其妙。次日上午，船抵香港……下船时，他们已预备好，派人来接，故一切没有动手，便来九龙酒店住下了。……在此［指香港——笔者注］三日，非常忙，终日帮袁先生写信，作报告，到因此得一些代理馆长的经验。

上述24日、27日两信均说邮轮到达香港的日期是2月25日；到27日，王重民已在香港忙了3天帮袁同礼写信、作报告。可见，王重民给胡适的报告信中说是“二十八日抵香港”，应该也是误记。

2月27日信中还写道：“袁先生已为买好船票，后天（三月一日）即一同赴上海了。”3月8日王重民在上海的信中也说：“这封信是在麦阳路一五六号写的。……我住两夜旅馆，两夜麦阳路。”由此倒推，王重民到达上海的日期正是3月4日。也就是说，在香港紧张忙碌地短暂停留了4天之后，王重民即与袁同礼于3月1日一起坐船去往上海，海上的航程为3天。王重民给胡适报告信中所说的“于三月四日同赴上海”，应该是“于三月四日同抵上海”。

返程日期在这批书信中更为明确。

1941年5月8日，王重民乘坐美国邮轮皮尔斯总统号（Ship President Pierce）从上海启程返回美国。4月20日信写道：“五月八日从上海开。”

返程走的是南线。5月19日信中写道：“我们就快见面了！ Pierce邮船又把我载回来了。明天早晨就到檀香山。”就是说，船到檀香山的时间是5月20日晨。

5月19日的信还透露一些船上的细节：

我在船上非常的好，中国人很多，颇不寂寞。在沪时，岳母要教我打马酱牌，没有学好；适袁先生托我给韩先生带来一付牌，我们却在船上大打起来，诚为此次旅途中我的一特别趣事。这次回来，坐三等舱，吃二等饭，因得享一切二等待遇，还算舒服，只花了150美金。我们回国时，如省钱，亦可采此办法。

5月26日船抵旧金山。5月25日信中说：“明天早晨我便到旧金山了。现在预计早晨到后，下了船即去买车票，晚上八点半开车。”

返抵华盛顿的时间是 5 月 30 日上午 8 时 40 分。5 月 26 日晚自旧金山的信中写道："现在就要上火车了。我将于三十日上午八时四十分到华盛顿。"

总结王重民此次返国行程，可列表如下（这里所用的日期时间均以当地时间为准）：

	日　期	旅　程	交通工具
去程	1941 年 2 月 3 日	从美国首都华盛顿哥伦比亚特区启程	火车
	1941 年 2 月 4 日	在芝加哥换乘	
	1941 年 2 月 6 日晚 10: 30	抵达西海岸的旧金山	
	1941 年 2 月 7 日正午	从旧金山启航	邮轮
	1941 年 2 月 25 日	抵达香港	
	1941 年 3 月 1 日	乘船离开香港赴上海	轮船
	1941 年 3 月 4 日	船抵上海	
返程	1941 年 5 月 8 日	离开上海	皮尔斯总统号邮轮（Ship President Pierce）
	1941 年 5 月 20 日晨	经檀香山	
	1941 年 5 月 26 日晨	船抵旧金山	
	1941 年 5 月 26 日晚 8: 30	离开旧金山	火车
	1941 年 5 月 30 日上午 8: 40	返回华盛顿特区	

三、收信人刘修业

我们看到的这批书信，收信人是王重民先生的夫人刘修业女士，属于他们夫妻间的往来书信。虽然没有看到刘修业的信，但从王重民的信中，也可以了解到当年刘修业各封信中的一些内容。

刘修业（1910—1993），原姓王，因从小过寄给刘姓人家，故改姓刘，谱名世寄，字君寄，福建福州人。1932 年燕京大学国文专修科毕业后，到北平图书馆工作，主编《国学论文索引》三编、四编，《文学论文索引》续编、三编。1936 年 10 月到法国，次年 4 月 10 日在法国巴黎与王重民结婚，同年 9 月赴英国伦敦大学图书馆学专修科进修。1939 年 6 月 4 日生下长子王黎敦，8 月，与王重民同赴美国。1947 年与王重民一同回国，仍在北平图书馆工作。1953 年调至中国科学院哲学社会科学部历史研究所，主编《中国史学论文索引》第一编、第二编。1966年退休。1975年王重民逝世后，致力于王重民遗著的整理，编校出版了《中国善本书提要》《敦煌遗书论文集》《中国目录学史论丛》《冷庐文薮》等王重民最重要的学术著作。刘修业还是古代文学研究的专家，著有《古典小说戏曲丛考》（作家出版社，1958），辑校出版有《吴承恩诗文集》（古典文学出版社，1958）等。曾任中国敦煌吐鲁番学会总会和语言文学分会顾问，在敦煌学界享有很高的声誉。

在王重民致刘修业的这批书信中，信的抬头称呼不一，或是“君寄”，或是“寄妹”，或是“修业”，或是“小蛮”。王重民自己的落款也是多样，或为“重民”，或为“仲明”（3月15日信），或为“三哥”，也有简单到只有一个字“民”或“重”，可见他们夫妻间称呼之随意和亲切。

王重民的英文姓名也在这批信中得到了确认，如5月19日信可证：“如已搬家，请于五月二十四日给我向船上拍一电报，写 Mr. Chun-min Wang，% S.S. President Pierce（May 25）San Francisco：I am living at——号码街名即可，以便我下火车后即回家。”说明王重民准确的英文名字是 Chun-min Wang。

从这批信中可以看出，王重民夫妇到美国的一年多时间里，因为孩子尚幼及各种原因，刘修业没能外出工作。但在王重民此次回国期间，刘修业则代理王重民在国会图书馆为古籍编目，显示出她极强的业务能力。

其实王重民刚离开华盛顿，不到两岁的黎敦就生病住院了。王重民3月29日信：“截至现在止，已接到二月二十四日信，知到二十四日，黎敦虽尚未出医院，可是已经好了。想不久天气可和暖，出院后不至再有什么危险了。”

孩子生着病，房子又出了问题。刘修业一边照顾孩子，一边又不得不找房子、搬家，在王重民刚刚离家的半个多月时间里，她以一柔弱女子之身，处理了好些生活中的难题。王重民4月3日信可以为证：“看您二月廿日所摄影片，相貌虽然清楚了许多，可是似乎很瘦了。想那半个月中，小孩有病，家事、搬家等琐事，一定太忙，以致自己身体吃亏。”

由于工作、家事一人不能兼顾，在黎敦病愈出院后，刘修业便将儿子暂寄在乡间托儿所，自己则按照原来的计划，开始到国会图书馆上班。王重民3月22日的信中说：“想您在馆已每天去办公，正可借此看一点中国书。不必多卖气力，每次能编三数部书，便算不错。因为吴先生等等，每天所编，亦不过从三部到十部而已。”在 5 月 19 日在返美船上的信中仍叮嘱：“黎敦想现在仍在乡间托儿所，请暂时不要接回他，等我到后再看看情形如何，估量一下，再定接回家抑仍寄托在那里。”

事实证明刘修业的生活能力是很强的。王重民在此之前的 4 月 29 日信中写道：“看您在寓内所照相片，身体还好。而黎敦也不比我走时瘦。看到之后，心里虽觉难过，而都这样好好的，也有相当安慰。”说明刘修业已经凭一己之力将各种困难都克服了。

王重民、刘修业携长子黎敦摄于美国华盛顿（1942 年）

在这批书信中，常常可以看到王重民在发自内心地夸赞自己的爱妻。

4 月 3 日信中写道：“听说您到图书馆代我办公，大家都称羡，而且说您能干。”

4 月 22 日信中说：“因您独自在美，替我处理一切，心内怀了无限的感念。回国后所见到的女子，不论说到哪一方面，没有一个比您好的。现在我方知道，您是最可爱最可歌的一个女人。”

后来的一切事实也证明，刘修业确实是王重民的好妻子、好学生、好助手，对王重民学术成就的发扬光大，起了非常重要的作用。

四、对此行任务的描述

王重民此行执行的是秘密使命。当时又身处日本人占领的上海，信件极有可能受到审查，所以在给刘修业的这批书信中，他几乎完全没有提到自己的具体工作。

其实，在上海的这段时间，是他人生中一次非常惊险和艰难的经历。

王重民在返美后写给胡适的报告中写道：

及抵沪，见公共租界与法租界交界处，小巷口皆不许通行，大街亦堵截其半，仅留车马与行人过路。初睹此状，能不惊心；二、三日后，遂亦安之。

公共租界有 Arts and Crafts Co.［美术工艺品公司］，为英人所主办。栈房深邃，空气流通，颇适寄存书籍，遂于三月十二、十三两日，用卡车将甲、乙两库书三百箱运存该公司内，即电告胡大使并教育部及图书馆委员会各委员，准备运送出国。一面赁屋于公司内，开箱选择最精之本，冀减少箱数，易于搬运；一面与海关交涉如何放行。

江海关已在日人监视之下。丁贵堂先生管税务司，其地位于华人中为最高，与袁先生有故，为建三策：（一）将书箱点交驻沪美总领事，作为美政府所有，完全由美领事代运，则江海关可发放行证。（二）改装旧衣箱，用旅客携带行李办法带行香港或其它地方，若每次携带二十箱上下，伊可给证免验。（三）若不能先将书箱移交美政府，则必先有重庆国民政府训令，方肯发放行证。第一法既知办不到，第二法又殊难实行（若改装衣箱，则箱数不止加倍，且购买旧衣箱难于新衣箱；即购得旧衣箱，在公司内改装，最易透露风声）。第三法虽属下策，若获得放行证，未尝不可一试，盖既有放行证，或可免日人检验。亦可用拨〔驳〕船由苏州河直送黄浦江美邮船。且美领事罗君允届时由美领馆中派人押送，惟遇危险，不肯承认为美政府所有物耳。故决定行下策，电请教育部饬令江海关丁贵堂发放行证。

甲、乙两库书，甲库百八十箱，最称善本，拟先从此百八十箱中选其最要者为百箱。乃逐箱启视，剔去重本与书本重大而少学术上价值者。然后再就版刻与内容，选其最善最精者为百箱。箱编号码，书编目录（中文一份，英文两份），为时三周而毕。于时江海关尚未奉到重庆训令，乃再三电促，直待至四月三十日，财政部训令始到。时日俄不侵犯条约已签字，吴淞口外又有扣我汽油之事，丁氏未免有戒惧之心，遂以电呈梅乐和（F. W. Maze），梅不可，即电复孔祥熙先生。所谓下策者，又遭失败，重民遂于五月八日离沪返美矣。[4]

具体的开箱选书和重新装箱工作是由王重民和北平图书馆善本库主任徐森玉一起进行的。经过二十多天的紧张工作，“共选出精善本2 720种，总计约3万余册，装成102箱，其中包括，宋元本约200种，明版近2 000种，抄本500余种”[5]，基本包罗了国立北平图书馆善本古籍中最精华的部分。

但上述工作，在所有于这期间王重民给刘修业的信中，只有3月8日信中稍有提及：“我的工作，正在和袁先生、徐先生诸人一同办。”可见王重民是非常懂得保密工作的规矩的。

4月3日信中写道：“因为领护照，亦照一些照片，附上1张。”这张照片就是下面这张熟为人知的王重民1941年摄于上海的半身照。

在上海期间，王重民的另一件事情就是买书。

首先是给胡适买书，而且买的数量应该不小，因为胡适要的都是一些大部头古籍，例如商务印书馆出版的百衲本《二十四史》等。胡适还想要一套《丛书集成》，但因为只有北平有售，王重民在上海停留时间长短不定，不知能否及时邮到，于是只好作罢。胡适1943年2月16日致王重民中信曾说“我常想，若没有前年你代我买来的那些中国书，岂不真成了没有棒弄的猢狲了吗？”[6]

王重民先生1941年摄于上海

我在这批信中发现，王重民此行还给自己买了不少书。如2月27日信中写道：“前在剑桥所得之太平天国史料，已由《广东丛书》委员会代印，并给了稿费国币八百元。”这800元基本都被王重民在上海买了书。3月8日信中说：“书比早先贵四五倍，但我亦拚命买，若能把那$800① 花完，也许能买出小成绩。此次范围，都是中文的讲欧美事情的书。”4月3日信中说：“关于近代史及天主教、耶稣教等书，各买一些，便作为我们将来

① $是民国时法币的简写符号。——引者注

的产业。”3 月 15 日信中说：“我在此生活，非常舒服。不但不做饭，而且吃的非常好。唯不能读书，除作点儿事外，便是逛书铺。日来买的书到不算少。”

在给胡适和自己买书的同时，还给 Hummel[①] 也就是美国国会图书馆东方部买了一些，并随时交书铺邮寄美国。如 1943 年 4 月 3 日信中写道：“给 Hummel 方面，没有专意去买。所以以前存款，还是任六姊代经管，不必都买了书。现在所买的一点，有《广东丛书》的稿费，也很够了。即给 Hummel 买了一点，已交书铺直寄，省得麻烦。”

在逗留上海的后半段时间，王重民的主要任务则是为国立北平图书馆买书。4 月 16 日的信中明确写道：“我现在白天大概是买书，因为图书馆有一万元，袁先生叫我买普通书。”前述王重民自己的 800 元尚且可以买许多书，那么这一万元专购普通书的量更是一个不小的数字。这是王重民在抗战时期对国立北平图书馆的另一贡献，也是过去人们从来没有提到过的。

运书、选书、装书、买书，这就是王重民此行在上海的具体工作内容。书，是王重民生活中永恒的主题。

五、信中谈到的袁同礼

在这 17 封信中，提到最多的人物就是袁同礼了。

袁同礼中年照

袁同礼（1895—1965），字守和，河北徐水人，出生于北京，1916 年毕业于北京大学。1929 年至 1948 年间任国立北平图书馆副馆长和馆长。1949 年赴美，先后在美国国会图书馆和斯坦福大学研究所任职，1957 年到美国国会图书馆编目部工作，1965 年 2 月退休仅 1 个月后，即因患癌症卒于华盛顿。

对于王重民来说，袁同礼曾是他的老师，又是他的上司，他的赴法和赴美工作，都是由袁同礼直接派遣的，因而从心底对这位恩师兼上司怀有深厚的感情。在这次

① Hummel（1844—1975），全名 Arthur William Hummel，中文名恒慕义，1928 年至 1954 年担任美国国会图书馆东方部即今亚洲部主任。

回国期间，俩人更是有较多时间在一起，所以在给刘修业的信中总是提起袁同礼，其中一些细节描述是从其他地方看不到的。

如 2 月 27 日信：

> 次日（25 日）上午，船抵香港，在船上接袁先生信，知未走［指袁同礼出国事——笔者注］，但不知原故。总想他是被人牵制，未成行，颇为他难过，以致流出泪来。……袁先生来后，才知所以不走，因等候 Hummel 来，和他太太割了盲肠，和日本太太一样的病，尚未十分好。并且袁先生已为买好船票，后天（三月一日）即一同赴上海了。昨晚到袁先生家吃饭，他有两男两女，大女已能帮助母亲预备饭，次男正生病，三女也不舒服，四男方四岁，吃饭的时候从床上跌下，哭起来，真很热闹。他们只用酒精灯煮饭，袁先生也会帮忙，不过生活情形之简单，比我们尤甚。……我劝他们多给小孩买衣服，袁先生说次男穿鞋太废，要买十双。袁太太说，脚长的快，一年后便不能穿。因为他们要计划住两年。

王重民之所以能够在香港与袁同礼相会，一来是他的上海之行需要袁同礼引导；二来是袁同礼准备以中国政府代表身份前往美国，为战争中的中国图书馆募集图书及购书款项。在其赴美期间，袁拟推荐由王重民代理北平图书馆馆务。所以在这批信中王重民曾多次提到袁同礼出国之事，也提到自己代理馆务之事。

如 2 月 27 日信："袁先生走后，我大概可用秘书主任名义代行馆长职务。袁先生不愿孙洪芬代馆长，孙亦不肯，现正请蒋梦麟作代理馆长，尚未有答复。蒋先生不干，或将请任鸿隽代。"

3 月 8 日信："基金会在四月二十二日开，袁先生不走，则我不必专待。……但袁先生又和大家打架，他提出我代理，别人未必通过，而听说别人虽有意见，谈到我个人方面，又有'非公莫属'之势。总之，此事究竟如何，须待至四月二十二日方能知道。"

3 月 15 日信："代理图书馆主任之说，现尚不能确定，须待至四月二十二日开会，看能通过与否。"

3 月 29 日信:“袁先生于出国手续，已一切办好，只要四月二十二日中基会开过会，即可走。人家说他太专横，群起反对，所以他行期后展，待至开会后再走。但如会中通不过，那时怕起乱子，如通过，则一切无问题矣。找人代理馆长名义一节，在此不能接洽；袁先生即赴港，到后或可再进行。”

4 月 3 日信:“董事会又改在四月十七日开会。”

4 月 20 日信:“中基会已开过年会，十八日把袁先生出国事否决，他当日来电报，要辞职，我非常担心，怕他一则大打架，二则再犯病，花四十元去一长电劝慰他。好在昨天似已转圜，他又来电说：已请病假半年，大概是有人调停，可算无事，他六月间即可出国了。至于我代理问题，电报内未谈到，大概不日有信来，看此情形，我八月间大概要回国了。”

4 月 29 日信:“袁先生仍是计划六月间出国，委员会要他找在国内的人代理，所以他拟请莫余敏卿代折代行，等我九月间回国后再代理。”

中基会的全称是中华教育文化基金董事会，成立于 1924 年，是负责保管与支配美国第二次退还庚子赔款余额的专门机构。国立北平图书馆就是中基会的一个特殊项目，抗战时期该馆的主要经费来源就是中基会的拨款，馆中的许多事务也需要中基会来讨论决定。孙洪芬当时任中基会干事长。事实是，由于各种原因，袁同礼此次赴美之行暂时搁浅。1941 年 12 月 7 日，日本偷袭珍珠港；次日，日军进攻香港，25 日香港沦陷。袁同礼全家被困于敌占区，直到次年夏天方脱险回到重庆。直到 1944 年 11 月，袁同礼才正式受国民政府委派赴英美考察。1945 年 2 月 2 日在国会图书馆做重要演讲，4 月 25 日至 6 月 25 日，以中国代表团顾问身份参加旧金山联合国第一次会议，9 月，带着访美的丰硕成果回到光复后的北平，肩负起国立北平图书馆战后复员工作的重任。

六、信中谈到的上海亲戚及其生活

王重民于 1941 年 3 月 4 日到上海,5 月 8 日离沪返美。在上海两个多月的时间，除最初两夜外，其他时间都住在麦阳路 156 号刘修业父母暂时寓居的家里。在给刘修业的信中，所提到的家中亲人，除岳父、岳母之外，还有依娘、六姊、十一姊、十三嫂、十七嫂、璋妹及一群外甥们。写作此文时，经向王重民幼子王平先生探询得知，依娘是刘修业过寄人家的寄母，姓汪名留思，王重民夫妇 1947 年回国后，依娘和他们一起生活直到“文革”开始后才返回福建，1969 年 1 月去世。六姊、十一姊、十三嫂、十七嫂是刘修业的两位亲姐姐和两位亲嫂嫂，用的是堂兄妹的大排行；璋妹不是刘修业的亲妹妹，当时尚未出嫁。

作为当时第一次上门的新姑爷，王重民在上海岳丈家受到了亲戚们的热情接待，感受到久违了的大家庭的热闹氛围。对于这些亲戚，王重民在信中也有很多具体的描述，让这些人物跃然纸上，显示了他细致入微、生动如画的记人叙事本领。

3 月 8 日信：

> 我初进王家大门，见到的第一个人是依娘，第二个人是十一姊……我到时，岳父不在家，也没有递名片，他们都不知道来者如何人。所以依娘先下楼，十一姊抱着肇洛也下来。我一见便问：“您是十一姊吧？”她说是，但不知我是何人。一俟明白之后，她连称真有趣极了。第二天和袁先生一起来，方见到六姊。……袁先生和我同船来上海，说了一道的王世宜［即十一姊——笔者注］，所以他也来看十一姊来了。我住两夜旅馆，两夜麦阳路。在此两天中，生活真丰富极了。全家都非常招待我，我亦处处如回高阳老家。尤其是依娘，更是体贴入微，爱护备至，有时谈到您回来的话，便快乐的流出泪来。对于我的饮食，更是待记［此二字看不清楚——笔者注］的非常周到。至于诸甥，因我能和他们玩，他们也非常喜欢我。……岳母的病已很好，岳父很能和我谈得来。

3 月 15 日信：

> 十七嫂来后，和她的母亲住在霞飞路。她是清华毕业，态度很斯文。女孩叫小梅，到［倒］很聪明，已能玩很多玩艺。六姊看护小孩，实在周到，而且小孩子们都很聪明，我已不再和她打架了。十一姊很平静，据说不久要去教书。前几天，有一位表兄请客，岳母和大家，特别照顾新姑爷，闹得大家大笑，据说为近来所未有。

4 月 29 日信："六姊终日兢兢，不过是苦了自己；十一姊一切能果断，别人并未吃她的什么亏，而自己可是得了快乐。"

4 月 16 日信：

六姊总是站在大姊的地位，好好的和全家周旋，十一姊现到外边教书，下午随便作点事，晚上有时改卷子或预备功课。十三嫂是一位上海式的少奶奶，整天整晚的不在家，如果在家，亦是陪着岳母打牌。璋妹性格和我以前所想像的不同，最近岳父给她介绍了一位葛先生，也许因为有了异性，样式方显好了许多。依娘整天整晚的照顾我，常不顾人家体面，照顾我太过分，有时叫我很难为情。但因为语言不通，有时她和我闹脾气，我亦不懂为什么。我猜到的是嫌我多花钱，如我和诸甥买个玩艺，或和岳父十三嫂出外吃顿饭，她知道了便要变颜色。

3 月 22 日的信写得尤其生动：

谈到在麦阳路居住，真够有趣而热闹了。岳母和依娘，对于我的饮食穿暖非常注意，而且非常周到，在久鲜慈母之爱的我，得此真够心情舒适。在外操劳已久的您，将来回国后，得此更觉百二十分的舒适了。全家六位小天使，肇洛比黎敦大些，懂事多多，一哭一笑，都觉可爱。尤其清早我刚刚醒来，他已在叫'姨夫'。六姊的三位，各各［个个］聪明，互相闹起来，他们言语之锋利，往往比我们和您［你］们三姊妹都尖锐，实在好玩。……再谈到六姊和十一姊，已领略不少。就是我来后不久，有一位表兄请客，大家都吃了一点酒，饭后六姊、十一姊、十三嫂、十七嫂一同卖起相思。以前我们同看的 The Woman 电影，正活现在我的眼前。真出乎我的意想以外。那晚的六姊，正做了电影中打电话的那一位，在写那封信的时候（六姊信中已提过），好像君劢、友忠、十三哥、十七哥一齐在空中旋舞。璋妹似乎不大懂，独她的头上没有人在旋转。

4月20日信：

家中情形，谅您愿闻，兹略述今日形状，俾窥一斑。早晨六姊和五个小孩，都打扮起来，预备去公园野餐，却下起雨来，不能走，小孩们乱嚷，终于打伞冒雨走了；可是出门不久天便晴了。于是我给袁先生写信，璋妹画画，十一姊看肇洛，岳母梳洗，岳父看报，依娘做针线。到十一时半，我们谈到厚德福，吃河南菜，于是我便和岳父、十一姊去吃厚德福去了。午饭后回来，璋妹仍画画，以便等葛先生。现在葛先生已来，邀着璋妹和岳父出门了，于是我来写这信，十一姊也许正在给您写信，十三嫂陪着岳母，依娘仍然作针线。今天是我第一次和十一姊出门，璋妹第一次和葛先生出门，十三嫂第一次几乎全天没有出门。

3月29日信："我在此非常好。大约每日早八时左右起床，依娘已预备好一切，吃完早饭即出门。午饭总是在外吃。下午四时或四时半，即回家吃茶，大家随便谈谈，就去吃晚饭。"

4月3日信："我来此后，一点没有忙，最大原因，即由于我尚未管闲事，而且不愿和人来往。除去正时间出外办事以外，每天下午四五时，都能回到家吃茶，便整理书或者谈谈。所以说，日来生活真是安静极了。"

负有秘密使命的王重民，此次在上海，必须尽量避免和外界接触，这方面王重民做得很好，同时也使他有一些余暇稍多地关注民生方面的事情。根据王重民信中的描述，当时上海的物价并不算贵，一般人的生活还不算艰难。

3月8日信中写道：

今天下午，逛了一小时的公司［即百货公司——笔者注］，真是集世界之大成，无物不有，而且比在各该本国买，大多数要便宜一些。即以做大衣为例，今日下午到了一个卖英国货的小成衣铺，我作了一件厚大衣，一套秋天西服，一套夏天西服，各要两条裤子，两件Shirts，一共才花了$490，还不到三十美金，在美国三十美金不过做一套，现在做了四套，您说有多便宜。

3月15日信中写道："上海的生活，真够醉生梦死。即从六姊十一姊而论，较之我们在美，亦舒服得多多。……上海的东西，若按美金合计，仍是便宜数倍。比方吃饭，吃一顿大餐，不过从2.50到三元五角，合成美金，仅一两角钱。其余衣服用物等等，都可由此例推。"

但是随着日美关系的逐渐恶化，法租界的房子日趋紧张，人们开始盘算今后的出路。

4月29日信："此间因房子生问题，大家颇着急，六姊要去大理，岳母要回福州，十一姊不言不语，大概已有她自己的计划。"

由此可见，太平洋战争之前的上海，各国租界里的中国人，暂时还能维持一个相对正常的生活。上海与国内外的交通，也还能保持畅通。但人们已经在各谋出路，以应付随时可能发生的不测事件。

刘修业的父亲名叫王孝缉（1876—1965），字彦和，亦作研禾，福建闽侯人，是清末福建最后一个状元王仁堪［1848—1893，光绪三年（1877）状元］的第四子。民国时曾任教育部视学、福建省教育厅厅长；1958年被聘为北京市文史研究馆馆员，1965年7月20日在北京逝世，享年89岁。抗战时王孝缉寓居上海法租界，不与日本人合作。

在刘修业这些姐妹诸嫂中，最有名的是被称为"六姊"的大姐王世瑛（1899—1945）。王世瑛是中国国家社会党领袖张君劢（1887—1969）的夫人，1925年与张君劢结婚，生育了五个孩子。抗战初期张君劢任大理民族文化书院院长，而将妻儿安顿在上海法租界岳父家。后来王世瑛也辗转来到大后方与丈夫团聚，1945年在重庆因难产去世。张君劢为她深情地写下了《亡室王夫人告窆述略》，此后终生未再娶。

据王重民之子王平家藏《西清王氏族谱（壬申续修订本）》记载：十一姊名王世宜（1904—1981），丈夫施永忠1939年获美国南加州大学哲学博士，夫妻二人后均任教于美国西雅图华盛顿大学，其子施肇洛（1938—　）后获美国麻省理工学院航空工程博士学位。十三哥名王世廉（1905—1946），曾任航空部欧亚航空公司总务股长，配陶励健（1917—1946）即十三嫂，于1946年因所乘轮船在吴淞口外触雷沉没而夫妻双双遇难。十七哥名王世宪（1908—1993），曾任民主社会党主席团主席、国民政府立法委员、东吴大学教授，配史英（1911—1991），即十七嫂，1949 年全家迁台。

王重民书信中对于王家亲人生动的描述，为了解这些历史人物提供了宝贵的细节，同时也体现了王重民温润随和、春风化雨的品质和魅力。在这样一个特殊的时期，王重民能同其岳家诸亲聚首一处，冷暖相知，也让我们在其使命的庄严神圣之外感受到一种温馨、欢谑的别样情调。

七、讨论归国之事

1939 年王重民从法国赴美，是奉袁同礼馆长之指令帮助美国国会图书馆编制馆藏古籍目录，并未打算在美长期居留，而是时刻准备回国、回馆效力。所以这批书信中，有大量内容是在与刘修业讨论回国的事情。

如 2 月 27 日信：

袁先生已向孙洪芬代我们请求归国旅费三百元美金，也许能批下来。经济方面，袁先生颇无权，孙洪芬又和他不对，未审如何；但此次有胡大使关系，或亦能批准。……袁先生又说：Hummel 给三百元，基金会出 300 元，怕我们定不够用。我说可再向 Hummel 说，为其课外编敦煌目，要点钱。（我想要 400 元）他说我自己写信不好，他可去一信，则更有希望了。我们带小孩，坐三等舱太苦，可能有一千元，则我们即坐二等，六七百元足够了，则还可剩下三百美金。所以我们若到八九月回国，也许还能积到六百元，则共可有九百元，兑为国币，可有一万五千银元，再能不动，则算有根本了。

3 月 15 日信：

袁先生意见，就叫您在此地［指上海——笔者注］办公，不到内地去，因为内地一则太苦，二则来回须坐飞机，太贵，从香港到昆明，便须五百四十港币，即一百十余美金。究竟如何，俟归来后再定。

3 月 22 日信：

我们如返国，是留沪抑赴内地。想到那时，也非常难解决。把黎敦留在上海，而我们赴内地，或您和黎敦留上海而我独自赴内地，如有困难之点，将来之不易决断，正如六姊十一姊所尝过者。……至于您回国后工作，袁先生拟让您留上海管理买西文书事，我怕您一个人不好办，（因为现在没有馆址，没有书记，没有听差。）我说等将来再说。我的意思是：如六姊十一姊已赴内地，便我们一家四人（依娘也在内）亦赴内地；如六姊十一姊仍留沪，您和黎敦亦可留沪，稍稍休息半年，把看护小孩的方法教给依娘，然后您再赴内地去。据说上海比内地花钱少，而享受多，小孩去了，花钱虽多，所需要的东西，亦无法买到。所以六姊要到大理后，自己养牛呢。为的有牛奶吃。

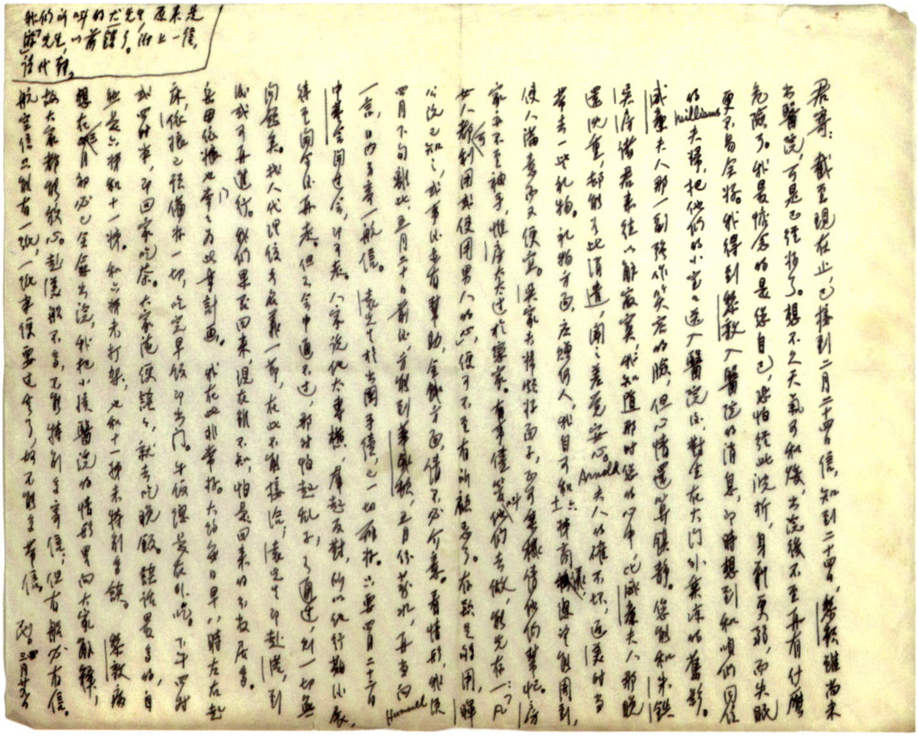

王重民 1941 年 3 月 29 日在上海写给刘修业的信

从这些书信的内容来看，在当时国内处于战争状态，内地生活十分困难的情况下，王重民一直想的是如何回国，回国后妻儿如何安顿，而从没有想到自己，没有想到自己可能经受的困难。这种境界，实在值得今天的人们学习。当然后来情势的变化令人难以预料。1942 年 6 月，王重民亲手挑选的北图善本古籍全部运抵国会图书馆，王重民受命督理这批古籍善本的拍摄缩微胶卷事宜，并为之一一撰写提要，直到 1946 年方告蒇事。之后太平洋航路重新开通，王重民随即于 1947 年初携妻儿回到阔别多年的祖国。

八、信中透露的几个重要地址

在这批信中，王重民记录的几个相关地址非常重要，值得一提。

1. 胡适的地址

王重民 1941 年 2 月 24 日致刘修业信中写道："去信中如有写'晖丈'者，便是致胡先生，请加信封寄'3225，Woodley Road'。"胡适当年留学时，将其居所

美国华盛顿双橡园（Twin Oaks）大门

美国华盛顿双橡园（Twin Oaks）主体建筑

名为“藏晖室”，其留学日记最初即名为《藏晖室札记》。王重民 1939 年曾有信给胡适，抬头称“藏晖先生”。woodley 路 3225 号这个地址就是有名的双橡园（Twin Oaks），是胡适当时所居住的中国驻美国大使馆官邸。

双橡园位于华盛顿哥伦比亚特区西北区，其主体建筑是一座新英格兰木屋架构风格的别墅。该园最初的主人是美国独立战争时期的将军尤莱亚·佛瑞特。1888 年，佛瑞特的后人将其卖给美国国家地理学会的创办人加德纳·格林·赫巴德。1937 年 8 月，赫巴德家将该处承租给新任中国驻美大使王正廷。1947 年，驻美大使顾维钧以中华民国政府名义以 45 万美元向赫巴德家族购置双橡园，双橡园成为中国政府财产。

1938 年胡适继任驻美大使后，也住在双橡园。1941 年胡适委派王重民回国执行使命，就是在双橡园做的具体部署。王重民在日本占领下的上海，不便直接向中国驻美使馆寄信，所以这期间给胡适的信，要通过刘修业转寄。可见王重民是有着很强的做秘密工作的意识的。

2. 设于香港大学冯平山图书馆内的北平图书馆办事处

2 月 6 日晚 12 时王重民在旧金山写给刘修业的信中说：“您如有急事，便于二十五日前寄：C/O Fung Ping Shan Library，Bonham Road，Hong-Kong（China）冯平山图书馆转北平图书馆办事处。”

冯平山图书馆创立于 1932 年，是香港大学的一座中文图书馆，由香港富商冯平山（1860—1931）独立捐资创办。抗战初期，国立北平图书馆利用香港与国内外交通邮寄条件比较便利的优势，与香港大学合作，在冯平山图书馆内设立北平图书馆办事处，作为对外交往的基地，开展图书资料的采访等各项图书馆业务工作。王重民在香港中转逗留的几天，可能就是在这里办公的。

当年的香港大学冯平山图书馆（现为香港大学美术博物馆）

3. 位于上海法租界麦阳路一五六号的刘修业娘家寓所

王重民在 3 月 8 日给刘修业的信中说：“这封信是在麦阳路一五六号写的。”麦阳路一五六号是刘修业父母兄弟姊妹一家抗战初期在上海的寓所，王重民此次返国在上海期间，除最初两晚外，其他时间都住在这里，和岳父全家上上下下相处得其乐融融，使得他的上海之行平添了许多亲情和温暖。

麦阳路，法文为 Route Mayen，位于法租界，修建于 1910 年前后，1943 年租界收回后改名华亭路，南起今淮海中路，北至今长乐路，全长仅 700 多米。马路两

上海法租界麦阳路（Route Mayen）1910 年初建时的面貌

上海法租界麦阳路路边小洋楼的背面多有直通二楼的室外扶梯

边花园洋房相连，样式大都为地中海式的三层小洋楼，形状各异，前面大多有带券柱廊或半圆形敞廊，廊上面为阳台；小楼的背面则有直通二楼的室外扶梯。洋房外有各种别致的围墙，并配有小小的花园，民国年间这一带是中等职员生活区。刘修业娘家是大家族，家中男子又都在外地担任要职，有一定的经济实力，所以能在这里赁屋居住，这个环境对于王重民此次回国执行此项秘密任务是十分相宜的。

4. 在华盛顿的住址

2016 年 5 月，笔者在结束华盛顿大学东亚图书馆访问学者生活之前，专程自西雅图赴首都华盛顿特区，冀图通过实地探察王重民先生任职的美国国会图书馆以及他在华盛顿的住处，了解王重民当年在美国工作和生活的情况。可是在当地多方打探，也没有找到王重民当年在华盛顿的住处，当时心中颇感遗憾。但在这批信中，却意外地发现了他们当年在华盛顿的住址，真是惊喜万分！

王重民在 4 月 20 日给刘修业的信中写道："住房问题不知已否解决？好在我已知道 153 号 E St. S. E. 号码，我到华盛顿下车后，即可一直回家。"在 5 月 19 日的信中也写道："不知您是否仍住 153，E Street，S. E.？"

原来，王重民刚刚离开美国，他和刘修业原来的住房就遇到了麻烦，刘修业自己找到了新的住所并搬了过去，就是信中所说的"153，E Street，S. E."。我在谷歌地图上查到了这个地址，完整的名称是"153 E Street Southeast，Washington，DC 20003 USA"。就在国会图书馆正南方向半英里的地方，步行上下班只需 8 分钟的时间，可以说是方便极了。王重民先生的小儿子王平先生之前曾告诉我，他听哥哥黎敦回忆，他们当年在美国的住所距离国会图书馆非常近，就在国会图书馆旁边不远的街上。这说明王重民一家在"153，E Street，S. E."这座房子里住了

王重民、刘修业在美国华盛顿特区的第二个住处正面

很长的时间，否则黎敦不会记得这么清楚。

我在王重民 4 月 16 日写给刘修业的信中还发现了他们搬家前的住址，地址横

王重民当年办公室所在的美国国会图书馆约翰·亚当斯大楼

（The John Adams Building of the Library of Congress）

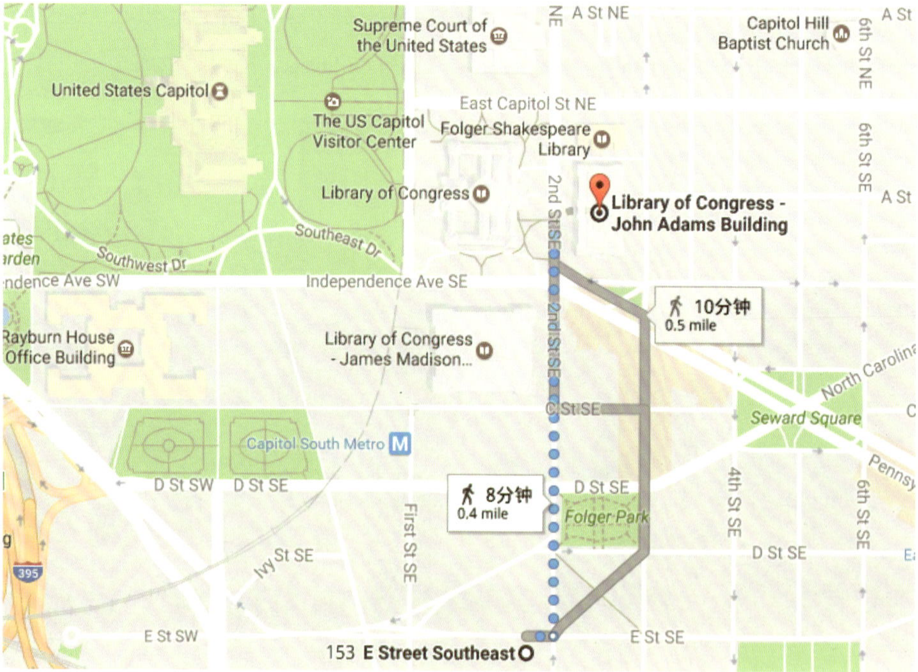

地图中连续蓝点标出的就是搬家后王重民从住处到办公室大楼的路线

写在信的左上角："无信寄 129 N Carolina Ave.，知搬家后，都寄 L. C. 故也。"因为这 2 行字写在信的正文之外，开始不知何意，没有注意它。后来忽然醒悟，这就是刘修业搬家前他们原来的住址呀！这段话的意思就是：你为什么没有收到我寄到 129 N Carolina Ave. 这个地址的信呢？因为自我知道咱们家搬了家以后，写信都寄到国会图书馆了。

通过在谷歌地图上的搜索，我发现王重民和刘修业搬家前的住址竟然就在新家的马路对面，是一处公寓楼，地址全名是 129 North Carolina Ave SE，Washington，DC 20003，离王重民当时工作的国会图书馆东方部所在的约翰·亚当斯大楼甚至距离更近，也是步行 8 分钟就到了。

王重民在华盛顿的住宅一直紧邻他工作的国会图书馆，使他不必将时间浪费在上下班的路上，可以更专注地投入到工作和研究中，他在美国所撰写的数千篇古籍善本提要，可以证明他工作和研究的勤奋与高效。

地图中连续蓝点标出的就是王重民原住处到办公室大楼的路线

九、处世哲学的思考

针对比自己小7岁的妻子在国外独立生活和工作中遇到的各种难处和困惑，王重民在信中也不时予以指点和安慰。

4月3日信中写道：

总之，对于朋友，有事便可相托，不要不说。因为自己不说，朋友不知如何帮忙，则不能动手帮助。而共事多了，反是增进感情。所以托人帮忙，有时还可促进友谊。……人与人之间，本来没有隔膜，就因为彼此不肯来往，就越来越生疏。但能常常通信或见面，自然便能变得很好，而乐于彼此互助了。须知托人传事或向人借钱，是一较难为情的事，而彼此互相来往，互相帮助，正是人类的美德呀！

4月29日信中说：

在这次的离别，您诚然受苦不少，但因此而觉悟了人生，而明白所以应付之方，真可算受苦的无上代价了。人之与人，第一步在亲族，第二步在朋友，第三步在全社会，一步一步的扩大起来，都经验到了，在这人世的大海中，找到了自己，再拿自己去应付一切。可爱者爱之，不可爱的相与委蛇，于是便苦恼少，而快乐能自找了。这些话，在没有经验时，不论如何说是听不懂，但在自己有了经验之后，便为先得我心了。

4月29日信中还说：

我的思想本极简单，我处世方法，亦无特别能力，就是自己镇静，有理智而能支配事情，差足自慰。再就对付人说，人人都是如此，求人能顺己，比较难；自己能提得起，放得下，便好说了。

4 月 22 日信中写道："望我们以后好好努力，不论到什么地方，总不至被别人所同化，而永久保持着我们的个性。"

王重民一生，得贵人相助之处甚多；而他自己也发奋有为，严于律己，勇于担当，卓然独立，成为一代大家。他以爱心对人，人也以爱心对他。他对爱妻的劝勉，也正是他的处世之道。回味咀嚼他的这些话语，感觉真是金玉良言！

十、事情的结局

因这批善本古籍运美无望，王重民乃于 1941 年 5 月 8 日带着胡适的次子胡思杜一同离开上海返美。原本由国民政府行政院于该年 4 月份拨付到账的 3 000 美元运费，后来也由社会教育司移作他用。

王重民 5 月 19 日在归程船上给刘修业的信中写道："我这回离开您［你］们四个月，自己劳苦万状，事情没有办成；您［你］们又孤独寂寞，有时受人欺压，回想起来，实不该有此行。"可见当时其情绪之低落。

同一天给胡适的信中也写道：

> 委命已失败。归航明日抵檀香山，约二十八九日可抵华盛顿。……运书事除非美领事出头不易办，可是他始终不肯。我们自己办，最危险期在上船，而上船前海关许可证即不易得。江海关华人主事者为丁贵堂，伊允教部或财部有命令，即可发给。等了四、五十天，孔祥熙的命令方到了，丁即转呈梅乐和，梅即电孔，决定不执行。盖鉴于前者沪上所存白银，孔主运，梅主不运，结果运而出险也。现在孔似不肯再电梅，即电梅，而目前局势较紧张，正先生所谓'太危险则不动'的时期。幸存件已移入公共租界，英、美势力若不撤退，可保无虞。[7]

但就在最后关头，峰回路转：一说是 1941 年 8 月袁同礼又回到上海，终于找到一位在上海开办转运公司的美商 Gregory，先将这批书运到美国海军仓库，然后由美国军舰免费运送到美。其中 27 箱寄往国会图书馆，75 箱寄往加州大学图书馆。据袁同礼 1941 年 10 月 30 日写给胡适的信中报告，此项善本书籍已于当月分数批全部运美[8]。胡适则于第二年2月赶到加利福尼亚大学，亲自督理将75箱书转运国会图书馆。一说是钱存训偶然得到在海关任外勤的张姓朋友（钱夫人许文锦的同学的大哥）的帮助，在其值班时，将102箱书分为10批，用中国书报社代美国国会图书馆购买新书的名义，从10月开始至12月5日交商船运送美国。

无论是通过哪种途径，到1942年6月，102箱书已全部运抵华盛顿国会图书馆，并有消息在媒体发布。王重民随即受命为每一部书撰写提要，并督导国会图书馆为其拍摄缩微胶卷，至1946年全部拍摄完成。二战结束后，国立北平图书馆拟将这批善本接运回国，但由于国共内战愈演愈烈而暂停。1947年2月，王重民一家离美回国。而袁同礼则于1949年赴美定居，在国会图书馆工作，默默陪伴着这批国宝，直至1965年2月去世。他去世后，时任台湾“中央图书馆”馆长的蒋复璁立即建议台湾当局与美国交涉，索要这批国宝。于是同年11月，这批书被美国海军军舰海运至台湾，交台北“中央图书馆”暂存，随即因蒋复璁转任台北“故宫博物院”院长而被迁移到台北“故宫博物院”保存至今。

十一、结语：历史使命，家国情怀

从1941年2月3日离开华盛顿到5月30日返回华盛顿，将近4个月的时间，王重民共给刘修业写了17封信计24纸，日期分别是2月5日、6日、27日、28日，3月8日、15日、22日、24日、29日，4月3日、5日、16日、20日、22日、29日，5月19日、25日和26日（这2日的信写在一张纸上，故应算作1通）。王重民在3月29日给刘修业的信中写道：“赴美的船不多，不能特别多寄信；但有船必有信。航空信只能有一纸，一纸半便要过重了，故不能多带信。”即使有这许多的客观条件限制，也是平均不到1周便有1信，可见万里之遥，也不能阻隔王重民的爱妻爱子之心。

4月22日在上海发的最后一封平信中，王重民这样对刘修业说：“在此次别离中，您受的辛苦实在不少，同时得的经验亦不少。我在此虽如在家，但总不安定，又时时刻刻挂念着您。自船票定后，算觉见面有期，想经过此次别离，再见之后，必有说不出的快乐与变化。”

在5月25日邮轮即将抵达旧金山的最后一信中，王重民深情地写道：“黎敦六月四日生日，转瞬即到，而适赶得我底回去，到［倒］是很足纪念。那一天——或者待至礼拜六的晚上，我们请一下客，您愿意不愿意呢？从此见面之后，我愿相爱如胶漆，整天整夜的能清闲自在的谈谈笑笑！”

为了民族文化命脉的延续而身履险地，又因真挚的爱情、亲情而牵念万里。这 17 封信让我们看到了在那个不平凡的年代我们前辈学人感人的家国情怀！

参考文献

［1］钱存训《北平图书馆善本书籍运美经过》，载《传记文学》，1967 年第 10 卷第 2 期：第 55—57 页。

［2］北京大学信息管理系编《王重民先生百年诞辰纪念文集》，北京：北京图书馆出版社，2003 年：第 131—147 页。

［3］北京大学信息管理系，台北胡适纪念馆编《胡适王重民先生往来书信集》，北京：国家图书馆出版社，2009 年：第 9 页。

［4］北京大学信息管理系，台北胡适纪念馆编《胡适王重民先生往来书信集》，北京：国家图书馆出版社，2009 年：第 9—10 页。

［5］魏训田《抗战前后国立北平图书馆藏书聚散考略》，载《德州学院学报》，2004 年第 20 卷第 1 期：第 78—82 页。

［6］北京大学信息管理系，台北胡适纪念馆编《胡适王重民先生往来书信集》，北京：国家图书馆出版社，2009 年：第 26 页。

［7］北京大学信息管理系，台北胡适纪念馆编《胡适王重民先生往来书信集》，北京：国家图书馆出版社，2009 年：第 7 页。

［8］北京图书馆业务研究委员会编《北京图书馆馆史资料汇编》，北京：书目文献出版社，1992 年：第 1317—1318 页。

原载《信息与管理研究》2017 年第 1—2 合期：第 33—48 页

《胡适王重民先生往来书信集》中的几位法国汉学家

2009年4月2日，在北京大学勺园7号楼301室召开的《胡适王重民先生往来书信集》① 的编辑出版座谈会上，与会专家学者热烈讨论了该书的出版意义，缅怀了胡适、王重民先生之间令人感动的学术交往，盛赞两位先生博大精深的学术造诣和高尚纯洁的道德情操。

北大社科部部长程郁缀教授指出，书中所收的这些书信提供了丰富的学术资料和线索，希望学术界充分利用这些书信，写出一系列相关的学术文章，将胡、王二先生开创的事业发扬光大。北大信息管理系老教授白化文先生则进一步指出了书中注释存在的一些问题，希望能够在再版时予以补正。

在白先生提出的问题中，有一条很重要的意见，就是关于本书“续编”的第一篇书信《吴光清、王重民致胡适（1942年6月9日）》的。白先生指出问题的这段书信原文是这样的：

> 戴密微乘春假之便，到瑞士省亲，乘机来一信，称伯希和、Maspero，Robert Din Rotoms，Dolleans女士[1]等在巴黎都好，惟都老了许多。

该条注释是这样的：

① 北京大信息管理系，台北胡适纪念馆编《胡适王重民先生往来书信集》，北京：国家图书馆出版社，合肥：安徽教育出版社，2009年。

法国人名，三人生平不详，应该都是和胡适也有过交往的法国学者。

白先生在会上明确指出，这三个人都是重要的法国汉学家，他们的中文名称分别是马伯乐、戴何都、杜乃扬，而且戴何都的法文姓名也拼错了，应该是 Robert Des Rotours。

白先生的话真如醍醐灌顶，使我们茅塞顿开。因为一旦说出这些人的中文姓名，我们立刻就知道这都是些多么重要的人物！作为该书的副主编，我对此条注释的轻率和粗疏深感惭愧，特写作此文，以补前愆。下面我就按照上述这段书信原文中提到的 5 个人名的相反顺序分别介绍一下他们的生平事迹及其与胡、王二位先生的关系。

一、杜乃扬（Marie-Roberte Dolléans）

经白化文先生向中国国家图书馆萨仁高娃女士查证，以及我本人向法国国家图书馆罗栖霞女士征询，在获得她们认真查找的资料特别是罗女士的精确翻译之后，我们获知关于杜乃扬女士的生平情况：

杜乃扬（1911—1972），原名为玛丽 – 罗白尔特・怮雷昂（Marie-Roberte Dolléans），1944 年结婚后改随夫姓，全名为玛丽 – 罗白尔特・吉尼亚尔（Marie-Roberte Guignard）。1911 年 2 月 21 日出生于法国圣埃蒂安城。高中毕业后，进入巴黎国立东方语言学院学习，并获得中文和日文文凭。1930 年至 1933 年，在法国培养图书馆员的著名大学法国宪章学校攻读图书馆技术学位的同时，在法国国家图书馆印刷文献部义务工作，先后师从著名汉学家伯希和、马伯乐、戴密微。1934 年秋，国立北平图书馆和法国巴黎图书馆互相交换馆员，中方派王重民到法国国家图书馆手稿部东方分部编纂中文写本目录，法方则派杜乃扬到国立北平图书馆外文部编辑法文图书目录。杜乃扬女士在北平图书馆工作期间业绩突出，其才华得到当时代馆长袁同礼的欣赏，因而原定两年的交换时间得以延长，她在北平图书馆一直工作到 1939 年初，为扩充该馆的法文图书收藏继续做出贡献。

杜乃扬在中国生活了 4 年多，中文水平得到很大提高，对中国文化也有了更深入的了解。她在中国参观了很多大型图书馆，游览了很多名胜古迹，并有机会去日本和朝鲜旅游。

1939 年 2 月，杜乃扬回到法国，担任法国国家图书馆手稿部东方分部图书馆员，负责管理东方写本馆藏。当时王重民先生尚未离开法国国家图书馆，所以他们二人有过一段短暂的同事关系。

杜乃扬有很强的业务能力。在她的带领下，法国国家图书馆东方部先后编辑出版了馆藏埃塞俄比亚书目、高棉书目、梵文书目，以及特别重要的馆藏伯希和敦煌文献目录。同样是在她的不懈努力下，1961 年，法国国家图书馆终于建成了东方学阅览室并对公众开放。

杜乃扬在法国国家图书馆曾经成功举办了许多展览，如 1948 年的“历代文字与图书展”,1951 年的“国家印刷局图书艺术史展”,1961 年的“泰戈尔文献展”等。她还撰写了一些相关学术著作，如 1958 年出版的由 L. 费弗尔和 H. J. 马丁合著的《图书诞生》一书，其中《中国印刷术》一节就是由杜乃扬撰写的①。

1966 年，杜乃扬在巴黎大学汉学高等研究学院兼课，讲授法国国家图书馆中文藏书课程。她还曾在法国广播电视上介绍法国国家图书馆的中文馆藏。

杜乃扬代表法国国家图书馆多次出席国际东方学研讨会，如：1954 年的剑桥会议，1957 年的德国慕尼黑 - 马尔堡会议，1960 年的莫斯科会议，1967 年的安阿伯会议，1971 年的堪培拉会议。

杜乃扬的学识得到来自多方面的承认，她是法国亚洲协会理事会理事，还曾荣获法国国家荣誉骑士勋章、法国棕榈学术骑士勋章、法国艺术与文学骑士勋章。

1972 年，杜乃扬因病去世。《法国图书馆杂志》1972 年第 4 期刊登有《玛丽 - 罗白尔特·吉尼亚尔（杜乃扬）夫人讣闻（1911—1972）》，介绍了她的生平事迹[1]。

二、戴何都（Robert Des Rotours）

王重民先生在信中提到的另一个法国人名 Robert Des Rotours，也是一位重要的法国汉学家，他的中文名叫戴何都，也有人音译为罗特瑞，或罗都尔。戴何都

---

① 该书中文版书名译作《印刷书的诞生》，先后由台北猫头鹰出版社于 2005 年、广西师范大学出版社于 2006 年出版，译者为台湾李鸿志，作者中文名翻译为费夫贺、马尔坦。

1891 年 7 月 19 日生于阿弗兰城堡，1980 年 11 月 7 日卒于伊夫林省的维罗夫莱。

戴何都家族早先是诺曼底贵族世家，后移居北方。戴何都的兄弟和父亲、祖父以及曾祖父分别担任过阿弗兰的市长、省议会议员和众议院议员。他先在里尔市的耶稣会中学学习，后进入巴黎政治学院继续学业并于 1911 年毕业。1911 年 10 月，他前往柏林学习德语，并于 1912 年 6 月回到法国，同年 10 月入伍，后来参加了第一次世界大战。在军队服役期间，他开始学习汉语及中国历史。1920 年 6 月，他获得了巴黎国立东方语言学院的毕业证书。1920 年 12 月 2 日至 1922 年 11 月 4 日将近两年的时间，他是在中国度过的。1927 年，他获得了巴黎高等研究实践学院（EPHE）的毕业证书。1933 年 10 月 14 日，他从威尼斯起航再赴中国，1934 年 1 月 10 日，经西伯利亚大铁路回到巴黎。当年秋天王重民先生赴法，在法期间与戴何都建立了私人友谊。

1945 年，戴何都继伯希和之后担任法国汉学研究所（IHEC）所长。在他的不懈努力下，1959 年该所归并到巴黎索邦大学，由韩百诗（Louis Hambis）担任所长，戴何都任名誉所长。1976 年，戴何都获得比利时汉学高级研究会荣誉会员头衔。

戴何都是唐史研究专家，他的汉学研究论著主要集中在这一领域，如:《中国唐代诸道的长官》(《通报》第 25 卷，1927 年),《〈新唐书〉选举志译注》(巴黎，1932 年),《〈新唐书〉百官志、兵志译注》(莱顿，1947 年),《安禄山史事》(巴黎，1962 年),《庞勋叛乱》(《通报》第 56 卷，1970 年),《玄宗皇帝的统治》(1981 年),等等[2]。

三、马伯乐（Henri Maspero）

马伯乐（Henri Maspero）

王重民先生在信中提到的第一个法文人名 Maspero，中文名马伯乐（音译马斯佩罗，旧译马司帛洛），更是鼎鼎大名的法国汉学家。

马伯乐（Henri Maspero，1883—1945），法国著名汉学家，敦煌学重要学者。1883 年 12 月 15 日出生于巴黎，其父加斯通·马斯佩罗为法国著名考古学家，曾任埃及文物局局长。马伯乐于 1903 年随父前往埃及，在那里完成了论文《托勒密王朝时期埃及的财富》，并因此于 1904 年获得历史学和地理学高等文凭。此后他开始学习中文。1907 年从巴黎国立东方语言学院毕业，1908 年被任命为法兰西远东学院实习研究员，同年 3 月抵达越南河内。1908 年 11 月—1910 年 6 月、1914 年 3 月—8 月初，曾两次被派往中国进行考察。因第一次世界大战爆发，1915 年 4 月马伯乐应征入伍，1919 年 3 月退伍复员，返回越南。1920 年自河内返法，接替其师沙畹（Edouard Chavannes，1865—1918）任法兰西学院中国语言和文学主讲。1936 年 2 月 1 日，马伯乐被聘为碑铭与美文学院（Académie des Inscriptions et Belles-Lettres）院士，1942 年 12 月 23 日当选为该院副院长，1943 年底当选为院长。1944 年任法兰西学院文学部会长。1944 年 9 月马伯乐夫妇被德国盖世太保以“恐怖活动嫌疑”的罪名关进集中营，1945 年 3 月 17 日马伯乐在德国布痕瓦尔德集中营被残害致死[3]。

马伯乐的汉学研究范围非常广泛，遍及语言、历史、宗教和敦煌学。早在 1920 年，他便撰写出版了《唐代长安方言考》一书①。1927 年他又出版了《古代中国》②一书。他还发表了许多汉学研究的学术论文。他的大量遗稿后来经由他的弟子和同事戴密微整理，以《关于中国宗教和历史的遗稿》（三卷本）③为名出版。1971 年，该书第二卷由其另一名弟子康德谟教授重新整理，以《道教与中国宗教》④为名单独出版。康德谟在该书序言中说：“马伯乐的最大的功绩就是对于道教，这样一种难于理解的宗教，给予了理解，提出了问题，并且向着这个方向开拓了道路。”

在敦煌学研究方面，他继沙畹整理斯坦因第三次中亚探险所获敦煌卷子及吐鲁番等地出土的汉文文书，完成了《斯坦因第三次中亚探险所得汉文文书》[4]。

马伯乐与胡、王二人也都有交往。马伯乐的道教研究对胡适影响很大，胡适在 1942 年秋卸任驻美大使之后，首先想要着手做的事情之一就是道教史的研究，

---

① 法文原名 Le dialecte de Tch'ang-ngan sous les T'ang。2004 年中华书局出版了聂鸿音的中文译本。

② 法文原名 La Chine Antique，曾获儒莲奖金，1955 年再版，附补编和汉文。

③ 法文原名 Mélanges posthumes sur les religions et L'histoire de la Chine，1950 年出版。

④ 法文原名 Le Taoisme et les religions chinoises，1981 年由基尔曼（Frank A. Kierman）译成英文在美国出版。

后因为苦于文献资料的缺乏才不得不暂时搁置。

四、伯希和（Paul Pelliot）

伯希和（Paul Pelliot）

伯希和（Paul Pelliot，1878—1945），以曾大量掠取敦煌卷子而为中国人所熟知，但伯希和也确实是一个卓有成就的汉学家。《胡适王重民先生往来书信集》中对伯希和的注释过简，也没有注出他与胡、王二人的关系，显然是一个遗憾。

伯希和1878年5月28日生于巴黎，先入巴黎大学主修英语，后转到国立东方语言学院，专攻东方各国语文历史。曾师从沙畹等人学习。1899年成为越南河内印度支那古迹调查会（1900年改名为法兰西远东学院）的资助生。1900年在北京期间曾亲历使馆区与义和团的战斗，随后返河内远东学院任教。

1905年，斯坦因（Marc Aurel Stein，1862—1943）中亚考古新发现的消息传入欧洲后，伯希和受法国碑铭与美文学院和法国中亚考察委员会的委派，进行中亚考察，掠走了大量的珍贵文物和文献。特别是1908年2月到5月，继斯坦因之后，他又攫取了敦煌写卷的精华部分数千卷以及幡幢、绘画等文物。重返河内后，着手进行初步整理工作及写作考古报告。1909年复至北京，曾与直隶总督端方研讨考古问题，并与罗振玉、王国维等商榷敦煌写本研究计划，自此为中国学者所认识。

1911年法兰西学院特设中亚历史考古学讲座，聘请伯希和主讲。第一次世界大战期间，伯希和奉召入伍，并于1916年奉派至北京法国使馆任陆军武官次官。1921年被选为法国碑铭与美文学院院士。1935年出任法国亚洲协会主席。1940年在葛兰言死后继任法国汉学研究所所长。1945年10月29日病逝于巴黎[5]。

伯希和精通亚洲各种语言，注意版本校勘及新史料的搜求应用，在其主编的国际远东研究权威刊物《通报》等书刊中发表了大量研究论文和短文，涉及的题目极为广泛，对中国目录版本、语言文字、考古艺术、宗教文化、东西交通、边疆史地等领域，都有研究论述。他与其师沙畹合撰的《摩尼教流行中国考》①，是摩尼教研究中的名篇。他的《十五世纪初中国的伟大海上旅行》②一文，从典籍流传和版本考证方面对郑和下西洋的史实作了深入的考证。伯希和的遗稿由其弟子编辑为《伯希和遗稿丛刊》③，已出版的有《元朝秘史》《金帐汗国历史注记》《马可波罗游记诠释》《卡尔木克史批注》《西藏古代史》《中亚及远东基督教徒研究》等。但仍有许多未发表，其目录见日本《史学杂志》第 89 编 10 号（1980）。伯希和在敦煌学方面的主要著述有《甘肃发现中世纪的文库》④《伯希和所获敦煌写本目录》⑤。他还将所摄敦煌壁画照片编为《敦煌石窟图录》全 6 册（1920—1924），并与羽田亨合作，出版了汉文《敦煌遗书》（第一卷）（1926）[6]。

1926 年 8 月，胡适为出席中英庚款委员会会议赴欧，曾专程拜访伯希和。他在 8 月 24 日的日记中写道："他（指伯希和）是西洋治中国学者的泰斗，成绩最大，影响最广。我们谈了两点钟，很投机。"伯希和亲自陪同和引荐，带胡适进入法国国家图书馆的写本书室看敦煌卷子。胡适在此历时近一个月查找禅宗史料，并与伯希和有过几次关于禅宗史和敦煌卷子的详谈。胡适建议中国学者参与巴黎、伦敦所藏敦煌写本的整理和分类编目，并指出伯氏所编目录有不少错误。伯希和对此均表示接受。后来王重民先生赴法为法国国家图书馆所藏敦煌卷子编目，与当初胡适对伯希和的建议应当不无关系。

此后胡适与伯希和的交往持续了十余年，两人多次会面。1938 年 7 月胡适赴法，还与伯希和见了最后一面。但伯希和于中国现代学者中，最服膺的是王国维和陈垣。王国维死后，他在《通报》撰文悼念，称之为"现代中国从未产生过走

① 有商务印书馆 1931 年中译本。

② 有商务印书馆 1935 年中译本。

③ 法文原名 Oeuvres Posthumes de Paul Pelliot。

④ 原载《法兰西远东学院学报》（BEFEO，1908 年第 8 卷第 3、4 期）；陆翔的汉译文题《敦煌石室访书记》，载《国立北平图书馆馆刊》1935 年第 9 卷第 5 期。

⑤ 法文原名 Catalogue de la collection de Pelliot manuscrits de Touen-houang，罗福苌译，载《国学季刊》1923 年第 1 卷第 4 期、1932 年第 3 卷第 4 期；陆翔译，载《国立北平图书馆馆刊》1933 年第 7 卷第 6 期、1934 年第 8 卷第 1 期。

得这般前面又涉猎如此丰富的博学者”。1933 年伯希和来华访问期间，也在很多场合表示，中国近代之世界学者，惟王国维及陈垣两人。自视甚高的胡适或许对此评价不以为然，因为从此以后他对王国维的著述屡有质疑。1943 年春，胡适在纽约初做寓公，即为王国维《汉魏博士考》一文作跋，欲摘其误，并进而写成一篇《两汉的太学》。后来受王重民先生的影响，治全（祖望）、赵（一清）、戴（震）《水经注》案，也一再指出王国维的论证错误，证明胡适动了火气，未能严守科学方法。有学者指出，胡适于《水经注》的一段公案如此注意，竟至投入十多年时间研究，与伯希和的这一评价也有很大关系[①]。

伯希和与王重民先生也有一段渊源。1933 年初，伯希和访华期间，与国立北平图书馆达成交换馆员协议，中方派王重民赴法整理法国国家图书馆所藏敦煌卷子，法国国家图书馆则派杜乃扬女士来华为北平图书馆藏法文图书编目。王重民先生在巴黎将近 5 年，不仅编制了有关敦煌遗书的详细目录，而且还编制了《伯希和 A 藏 B 藏目录》和《伯希和拓片典藏目录》，其间伯希和尽力给予指导帮助。王先生曾多次拜谒伯希和。1939 年王先生离开法国之前，往谒伯希和，询以敦煌文献及回鹘史事数则。伯希和则出示其当年记录的敦煌壁画题记，与王先生认真探讨了这批珍贵史料的整理出版问题，二人谈得甚是投机。伯希和记录的这些敦煌壁画题记后来以《伯希和敦煌石窟笔记》[②]为名出版，成为今天研究敦煌石窟的重要资料。

五、戴密微（Paul Demiéville）

最后要讲到的是将这些人物联系到一起的戴密微。

戴密微（Paul Demiéville，1894—1979），法国著名汉学家，敦煌学重要学者。1894 年 9 月 13 日生于瑞士洛桑。1914 年在巴黎索邦大学获得博士学位，次年进入巴黎国立东方语言学院和法兰西学院，师从沙畹，学习汉语和梵文，

戴密微（Paul Demiéville）

① 参见：桑兵《国学与汉学：近代中外学界交往录》，杭州：浙江人民出版社，1999 年。

② 中译本有耿昇译本，兰州：甘肃民族出版社，2007 年。

同时学习日文，1919 年毕业。1920 年赴河内法兰西远东学院工作。1921 年 6 月至 1922 年 1 月间，由法兰西远东学院派遣赴北京考察。1924 至 1926 年受聘为厦门大学教授。1926 年 7 月至 1930 年，在日本东京日佛会馆任研究员兼馆长。从 1931 年开始，戴密微先后执教于巴黎国立东方语言学院、巴黎索邦大学和巴黎高等研究实践学院。

法国汉学在第二次世界大战中遭受重创：1940 年葛兰言因德军入侵愤郁而死，1945 年马伯乐卒于纳粹德国集中营，随后伯希和也不幸病故。三位有影响的法国汉学大师先后离世，给原处于鼎盛状态的法国汉学造成了巨大真空。这一真空由于戴密微的继起而得以填充。戴密微以丰富的汉学知识和坚强的意志，力排万难，为法国汉学在战后的发展做了大量的工作，成为法国汉学界新一代的领袖人物。1946 年，戴密微继马伯乐之后任法兰西学院中国语言文学教授，直至 1964 年退休。他还接替去世的伯希和长期担任《通报》的主编。戴密微一生所获荣誉极多：1951 年当选碑铭与美文学院院士，1959 年担任院长；曾先后获得比利时卢万大学（Université de Louvain）、意大利罗马大学（Université de Rome）、荷兰莱顿大学（Universiteit Leiden）名誉博士；他还是英国伦敦大学亚非研究学院（School of African and Oriental Studies）、英国亚洲研究学会（Association of Asian Studies）、英国科学院（British Academy）的通信院士，日本东洋文库、日本科学院的名誉院士。1979 年 3 月 23 日戴密微在法国逝世[7]。

戴密微学识渊博，治学严谨，兴趣广泛，是一位难以逾越的学问大家。他通晓与汉学有关的各种语言，如汉文、越南文、日文、梵文、藏文、俄文以及其他欧洲语言，在中国哲学，尤其是佛教、道教、敦煌学、语言学、中国古典文学等方面都有杰出成就，在国际汉学界享有盛誉；他对于清代思想家如颜李学派、戴震、章学诚等人的研究在欧洲无人可比。他一生著作宏富，所撰专著、论文及书评多达 300 余种。在佛教方面，早在日本讲学期间，他就主编了大型佛教百科全书《法宝义林》；他对许多佛教经典进行了精密的研究，这些成果集中体现在《戴密微佛学论文选集》《吐蕃僧诤记——印度和中国佛教徒于 8 世纪有关禅的一次大辩论》① 等书中；他还将一些重要的中文佛经如《临济语录》《六祖坛经》等翻译成法文。在道教方面，其成果主要集中在对《庄子》和历代《庄子》注释的分析和研究上。在汉学和法国汉学史方面有：《戴密微汉学论文选集》《法国汉学研究史简述》《亨利·马伯乐》《亨利·马伯乐与汉学的未来》等。在中国古典文学方面，他主编出版了法文版的《中国古典诗歌选集》②，此外他还搜集、翻译和注释中国古代的临终诗作数百首，编成《中文临终诗》一书出版。戴密微对中法文化的交流做出了重大贡献[8]。

王重民先生在法国国家图书馆工作期间，戴密微始终是其最亲密的研究伙伴。1934—1939 年，在王先生的协助下，戴密微对伯希和于 1909 年藏入法国国家图书馆的敦煌卷子进行了全面的阅读了解，并从中辑录敦煌变文和敦煌曲子词。戴密微后来与饶宗颐合作，完成了在国际敦煌学研究上有重大影响的学术巨著——《敦煌曲》，1971 年作为《巴黎所藏伯希和敦煌资料丛书》第二种，由法国国立科学研究院出版[9]。王重民先生回国后编纂《敦煌曲子词集》（商务印书馆，1950）和《敦煌变文集》（人民文学出版社，1957），应当与戴密微当年在此方面的浓厚兴趣有很大关系。

六、结语

在近代中西文化交流史上，法国人扮演过极为重要的角色。在 20 世纪上半叶的国际汉学研究中，法国的汉学家占据了核心的地位，起着领军的作用。王重民先生在法国期间，结交了法国当时第一流的汉学家，进一步加强了中法两国之间的汉学研究交流，其作用至为重要。

第二次世界大战期间，法国被德国占领，中法学术界之间几乎中断了联系，西方汉学研究的中心逐渐移向美国。《胡适王重民先生往来书信集》一书中所收书信，起始于 1939 年 3 月 29 日，截止于 1948 年 12 月 2 日，基本是从王重民先

① （法）戴密微著；耿昇译《吐蕃僧诤记》，兰州：甘肃人民出版社 1984 年版，拉萨：西藏人民出版社 2001 年再版。

② 《中国古典诗歌选集》，于 1962 年由伽利玛尔出版社在巴黎出版，1978 年再版，1982 年又由该社作为《诗集》丛书之一再次出版。

生终结其在巴黎为期近 5 年的交换馆员生涯、准备动身到美国国会图书馆东方部整理中国古籍，一直到王先生完成在美国的使命，回国到北大创办图书馆学专修科的全部期间。王先生 1942 年 6 月 9 日致胡适信中提到的上述五位法国汉学家的一段话，正好为我们开启了认识王先生在法国这将近五年生活经历的窗口，具有特别重要的意义。这件事情也提醒我们：在被你不小心忽略了的事物后面，常常是一个精彩的世界！

参考文献

[1]《玛丽 – 罗白尔特 · 吉尼亚尔（杜乃扬）夫人讣闻（1911—1972）》，载《法国图书馆杂志》，1972 年第 4 期。

[2]《戴何都（1891—1980）传》，载《通报》，1981 年第 67 卷第 1—2 期：第 1—3 页。

[3]（法）戴密微著；许明龙译《马伯乐小传（1883—1945）》，见：《法国汉学（宗教史专号，第七辑）》，北京：中华书局，2002 年：第 520—533 页。

[4] 季羡林主编《敦煌学大辞典》，上海：上海辞书出版社，1998 年：第 895 页。

[5] 徐怡《20 世纪法国汉学家小传 · 伯希和》，见：《汉学研究（第五集）》，北京：中华书局，2000 年：第 118—120 页。

[6]（法）戴密微著；胡书经译《法国汉学研究史概述》，见：《汉学研究（第一集）》，北京：中国和平出版社，1996 年：第 15—54 页。

[7]（法）谢和耐（Jacques Gernet）著；耿昇译《20 世纪的法国汉学大师戴密微》，见：《国际汉学（第六辑）》，郑州：大象出版社，2000 年：第 20—33 页。

[8] 许光华《二战后的法国汉学》，见：《汉学研究（第四集）》，北京：中华书局，2000 年：第 284—307 页。

[9]（法）戴仁（Jean-Pierre Drège）著；耿昇译《法国的敦煌学研究》，见：《汉学研究（第一集）》，北京：中国和平出版社，1996 年：第 273—289 页。

原载《大学图书馆学报》2009 年第 6 期：第 75—80 页

北京大学图书馆古籍收藏中的饶毓泰赠书

北京大学图书馆有极为丰富的古籍收藏，其中相当一部分原本是私人藏书，如李盛铎木犀轩藏书，马廉不登大雅堂藏戏曲小说，程砚秋御霜簃藏曲本等，一直都辟为专藏保存。但这是极为特殊的例子，其他很多私人藏书都享受不到这种特殊的待遇，而是被打散，重新编入图书馆庞大的分类体系中了。甚至像胡适的藏书，也免不了这样的命运。

为了能够充分揭示馆藏中原来的私人藏书，从2006年开始，在对馆藏60万册未编目古籍进行正式的计算机编目时，我们就在自编的北京大学图书馆古籍著录系统中特意设立了“题跋印记”一项，并规定在编目时一定要著录古书上的藏章印记。饶毓泰先生的藏书恰恰就是从这时开始进入我们的视野。

饶毓泰先生的赠书比较集中地放置在古籍未编书库的一个角落。由于现今的古籍书库是1998年新馆建成后的规划，所以饶先生的这批赠书原来存放在哪个处所已难以查考了。这批赠书每部每册的书衣都钤盖着“1891—1968/饶毓泰教授/赠书”的书册展开形朱记。

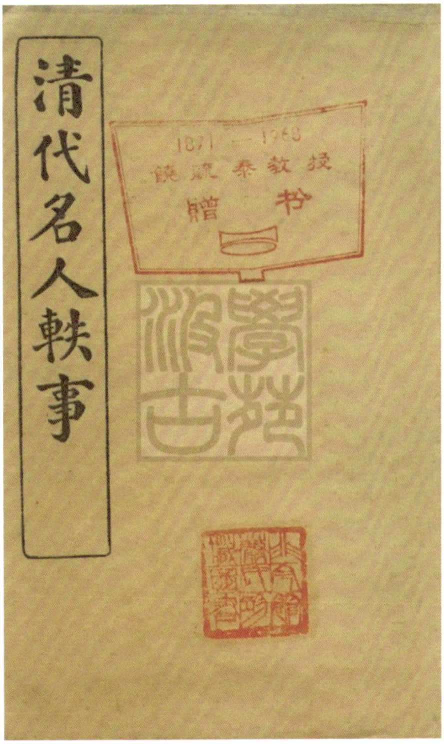

饶毓泰先生赠书每册书衣上钤有“1891—1968/饶毓泰教授/赠书”朱记

第一次看到这些印记时，我心中一动，一个记忆立时被唤醒了。

那还是十几年前，我从自己新购的一部易竹贤撰的《胡适传》[①]中，第一次看到了饶毓泰这个名字。

1962 年 2 月 24 日，胡适在台湾主持“中央研究院”的第五次院士会议后，在下午 5 时举办的招待酒会上，曾不无骄傲地致辞道：

> 几年前我就对朋友说过，自己虽然对物理学一窍不通，但是有两位学生是物理学家，一位是吴健雄，一位是饶毓泰。我虽不教他们物理，他们自己努力成了大名。可是今天几位海外院士中午相聚时，两位吴博士谈排行，吴健雄说：“我高一辈，该叫师叔。”原来吴大猷先生还是饶毓泰的学生，而杨振宁、李政道又是吴大猷的学生，这么一来，我的第二、第三代是三位物理学家，我的第四代还得了诺贝尔奖金呢。我虽然对物理不通，但是非常得意。

酒会要结束了，胡适离会走向门口，忽然猝发心脏病，倒地不起，溘然长逝。这段话成为胡适留给人们印象深刻的最后告白，并且广为传扬。

我当时就在想，这个饶毓泰究竟是怎样一个人，竟在胡适心中有着这样高的地位，让他这个老师如此得意！

谁想，十几年后，我竟然一下子看到饶毓泰这么多的藏书，并且能够亲手对它们进行编目整理，这是一件多么荣幸的事啊！在这种心理驱动下，我开始了对饶毓泰生平事迹的查访，并初步了解到如下信息。

饶毓泰（1891—1968），又名俭人，字树人，江西临川人，出生于 1891 年 12 月 1 日，现代著名物理学家，中国近代物理学的奠基人之一。其父饶之麟是清朝举人、拔贡生，曾任七品户部主事。饶毓泰幼年随叔父和舅父学习四书和经史，1905 年赴上海就读于中国公学，胡适就是在这段时间，作为其高班同学为其讲授过英语课程。清宣统三年（1911），饶毓泰以优异成绩毕业于上海南洋公学；1913 年考取江西省公费赴美国留学，初入加州大学，随后转芝加哥大学攻读物理学；1917 年获

---

① 易竹贤《胡适传》，武汉：湖北人民出版社，1994 年第 2 版：第 468—469 页。

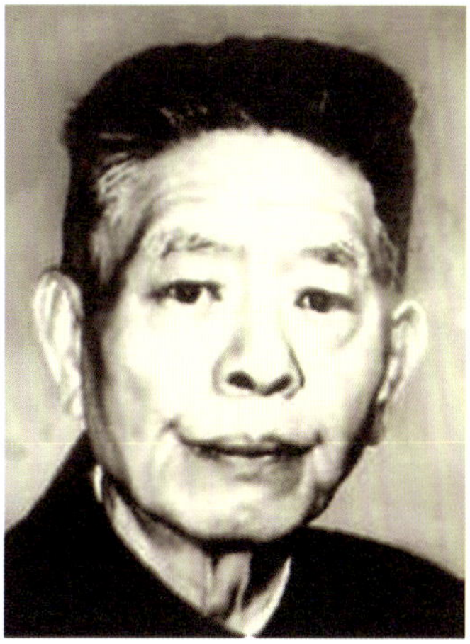
饶毓泰

该校物理系学士学位；1918 年考入哈佛大学研究院，随即又转入普林斯顿研究生院，1921 年获普林斯顿大学物理学硕士学位，1922 年获普林斯顿大学哲学博士学位。同年回国后，应张伯苓校长之聘，创建南开大学物理系，任教授和系主任。1929—1932 年，在中华教育文化基金会的资助下，先后在德国莱比锡大学和波兹坦大学天体物理研究所从事科学研究。1932 年 8 月从德返国后，先在北平研究院物理研究所任专职研究员一年，翌年 6 月出任北京大学物理系教授兼系主任，后兼任理学院院长。1937—1944 年任西南联大物理系主任，1948 年当选为中央研究院首批院士。北平解放前夕，他断然拒绝去台湾，坚决留在北平，迎接解放军入城。解放后，继续在北京大学任教。1949—1951 年，仍任北大理学院院长兼物理系主任、学校校务委员。1952 年北大院系调整时，辞去院、系领导职务。1954 年以后，先后当选为第二、三届全国政协委员，第四届全国政协常委。1955 年 6 月，中国科学院学部成立大会召开，被评选为新中国首届院士（数学物理学部委员）。“文革”期间遭受迫害，1968 年 10 月 16 日含冤去世[①]。近年来网上流传的“美国顶级名校知名华人”15 人，饶毓泰与宋庆龄、钱学森、李政道等人并列其中。

当我初步了解了饶先生上述生平履历之后，又产生了一些疑惑：

第一，这批书是什么时候捐赠的？是饶先生生前捐赠？还是其去世后捐赠？饶毓泰先生逝于 1968 年，而这批书上的钤印也明确标记为 1968，1968 年是代表饶先生的赠书年？还是代表饶先生的去世年？

第二，这批书是怎么进入北大图书馆的？为什么会这么郑重其事而且是颇含敬意地印上“饶毓泰教授赠书”的朱记？

第三，作为一个物理学家，饶毓泰先生怎么会有这些古籍收藏呢？

---

① 张洪光《饶毓泰》，见：《南开人物志》（第一辑），天津：南开大学出版社，1999 年：第 61—69 页。

这些疑团不破解，我心里总是不踏实。于是，我进而开始注意查考这批书的来历。但遍询馆内在职和离退休职工，竟然无一人知晓！

2009 年，一个很偶然的机会，我碰到了北大物理系的退休教师虞丽生老师，于是向她询问有关情况。虞老师本人当时也对此事一无所知，但热心的她却为我四处打听，多方询问，先后联系了孙陶亨、刘宏勋、张为合、张丽珠、潘永祥、沈克琦等七八位物理系老师，终于了解到一些相关的细节。

其实，饶毓泰先生离我们很近，距离北大图书馆不到 200 米远的燕南园 51 号楼，就是饶先生的故居[①]。1968 年 10 月 16 日，时值“文革”时期“清理阶级队伍”运动高潮，当时物理系的教职员工都被强迫到系里集中住宿，患有严重胃溃疡的饶先生当天请假回家午休，下午就被发现他在自己的房间悬梁自尽了，时年 79 岁。据当时担任北大保卫组组长、负责处理饶毓泰自杀事件的谢甲林回忆说，“文革”一开始，周总理就指示，北大的周培源、翦伯赞、冯友兰、饶毓泰、闻家驷、温特（美国教授）为国家级重点保护对象。可即使是这样，其中的饶毓泰以及翦伯赞、戴淑婉夫妇还是都自杀身亡了[②]。

饶先生的家庭生活很不美满。他曾有两次短暂的婚姻，第一任妻子朱毅农，是民国著名教育家朱经农（曾任教育部次长、上海光华大学校长）的妹妹，其姑姑朱其慧是民国初年内阁总理熊希龄的夫人。饶毓泰留学回国后，1924 年与朱毅农结婚。朱婚前因单恋胡适而致精神不太正常，故婚后家庭生活颇不愉快，二人于 1929 年终于离异。1934 年饶任北大物理系主任时，经北大教授孙云铸的夫人之介，与上海女子张因明结婚。张虽属再婚，先前并育有一女，但与饶琴瑟和谐，夫妻恩爱。惜好景不长，1937 年 7 月“卢沟桥事变”，北大、清华、南开奉教育部令迁长沙合组临时大学。饶毓泰偕夫人辗转跋涉，历经艰苦，才抵长沙，旋又因战局紧迫，于 11 月遣夫人回上海娘家，自己则随校到昆明执教，任西南联大物理系主任。但不久其夫人在沪得伤寒病去世。此后饶先生再未结婚[③]。

---

① 肖东发，陈光中《北大燕南园的大师们》，桂林：广西师范大学出版社，2011 年。

② 谢甲林《我在北大保卫组处理翦伯赞之死》，载《百年潮》，2012 年第 5 期。

③ 吴大猷《怀念饶毓泰师》，见：《吴大猷文录》，杭州：浙江文艺出版社，1999 年：第 87—91 页。

饶先生去世时，他的继女饶慰慈也在遭受着磨难。饶慰慈出生于1930年，母亲是张因明，上海人。1968年4月14日至7月27日，清华“百日大武斗”，时任中共清华大学党委办公室副主任的饶慰慈被诬为“罗、文、李、饶反革命集团”中的一员，被清华造反派组织“井冈山兵团总部”（当时俗称“团派”）非法关押，严刑逼供致残。饶先生的自杀，也许和他女儿当时的遭遇不无关联。

据后来曾任饶毓泰基金会负责人、当时是光学教研室的孙陶亨老师回忆，10月16日那天出事后，他和另外两位教师在燕南园51号楼守了一夜，第二天才得到工宣队指示处理遗体。孙陶亨老师还回忆说，当时饶先生留下一个纸条说：这里有几本书是借图书馆的，请你们帮着还一下。

饶先生藏书很多，据说其家四壁全是图书。他早年丧偶，去世时女儿正在难中，不能来料理后事。所以饶先生去世后，他的私人物品包括藏书都被拉到物理大楼暂存，他在燕南园51号的住房也很快分配给了别人，饶先生的存款暂存物理系会计室，具体事宜也是由孙陶亨老师经办的。

1978年9月7日，在八宝山革命公墓为饶毓泰先生平反并举行了追悼会[①]。饶先生的女儿饶慰慈当时担任清华大学统战部部长，北大就饶先生的遗产如何处理征求饶慰慈的意见，饶慰慈说，可以成立一个饶毓泰基金会，饶先生的存款都转为基金，藏书都捐给图书馆，但有一个要求，就是要刻一个饶毓泰赠书的图章，钤盖在每一本书上，让后人看书时知道是饶毓泰的书。据说饶先生的藏书总量约在三千册左右，仅后来留在物理系的物理专业方面的书就有六层高的两大书架，被标记为饶毓泰专柜，此外还有不少专业期刊，可惜这些书刊后来都被打散编入北大图书馆物理学院分馆的藏书中了。饶先生收藏的非专业性图书包括古籍线装书则被送到了北大图书馆，据北大图书馆的档案记载，实际的接收时间是1981年5月，捐赠的藏书共1 162种计1 480册。我曾想找到饶先生的女儿饶慰慈询问究竟，但当我千方百计打探到她的联系方式时，才知道她刚刚于2012年10月13日去世，时年82岁。而当年北大物理系经办这件事

---

① 《纪念饶毓泰教授诞辰百周年》（光谱学与光谱分析增刊），北京：北京大学出版社，1991年。

的赵启良老师，现已去世十多年了。图书馆方面经手的应该是当时的副馆长梁思庄先生和郭松年先生，这两位先生也分别于1986年5月20日和1989年去世了。图书馆能够说得上这批书来历的人现在都找不到了。而饶先生收藏的这批古籍线装书当时也没有马上编目，直到这次因北大图书馆对馆藏未编目古籍开始大规模的编目工作才重新面世。

迄今为止，已经发现并陆续编目的饶毓泰先生原藏古籍线装书，总计只有78部、868册，其内容主要可分为三个方面：

一类是历史方面的，如：《金陵通传》四十五卷补遗四卷，《李忠武公遗书》，《[同治]畿辅通志》三百卷首一卷，《两宫大行记》，《名宦乡贤录》一卷，《通庠题名录》四卷卷首一卷卷末一卷，《[光绪12年]浙江同官录》，《史料丛刊》二十二种，《清代名人轶事》十六卷，《清代文字狱档》九辑，《清皇室四谱》四卷，《皇朝谥法表》十卷，《明末野史》五种，《绥远志》十卷卷首一卷，《忠烈备考》不分卷卷首一卷，《皇朝诰授建威将军云南提督署四川提督唐[友耕]公年谱》一卷附录一卷，《国朝先正事略》六十卷，《孙中山遗墨建国大纲》。

一类是诗文方面的，如：《李长吉集》四卷外集一卷，《嵇康集》十卷逸文一卷附录一卷，《梦窗甲乙丙丁稿》，《梅村诗集笺注》十八卷，《世说新语》三卷，《王摩诘集》六卷，《石遗室诗话》二十二卷，《湘绮楼文集》八卷诗集八卷，《文心雕龙》十卷，《颜氏家训》七卷附录一卷补校注一卷，《文选》六十卷，《池北偶谈》二十六卷，《曹子建诗注》二卷，《洛阳伽蓝记合校本》五卷卷末一卷，《天工开物》三卷，《庄子义证》三十三卷附录二卷校补记一卷，《韩非子集解》二十卷，《笔记小说大观》存52种。

一类是关于金石文字方面的，如：《临淄封泥文字叙目》，《六朝别字记》，《随轩金石文字九种》，《石鼓文释存》一卷附补注，《殷商贞卜文字考》一卷，《汉石例》六卷，《汉熹平石经残字》一卷，《汉石经碑图》，《经传释词》十卷。

从版本上讲，这批书并没有什么非常特殊的价值，明版书只有一部，清代版本最早是道光年间的，其他基本上都是光绪、宣统年间的，还有许多是民国年间的线装书。但作为一个物理学家，能有这样规模的古籍线装书的收藏，已经是很了不起的了。

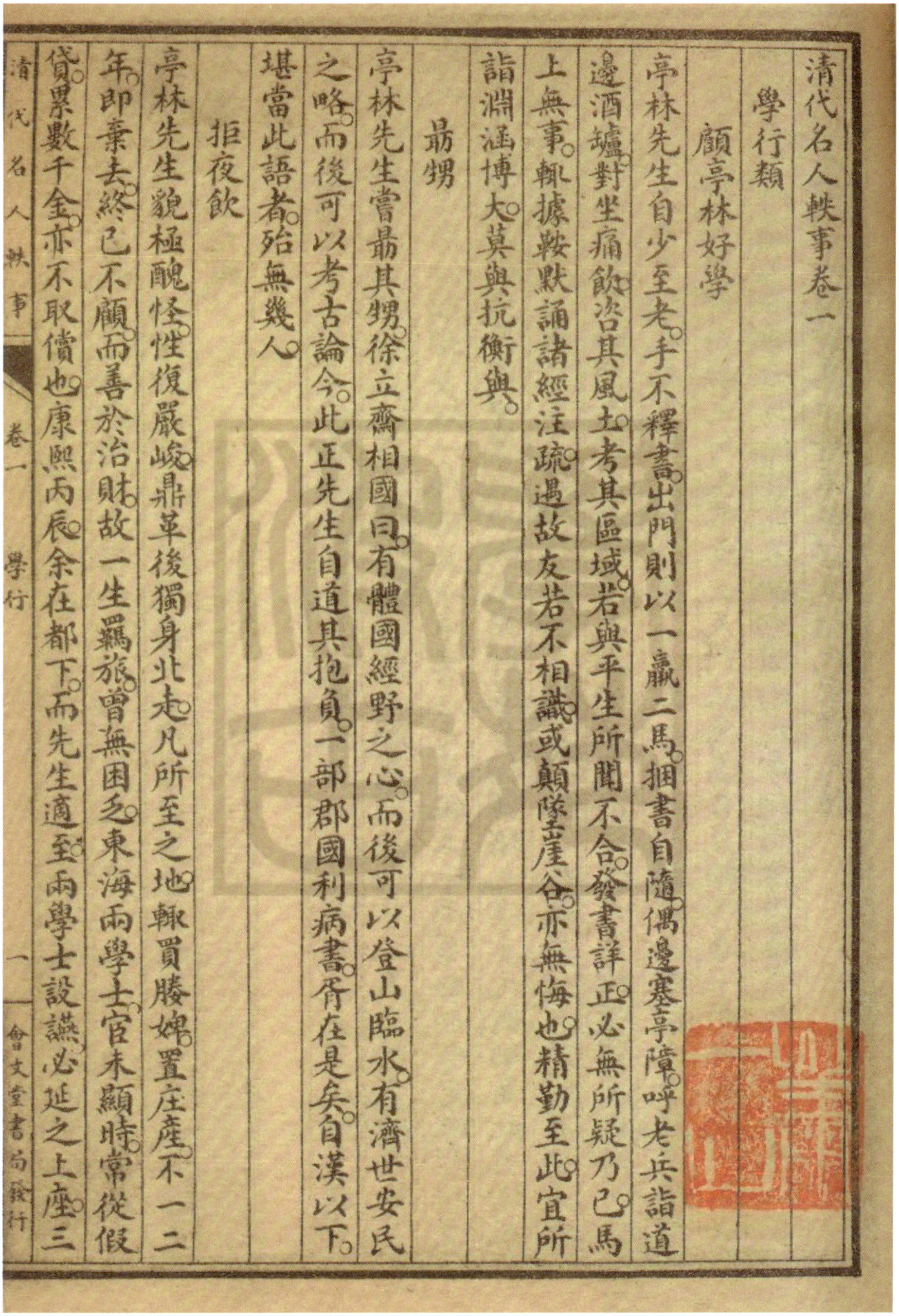

清代名人軼事卷一

學行類

顧亭林好學

亭林先生自少至老。手不釋書。出門則以一贏二馬。捆書自隨。偶邊塞亭障。呼老兵詣道邊酒壚對坐痛飲。咨其風土。考其區域。若與平生所聞不合。發書詳正。必無所疑乃已。馬上無事。輒據鞍默誦諸經注疏。遇故友若不相識。或顛墜崖谷。亦無悔也。精勤至此。宜所詣淵涵博大。莫與抗衡與。

勗甥

亭林先生嘗勗其甥徐立齋相國曰。有體國經野之心。而後可以登山臨水。有濟世安民之略。而後可以考古論今。此正先生自道其抱負。一部郡國利病書。胥在是矣。自漢以下。堪當此語者。殆無幾人。

拒夜飲

亭林先生貌極醜怪。性復嚴峻。鼎革後獨身北走。凡所至之地。輒買媵婢。置莊產。不一二年即棄去。終已不顧。而善於治財。故一生羈旅。曾無困乏。東海兩學士官未顯時。常從假貸。累數千金。亦不取償也。康熙丙辰。余在都下。而先生適至。兩學士設讌。必延之上座。三

清代名人軼事 卷一 學行 一 會文堂書局發行

北京大学图书馆藏饶毓泰赠书书影

还有一件让人不解的事，就是饶毓泰赠书中有相当一部分钤盖着“萧一山”“清代通史作者萧一山”“非宇馆萧氏珍藏图书”等藏章。很明显，这些书最初应该是萧一山的藏书。萧一山是著名的清史研究专家，所著《清代通史》享誉学界，而这些钤盖有萧氏藏章的书也恰恰集中在有关清史的内容方面。

饶毓泰与萧一山是什么关系呢？为什么萧一山的藏书会变成饶毓泰教授赠书呢？

据相关各种记载，萧一山（1902—1978），江苏铜山（今徐州市）人，原名桂森，号非宇，字一山，以字行。1919 年入山西大学预科，开始研究清史；1921 年春，在山西大学预科毕业，考入国立北京大学政治系，受教于明清史专家朱希祖、孟森等人。1923 年《清代通史》上卷出版。1925 年，萧一山于北大毕业后，应聘到清华大学任教授，稍后又在北大、北师大等校兼课，之后辗转国内各大学任教。抗战胜利后，出任北平行辕秘书长，当选为国民政府第一届监察院监察委员。1948 年冬，北平和平解放前夕，他携眷赴台。仍坚持研究清史不辍，直至逝世。

由此可见，萧一山和北大渊源深厚，和饶毓泰也有可能私交不错，故在离平赴台前夕，将自己带不走的一部分私人藏书托付饶毓泰保存。这是一种猜测，是否正确有待于今后的进一步考证。

饶毓泰铜像

但是鉴于在此批藏书之外，北大图书馆还另藏有相当数量的萧一山藏书，也不排除一种可能，就是当初误将一部分萧氏藏书钤盖了饶毓泰的赠书印章。

历史就是这样，辉煌和悲凉共存，感天泣地；辛酸与无奈交织，令人扼腕叹息；还有那些解不开的谜团，留给后人以无尽的遐思。

2003 年 9 月 15 日下午，北京大学物理学院在物理楼大厅隆重举行北大物理学宗师饶毓泰、叶企孙、周培源、吴大猷和王竹溪等人的铜像揭幕仪式，纪念他们为北京大学物理学科的成长发展做出的卓越贡献。饶毓泰先生的女儿饶慰慈也应邀参加了揭幕仪式。大师的铜像接受着师生们的瞻仰，他的藏书珍藏在北大图书馆，被图书馆人细心呵护着，被读者惊喜地翻阅着，饶先生铜像的目光看起来似乎不那么忧郁了。

感谢：北京大学物理学院退休教师虞丽生老师，本文中的许多口述资料都是由她亲自向多方询问得来的。还要感谢 1979 年从物理系调入北京大学图书馆担任副馆长的潘永祥教授，北大图书馆物理学院分馆退休教师范淑兰老师，他们都为本文的撰写提供了许多珍贵的信息和线索。

附：北京大学图书馆藏饶毓泰赠古籍线装书

序次	题　名	主要责任者	出版信息	版本类别	数　量
1	金陵通传：45 卷，补遗 4 卷	（清）陈作霖撰	清光绪三十年［1904］瑞华馆	刻本	10册（1函）
2	旧闻证误：4 卷，补遗 1 卷	（宋）李心传撰	清光绪二十六年［1900］	刻本	1册（1函）
3	李长吉集：4 卷，外集 1 卷	（唐）李贺撰	民国六年［1917］上海会文堂书局	石印本	2册（1函）
4	李长吉诗集：4 卷，外集 1 卷	（唐）李贺撰	民国十一年［1922］艺文书局	石印本	1册（1函）
5	濑江纪事本末	（清）一明道人撰	民国［1912—1949］	铅印本	1册（1函）
6	李忠武公遗书	（清）李续宾撰	清光绪十七年［1891］浙江瓯江李光久	刻本	4册（1函）
7	嵇康集：10 卷，逸文 1 卷，附录 1 卷	（三国魏）嵇康撰	1956 年北京文学古籍刊行社	影印本	1册（1函）
8	历代吏治举要：不分卷	徐世昌撰	民国八年［1919］	铅印本	1册（1函）
9	畿辅通志：［同治］：300 卷，首 1 卷	（清）李鸿章修	清宣统二年［1910］天津北洋官报兼印刷局	影印本（石印）	240册（24函）
10	经传释词：10 卷	（清）王引之撰	民国初期［1912—1927］上海古书流通处	影印本	4册（1函）

续表

序次	题　名	主要责任者	出版信息	版本类别	数　量
11	洛阳伽蓝记合校本：5卷，卷末1卷	（北魏）杨衒之撰	1955年上海商务印书馆	影印本	1册（1函）
12	两宫大行记		清光绪三十四年［1908］	石印本	1册（1函）
13	刘孟瞻先生年谱：［刘文淇］：2卷，附录1卷	（日本）小泽文四郎编	民国二十八年［1939］北京文思楼	铅印本	2册（1函）
14	龙公研仙府君行状：［龙璋］	龙祖同撰	民国七年［1918］	铅印本	1册（1函）
15	临淄封泥文字叙目	王献唐编撰	民国二十五年［1936］济南山东省立图书馆	铅印本（蓝印）	1册（1函）
16	刘孟瞻先生年谱：［刘文淇］：2卷，附录1卷	（日本）小泽文四郎编	民国二十八年［1939］北京文思楼	铅印本	2册（1函）
17	梦窗甲稿：1卷，梦窗乙稿：1卷，梦窗丙稿：1卷，梦窗丁稿：1卷，梦窗补遗：1卷，校勘梦窗词札记：1卷	（宋）吴文英著	清光绪二十五年［1899］临桂王氏四印斋	刻本	1册（1函）
18	六朝别字记	（清）赵之谦撰	民国十三年［1924］上海商务印书馆	影印本（第三版）	1册（1函）
19	名宦乡贤录：1卷	（清）陈庆涵编	清光绪十四年［1888］都门	刻本	1册（1函）
20	梅村诗集笺注：18卷	（清）吴伟业撰	清光绪十年［1884］武昌湖北官书处	刻本	12册（1函）
21	史料丛刊：22种	罗振玉辑录	民国十三年［1924］东方学会	铅印本	10册（1函）
22	世说新语：3卷	（南朝宋）刘义庆撰	1962年北京中华书局	影印本	5册（1函）
23	清秘史：2卷	［陈范］撰	清光绪三十年［1904］	铅印本	2册（1函）

续表

序次	题　名	主要责任者	出版信息	版本类别	数　量
24	清代名人轶事：16 卷	葛虚存编辑	民国六年［1917］上海会文堂书局	石印本	6 册（1 函）
25	清代文字狱档：9 辑	北平故宫博物院文献馆编	民国二十年至二十二年［1934］北平国立北平研究院	铅印本	9 册（1 函）
26	清皇室四谱：4 卷	（清）唐邦治辑	民国十二年［1923］上海聚珍仿宋书局	铅印本	2 册（1 函）
27	明末野史：5 种	（清）梅心野史菊知氏辑	民国元年［1912］中华图书馆	石印本	2 册（1 函）
28	胜朝粤东遗民录：4 卷，附 1 卷	陈伯陶辑	民国五年［1916］真逸寄卢	刻本	5 册（1 函）
29	史略：6 卷	（宋）高似孙撰	清光绪十年［1884］遵义黎氏	影刻本	1 册（1 函）
30	内阁汉票签中书舍人题名：1 卷，续编 1 卷	（清）孔宪彝编	清同治元年［1862］北京	刻本	1 册（1 函）
31	王先谦自定年谱：3 卷	（清）王先谦撰	清光绪三十四年［1908］长沙王氏	刻本	3 册（1 函）
32	绥远志：10 卷，卷首 1 卷	（清）贻谷修	清光绪三十四年［1908］绥远将军署	刻本	6 册（1 函）
33	天荒地老录	廉泉辑	民国元年［1912］京师良公祠	铅印本	1 册（1 函）
34	王摩诘集：6 卷	（唐）王维撰	民国十五年［1926］上海会文堂书局	影印本（石印）	2 册（1 函）
35	随轩金石文字：9 种	（清）徐渭仁辑	清道光十七至二十四年［1837—1844］上海徐渭仁	刻本	1 册（1 函）
36	石遗室诗话：32 卷	陈衍撰	民国十八年［1929］上海商务印书馆	铅印本	4 册（1 函）

续表

序次	题　名	主要责任者	出版信息	版本类别	数　量
37	通庠题名录：4卷，卷首1卷，卷末1卷	顾鸿原辑	民国二十年［1931］	石印本	4册（1函）
38	孙中山遗墨建国大纲	孙文撰	1956年北京人民美术出版社	影印本（珂罗版）	1册（1函）
39	石鼓文释存：1卷，附补注	（清）张燕昌撰	清光绪二十八年［1902］刘世珩	刻本	1册（1函）
40	天工开物：3卷	（明）宋应星著	民国十九年［1930］上海华通书局	石印本	9册（1函）
41	湘绮楼文集：8卷，诗集8卷	（清）王闿运撰	清光绪二十六年［1900］东洲讲舍	刻本	8册（1函）
42	咸丰戊午科直省同年录		清光绪十年［1884］京师会文斋	刻本	4册（1函）
43	文心雕龙：10卷	（南朝梁）刘勰撰	清道光十三年［1833］两广节署	刻本（朱墨套印）	4册（1函）
44	颜氏家训：7卷，附录1卷，补校注1卷	（北齐）颜之推撰	民国十七年［1928］成都渭南严氏孝义家塾	刻本	4册（1函）
45	湘轺日记：不分卷	（清）吕珮芬撰	民国二十六年［1937］北平北江旧庐	铅印本	1册（1函）
46	文选：60卷	（梁）萧统撰	清［1772—1911］	刻本（朱墨套印）	12册（2函）
47	文选：60卷	（梁）萧统撰	清［1772—1911］	刻本（朱墨套印）	10册（2函）
48	文心雕龙：10卷	（南朝梁）刘勰撰	清末［1833—1911］广东翰墨园	刻本（朱墨套印）	4册（1函）
49	殷商贞卜文字考：1卷	罗振玉撰	清宣统二年［1910］玉简斋	石印本	1册（1函）

续表

序次	题 名	主要责任者	出版信息	版本类别	数 量
50	文选：60卷	（南朝梁）萧统辑	清同治八年［1869］湖北崇文书局	刻本	24册（4函）
51	忠烈备考：不分卷，卷首	（清）高德泰辑	清光绪三年［1877］	刻本	18册（2函）
52	浙江同官录：［光绪12年］	（清）许应鑅［等］编	清光绪十二年［1886］	刻本	8册（1函）
53	庄子义证：33卷，附录2卷，校补记1卷	马叙伦撰	民国十九年［1930］上海商务印书馆	铅印本（初版）	6册（1函）
54	御批历代通鉴辑览：120卷	（清）傅恒［等］奉敕撰	清光绪十一年［1885］［上海］同文书局	石印本	20册（4函）
55	国朝先正事略：60卷	（清）李元度撰	清光绪二十八年［1902］益元书局	刻本	13册（1函）
56	二十一史论赞辑要：36卷	（明）彭以明辑	明万历三十八年［1610］庐陵彭氏	刻本	14册（2函）
57	池北偶谈：26卷	（清）王士禛撰	民国［1912—1949］上海锦章图书局	石印本	6册（1函）
58	沧洲纪事：1卷	（清）程正揆撰	民国［1912—1949］上海有正书局	铅印本	1册（1函）
59	曹子建诗注：2卷	（魏）曹植撰	民国二十二年［1933］上海商务印书馆	铅印本	1册（1函）
60	东华录缀言：6卷	（清）奕赓撰	民国二十四年［1935］北平燕京大学图书馆	铅印本	1册（1函）
61	阐幽录：1卷，附阐幽录吊古诗4首	（清）张懋中撰	民国十九年［1930］四川双流李氏念劬堂	刻本	1册（1函）
62	广陵通典：10卷	（清）汪中撰	清同治八年［1869］扬州书局	刻本	2册（1函）

续表

序次	题　名	主要责任者	出版信息	版本类别	数　量
63	崇德老人自订年谱：［聂曾纪芬］：1 卷	聂曾纪芬口授	民国二十一年［1932］	铅印本	1 册（1 函）
64	北征日记：1 卷	（清）宋大业撰	民国三十一年［1942］吴丰培	铅印本	1 册（1 函）
65	汉石例：6 卷	（清）刘宝楠录	清道光二十九年［1849］灵石杨墨林	刻本	4 册（1 函）
66	韩非子集解：20 卷	（战国）韩非著	民国［1912—1949］上海扫叶山房	石印本	6 册（1 函）
67	海东逸史：18 卷	（清）翁洲老民撰	清光绪十二年［1886］徐干	刻本	4 册（1 函）
68	黑龙江外记：8 卷	（清）西清纂修	清光绪二十年［1894］袁昶渐西村舍	刻本	2 册（1 函）
69	皇朝纪略：不分卷	（清）北乡义塾编译	清光绪二十七年［1901］上海普通学书室	铅印本（再版）	1 册（1 函）
70	吉林外记：10 卷	（清）萨英额撰	清光绪二十一年［1895］袁昶渐西村舍	刻本	4 册（1 函）
71	黑龙江外记：8 卷	（清）西清纂修	清光绪二十年［1894］袁昶渐西村舍	刻本	2 册（1 函）
72	汉熹平石经残字：1 卷		清末民初［1875—1927］	影印本	1 册（1 函）
73	汉石经碑图	张国淦编	民国二十年［1931］沈阳关东印书馆	铅印本	1 册（1 函）
74	皇朝诰授建威将军云南提督署四川提督唐公年谱：［友耕］：1 卷，附录 1 卷	唐鸿学编	清光绪三十四年［1908］	石印本（蓝印）	2 册（1 函）
75	述学：内篇 3 卷，补遗 1 卷，外篇 1 卷，别录 1 卷，述学校勘记	（清）汪中著	清同治八年［1869］扬州书局	刻本	2 册（1 函）

续表

序次	题　名	主要责任者	出版信息	版本类别	数　量
76	皇朝谥法表：10卷	（清）杨树编	清光绪二十八年［1902］安顺杨氏	刻本	2册（1函）
77	锡金四哲事实汇存：不分卷	（清）杨模辑	清宣统二年［1910］	铅印本	1册（1函）
78	笔记小说大观：存52种	文明书局辑	民国初期［1912—1927］上海进步书局	石印本	295册（29函）
合计					868册

原载《中国典籍与文化》2013年第3期（总第86期）：第98—106页

北京大学图书馆张芝联文库中的线装书

张芝联（1918—2008）

北京大学图书馆辟有许多私人专藏，如古籍馆的李盛铎藏书、马隅卿藏书、程砚秋御霜簃藏书，特藏部的季羡林书屋、段宝林赠书、宿白书藏、张芝联文库，等等。这些私人专藏自成体系，独具特色，有着很高的研究参考价值，同时也给北大图书馆丰富的馆藏增添了更加亮丽的光彩。其中，张芝联文库藏书是距今较近的一次大宗私人藏书捐赠。

张芝联（1918—2008），浙江鄞县人，著名藏书家张寿镛之子。1935 年考入北平燕京大学西语系，1937 年转入上海光华大学，毕业后，于 1941 年重入燕京大学研究院攻读历史学研究生。1946 年赴美国耶鲁大学研究院学习，次年转赴英国牛津大学进修，同年回国，先在上海光华大学任教，1951 年回到燕京大学历史系教授世界史，1952 年院系调整时转入北京大学历史系任教，直至 2008 年 5 月 27 日去世。同年 11 月，遵其遗嘱，家属将其所藏近 7 000 册图书和 300 余件证件、照片、手稿、著作等珍贵资料全部无偿捐赠北京大学图书馆，北大图书馆遂特设张芝联文库之专藏。

张芝联是著名的世界史研究专家，公认的法国史权威。但出人意料的是，在张芝联赠书中，竟然还有数量不小的线装书。北大图书馆接收了张芝联赠书之后，古籍部承担了其中线装书的编目任务，笔者作为古籍编目总校，经手过目了张芝联赠书中的全部线装书，现将这些线装书的情况简介如下。

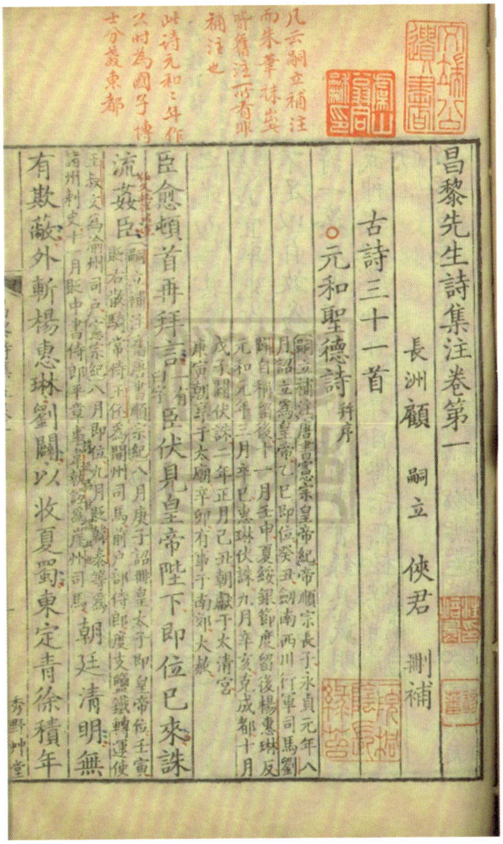
昌黎先生詩集注卷第一
長洲 顧 嗣立 俠君 删補
古詩三十一首
○元和聖德詩 并序
臣愈頓首再拜言臣伏見皇帝陛下即位已來誅
流姦臣
朝廷清明無
有欺蔽外斬楊惠琳劉闢以收夏蜀東定青徐積年

清康熙三十八年［1699］长洲顾氏秀野草堂刻本《昌黎先生诗集注》十一卷

这部分线装书共计67部、1 114册。内容上以文史类图书居多。按版本类型划分，计刻本35种，活字本2种，铅印本16种，石印本5种，影印本7种，钤印本1种，油印本1种。按版刻年代划分，计明版2部，清版30部，民国版本30部，1949年后版本5部。其中善本有11部，2部明版书一为明毕效钦编校之《五雅全书》七十三卷，明嘉靖隆庆间（1522—1572）毕效钦刻、明天启（1621—1627）后印本，线装20册；一为明刘履补注之《选诗补注》八卷，明末据明初刻本覆刻本，线装8册1函。清版书中，有7种为康雍乾间刻本，即：《昌黎先生诗集注》十一卷、《白香山诗集》四十卷、《杜诗偶评》四卷、《楚辞》六卷、《水心文集》二十九卷、《史通通释》二十卷、《战国策》三十三卷，这些书写刻精美，洵为善本。还有一部影宋刻本《国语》二十一卷，为清嘉庆五年（1800）苏州黄丕烈读未见书斋刻本，线装6册1函，墨黑纸白，字体古劲，令人爱赏。此外，还有道光间朱墨套印本2种，即《昌黎先生诗集注》十一卷、《史通削繁》四卷。

作为世界史研究专家的张芝联，能有这样多的线装书收藏，与其父亲张寿镛有很大关系。

张寿镛（1876—1945）

张寿镛（1876—1945），字伯颂，号咏霓，别署约园，近代教育家、藏书家，光绪末年举人，官至苏州知府；辛亥革命后，任浙江财政司长、湖北财政厅长、民国财政部秘书、国民政府财政次长等职；曾出资创办光华大学，并任校长。北京大学图书馆藏有民国三十五年（1946）铅印本《张公约园逝世周年纪念册》，卷首有民国三十五年国民政府主席蒋中正褒扬令及其亲手所书挽联：“旧德清标”。

这些线装书大多为张芝联继承的张寿镛原有藏书，多钤有张寿镛藏印，如“约园藏书”、“张寿镛印”（回文印）等。其中元戴表元撰、清黄宗羲选《剡源文钞》四卷，为民国二十一年（1932）刻《四明丛书》零种，2 册 1 函，书衣墨笔书“约园手校”，卷中有张寿镛过录黄荛圃、何义门等人批校，卷四末有张寿镛民国庚辰（二十九年，1940）识语，书尾衬叶有约园手抄黄荛圃跋文，每册均钤“咏霓”小印。

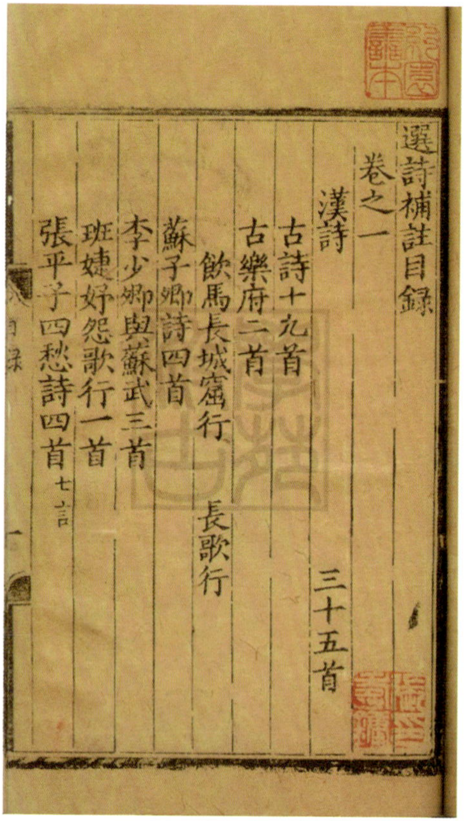

選詩補註目録
卷之一
漢詩 三十五首
古詩十九首
古樂府二首
飲馬長城窟行 長歌行
蘇子卿詩四首
李少卿與蘇武三首
班婕妤怨歌行一首
張平子四愁詩四首 七言

明刻本《选诗补注》八卷

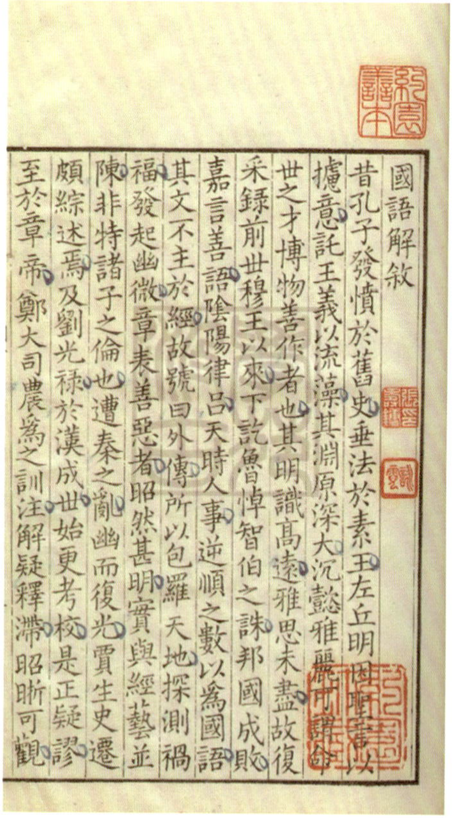

國語解敘
昔孔子發憤於舊史垂法於素王左丘明因聖言以
攄意託王義以流藻其淵原深大沉懿雅麗可謂命
世之才博物善作者也其明識高遠雅思未盡故復
采録前世穆王以來下訖魯悼智伯之誅邦國成敗
嘉言善語陰陽律呂天時人事逆順之數以爲國語
其文不主於經故號曰外傳所以包羅天地探測禍
福發起幽微章表善惡者昭然甚明實與經藝並
陳非特諸子之倫也遭秦之亂幽而復光賈生史遷
頗綜述焉及劉光祿於漢成世始更考校是正疑謬
至於章帝鄭大司農爲之訓注解疑釋滯昭晰可觀

清嘉庆五年（1800）苏州黄丕烈读未见书斋刻本《国语》二十一卷

一些线装书还是张寿镛的著作，如《史学大纲》不分卷、《游蜀草》三卷、《约园杂著三编》八卷等。《约园杂著三编》书前还附有朱印“恭祝 / 咏公校长先生七秩双庆 / 光华大学全体校友敬献”页一纸。“咏公”即指张寿镛，“双庆”者，为张寿镛七十寿诞兼办学二十载之庆。

还有一些是有关张寿镛的参考资料，如《张寿镛行述》，民国三十五年（1946）铅印本，完整叙述了张寿镛的生平事迹。又有刘哲民编《郑振铎先生书信集》，1988 年上海古籍出版社影印本，线装 3 册 1 函，该书主要收录了抗战期

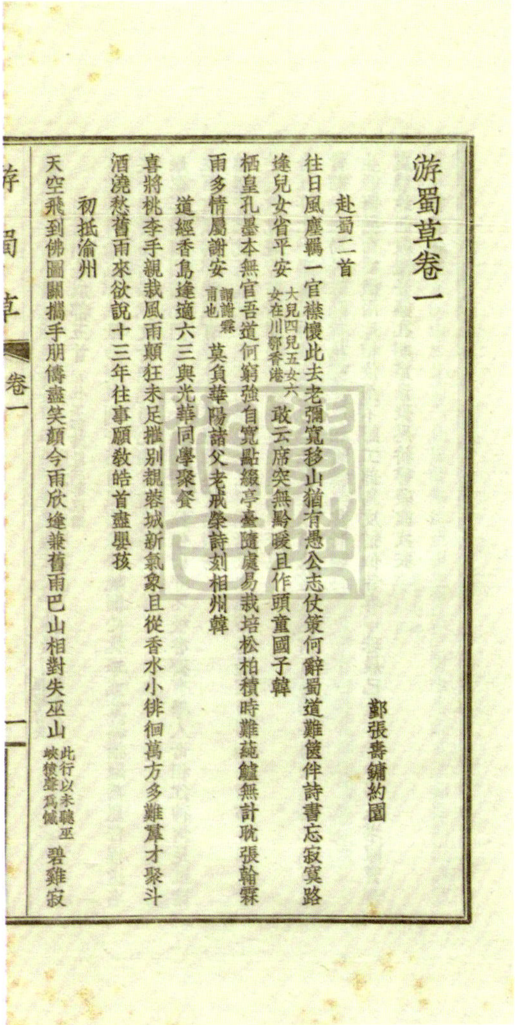
游蜀草卷一
鄞張壽鏞約園
赴蜀二首
往日風塵羈一官襟懷此去老彌寬移山猶有愚公志仗策何辭蜀道難僅伴詩書忘寂寞路
逢兒女省平安（大兒四兒五女六女在川鄂香港）敢云席突無黔暖且作頭童國子韓
栖皇孔墨本無官吾道何窮強自寬點綴亭臺隨處易栽培松柏積時難蒓鱸無計耽張翰霖
雨多情屬謝安（謂謝霖甫也）莫負華陽諸父老戒學詩刻相州韓
道經香島逢適六三與光華同學聚餐
喜將桃李手親栽風雨顛狂未足摧別覩蓉城新氣象且從香水小徘徊萬方多難羣才聚斗
酒澆愁舊雨來欲說十三年往事願教皓首盡嬰孩
初抵渝州
天空飛到佛圖關攜手朋儔盡笑顏今雨欣逢兼舊雨巴山相對失巫山（此行以未聽巫峽猿聲爲憾）碧雞寂
游蜀草 卷一 一

民国二十七年铅印本张寿镛著《游蜀草》书影

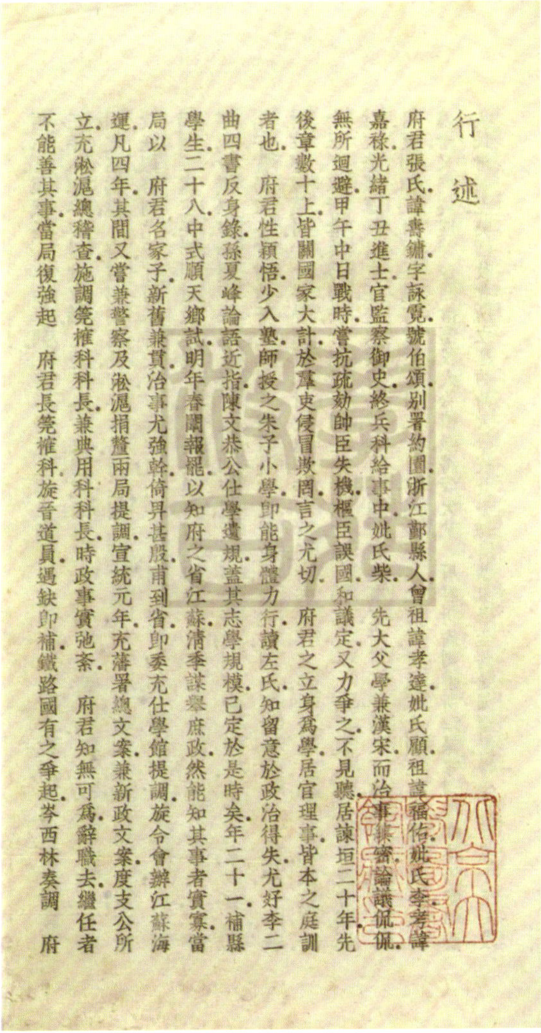
行述
府君張氏。諱壽鏞。字詠霓。號伯頌。別署約園。浙江鄞縣人。曾祖諱孝達。妣氏顧。祖諱福佑。妣氏李。考諱
嘉祿。光緒丁丑進士。官監察御史。終兵科給事中。妣氏柴。先大父學兼漢宋。而治事經濟。論議侃侃。
無所迴避。甲午中日戰時。嘗抗疏劾帥臣失機。樞臣誤國。和議定。又力爭之。不見聽。居諫垣二十年。先
後章數十上。皆關國家大計。於羣吏侵冒欺罔。言之尤切。府君之立身爲學。居官理事。皆本之庭訓
者也。府君性穎悟。少入塾。師授之朱子小學。卽能身體力行。讀左氏。知留意於政治得失。尤好李二
曲四書反身錄。孫夏峰論語近指。陳文恭公仕學遺規。蓋其志學規模。已定於是時矣。年二十一。補縣
學生。二十八。中式順天鄉試。明年春闈報罷。以知府之省江蘇。清季謀舉庶政。然能知其事者實寡。當
局以 府君名家子。新舊兼貫。治事尤強幹。倚畀甚殷。甫到省。卽委充仕學館提調。旋令會辦江蘇海
運。凡四年。其間又嘗兼警察及淞滬捐釐兩局提調。宣統元年。充藩署總文案。兼新政文案。度支公所
立。充淞滬總稽查。施調莞榷科科長。兼典用科科長。時政事實弛紊。府君知無可爲。辭職去。繼任者
不能善其事。當局復強起 府君長莞榷科。旋晉道員。遇缺卽補。鐵路國有之爭起。岑西林奏調 府

民国三十五年铅印本《张寿镛行述》

间郑振铎给张寿镛的通信，对于研究当时沦陷区文献保存同志会的活动有重要价值。书中还夹有 1989 年编者刘哲民致张芝联书信原件 1 封，也是很珍贵的。

张芝联曾受业于吕思勉、张采田等名师。故此批赠书中还有一些吕思勉、张采田的著作。

吕思勉（1884—1957），字诚之，曾任上海光华大学国文系、历史系教授，是张芝联一生敬重的老师。此批赠书中有《吕思勉自述》2 册，是 1952 年的线装油印本。对于了解吕思勉的治学经历和学术思想、政治思想都有重要参考价值。

张采田（1874—1945），一名尔田，字孟劬，浙江钱塘（今杭州市）人，曾

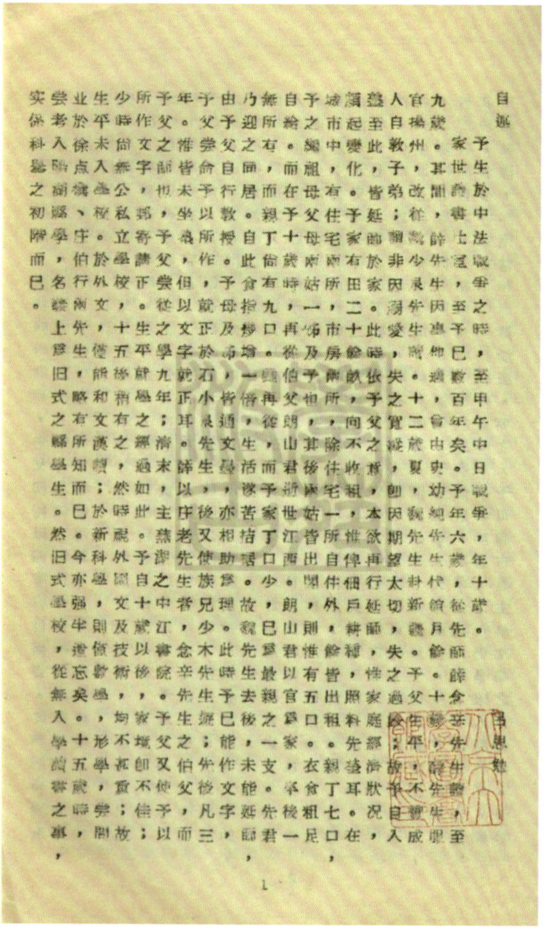

1952 年线装油印本《吕思勉自述》

任燕京大学教授。这批书中有张采田的《遁盦乐府》二卷、《遁堪文集》二卷、《史微》内篇八卷附札记一卷、《清列朝后妃传稿》二卷、《诗史初稿》十五卷。此外明王应麟的《困学纪闻注》二十卷，书前有张采田墨笔识语，书眉有张氏墨笔批语。

这批书中值得特别介绍的是全套的《四明丛书》。

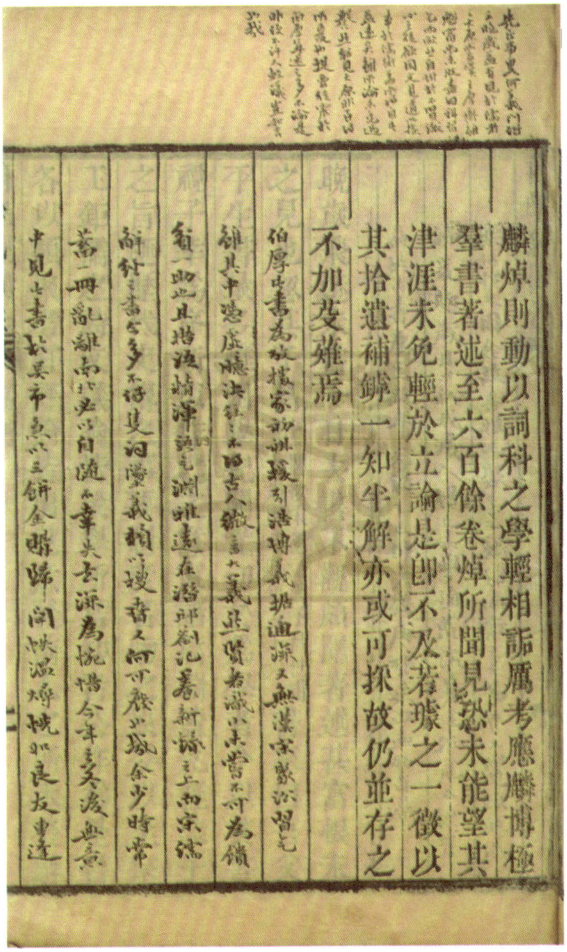
麟焯則動以詞科之學輕相詆厲考應麟博極羣書著述至六百餘卷焯所聞見恐未能望其津涯未免輕於立論是卽不及若璩之一徵以其拾遺補缺一知半解亦或可採故仍並存之不加芟薙焉

《困学纪闻注》二十卷书前的张采田墨笔识语和书眉批语

《四明丛书》是张寿镛编刻的一套收录宁波地区历代名家著作的大型地方丛书，收录自东汉迄民国初四明鄞县、奉化、慈溪、象山、定海等地约110位先贤所撰文献，各书多从北京图书馆、天一阁、文澜阁、嘉业堂等公私藏书中抄辑而来，以其对宁波历代先贤著述的收罗宏富和校勘精审而为世人所称赞。

《四明丛书》的编辑始于1930年，最初拟分10集出版。1932年第一集刻印告成。至1945年陆续刻印至七集半时，张寿镛先生不幸去世，由其子星联等刻印完成第八集；待刊之九、十两集，今仅有《存目》传世。北大图书馆原藏有该丛书3部，但均缺失甚多，不能凑成全部。此次获赠的为全书，共8集178种1 177卷，为民国二十一至三十七年（1932—1948）张氏约园刊版、1981年扬州广陵古籍刻印社刷印本，线装636册，分装83函，书品完好，弥补了以往馆藏的不足，令人惊喜过望。

为了让读者一览2008年张芝联赠书中的线装书全貌，特列目录如下：

序号	书　名	责任者	出版信息	版本类型	数　量	典藏号
1	五雅全书：5种73卷	（明）毕效钦编校	明嘉靖隆庆间［1522—1572］毕效钦	刻本（后印）	20册（2函）	SB/415.08/3748.1
2	选诗补注：8卷	（明）刘履补注	明［1368—1644］	刻本	8册（1函）	SB/811.108/7277.2
3	杜诗偶评：4卷	（唐）杜甫撰	清乾隆十二年［1747］赋闲草堂	刻本	4册（1函）	SB/811.144/3423/C3
4	昌黎先生诗集注：11卷	（唐）韩愈撰	清康熙三十八年［1699］长洲顾氏秀野草堂	刻本	2册（1函）	SB/811.1454/3167/C6
5	白香山诗集：40卷，附本传，年谱	（唐）白居易撰	清康熙四十二年［1703］一隅草堂	刻本	12册（2函）	SB/811.1458/3102/C5
6	楚辞：6卷，卷首1卷	（战国）屈原撰	清康熙五十二年［1713］蒋氏山带阁	写刻本（修版）	6册（1函）	SB/811.311/7710.26
7	水心文集：29卷	（宋）叶适撰	清乾隆二十年［1755］［温州］雷铉	刻本	10册（2函）	SB/817.576/4430
8	剡源文钞：4卷	（元）戴表元撰	民国二十一年［1932］四明张氏约园	刻本	2册（1函）	SB/817.59/4351
9	史通通释：20卷	（唐）刘知几撰	清乾隆十七年［1752］梁溪浦氏求放心斋	刻本	8册（1函）	SB/910.04/7282.5/C5
10	国语：21卷	（三国吴）韦昭注	清嘉庆五年［1800］苏州黄丕烈读未见书斋	刻本	6册（1函）	SB/911.63/4067.9
11	战国策：33卷	（汉）高诱注	清乾隆二十一年［1756］卢氏雅雨堂	刻本	10册（2函）	SB/911.65/0002.7

续表

序号	书　名	责任者	出版信息	版本类型	数　量	典藏号
12	四库全书总目：200 卷，卷首 1 卷	（清）纪昀撰	清末［1875—1911］	石印本	29 册（3 函）	X/013.71/0038.4
13	钦定四库全书简明目录：20 卷	（清）纪昀［等］总纂	清末［1821—1911］	刻本	8 册（1 函）	X/013.71/3013.6/C3
14	书目答问	（清）张之洞撰	清光绪五年［1879］贵阳陈文珊	刻本	8 册（1 函）	X/018.5/1133.12
15	四明丛书：8 集 178 种 1177 卷	张寿镛辑	民国二十一至三十七年［1932—1948］四明张氏约园	刻本（后印）	636 册（83 函）	X/081.478/1148/C4
16	梨洲遗著汇刊：29 种，卷首梨洲先生世谱	（清）黄宗羲撰	清宣统二年［1910］上海时中书局	铅印本	19 册（合 2 函）	X/081.57/4438.2/C2
17	樊山判牍续编：4 卷	（清）樊增祥撰	清宣统三年［1911］大同书局	石印本	4 册（合 2 函）	X/081.57/4438.2/C2
18	困学纪闻注：20 卷	（宋）王应麟撰	清道光五年［1825］余姚守福堂	刻本（批校）	16 册（2 函）	X/088.5/1000.5/C3
19	困学纪闻注：20 卷	（宋）王应麟撰	清道光五年［1825］余姚守福堂	刻本（批校）	6 册（2 函）	X/088.5/1000.5/C4
20	日知录集释：32 卷，附刊误 2 卷	（清）顾炎武撰	清末［1834—1911］	刻本	16 册（3 函）	X/088.7/3191.14
21	史微：内篇 8 卷，附札记 1 卷	张采田撰	民国元年［1912］孱守斋刻，民国十五年［1926］刷印	刻本	4 册（1 函）	X/088.8/1126/C4
22	史微：内篇 8 卷，附札记 1 卷	张采田撰	民国元年［1912］孱守斋	刻本	4 册（1 函）	X/088.8/1126.2

续表

序号	书　名	责任者	出版信息	版本类型	数　量	典藏号
23	经学通论：5 卷	（清）皮锡瑞撰	清光绪三十三年［1907］［长沙］思贤书局	刻本	5 册（1 函）	X/090/4081.2/C5
24	国朝汉学师承记：8 卷	（清）江藩纂	清光绪十二年［1886］万卷书室	刻本	4 册（1 函）	X/090.6/3144
25	两汉三国学案：11 卷	唐晏撰	民国三年［1914］阳湖郑氏龙溪精舍	刻本（朱印）	8 册（1 函）	X/090.92/0060/C2
26	书经集传：6 卷	（宋）蔡沈集传	清光绪三十二年［1906］天津文美斋	刻本	4 册（1 函）	X/092.2/4434.13
27	诗史初稿：15 卷	张寿镛撰	民国三十一年［1942］	铅印本	2 册（1 函）	X/093.6/1148/C3
28	语译广解四书读本	蒋伯潜注释	民国三十年［1941］上海启明书局	铅印本（初版）	6 册（1 函）	X/096.1/4423
29	百子全书：100 种		民国二十年［1931］上海扫叶山房	石印本	77 册（4 函）	X/111.08/1513.4/C2
30	老子集解：2 卷	奚侗撰	民国十四年［1925］	铅印本	1 册（1 函）	X/111.1212/2027
31	明本释：3 卷	（宋）刘荀撰	民国十六年［1927］张氏约园	影印本	1 册（1 函）	X/111.58/7244.2
32	汉学商兑：3 卷	（清）方东树撰	清光绪二十六年［1900］杭州浙江书局	刻本	4 册（1 函）	X/111.79/0054.2
33	天工开物：3 卷	（明）宋应星撰	民国十九年［1930］上海华通书局	石印本	9 册（1 函）	X/600/3006/C2
34	天工开物：3 卷	（明）宋应星撰	民国十九年［1930］上海华通书局	石印本	9 册（1 函）	X/600/3006/C4

续表

序号	书　名	责任者	出版信息	版本类型	数　量	典藏号
35	太初先生印存	周一良撰	2004年周氏	钤印本	1册（1函）	X/727.9/7713
36	御刻三希堂石渠宝笈法帖：第21册	（清高宗）弘历辑	民国［1912—1949］	影印本	1册（1函）	X/739.13/1271a
37	文选：60卷，考异10卷	（梁）萧统辑	民国初期［1912—1927］上海锦章图书局	影印本	16册（2函）	X/810.079/4420.8/C4
38	寸草庐赠言：10卷，附录1卷	（清）张嘉禄辑	民国二十三年［1934］四明张氏约园	刻本	1册（1函）	X/810.087/1143
39	六朝文絜笺注：12卷	（清）许梿评选	民国十七年［1928］上海扫叶山房	影印本（石印）	2册（1函）	X/810.3083/0845a1
40	全汉三国晋南北朝诗：54卷	丁福保辑	民国五年［1916］上海医学书局	铅印本	20册（3函）	X/811.108/1032.1/C4
41	唐诗三百首注疏：2卷	（清）蘅塘退士编	民国［1912—1949］古香书屋	铅印本	2册（1函）	X/811.1084/4434.29
42	昌黎先生诗集注：11卷	（唐）韩愈撰	清道光十六年［1836］膺德堂	刻本（朱墨套印）	6册（1函）	X/811.1454/3167.1/C4
43	铁螺山房诗草	潘光旦著	1992年北京群言出版社	影印本	1册（1函）	X/811.18/3296/C2
44	遯盦乐府：2卷	张尔田撰	民国三十年［1941］龙沐勋忍寒庐	刻本	1册（1函）	X/811.58/1116
45	遯盦乐府：2卷	张尔田撰	民国三十年［1941］龙沐勋忍寒庐	刻本	1册（1函）	X/811.58/1116/C2
46	绝妙好词笺：7卷，续钞1卷	（宋）周密辑	清末［1821—1911］	刻本	3册（1函）	X/811.739/7735.3

续表

序号	书　名	责任者	出版信息	版本类型	数　量	典藏号
47	安乐乡人文：6 卷	金兆蕃撰	1951 年	铅印本	2 册（1 函）	X/812.8/8034
48	遯堪文集：2 卷	张尔田撰	民国三十七年［1948］	铅印本	2 册（1 函）	X/817.8/1116/C2
49	史通削繁：4 卷	（清）纪昀删定	清光绪间［1875—1908］广东翰墨园	刻本（朱墨套印）	4 册（1 函）	X/910.04/7282b4/C2
50	史学大纲	张寿镛撰	民国三十二年［1943］	铅印本	1 册（1 函）	X/910.09/1148
51	历代帝王年表：不分卷	（清）齐召南编	清道光四年［1824］扬州阮氏小琅嬛仙馆	刻本	4 册（1 函）	X/910.092/0024/C5
52	芸居楼纲鉴易知录：92 卷	（清）吴乘权［等］辑	清光绪四年［1878］羊城芸居楼	刻本	7 册（2 函）	X/910.9/2624.7
53	史记探源：8 卷	崔适撰	民国二十三年［1934］北平国立北京大学出版组	铅印本（第 4 版）	2 册（1 函）	X/910.9117/2230/C7
54	司马温公通鉴论	（宋）司马光撰	清光绪间［1890—1903］［武昌］两湖书院	木活字本	1 册（1 函）	X/910.9158/1779
55	纪事本末六种	捷记书局编	清光绪二十八年［1902］上海捷记书局	石印本	12 册（1 函）	X/910.918/5057
56	清列朝后妃传稿：2 卷	张采田撰	民国十八年［1929］山阴平毅绿樱花馆	铅印本	2 册（1 函）	X/917.043/1126/C5
57	汪悔翁乙丙日记：3 卷	（清）汪士铎撰	民国二十五年［1936］	铅印本	1 册（1 函）	X/917.7/3148/C5

续表

序号	书　名	责任者	出版信息	版本类型	数　量	典藏号
58	重订法国志略：24 卷	（清）王韬辑	清光绪十五年［1889］弢园老民	铅印本	10 册（1 函）	X/934.5/1042.1
59	重订法国志略：24 卷	（清）王韬辑	清光绪十五年［1889］弢园老民	铅印本	10 册（1 函）	X/934.5/1042.1/C2
60	普法战纪：20 卷	（清）王韬撰辑	清光绪十二年［1886］王氏弢园	木活字本	10 册（1 函）	X/937.86/1042.2
61	文献征存录：10 卷	（清）钱林辑	清咸丰八年［1858］有嘉树轩	刻本	12 册（2 函）	X/971.7033/8344/C4
62	张寿镛行述		民国三十五年［1946］	铅印本		X/979.1/1876-1
63	游蜀草：3 卷	张寿镛撰	民国二十七年［1938］	铅印本	2 册（1 函）	X/979.1/1876-1
64	吕思勉自述	吕思勉撰	1952 年	油印本	2 册（1 函）	X/979.1/1884
65	郑振铎先生书信集	刘哲民编	1988 年上海古籍出版社	影印本	3 册（1 函）	X/979.1/8758
66	太史公年谱：1 卷	张鹏一撰	民国二十二年［1933］张氏在山草堂	刻本	1 册（1 函）	X/979.2/BC145.1/C4
67	资治通鉴地理今释：16 卷	（清）吴熙载撰	民国［1912—1949］	石印本	3 册（1 函）	X/981.09/2674.1/C2

近年来，我们在对北大图书馆古籍未编书进行编目的过程中，发现其实早在 1951 年张芝联先生回燕京大学历史系任教之时，就曾向燕京大学图书馆赠送过一些张寿镛先生的著述，这些书也都是线装书，书上或粘贴有燕京大学图书馆藏书票，其上题“张芝联先生赠”；或有题“张芝联先生赠燕京大学图书馆”字样之签条，目前已发现 5 部：

续表

序号	书　名	责任者	出版信息	版本类型	数　量	典藏号
1	约园杂著续编：8卷	张寿镛撰	民国三十年［1941］	铅印本	2册（1函）	X/089.8/1158b
2	约园杂著三编：8卷	张寿镛撰	民国三十四年［1945］光华大学	铅印本	2册（1函）	X/089.8/1158a/C2
3	放斋诗说：4卷	（宋）曹粹中撰；张寿镛辑	民国三十三年［1944］	铅印本	1册（1函）	X/093.74/5595/C2
4	乡谚证古：4卷，附录1卷	（清）陈康祺撰；张寿镛编次	民国三十三年［1944］	铅印本	1册（1函）	X/415.923/7503/C2
5	史学大纲	张寿镛撰	民国三十二年［1943］	铅印本	1册（1函）	X/910.09/1148/C2

此表中所列仅是近年来我们在古籍编目中所陆续发现者，应该不是当初张芝联赠书的全部，但加上前列67部，总数也有72部之多。这些线装书虽不都是严格意义上的古籍，但基本属于中国传统文化的范畴，说明作为世界史专家的张芝联先生也曾浸润其中，同时还见证着张寿镛、张芝联父子与燕京大学图书馆和北大图书馆的深厚渊源。

原载《河南科技学院学报》2018年第1期：第58—63页

卷二

图书馆史与馆藏

在古籍编目中发现京师大学堂藏书楼的源头

2012年11月，北京大学图书馆举办了建馆110周年的盛大庆典，这是按照京师大学堂藏书楼创办于1902年的说法计算的。但北京大学的前身京师大学堂的创建年份是1898年，所以1898年也被公认为是北京大学的建校年。从1898年到1902年，共计4年的时间，一所大学竟然没有图书馆，这无论如何是说不过去的，也是与京师大学堂作为全国最高学府的身份地位不相称的。

原北大外国语学院沈弘教授曾撰《戊戌年京师大学堂藏书楼考》[1]《孙家鼐有话要说》[2]《三论戊戌年大学堂藏书楼的客观存在》[3]等文，证明京师大学堂藏书楼是和京师大学堂同步建设的。他举了种种有力的证据，如：戊戌年的《京师大学堂章程》中有关藏书楼的规定，当时各位大臣的有关奏折，当时的大学堂西文总教习丁韪良的著作记载和1899年摄于大学堂藏书楼前的大学堂教习合影照片，明确指出，在1900年庚子事变之前，大学堂藏书楼已经开办，并且先后有过两任提调（当时的图书馆长），一个是李昭炜，一个是骆成骧。沈教授甚至还从八国联军入侵北京后俄国军官在大学堂的一张合影照片中的柱子上，发现了大学堂藏书楼催促师生限期归还所借藏书的告示，说明在庚子事变之前，大学堂藏书楼已经对校内师生开放服务。作者的观点颇有见地，史料引用准确充分，观察分析细致入微，应该说已经很有说服力了。但由于还缺乏最重要的实物印证，一直没有得到北大校方的正式认可。

说来也巧，就在馆庆刚刚过去的2013年初，北京大学图书馆古籍编目组在进行古籍未编书的编目工作时，发现了一本《大学堂书目》，为在1900年庚子事变前京师大学堂藏书楼即已建立的观点提供了实物证据。

这是一册很薄的线装书，书衣上用墨笔题写了书名“京都大学堂书目”，书衣右下方还有墨笔书写的“完颜焕章氏珍”6字，说明这本书目的主人是完颜焕章。其为何许人也，则无从查考，也无关紧要，故暂不理会。

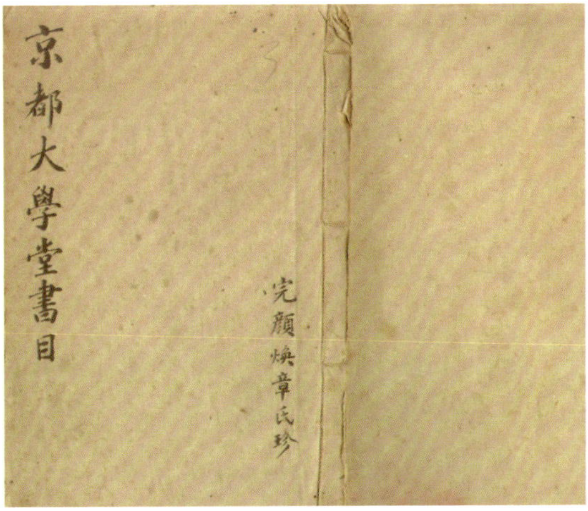

清光绪二十五年（1899）刻本《京都大学堂书目》书衣

打开书后发现，该书为雕版朱印，四周双边，版心白口，单鱼尾，无行格，半叶10行，行

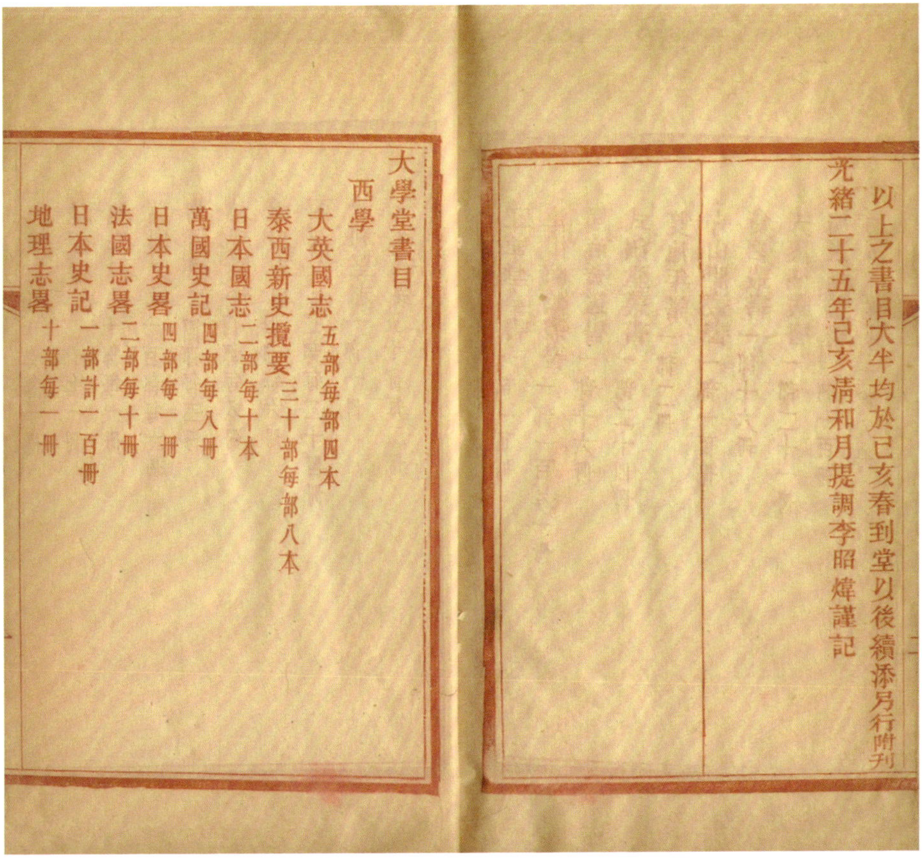

清光绪二十五年（1899）刻本《京都大学堂书目》书影

23 字。细审全书内容，分为经部、史部、子部、集部、丛书部、西学共 6 部，6 部各为起讫，每部卷端题名为《大学堂书目》，并且最后都印有如下题记："以上之书目大半均于己亥春到堂，以后续添另行附刊。光绪二十五年己亥清和月提调李昭炜谨记"。

毫无疑问，这个"大学堂"以及书衣上墨笔题写的"京都大学堂"应该就是京师大学堂，北京也没有另一个"京都大学堂"。过去人不太讲究规范，意思对了就行。光绪二十五年是公元 1899 年，己亥是这一年的干支纪年，清和月是阴历四月，每部最后的这段题记告诉我们，到清光绪二十五年（1899）四月，京师大学堂已经有了相当数量的藏书，而且也有相应的藏书机构，其负责人的头衔叫提调，当时的提调是李昭炜。

查考由梁启超起草、光绪二十四年五月十五日由总理各国事务衙门奏呈的《谨拟京师大学堂章程》[4]，其第一章第六节这样写道：

> 学者应读之书甚多，一人之力，必不能尽购。乾隆间高宗纯皇帝于江浙等省设三阁，尽藏四库所有之书，俾士子借读，嘉惠士林，法良意美！泰西各国于都城省会，皆设有藏书楼，即是此意。近年张之洞在广东设广雅书院，陈宝箴在湖南设时务学堂，亦皆有藏书。京师大学堂为各省表率，体制尤当崇闳。今拟设一大藏书楼，广集中西要籍，以供士林流览而广天下风气。

该《章程》第六章第六节中明确规定："藏书楼设提调一员，供事十员。"[5]第七章第二节还详载藏书楼提调每月薪水为五十两，每年合计六百两[6]。第七章第三节更是规定了藏书楼的经费开支："建筑藏书楼费约两万两……购中国书费约五万两，购西文书约四万两，购东文书约一万两。"[7]

吴晞先生撰写的《北京大学图书馆九十年记略》[8]则有这样一段记载：

> 天津出版的《国闻报》曾于光绪二十四年（1898）六月初三发表了一条"京师大学堂奏派总办提调名单"的消息，其中谈到："管学大臣孙中堂已于上月二十九日将大学堂总办提调开具衔名，缮折奏派，兹将衔名开列如

后：……藏书楼提调一员，詹事府左春（原文误为“香”）坊左庶子李昭炜。”

查北京大学和中国第一历史档案馆合编的《京师大学堂档案选编》[9]第 44 页，孙家鼐于光绪二十四年五月二十九日上的奏折的原文是：“詹事府左庶子李昭炜拟派充藏书楼提调兼官书局提调。”

由此可见，《大学堂书目》中于经、史、子、集、丛、西学每部书目之后书写那段题记的提调李昭炜，就是当时京师大学堂藏书楼的第一任负责人，也就是第一任北大图书馆馆长。他于光绪二十四年五月底被奏派为藏书楼提调，何时上任不晓，但根据《大学堂书目》每部后面的题记，至少第二年的四月仍在任上。

李昭炜，字蠡莼，祖籍江西婺源，落籍浙江常山县，清同治十三年（1874）甲戌科三甲进士，官至内阁学士、户部右侍郎。除了庚子事变时曾受联军辱打一事，有关他的事迹史书记载并不多见。其著述未见著录，但在最近的北大图书馆古籍编目中，我们竟然发现了一册光绪三十二年（1906）李昭炜致仕后游览西湖与朋友唱和的诗集《湖上萍踪》一卷。

《大学堂书目》的体例是：全书分为经部、史部、子部、集部、丛书部、西学 6 部，每部下不再分类，直接著录藏书；著录内容非常简略，每书著录书名、复本数，以及每部书的册数，而且用词也不规范统一。如《江南局易本义》书名下著录为“十部每二册”，是说有 10 个复本，每个复本有 2 册，所以总册数应该是 20 册。而《江南局诗经》书名下著录为“十部五册”，没有“每”字，但意思仍然是说有 10 个复本，每个复本有 5 册，总册数应该是 50 册。复本数量只有一部的，大多数著录为“一部 ×× 册”，有的则直接著录册数，如《汲古阁板史记》书名下只著录册数“十六册”。

有不少书的复本量比较大，如《江南局相台五经》有八部，《校本史记》有七部，《大学衍义》有八部。作为大学图书馆的典藏，为了满足师生的借阅量，这样的复本量应该说是正常的。但有些书的复本量过大，如《御制资政要览》书名下著录“每部四册重刊五百部”，总册数达 2 000 册；《弟子箴言》下著录为“三百部四册”，总册数达 1 200 册；《御制数理精蕴几何原本》下著录为“四部三册石印一百部”；《算学启蒙述义》其下著录为“一百部每四册”；《小学集解》下著录为

"三百部每四册";《天文揭要》下著录为"五十部每二册";《天文须知》下著录为"一百部每一册";《笔算数学》下著录为"三百部每二册石印一百部六册";《代数备旨》下著录为"一百部每一册石印二十部每二册";《格物入门》下著录为"三百部二部每七册"。这样大的复本量显然不是全部用来典藏的，很可能有些书买来是要分发给学生的。

除绝大多数用"册"为量词外，个别还使用"本"。如《历代名臣言行录》，其下著录为"八本"。

个别著录内容涉及版本，如《江西局十三经注疏》下著录为"二部一百八十册，旧版二部，湖南版二部"(旧版和湖南版的册数没有著录);《康熙字典》下著录为"石印二部六册";《御批通鉴辑览》下著录为"十二部五十八册/石印五部六十册";《皇朝中外一统舆地图》下著录为"一部十二册/石印十部六册"。

当时的大学堂藏书楼有多少书呢？我根据这部《大学堂书目》做了一个初步的统计，列表如下：

表1 《大学堂书目》藏书数量统计

各部合计	种　数	部　数	总册数
经部合计	134	293	5 870
史部合计	281	1 104	16 182
子部合计	143	1 225	6 188
集部合计	141	170	4 001
丛书部合计	28	29	2 744
西学合计	248	2 571	9 979
六部合计	975	5 392	44 964

由于个别著录没有明确标明册数，无法统计，所以实际的册数应该大于44 964册这个数字，应该有将近5万册。这样一个藏书规模，并且初步编出分类目录，其工作量绝不是四五个月的短期内所能完成的。鉴于此书目中李昭炜的题记写在光绪二十五年四月，可以推断，大学堂藏书楼的藏书建设一定是在前一年也就是戊戌年就开始进行了。即便如此，这个工作效率也是很高的。这说明，大

学堂藏书楼最初的藏书建设工作是在紧锣密鼓地进行的。

那么，这些书后来的命运如何呢？

京师大学堂第一任西文总教习丁韪良在其所著《汉学菁华：中国人的精神世界及其影响力》（The lore of Cathay）[10]一书的《序篇：中国的觉醒》最后一段这样写道："义和团焚烧翰林院藏书楼，将京师最丰富的图书收藏付之一炬，将京师大学堂藏书楼的藏书投入水中浸泡毁坏。"事实上，京师大学堂在八国联军侵入北京期间，先后被俄、德两国军队占为兵营，图书、仪器设备遭到严重损毁，丁韪良将之完全归罪于义和团，是一种想当然的偏见和对联军罪责的推卸。但大学堂藏书楼的早期藏书在庚子事变中基本被毁，看来是一个我们不得不接受的事实。

1902 年京师大学堂重建时，为了充实大学堂藏书楼的藏书，清廷曾下令征集各省官书局所刻书到大学堂藏书楼，所以，今天我们看到钤盖"大学堂藏书楼藏书章"的许多书，都是清末的局刻本。但在这部《大学堂书目》中，虽也有江南局本、江苏局本、江西局本、四川局本、湖北局本等名目，但总量并不很大，且主要集中在经部，其他各部极为少见。这似乎表明大学堂藏书楼最初并没有大规模征集各省官书局所刻书。北大图书馆现存钤有大学堂藏书楼印章的局刻本并非庚子事变前大学堂藏书楼收进的局刻本。

又如《大学堂书目》中《星轺指掌》一书著录为"二部每二册"，北大图书馆现藏该书 5 部，但都是 4 册本，没有 2 册的。说明最早入藏的这两部《星轺指掌》已经不存了。

那么，庚子事变前京师大学堂收进的藏书有没有孑遗呢？有的。我们最近在古籍编目时就发现了这样一部书，它为我们讲述了一个生动的故事。这部书即《仪礼古今文异同疏证》五卷，刻本，1 册 1 函。该书的卷端除"北京大学图书馆藏书"印外，还钤有两方大学堂藏书印，右边是"京师大学堂藏书楼钤册图章"，左边是"大学堂藏书楼之章"。

为什么会有大学堂藏书楼两方不同的藏印呢？旧装书衣有林传树、勤轩识语，揭开了这个秘密："此编原为大学堂藏书，偶于厂肆旧书摊上得之，故仍交藏书楼加戳藏之。预备科学生侯官林传树志。"其左另有墨书小字："编首两藏书楼图记，一旧印在庚子前，一新印系丙午收还后所记。三月廿七勤轩识。"其下还钤

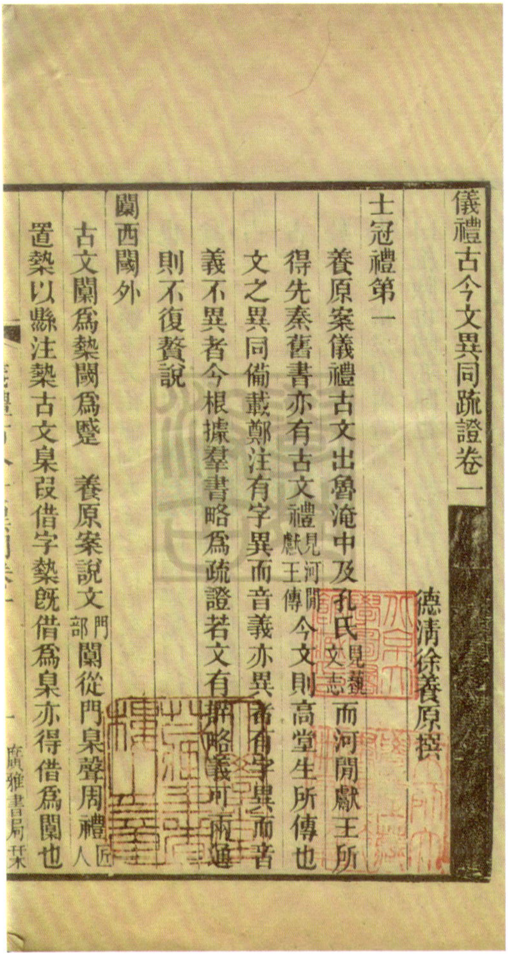
儀禮古今文異同疏證卷一
德清徐養原撰
士冠禮第一
養原案儀禮古文出魯淹中及孔氏（見漢文志）而河間獻王所得先秦舊書亦有古文禮（見河間獻王傳）今文則高堂生所傳也文之異同備載鄭注有字異而音義亦異者有字異而音義不異者今根據羣書略爲疏證若文有兩通義可兩通則不復贅說
闑西閾外
古文闑爲槷閾爲蹙　養原案說文（門部）闑從門臬聲周禮（匠人）置槷以縣注槷古文臬叚借字槷既借爲臬亦得借爲闑也

光绪三十二年（1906）被林传树购回的《仪礼古今文异同疏证》五卷卷端页

有朱印“林传树印”。两段题记字体相同，可见林传树与勤轩同为一人，勤轩应该是林传树的字或号。丙午是光绪三十二年（1906）。经查考，林传树系光绪二十八年（1902）壬寅科福建乡试第一名（即解元）林传甲的胞弟。林传甲，字奎云，福建侯官县人，光绪三十年至三十二年（1904—1906）任京师大学堂国文教员[11]，讲授历代文章源流，著有《中国文学史》等讲义。林传甲后来还与林传树合著有《黑龙江教科新图》一书。

由《仪礼古今文异同疏证》书衣上的两段题识可知，这部书原本是京师大学堂藏书楼的藏书，并钤盖有藏书楼藏章，庚子事变时流出，光绪三十二年（1906），被当时身为京师大学堂预备科学生的林传树在厂肆摊上发现购下，随即交还给大学堂藏书楼，实属万幸！京师大学堂最初的藏书印是“京师大学堂藏书楼钤册图章”，

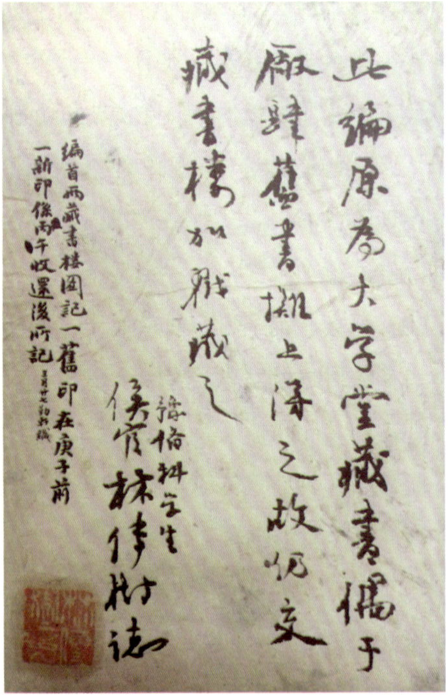
此编原为大学堂藏书，偶于厂肆旧书摊上得之，故仍交藏书楼加戳藏之
预备科学生侯官林传树志
编首所藏书楼图记一旧印在庚子前
一新印系丙午收还后所记

光绪三十二年（1906）被林传树购回的《仪礼古今文异同疏证》五卷书衣题记

庚子事变前使用的大学堂藏书楼藏章："京师大学堂藏书楼钤册图章"

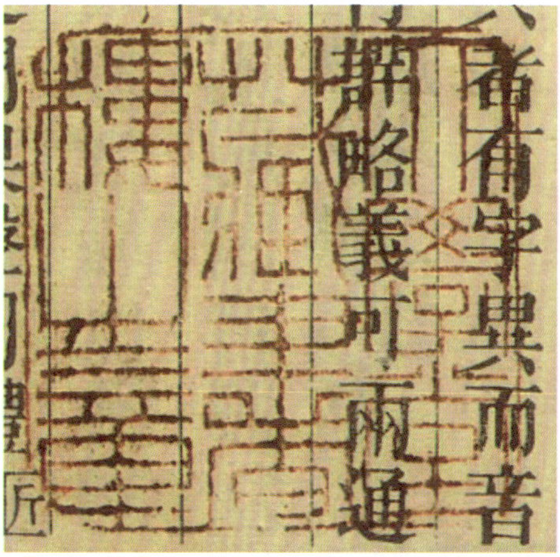

1902 年重建后使用的大学堂藏书楼藏章："大学堂藏书楼之章"

庚子事变后重建的大学堂藏书楼改用"大学堂藏书楼之章"，所以就出现了同一部书上钤盖两种不同的京师大学堂藏书楼印章的现象。

我利用"学苑汲古——高校古文献资源库"检索本馆所有古籍书目记录，发现钤有"京师大学堂藏书楼钤册图章"朱文大印的书仅有 9 部计 44 册。现将这 9 部书列表如下：

表 2　北京大学图书馆现存庚子事变前收藏的京师大学堂藏书楼藏书统计

书名	责任者	出版信息	版本	数量	典藏号
道古堂诗集：26 卷	（清）杭世骏撰	清乾隆四十至四十一年［1775—1776］	刻本	5 册（1 函）	SB/811.175/4047a/C4
补辽金元艺文志：1 卷	（清）倪灿撰	清光绪十七年［1891］广州广雅书局	刻本	1 册（1 函）	X/013.5801/2797/C3
钦定仪礼义疏：48 卷，卷首 2 卷	（清）允禄纂	清光绪十四年［1888］江南书局	刻本	28册（4函）	X/094.51/2337.2

续表

书名	责任者	出版信息	版本	数量	典藏号
仪礼古今文异同疏证：5卷	（清）徐养原撰	清光绪十七年［1891］广东广雅书局	刻本	1册（1函）	X/094.57/2887/C2
算学启蒙述义：3卷	（元）朱世杰编撰	清末 1884—1911］	石印本	3册（1函）	X/510.07/2543.1
行军铁路工程：2卷	（英国）傅兰雅译	清末 1886—1911］上海江南制造总局	铅印本	1册（1函）	X/651.81/2347/C7
搜神记：20卷，后记10卷	（晋）干宝撰	清光绪元年［1875］湖北崇文书局	刻本	3册（1函）	X/813.18/1030.1/C2
宋辽金元四史朔闰考：2卷	（清）钱大昕撰	清光绪十七年［1891］广州广雅书局	刻本	1册（1函）	X/910.092/8346.1
续汉书辨疑：9卷	（清）钱大昭撰	清光绪十四年［1888］［广州］广雅书局	刻本	1册（1函）	X/912.1/1160–1/C2

其中《行军铁路工程》一书在《大学堂书目》中也有著录。可见，庚子事变前大学堂藏书楼收进的藏书并不是完全被损毁了，还是有一些保留了下来。由于我们仅仅是在2006年重新开始进行北大图书馆古籍未编书的大规模编目后，才开始记录每部书的藏章印记，所以大学堂藏书楼早期藏书的存留数量肯定要多于上表所列的这9部，但确切的数量则有待于今后馆藏古籍重新编目完成后再查考了。

在上述9部书中，有一部书还提供了另外的线索。这部书即《钦定仪礼义疏》四十八卷卷首二卷，分装28册4函。其卷端除钤有"京师大学堂藏书楼钤册图章"朱文印章，还钤有"提调骆监置书"一方朱文大印。

查《北京大学史料》一书中所收录的《许景澄呈报大学堂光绪二十五年九月分收支情况》（光绪二十五年十月十二日），也记载有这个"提调骆"："藏书楼提调骆九月分薪水京平足银贰拾伍两。”[12] 我们前面已经说过，大学堂藏书楼提调只设一员，那么这个光绪二十五年九月在任的“提调骆”一定是第一任藏书楼提调李昭炜的继任。这个“提调骆”是谁呢？

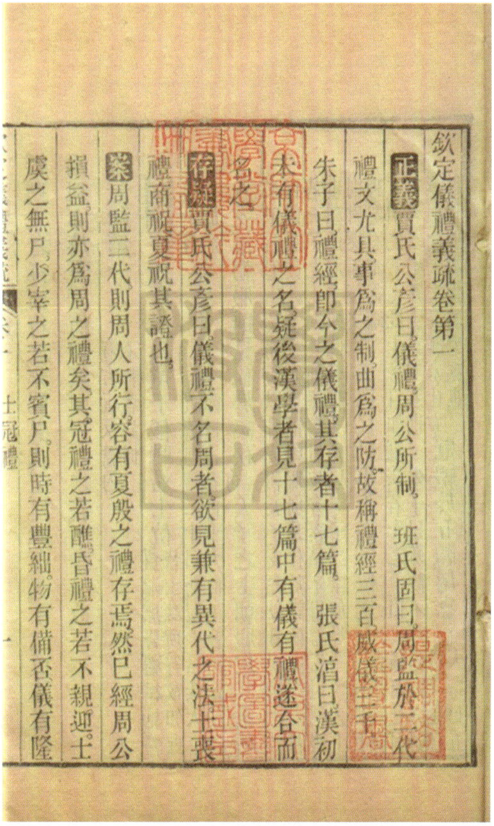
欽定儀禮義疏卷第一
正義 賈氏公彥曰儀禮周公所制。班氏固曰周監於二代
禮文尤具事爲之制曲爲之防故稱禮經三百威儀三千
朱子曰禮經即今之儀禮其存者十七篇 張氏淳曰漢初
未有儀禮之名疑後漢學者見十七篇中有儀有禮遂合而
名之
存疑 賈氏公彥曰儀禮不名周者欲見兼有異代之法士喪
禮商祝夏祝其證也
案 周監二代則周人所行容有夏殷之禮存焉然已經周公
損益則亦爲周之禮矣其冠禮之若醮昏禮之若不親迎士
虞之無尸少牢之若不賓尸則時有豐細物有備否儀有隆

同时钤有“提调骆监置书”和“京师大学堂藏书楼钤册图章”两方印章的卷端书影

在北京大学和中国第一历史档案馆合编的《京师大学堂档案选编》第 44 页所录孙家鼐于光绪二十四年五月二十九日上的奏折中，也有这样一段话：“翰林院修撰骆成骧、翰林院编修黄绍箕、翰林院编修朱祖谋、翰林院编修余诚格、翰林院编修李家驹，以上五员拟派充稽查功课提调。”沈弘教授在《孙家鼐有话要说》一文中已经考证确切，这个“提调骆”就是大名鼎鼎的光绪

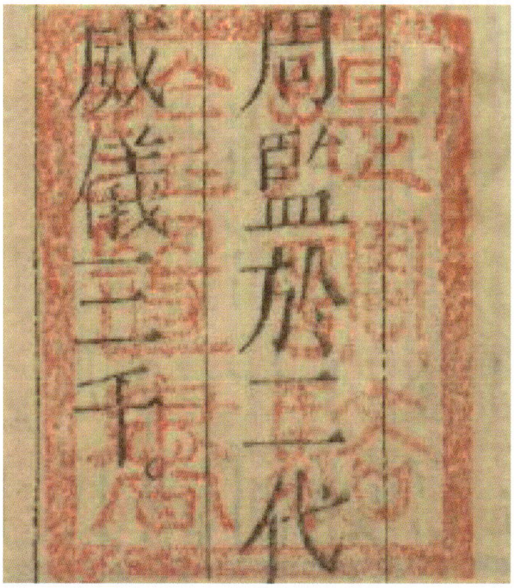

“提调骆监置书”

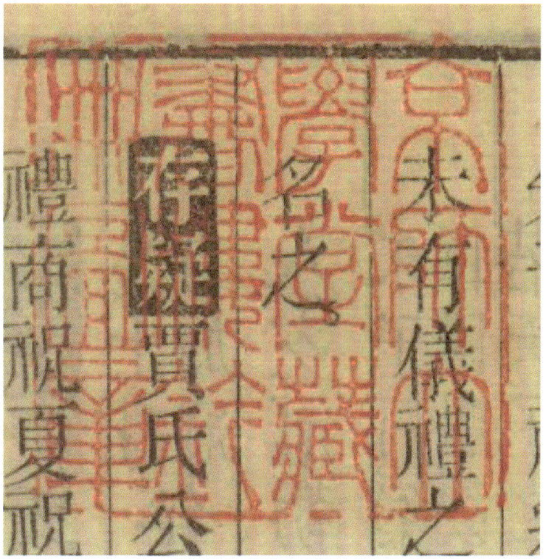

“京师大学堂藏书楼钤册图章”

二十一年（1895）乙未科状元骆成骧。不过他最初担任的很可能是稽查功课提调，第二年才继李昭炜之后担任藏书楼提调。

骆成骧（1865—1926），字公啸，四川资中人，光绪二十一年（1895）乙未科状元，授翰林院修撰，历任京师大学堂提调、国史馆纂修、充会试同考官、贵州乡试主考官、广西乡试主考官等职。辛亥革命后，曾任四川省临时议会议长、都督府顾问、四川筹赈局督办等职，1916 年任四川高等学堂（今四川大学前身）校长，1926 年病逝，享年 61 岁。著有《国文中坚集》六卷、《清漪楼诗存》五卷、《四音辨要》四卷等书[13]。

骆成骧任职大学堂藏书楼期间，一定也积极致力于藏书的建设，否则不会专门刻制“提调骆监置书”这样一方印章。中国第一历史档案馆还藏有一个《大学堂藏书楼所有光绪二十五年冬季添购各种书籍价银部册数目存案清册》，其中列举了《行水金鉴》等 400 余册大学堂藏书楼新购置的中文书籍[14]。这个清册上所列书目应该是骆成骧在其任上购置的大学堂藏书楼藏书。他的心血并未完全付之东流，钤有他的图章的大学堂藏书楼藏书还有一些保留了下来，告诉给后人真实的历史。

一部出版于 1899 年的大学堂藏书楼藏书目录，9 部入藏于 1900 年庚子事变之前的大学堂藏书楼旧藏书，这些我们近年来在古籍编目工作中发现的文献，以及书上的相关文字记载和藏章题记，无可辩驳地揭示了这样的史实，即：

（1）在 1900 年庚子事变之前，京师大学堂藏书楼已有两任提调，第一任提调是李昭炜；第二任提调是骆成骧。

（2）在庚子事变之前，在头两任提调的主持下，大学堂藏书楼的藏书规模已经达到将近 5 万册。

（3）大学堂藏书楼的藏书虽然在庚子事变中遭到严重损毁，但还是有一小部分幸存人间，至今仍保存在北京大学图书馆的古籍书库中。

更重要的是，这些文献有力地印证了京师大学堂藏书楼是在 1898 年与京师大学堂同步开办的各种史料记载，充分支持了沈弘教授的相关研究结论，将京师大学堂藏书楼的创建年从目前认定的 1902 年上溯到了 1898 年，还历史以本来的面目。相应地，北京大学图书馆的历史也应该从 1898 年开始起算。如此说来，2013

年恰值北京大学图书馆建馆115周年，谨以此文作为纪念。

附记：2013年11月1日，北京大学图书馆接到北京大学党办校办的书面正式批复（北京大学党办校办/内收文第2789），校方同意北大图书馆呈交的《关于追溯北京大学图书馆建馆时间的请示》，北京大学图书馆的建馆时间从以往认定的1902年上溯到1898年。

参考文献

[1] 沈弘《戊戌年京师大学堂藏书楼考》，载《中华读书报》，2002年1月16日第24版。

[2] 沈弘《孙家鼐有话要说》，载《中华读书报》，2003年12月17日。

[3] 沈弘《三论戊戌年大学堂藏书楼的客观存在》，见：关世杰主编《人类文明中的秩序、公平公正与社会发展》，北京：北京大学出版社，2009年。

[4] 北京大学校史研究室编《北京大学史料（第一卷1898—1911）》，北京：北京大学出版社，1993年：第81页。

[5][6] 同[4] 第85页。

[7] 同[4]：第86页。

[8] 吴晞《北京大学图书馆九十年记略》，北京：北京大学出版社，1992年：第8页。

[9] 北京大学，中国第一历史档案馆编《京师大学堂档案选编》，北京：北京大学出版社，2001年：第44页。

[10]（美）丁韪良著；沈弘等译《汉学菁华：中国人的精神世界及其影响力》，北京：世界图书出版公司北京公司，2010年（其英文原版为The lore of Cathay，or，The intellect of China/by W. A. P. Martin. New York；Chicago [etc]：F. H. Revell Company，1901）。

[11] 同[4]：第338页《职教员名单》。

[12] 同[4]：第543页。

[13] 乔晓军《清代翰林传略》，西安：陕西旅游出版社，2002年：第440页。

[14] 同[4]：第461—462页。

原载《大学图书馆学报》2013年第6期：第103—108页

京师大学堂第一座藏书楼原址小考

一、问题的提出

北京大学的前身是京师大学堂，北京大学图书馆的前身是京师大学堂藏书楼。

民国年间编制的各种北京大学纪念册子，都将京师大学堂藏书楼的创始年认定为 1902 年，比 1898 年创建的京师大学堂晚了整整 4 年。但越来越多的史料和研究成果证明，这种说法是靠不住的。

2013 年，一部雕版朱印于清光绪二十五年（1899）的线装古籍《大学堂书目》被北大图书馆古籍编目人员在未编书中发现，铁的事实证明，京师大学堂创建的第二年四月，不但已有藏书楼的设立，而且仅中文藏书即有近 5 万册。作为北大图书馆古籍编目总校的笔者以此为据并参考其他相关资料和研究成果，撰写了一篇名为《在古籍编目中发现京师大学堂藏书楼的源头》[1]的考据文章，力证京师大学堂藏书楼的创建年代应该是与京师大学堂创建时间同步的 1898 年，大学堂藏书楼的第一任提调（即图书馆长）是李昭炜（1898 年上任），第二任提调是骆成骧（1899 年上任），过去所说的 1902 年上任的京师大学堂藏书楼第一任提调梅光羲其实是第三任提调。

根据该篇考证和以往研究成果，北京大学图书馆馆务会经过认真研究讨论，于 2013 年 10 月 16 日正式向学校提交书面报告及相关证据，请求将北京大学图书馆的建馆年从此前认为的 1902 年上溯到 1898 年，这一请求很快得到北大校方的批准。

历史被改写了！但一个新的问题紧跟着又来了，即京师大学堂的第一座藏书

1899 年京师大学堂教习们在原和嘉公主府后罩楼前合影

楼位于何处?

说到京师大学堂的第一座藏书楼，人们常常会想起一张非常流行的照片，那就是京师大学堂首任西文总教习丁韪良和京师大学堂教习们在一座二层楼前的合影。据说这座楼是京师大学堂所在的原和硕和嘉公主府的公主梳妆楼，当时是京师大学堂的藏书楼。

这张照片最初发表在 1901 年伦敦出版的丁韪良（Martin，W. A. P.，1827—1916）所著 *The Lore of Cathay, or, The Intellect of China* 一书中，照片下的文字说明是“PRESIDENT W. A. P. MARTIN AND FACULTY OF CHINESE IMPERIAL UNIVERSITY”（丁韪良总教习与京师大学堂职员）[2]。书中没有明确说明这张照片摄于何时。书前丁韪良的序写于 1901 年 7 月 1 日，此时京师大学堂尚未重新开办，所以这张照片只能是 1900 年京师大学堂暂时关闭之前所摄，最有可能的时间就是 1899 年。但书中没有任何地方说背后的那座楼就是京师大学堂的藏书楼。该书的中文译本《汉学菁华：中国人的精神世界及其影响力》（沈弘等译，世界图书出版公司，2010 年）也收入了这张照片，同样没有说明这座楼是大学堂的藏书楼。

京师大学堂藏书楼设在公主梳妆楼的说法主要见于壬寅年（1902）重建后入学学生们的回忆。如 1948 年出版的《北京大学五十周年纪念特刊》，收录了壬寅大学堂师范馆头班生俞同奎所写的《四十六年前我考进母校的经验》一文，文中这样写道：“马神庙的公主府，现在变动很多。当年形状，不妨一述。……大礼堂和后面一层大殿的东西屋，都作教室。后面大殿，旧称公主寝宫。寝宫的中厅，祀至圣先师孔子神位。……再后面的楼房，相传为公主梳妆楼……当时图书馆就设在梳妆楼里面。”[3]

俞同奎是壬寅大学堂师范馆的头班生，所以这里所谓的“当时”，是指 1902

年京师大学堂重建之时。将壬寅年重建后的京师大学堂藏书楼认作戊戌年初建时的京师大学堂藏书楼，是一种想当然的做法。

二、京师大学堂第一座藏书楼位于原公主寝殿

其实，一旦将大学堂藏书楼的历史上溯到1898年与京师大学堂的创建同步，不难发现藏书楼所在位置其实早有明确记载。不过这需要从头说起。

光绪二十四年五月十五日（1898年7月3日），光绪皇帝上谕批准创办京师大学堂，并委派孙家鼐管理大学堂事务。光绪二十四年六月初二日（1898年7月20日），总理各国事务庆亲王奕劻、许应骙等奏：

> 臣等奉命承修大学堂工程，业经电知出使日本大臣裕庚，将日本大学堂规制广狭、学舍间数，详细绘图贴说，咨送臣衙门参酌办理，现在尚未寄到。将来按图察勘地基，庀材鸠工，亦尚需时日，自不得不权假邸舍，先行开办。臣等查地安门内马神庙地方，有空闲府第一所，房间尚属整齐，院落亦甚宽敞，略加修葺，即可作为大学堂临时开办之所。如蒙俞允，应请饬下总管内务府大臣遵照办理。所有开办大学堂先行酌拨官房应用缘由，理合恭折复陈。伏乞皇上圣鉴训示遵行。谨奏。

同日接上谕："本日奕劻、许应骙奏请将地安门内马神庙地方空闲府第作为大学堂暂时开办之所一折，着总管内务府大臣量为修葺拨用。钦此。"[4]

可见，在筹建京师大学堂之初，办事大臣们是想向日本学习，仿效日本的大学校园建设，来规划京师大学堂的建筑格局。但由于时间紧迫，不得不先采取借用空闲府第暂充校舍的方法。光绪皇帝更是急于见到成效，立刻就批准了这个方案。

奕劻等人在奏折中提到的"地安门内马神庙地方空闲府第"，就是和硕和嘉公主府，坐落在紫禁城东北角皇城之内的马神庙街北侧。马神庙街系因明正统十一年（1446）曾在附近为御马监建造过一座祭祀马神的庙宇而得名，民国时期改称景山东街，二十世纪六十年代末改称沙滩后街。

和硕和嘉公主（1745—1767）是乾隆皇帝的第四个女儿，其母为纯惠皇贵妃苏佳氏。乾隆二十五年（1760）正月封为和硕和嘉公主，因其手指间有蹼相连，故民间戏称其为“佛手公主”。和嘉公主乾隆二十五年三月出嫁，乾隆三十二年（1767）九月初七日卒，年仅23岁。其额驸（即丈夫）福隆安是乾隆皇帝孝贤纯皇后的亲弟弟大学士傅恒的次子，袭“一等忠勇公”封号，官至太子太保、工部尚书和兵部尚书，乾隆四十九年（1784）卒，年39岁。

和嘉公主府俗称四公主府，系乾隆二十五年乾隆皇帝专为和嘉公主下嫁而建。东西宽四十丈，南北长六十丈；府墙由巨型砖砌成，高一丈二尺，厚四五尺；府北为高房胡同，东西两侧均有夹道。和嘉公主去世后，福隆安带着他与公主所生之子丰绅济伦回到公主府东面的一等忠勇公府居住，四公主府随后也被内务府收回。内务府全称“总管内务府”，为清代专管皇室事务的机构。同治二年（1863），四公主府改赐给道光皇帝第八女寿禧和硕公主。同治五年（1866）八月寿禧和硕公主薨，府第又被内务府收回。此后的二三十年，公主府一直闲置无人居住。光绪二十四年十月初九日（1898年11月22日），内务府奉命将和嘉公主府旧第房屋修葺完成后移交大学堂管学大臣接收，计修缮房屋约340余间，新建房屋100余间。之后虽续有添建，但范围没有扩大。总的来说，草创时期的京师大学堂，其校舍完全承袭了原公主府的旧有格局。

京师大学堂成立两年后，发生了庚子事变，义和团焚烧教堂，攻打各国使馆，八国联军进攻北京。面对混乱局面，光绪二十六年六月十三日（1900年7月9日），临时代管京师大学堂的吏部左侍郎许景澄奏请将大学堂暂行裁撤，折曰：

> 窃查大学堂自光绪二十四年七月经前协办大学士吏部尚书孙家鼐议定课程，奏明开办。嗣值该尚书请假，旋即开缺，蒙恩派臣暂行管理，曾将该堂功课情形并酌减学生额数于本年正月、三月具奏在案。现在京城地面不靖，住堂学生均告假四散；又该大学堂常年经费系户部奏明，在华俄银行息银项下拨给。现东交民巷一带洋馆焚毁，华俄银行均经毁坏，所有本年经费尚未支领，而上年余存款项向系存放该银行生息，虽有折据，此时无从支银，以后用费亦无所出……应请将大学堂暂行裁撤。[5]

许景澄的奏请当天就得到慈禧太后的批准，于是许景澄立即开始进行裁撤京师大学堂的各项准备。半月之后，将一切事项料理完毕，最后的手续就是向内务府移交房屋家具。光绪二十六年六月二十九日（1900 年 7 月 25 日）《许景澄为移交大学堂房屋咨复内务府》称："查本大学堂原领房屋共五百零柒间半，有贵衙门原送清册，毋庸另行开造外，其拆卸间数及添盖楼房边屋，造具清册，一并移交贵衙门查照，迅即定期派员前来接收可也。"[6]

需要特别注意的是，就在同一天，许景澄还向内务府提交了另外一篇呈文，即《许景澄为移交大学堂房屋、家具等呈内务府文》，其中写道："本大学堂房屋业经备文移请定期派员接收在案。兹查原册所列正所寝殿五间，系大学堂作为藏书楼安放书籍；又后楼五间安放仪器。现值地面未靖，搬移不便，自应暂为封锁安放，又有铁柜壹架、书柜两架，内存各项册籍，亦应暂存。相应咨会贵衙门，请烦查照。"[7]

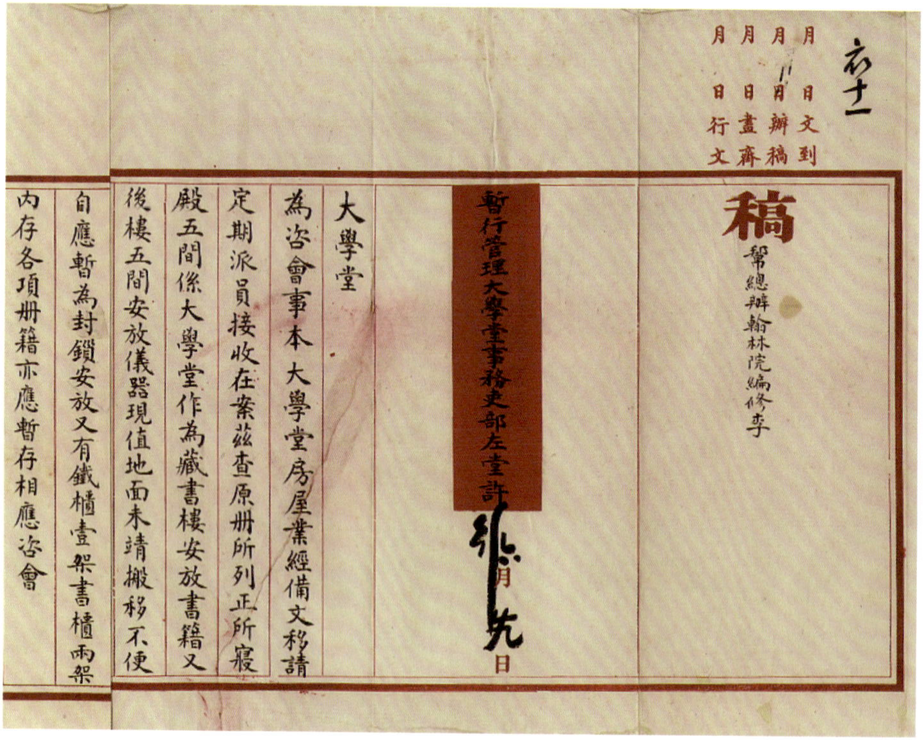
六十一
月 日文到
月 日辦稿
月 日畫齋
月 日行文
稿
幫總辦翰林院編修李
暫行管理大學堂事務吏部左堂許
月 日
大學堂
為咨會事本大學堂房屋業經備文移請
定期派員接收在案茲查原冊所列正所寢
殿五間係大學堂作為藏書樓安放書籍又
後樓五間安放儀器現值地面未靖搬移不便
自應暫為封鎖安放又有鐵櫃壹架書櫃兩架
內存各項冊籍亦應暫存相應咨會

光绪二十六年六月二十九日《许景澄为移交大学堂房屋、家具等呈内务府文》原件（北京大学档案馆 JS000009）

这段呈文非常明确地指出，“正所寝殿五间”，就是戊戌年创建的京师大学堂的藏书楼！

为什么要向内务府另具呈文呢？因为原公主“寝殿”作为藏书楼不仅有房屋家具，还有藏书；“后楼五间”也安放着用于物理、化学实验的仪器。这些藏书、仪器搬移不便，所以只能“暂为封锁安放”。此外还有“铁柜一架、书柜两架，内存各项册籍”，这些“册籍”应该就是藏书楼藏书目录、实验室仪器清单等，是非常重要的检索工具和档案资料。鉴于藏书和仪器的异常重要，所以有必要提醒内务府予以特别的关注。可见许景澄是一个办事非常认真负责的好官员。

令人扼腕的是，仅仅 3 天之后，亦即光绪二十六年七月初三日（1900 年 7 月 28 日），许景澄竟因反对鲁莽攻打外国使馆而被慈禧太后下令处死。

光绪二十六年七月九日（1900 年 8 月 3 日），京师大学堂暂时停办，大学堂藏书楼也随之关闭。

光绪二十六年七月二十一日（1900 年 8 月 15 日），八国联军攻入北京，俄军、德军先后占据京师大学堂，破坏甚烈。据事变后光绪二十七年十二月十四日（1902 年 1 月 23 日）《内务府为移交校舍知照大学堂》称：“查本府官房租库，现在暂看之大学堂房间，缘于去年五月间，经管学大臣奏明移交本府，尚未接收，旋于七月间联军入城，彼处房间被俄、德两国洋兵迭次占据，嗣经退出，所有内外檐装修及游廊门扇等项，全行拆毁，本府当饬该库派役，于上年九月十三日复行看守在案。”[8]

光绪二十八年正月初六日（1902 年 2 月 13 日），事变后新任管学大臣张百熙上奏慈禧太后和光绪皇帝之《筹办大学堂大概情形折》也说：“查大学堂自去岁先被土匪，后住洋兵，房屋既残毁不堪，而堂中所储书籍仪器亦同归无有。”[9]

戊戌年大学堂西文总教习丁韪良在其所著《汉学菁华：中国人的精神世界及其影响力》书中也说：“义和团焚烧翰林院藏书楼，将京师最丰富的图书收藏付之一炬，将京师大学堂藏书楼的藏书投入水中浸泡毁坏。”[10] 他将大学堂藏书楼藏书的毁坏完全归罪于义和团，而对俄、德两国军队的大肆破坏只字不提，完全是一副偏袒侵略者的嘴脸。

戊戌年大学堂藏书楼的藏书在庚子事变中大部分被毁掉了，公主寝殿在壬寅年重建京师大学堂时则另充他用，以致后来著史者竟然一笔抹杀了大学堂藏书楼最初的这段历史，悲夫！

三、戊戌年京师大学堂藏书楼格局之分析

和硕和嘉公主府按清代的等级来说属郡王府建制。根据现有大院格局，再参考《大清会典》中的有关记述，我们可以想见，和嘉公主府为并列三轴线院落组合：西路是额驸院，为五进四合院。中路、东路分内外院。进入公主府大门为外院，系车马夫、杂役所居。进入二门为内院，左侧为中路，有三进院落：第一进院落正面为称作迎安殿的正殿五间，另有东殿五间，西殿五间；第二进院落正面为公主寝殿五间及东西耳殿六间，另有东殿五间及耳殿四间，西殿五间及耳殿四间；第三进院落正面为上下二层的后罩楼，俗称公主梳妆楼，有东西耳房各一间。东路海棠院是花园，最初也有公主大殿和寝殿，后皆不存。许景澄所说的作为戊戌年京师大学堂藏书楼的“正所寝殿五间”，只能是公主府中路正殿之后、后罩楼之前的公主寝殿。

壬寅年（1902）的京师大学堂完全是在戊戌年京师大学堂的原址上重建的，只是于 1904 年沿着原公主府的西墙又新盖了 15 排平房作为学生宿舍，就是后来著名的西斋。1912 年民国肇建，京师大学堂改名为北京大学，仍使用原来的校舍。到 1918 年，在和嘉公主府东南方向里许、松公府南面的汉花园建造了红楼，图书馆搬到了红楼一层。1930 年又买下了松公府的全部，作为北大文学院（即一院），图书馆于次年迁到松公府，而原来的和嘉公主府校舍被当作理学院（即二院）。当年和嘉公主府的平面图今日难觅，但一张民国时期北京大学理学院的平面图却很

戊戌年京师大学堂二门（原和嘉公主府内院大门）

庚子事变期间京师大学堂大门口两个中国人为德军磨刀的情景

常见，从这张图中，我们还大致可以看到清末京师大学堂的基本格局。

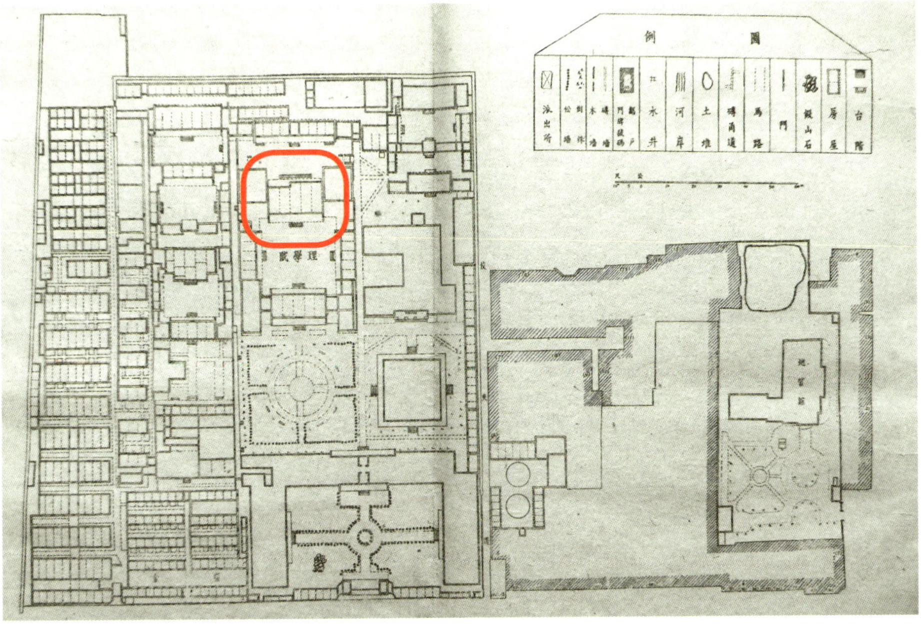

民国时期的北京大学理学院平面图（其中红圈标出的就是中路的原公主寝殿）

此图中路的第二座建筑就是原来和嘉公主府的公主寝殿五间。可以看出，寝殿前面有一个院落，东西各有配殿五间，前面的正殿即迎安殿也应该有后门与之相通。作为一座大学图书馆，除书库外，还应当有读者阅览室和内部办公场所等配套设施。光绪二十四年五月十四日（1898 年 7 月 2 日）由梁启超起草、和硕礼亲王世铎等领衔上奏给光绪皇帝的《奏拟京师大学堂章程》第六章第七节具体规定:“藏书楼设提调一员、供事十员。”[11]笔者据藏书楼第一任提调李昭炜所编《大学堂书目》之著录并结合其他资料统计，到 1899 年底，京师大学堂藏书楼仅中文藏书就至少有 5 万多册。这样多的工作人员和藏书，加上需提供给读者的阅览空间，一座仅有五间的公主寝殿显然是不够用的。戊戌年大学堂藏书楼应该有不止一处房舍，在主要作为书库之用的公主寝殿之外，其东西耳殿或东西配殿，乃至前面的正殿，也有可能划出部分空间归藏书楼使用。

还需指出的是，在有着许多西文教习的戊戌年京师大学堂，除了中文藏书外，必定还有外文图书的收藏。我们也确实发现了有关这方面的记载。例如在上海出版的著名英文报纸 *North-China Herald and Supreme Court and Consular Gazette*（《北华捷报及最高法庭与领事馆杂志》）1899 年 6 月 19 日第 1104 页在标题“The Peking University”下有这样一段报道：

> The usual Tientsin “reports of the closing of the Imperial University”, have, like the ass turning a Chinese mill, come round again. Meanwhile, buildings to accommodate 160 more students are rapidly approaching completion, and the first large instalment of books for the foreign library will soon be on the shelves of the great “T'sang Shu Lou”. Let us hope that it will be only the beginning of a collection fit to radiate “sweetness and light” from the “Book-storing Tower” to all the inhabitants of the University and of Peking too.[12]

沈弘教授将这段英文报道翻译成中文如下：

> 通常发自天津有关关闭京师大学堂的报道，就像驴子拉磨那样，转了一圈，又传到了我们这里。与此同时，可以容纳 160 多个学生的楼群正迅速接近完工。西文图书馆的第一批藏书即将在偌大的藏书楼摆上书架。我们希望这只是一个良好的开端，而这批图书收藏终将从藏书楼顶上向大学堂的所有成员，乃至整个北京城的居民，放射出甜蜜和光明。[13]

沈教授在这里将“the foreign library”翻译为“西文图书馆”，其实直译为“外文图书馆”也许更加准确，因为其中肯定还有日文书。至于“Book-storing Tower”，本来翻译成“藏书楼”就很贴切，但沈教授却翻译为“藏书楼顶上”，显然是在刻意地强调其居高临下的角度，否则怎么能从“向大学堂的所有成员，乃至整个北京城的居民，放射出甜蜜和光明”呢？由此看来，这个存放外文图书的建筑一定是座楼房。

环顾和嘉公主府中，只有中路的后罩楼是两层楼房，民间称之为公主梳妆楼。金梁（1878—1962）所撰之《光宣小记》云：“大学堂，在后门内，旧为公主府，

壬寅大学堂重建后作为藏书楼的后罩楼

乾隆时和嘉公主赐第也。内城不得建楼，惟府内有楼，可与宫闱相望。”[14] 整个公主府内当时也只有这一座楼。许景澄呈内务府文所称之“后楼五间安放仪器”的“后楼”，是在公主寝殿之后，则必定指的是这座楼。

这座后罩楼从外面看去，为上下各九楹的廊柱式二层楼房，那为什么许景澄说是“后楼五间”呢？我们从民国时期北大理学院平面图上可以看出，位于公主府中路的后罩楼所在院落，与前面正殿、寝殿的院落是一样宽的，前面两座大殿都是五开间加东西耳殿，而公主楼却是九开间加东西耳房，可知公主楼的开间宽度要小得多。楼上作为书库开间小没关系，但楼下需要有活动空间就不能一楹一间了。我们现在看到京师大学堂时期后罩楼的照片都有三处台阶，也反映了其重新分割一层空间的状况。壬寅大学堂重建后，后罩楼全部作为藏书楼使用，官方统计一直是藏书楼十四间，即楼上九小间，楼下五大间，可见许景澄所谓的“后楼五间”，就是指后罩楼的楼下一层，这个格局是在戊戌大学堂时期就定下了。

理化仪器是为开设自然科学方面的课程而准备的，而当时的外文图书内容也多属自然科学方面，二者相辅相成，集中在一座建筑中存放和利用，应该是一种合理的配置。联想到壬寅年重建后的京师大学堂，无论是早期的藏书楼提调，还是后来的图书馆经理官，都同时兼管博物院事务（先称藏书楼提调兼司博物院事，后称图书馆经理官兼任博物院管理官），则戊戌年大学堂藏书楼提调，应当也兼司理化仪器的购置和保管，对外文藏书和理化仪器的存放位置，当然有权进行其认为合理的安排了。

撰写该文的《北华捷报》记者，显然已经知晓大学堂拥有一批外文藏书，虽然尚未完成编目，但其典藏处所就在原公主府后罩楼的楼上。令人痛惜的是，这批外文藏书还没来得及上架，就在庚子事变中连同中文藏书一起被毁坏了。

四、公主寝殿及其前后建筑的结局

北京的王府一般都坐北朝南，东西路可自由配置，中路则大致相同，自南向北依序为府门、照壁、正殿、后殿、神殿、后楼、家庙等建筑。和嘉公主府属于郡王等级，中路只有正殿、寝殿和佛楼（后罩楼）三座大型建筑，没有单独的神殿，所以戊戌大学堂被用作藏书楼的公主寝殿，在壬寅大学堂时期，就被当作神殿，又叫圣人堂，成了供奉孔子神位和学生接受训诫的场所。据俞同奎所写的《四十六年前我考进母校的经验》所记："大礼堂和后面一层大殿的东西屋，都作教室。后面大殿，旧称公主寝宫。寝宫的中厅，祀至圣先师孔子神位。因为我们这班学生，在那时代的眼光，都是外来的邪魔恶道，必须请孔老夫子出来镇压镇压，所以只好请他老人家暂时屈尊，替公主把守寝室。朔望并在这一间厅里面，宣传《圣谕广训》。"[15]

作为京师大学堂的神殿，公主寝殿在壬寅大学堂时期地位很是特殊，光绪二十八年十一月十八日（1902 年 12 月 17 日）京师大学堂开学典礼的第一个内容，就是到昔日的公主寝殿、当时的圣人堂前月台下行礼，然后再出院门转到正殿前进行其他仪式①。公主寝殿还是大学堂师生合影的首选背景。从现存照片大致可见这座建筑当年的庄严面貌。

民国时期，公主寝殿前面的西配殿及其耳殿一度成为北大理学院的图书室，算是延续了这个院落旧日的一点儿风貌；而公主寝殿本身却褪去了至圣先师的神采，只是作为理学院的教室和理科实验室被使用，昔日风光不再。

---

① 中国第一历史档案馆藏《学部・教学学务》卷六十七载京师大学堂当年开学典礼安排的告示底册："十七日示：十八日午刻开学。提调率学生仍依斋舍次序鱼贯而行，诣圣人堂前月台下行礼。又示：祀礼毕，管学大臣更衣，堂提调率两馆学生由院右门出，至前堂阶下分班北面立。"——转引自：郝平著《北京大学创办史实考源》，北京大学出版社，1998 年：第 160—161 页。

1903年底京师大学堂欢送39名学生出国留学在神殿（即原公主寝殿）前合影

壬寅大学堂重建，后罩楼被用作藏书楼，光绪三十年（1904）改称图书馆。据光绪三十三年（1907）底的统计，马神庙校区房舍共十九所、三座、十三处、五百七十九间，其中藏书楼上下共十四间。到宣统末年，藏书楼仍是只有上下十四间，即楼上九小间，楼下五大间。楼上作为书库藏书，楼下作为阅览室接待读者，“随墙一律安置木架、玻璃大柜，存收书籍”[16]。由于空间紧张，后来对后罩楼进行了改建，将门窗位置前推至廊柱外边，以扩大室内面积。后罩楼所在的院落也进行了一番修整，将东西院墙拆掉，但保留了原有院墙之内的院门牌楼，庭院中树荫蔽日，别有一番韵味。民国初期该楼仍作为北京大学图书馆使用。2015年中国社会科学院的孙家红先生在法国里昂发现一张摄于1912年的北大图书馆庭院照片①，其当面的主体建筑就是这座改建后的后罩楼[17]。1918年北大图书馆迁到沙滩红楼，后罩楼又恢复了其在戊戌大学堂时期的身份，作为物理系实验仪器存放室使用。

摄于1912年6月14日的北大图书馆庭院照片，正面建筑就是前廊经过改建的后罩楼

原公主府中路最前面的正殿在京师大学堂时期可能就被用作讲堂。民国时期，它是著名的北京大

① 该照片刊于1913年2月1日的法国《插图》（L'illustration）杂志，见：《插图合集：中国，1843—1944》（Les Grands Dossiers De L'illustration. La Chine. Histoire D'un Siècle 1843—1944），Paris：Livre de Paris，1987：120.

民国时期北大二院用作大讲堂的原和嘉公主府正殿，其后的建筑就是原公主寝殿

学大讲堂（或称大礼堂），许多名人的演讲在此进行，刘半农的葬礼也曾在此举办，因此这人地方被许多文献记载，被许多人回忆。

1952年，北京大学迁往西郊，与原燕京大学合并。1955年，人民教育出版社迁入北大二院旧校区。1979年，在唐山地震中损毁严重的后罩楼和前面的公主寝殿均被推倒，在其原址上建起两栋超长的出版社职工宿舍楼。原公主府中路建筑中，只有最前面的公主正殿侥幸独存，但也被翻新改造，并将门窗位置前推至外边廊柱一线，非复昔日旧貌。更匪夷所思的是，紧邻原正殿当面，不知何时修建了一座中江华宴餐厅，公主正殿之前仅余一条狭窄空地。昔日居于校园中心的巍峨建筑，今天委屈地蜷缩在现代不伦建筑的阴影下，令人睹之神伤。

经过改建门窗推至廊柱外边的原公主府正殿今貌

参考文献

［1］姚伯岳《在古籍编目中发现京师大学堂藏书楼的源头》，载《大学图书馆学报》，2013年第6期：第54—58页。

［2］Martin，W. A. P. The lore of Cathay，or，The intellect of China. Edinburgh and London：Oliphant，Anderson & Ferrier，1901：21.

［3］俞同奎《四十六年前我考进母校的经验》，载《北京大学五十周年纪念特刊》，1948年：第12—13页。

［4］北京大学，中国第一历史档案馆编《京师大学堂档案选编》，北京：北京大学出版社，2001年：第48页。

［5］同［4］：第89—90页。

［6］［8］北京大学校史研究室编《北京大学史料（第一卷）》，北京：北京大学出版社，1993年：第556页。

［7］同［6］：第555—556页。

［9］同［4］：第107页。

［10］丁韪良著；沈弘等译《汉学菁华：中国人的精神世界及其影响力》，北京：世界图书出版公司，2010年：第12页。

［11］同［4］：第37页。

［12］The Peking University. North-China Herald and Supreme Court and Consular Gazette（《北华捷报及最高法庭与领事馆杂志》），1899年6月19日：第1104页。

［13］沈弘《戊戌年京师大学堂藏书楼考》，载《中华读书报》，2002年1月16日第24版。

［14］金梁《光宣小记》，北平：金梁，1933年：第63页。

［15］同［3］：第12页。

［16］《时事要闻》，载《大公报》，1902年12月19日第186号。

［17］孙家红《域外偶得：一张珍贵的老北大图书馆照片》，载《大学图书馆学报》，2016年第1期：第108—111页。

原载《大学图书馆学报》2018年第1期：第90—96页

北京大学图书馆百年学术志（1898—1998）

1998 年正值北京大学创办一百周年。北京大学图书馆在伴随北京大学诞生、成长、发展的这一百年间，也在图书馆学和其他各类学科的研究方面，取得了丰硕的成果，不仅培育壮大了自身的学术力量，还引领了国内图书馆界相关学术研究的发展走向。

一、清末民国的馆长带头治学

北京大学图书馆从其成立之始，就不是一个单纯的藏书机构。它是受西方近代资本主义和西方近代教育思想影响的产物，是一所完全新式的图书馆。京师大学堂的创始人康有为、梁启超、孙家鼐、张百熙都将大学堂藏书楼的建设放在十分重要的地位，他们关于创办京师大学堂藏书楼的主张和设想，为京师大学堂藏书楼后来的发展奠定了基础，指出了方向，也成为近代中国图书馆创办发展的指南。

进入民国以后，执掌北大图书馆的都是著名的学者和优秀的图书馆学专家。他们的学术造诣是极其高深的，学术成果也是一流的。

民国年间北大图书馆第一任馆长徐鸿宝（1881—1971），是现代版本学家之翘楚，享有极高的学术地位，胡适等学者当年常向他求解古籍版本方面的疑难问题。

稍后继任的章士钊（1881—1973），是文章大家，著述丰富，有《章士钊全集》十卷（文汇出版社，2000 年）传世。

1918 年 1 月，李大钊（1889—1927）继章士钊之后任图书馆主任。他在担任北大图书馆主任期间，系统阅读和研究了马克思主义学说，完成了向共产主义者的转变，成为我国最早的马克思主义者。他所撰写的一些阐述马克思主义原理的重要文章，如

《庶民的胜利》《Bolshevism 的胜利》《东西文明根本之异点》《我的马克思主义观》《由经济上解释中国近代思想变动的原因》《唯物史观在现代历史学上的价值》《俄罗斯革命的过去及现在》《平民政治与工人政治》等，都是在担任北大图书馆主任时完成的。

李大钊不仅是一位伟大的马克思主义者和杰出的革命家，同时也是一位成就卓著的图书馆学家。对我国图书馆学的研究和发展做出了许多重要的贡献。在任5年间，他进行了一系列改革，使北大图书馆完成了从传统到现代的转型。李大钊对图书馆学理论与图书馆专业人才的培养进行了较早的系统探索，被公认为图书馆理论大家和最早的图书馆学教育家。1999 年人民出版社出版的五卷本《李大钊文集》中，有关图书馆方面的内容占了相当的篇幅。《在北京高等师范学校图书馆二周年纪念会上的演说辞》《关于图书馆的研究》《美国图书馆员之训练》等图书馆学论著，最早从理论上对我国图书馆，特别是学校图书馆的许多重大理论问题作了深入的研究和探讨；对图书馆的性质和社会作用、图书馆的教育职能、图书馆与学校教学的关系等问题，李大钊都有精辟的见解；对于图书馆的各种业务问题也有很精深的见解和研究。李大钊还热心介绍了美国、英国、日本等国家图书馆先进的技术方法。李大钊在图书馆方面的造诣和成果，代表了当时中国图书馆界的最高水平和中国近现代图书馆的发展方向。因此，李大钊被美国图书馆协会（ALA）出版的《世界图书情报百科全书》（Encyclopedia of Library and Information Services）称为“中国现代图书馆之父”。

1922 年 12 月，李大钊辞去图书馆主任之职，此后皮宗石、袁同礼、马衡、毛准、严文郁等人先后继任图书馆馆长（严文郁称主任）。

皮宗石（1887—1967）系北大法学院教授，学问渊通，虽然治学方向不在图书馆学方面，但其任北大图书馆长，属于教授治馆。而继任的袁同礼，则是典型的专家治馆。袁同礼（1895—1965）不仅擅长管理，而且也勤于治学。他在担任北大图书馆馆长期间撰写发表的《清代私家藏书概略》《明代私家藏书概略》两篇论文是中国藏书史研究的重要成果，受到后来研究者的高度重视和好评。

马衡（1881—1955）是著名的金石学家、考古学家、书法家、篆刻家，曾长期担任故宫博物院院长，主要著作有《中国金石学概要》《凡将斋金石丛稿》等。郭沫若先生曾高度评价他的学术成就说：“马衡先生是中国近代考古学的前驱。他继承了清代乾嘉学派的朴学传统而又锐意采用科学的方法，使中国金石博古之学趋于近代化。在这一方面的成就是有目共睹的。”①

严文郁（1904—2005）是著名的图书馆学家，著有《中国图书馆发展史：自清末至抗战胜利》《清儒传略》《严文郁先生图书馆学论文集》等书。他自1935年8月至1943年2月担任北大图书馆主任、西南联大图书馆主任期间，也有不少的图书馆学专业文章发表，如1935年刊载在《图书馆学季刊》上的《北京大学图书馆新建筑概况》《达迪摩大学图书馆新建筑》等文。他于1930年至1932在美国哥伦比亚大学图书馆工作和进修，并获该校图书馆学硕士学位，熟悉欧美图书馆情况，曾撰多文介绍欧美图书馆界的情况，为中国图书馆界学习欧美国家的先进经验做出了贡献。

毛准（1893—1988），字子水，是北大历史系教授，也是著名的藏书家，曾于1931—1935年和1946—1948年两任北大图书馆馆长。毛准著述丰富，有《毛子水文存》等书传世。

此外，著名学者顾颉刚（1893—1980）、张允亮等都曾在北大图书馆工作。顾颉刚先生是著名历史学家，“古史辨”派的创始人。1920年北京大学毕业后，到图书馆负责编目工作，对于图书馆的编目改革颇有见地。在北大图书馆期间，他与胡适、钱玄同书信讨论伪书、伪史，与胡适、俞平伯书信讨论《红楼梦》考证，并在胡适的支持下，开始点校姚际恒的《古今伪书考》，后扩充为“辨伪丛刊”。此为顾颉刚在学术上积累和崭露头角的重要时期。

张允亮（1889—1952），字庾楼，袁世凯的长婿，版本目录学家，傅增湘“藏园三友”之一。20世纪30年代曾任北大图书馆中文编目股股长，主持编撰了《国立北京大学图书馆方志目》《国立北京大学图书馆善本书目》等重要书目。

二、中华人民共和国成立后全馆上下的学术研究

（一）馆长治学

向达（1900—1966）在毛准之后担任北大图书馆馆长，一直到1957年，是中华人民共和国成立后的第一任北大图书馆长。向达是著名的历史学家，仅在北大

---

① 郭沫若《凡将斋金石丛稿·序》，北京：中华书局，1977年。

图书馆长任上，即编撰出版了《敦煌》、《太平天国》、《唐代长安与西域文明》（论文集）等图书，此外还撰写发表了如《敦煌艺术概论》《南诏史略论》《记巩珍西洋番国志》等各类文章，在社会上产生了很大的影响。

向达之后，1938 年入党的老干部蓝芸夫（1910—1994）于 1958 年至 1966 年间担任馆长，期间政治运动频繁，工作重点不在学术研究方面。"文革"后的第一任馆长谢道渊（1924—2014）在任时（1978—1983）正值拨乱反正、百废待兴的过渡时期，也无暇顾及学术研究。作为"文革"后第二任北大图书馆馆长的庄守经（1931—），重视图书馆的学术研究工作，发起了《中国古典要籍索引丛书》《中文核心期刊要目总览》等重要工具书的编纂，他组织撰写发表的《高等学校图书馆当前的形势、方针和任务》等文章，为新时期高校图书馆的进步和发展起到了先行和引路的作用。1993 年就任"文革"后第三任馆长的林被甸是北大历史系教授，拉丁美洲史研究专家和权威，学术研究成果丰硕，在学术界有较高的声誉。

副馆长行列中，则首推梁思庄。梁思庄（1908—1986）是梁启超的女儿，当年奉父命出国留学研习图书馆学，自 1952 年院系调整，北大、燕大合并之初，就担任北大图书馆副馆长，她学识广博，精通图书馆业务，熟谙馆藏各类文献及其检索方法。她在北大图书馆西文书编目工作中成绩巨大，例如她坚持西文编目必须做主题标引，开风气之先，今天看来更是意义重大。"文革"之后，撰写发表了诸如《谈谈英美版大型百科全书》等文章。

有着长期图书馆工作经验、对图书馆古籍工作有深切感受的郭松年（1928—1995）副馆长也是在"文革"之后集中大量地发表了《论大学图书馆的几种关系》《图书馆建筑与图书馆现代化》《论高校图书馆的藏书建设》《高校图书馆的参考咨询工作》《敦煌本〈王陵变〉残卷校订记》《古籍版本研究的努力方向》《古籍泥活字印本及其鉴定》《关于古籍版本学的探讨》《古籍版本学与其相关学科的关系》《古籍版本异同产生原因分析》《古籍版本研究的意义和作用》等数十篇论文，他的古籍版本学研究影响深远。

1979 年从物理系调入担任图书馆副馆长的潘永祥（1928—2013）是自然科学史专家，长期担任中国科学技术史学会常务理事、中国自然辩证法研究会理事，他编撰出版的《自然科学概论》《自然科学发展史纲要》，主编出版的《自然科学发展简史》《物理学简史》等书，是该研究领域很有影响的著作。调入图书馆工作后，他关注图书馆的现代化，撰写发表了《图书馆是什么》《信息·信息社会·图书馆现代化》《浅议高校图书馆的现代化》等文，面对信息社会到来给图书馆带来的挑战，提出了富有真知灼见的对策和主张。

1986年担任副馆长的周龙祥，编纂了《邓小平生平、论著、思想研究书目》等二次文献，并对自己负责管理的各项工作都有比较系统的思考和总结，如《北京大学图书馆新馆的建设设计及其使用情况》《北京大学图书馆读者服务体系改革及其几点认识》等文，总结了经验，启迪了后之来者。

1993年担任常务副馆长的戴龙基，利用其曾在图书馆学情报学系教学科研的经验，在中外年鉴研究、参考工具书研究等方面，继续进行了更为深入系统的探讨，撰写发表了如《年鉴史前史的研究及其启示》《古代年鉴发展史初探》《国外年鉴事业的现状和发展趋势》《中文图书出版发行状况与对策思考》《中美图书馆学界的交流》《美国马里兰州立大学图书馆组织机构及其功能的比较分析》等文，与人合著出版了《年鉴学概论》，翻译了美国图书馆学名著《参考工作导论——基本参考工具书》等。

1993年担任副馆长的朱强，在毕业分配进馆后的15年间，发表了数十篇论文，其中《国家采访方针与采访系统——现行系统与可能模式的比较研究》《加速自动化进程，把图书馆办成学校的文献信息资源服务中心》《数字图书馆：21世纪图书馆的原型》《关于高等学校文献信息服务系统建设的几个问题》等文，表现了其过人的前瞻性和宏观的视野；他撰写的"Database in China：Situation and Trend，Latest Development of Internet in Mainland China，Building Chinese Bibliographic Information Network"等多篇英文论文，则表现了其熟练的英文水平和向世界介绍中国的使命感。

1996年担任副馆长的武振江长期从事期刊工作，所撰《定数·变数·对策——谈北大图书馆期刊采购工作》《期刊排架的现状及发展趋势》等文，涉及期刊工作的方方面面；从其所撰《有意义的尝试，开创性的工作——〈中文核心期刊要目总览〉》一文，也可以看到他在这部后来产生深远社会影响工具书的问世过程中所发挥的重要作用。

与武振江同年担任副馆长的谢琴芳，曾就BiblioFile光盘编目系统撰写了一系列论文，从各个方面阐释其功能、用法、效果和质量，为西文图书实现计算机编目做出了贡献。其所撰《计算机编目的基础工作》《关于统一中外文书目著录的几个问题》等文，表现了其对计算机编目在图书馆正式实施和普遍推广的认真思考与精心准备。

（二）馆员治学

1952年院系调整，燕京大学图书馆并入北大图书馆。燕大人员的加入增强了北大图书馆的学术研究力量，遗憾的是合并后图书馆的业务工作量加重，事务繁多，加之各种运动接连不断，“文革”十年更是蹉跎岁月，以至于学术研究几乎无法进行。直到“文革”之后，图书馆多年积蓄的力量才逐渐释放出来，一些老馆员厚积薄发，勤奋探索，撰写发表了相当数量的学术成果，显示了雄厚的实力和勇于创新的科学精神。例如：

王世儒专心致力于李大钊研究，编撰发表了如《李大钊在北京大学任职时间考辨》《李大钊与近代图书馆事业》《李大钊与大学图书馆》《李大钊史学论著考述》等各类成果数十种，成为国内首屈一指的李大钊研究专家。

陈源蒸作为1979年成立的自动化研究室的副主任，积极参加图书馆自动化的各项实际工作，并及时整理成文，如《我国图书馆自动化系统软件的发展》《应用计算机试编〈北京地区西文新书联合通报〉的成就、存在问题与改进意见》等，总结提供了不少宝贵经验，是我国图书馆自动化事业的拓荒者；他一直站在图书馆学情报学的前沿，发表了许多富有前瞻性的指导意见，论文如《高校图书馆要做好情报服务工作》《对提高西编工作效率的几点看法》《图书馆网与计算机的应用》《重视发展文献信息产业》《图书在版编目的实现与发展》《图书馆系统分析概论》；他还出版了专著《宏观图书馆学》《图书在版编目：书目数据的标准化与规范化》，译著《图书馆系统分析》等，可谓成果丰硕，贡献突出。

从20世纪80年代开始，在鼓励学术研究、倡导开拓创新的大环境下，北大图书馆的学术研究工作呈现出欣欣向荣的景象，不同岗位的工作人员都在理论和实践上进行了积极的探索，纷纷就自己的工作经历和经验撰写发表了文章。例如：

富有外文书刊采访经验的阚法箴发表了《从高校图书馆的实际出发谈谈调查评价馆藏问题》《对如何提高高等学校图书馆外文藏书质量问题的几点探讨》《藏书建设效益与图书选择》《试谈连续出版物的特性及在采集工作中的问题》《图书

专款采购办公室（Special Book Acquisition Fund Department SBAFD）与文献引进》等文，记录总结了其长期从事采访工作的心得体会。

熟悉期刊工作的魏国锋连续撰写了大量以期刊为主题的文章，其中比较有影响的是《统计、分析、提高——谈高校图书馆中文期刊采购的统计工作》等。

长期从事西文编目的林明善于积累、总结工作经验，对于非书资料、多卷书、作品集、政府出版物等各种类型西文文献的编目分别撰文论述，进行了有益的探索和研究。

热心阅览室建设的张炜对非正式出版物情有独钟，围绕这一主题发表了《试论高校图书馆对非正式出版物的收藏和利用》等系列文章，在图书馆对非正式出版物的收藏、管理和利用方面做出了初步的探索。

继 1979 年潘永祥副馆长从物理系调入之后，北大图书馆还陆续从北大各院系调入了多位教师，如从中文系调入了侯忠义，从历史系调入了齐文颖，从经济系调入了赖荣源，从化学系调入了丁有骏，从技术物理系调入了张其苏、陆玉英、庄初明、朱芝仙，从地球物理系调入了熊光莹、董成泰、蔡蓉华，从图书馆学情报学系调入了戴龙基等。他们原本就是各系的教学科研骨干，进入北大图书馆后，其较强的学术研究能力更为凸显，使北大图书馆如虎添翼，大大增强了图书馆的学术实力，提升了图书馆的学术地位。

如侯忠义对文言小说的研究，齐文颖对欧美历史的研究，虽然与图书馆的关系不是很密切，但对图书馆相关领域文献资源的建设产生了很好的作用。

丁有骏在化学研究领域成果丰硕，调入北大图书馆后，曾任“北京地区高校图书馆学会”下属的“情报研究会”理事长，主持该研究会工作多年。他参加了北大图书馆的文献评估调研，撰写了《化学学科馆藏文献资源调研报告》《馆藏理科文献评估》《生物学学科文献调查评估报告》等重要报告，主编出版了《信息时代与大学图书馆》等图书，撰写发表了《科技文献检索的发展趋势》《论高校图书馆的情报职能》《从 CA（美国化学文摘）统计数据看我国科技的发展》等论文，充分发挥了其专业优势，为图书馆做出了重要贡献。即使在图书馆工作期间，他也曾以其专业学识，敏感地察觉到其时大量使用的以化工原料制造的不可降解的塑料制品对环境的危害，遍查国外文献，搜集了有关可降解塑料的研究资料并汇编成册，意在提供给国内有关机构参考。

张其苏、蔡蓉华凭借自己扎实的专业功底和丰富的专业知识，在图书馆的文献计量工作中发挥了重要的作用，创新性地编纂了《中文核心期刊要目总览》《国外人文社会科学核心期刊总览》等后来在中国图书馆界和学术界产生深远影响的文献计量学工具书。

调入图书馆自动化部的陆玉英在图书馆自动化方面做了先驱性的探索，她撰写的专著《计算机书目文献管理数据库》，发表的《用计算机编制西文图书目录卡片的成果报告》等论文，系统地总结了其相关工作，并在国内产生了一定的影响。同一部门的董成泰则先后主持了机编西文图书联合目录系统、汕头大学图书馆自动化集成系统等项目的研制。他围绕中文书目数据库建设和我国图书馆网络化建设，撰有多篇论文发表自己的见解，如《“机编西文图书联合目录”和馆际互借》《规划中的中国高校图书馆信息网》《加速我国图书馆网络化建设》《情报文献标准化若干问题初探》《我国高校图书馆自动化的回顾与展望》《书目系统检索点的结构及其建议》《中文书目数据库建设概论》等，建言献策，颇有见地。

从事西文编目工作的熊光莹翻译了美国的《图书编目规范工作》一书，并撰多文对编目规范进行了认真的阐述。

1982 年以后，随着“文革”后毕业的大学生和研究生的陆续进馆，北大图书馆的学术力量不断得到加强，出现了一批新的学术骨干如沈正华、肖珑等。沈正华及时研究图书馆编目工作从手工向自动化作业转变之际的各种应对策略，重视对美国国会图书馆标题表的研究和使用，注意引进美国图书馆界的新理念和新方法，在光盘数据库的质量评估、文献资源建设及信息资源共享等方面都提出了独到的见解。肖珑的《我国图书进口工作现状述略》《USMARC 格式中题名字段的关系与应用》《信息高速公路与图书馆的未来》《论现代图书馆的参考咨询工作》《从参考咨询走向信息服务》等论文不仅显现了其工作轨迹，也显示出其及时关注现代图书馆发展走向的敏锐眼光。之后陆续进馆的应届毕业生张明东、刘素清、张春红、沈芸芸、何朝晖等人也结合各自的工作和所长，撰写发表了一些专业论文，表现出良好的学术研究潜质。

还有一批应届毕业来馆的高校本科生、硕士生，虽然后来离开了北大图书馆，但他们在馆期间，也在学术研究方面取得了不小的成绩。其中比较突出的有吴晞、李晓明、孙泽华、王克明、赵向方等。如吴晞撰写了藏书组织方面的系列论文，在当时图书馆界产生了一定的影响；他撰写出版的专著《从藏书楼到图书馆》《北京大学图书馆九十年记略》等，至今仍被人们频繁参考引用。

（三）古籍整理与研究

北大图书馆古籍收藏丰富，除了民国间的历任馆长和1949年后的向达馆长、郭松年副馆长外，图书馆的古籍工作人员也在古籍的整理和研究方面收获颇丰。如张玉范于1992年馆庆90周年之际（当时以1902年为建馆之年），对馆藏古籍善本、李氏（盛铎）专藏、马氏（廉）专藏、地方志、家谱分别作了馆藏调研，并分别写出调查报告。除撰写发表许多相关论文之外，张玉范还整理校点了《木樨轩藏书题记及书录》《随园食单补正》等书，编制了《北京大学图书馆藏敦煌文献目录》《艺风老人日记书名索引》等二次文献，并策划编辑出版了《北京大学图书馆藏稿本丛书》《北京大学图书馆藏敦煌文献》等大部头古籍影印书。沈乃文、曹淑文参加制订了国家标准《古籍著录规则》（GB/T 3792.7—1987），沈乃文还参加了《续修四库全书》等大部头古籍影印丛书的编纂。丁世良主编了《中国地方志民俗资料汇编》，该书由几千种地方志中有关民俗资料汇编而成，全书按照省份划分为华北、东北、西北、西南、中南、华东六卷，每卷一至二册不等。胡海帆在馆藏金石拓片的资源调查和深入研究方面做了许多努力，所撰《论北大图书馆金石拓片特藏的建设》《晋杜谡墓门题字》等文，初步体现了他的研究成绩和研究方法。在善本室工作的刘大军，从事古籍编目工作的李雄飞，也积极参加馆内外的学术活动，开始在学术研究上崭露头角。

馆内非古籍工作人员在古籍整理和研究方面也多有创获，如何冠义、朱宪、孙兰风编制了《骈字类编索引》，李玉编制了《北京大学图书馆日本版古籍目录》，李仙竹主编了《北京大学图书馆馆藏古代朝鲜文献解题》一书。李鼎霞撰写了《宋代官修的四部大书——介绍〈太平广记〉、〈太平御览〉、〈文苑英华〉、〈册府元龟〉》《日本类书简述》《馆藏宝卷调查报告》等文，点校整理了《大唐新语》《续红楼梦稿》《敦煌变文集补编》等书，这些成果都是她在工作之余完成的，其勤奋和刻苦的精神令人叹服。

三、学术研究的有组织开展进行

民国时期，馆长虽大多由学有专攻的学者、专家担任，但在学术研究方面对馆员并无特别要求，图书馆也以做好藏书建设、藏书组织和读者服务工作为满足，很少组织有计划的学术研究活动，但也并非毫无作为，如：1922年在李大钊领导下，编撰出版了《国立北京大学图书馆贵重书目》；在毛准主持下，1933年编撰出版了《国立北京大学图书馆方志目》《国立北京大学图书馆善本书目》，1935年编写出版了《国立北京大学图书馆概况》；1936年，在严文郁主持下，编撰出版了《国立北京大学图书馆丛书目录》《国立北京大学图书馆期刊目录》。从1947年起，图书馆还开始发行《国立北京大学图书馆每月编成中日西文书目》，这在当时是一项创举。

1948年12月，为庆祝北京大学建校五十周年，北大图书馆举办了一系列展览："校史及已故教授著作展览""馆藏古籍善本展览""《水经注》版本展览"，后两个展览的内容当时即编成《北京大学图书馆善本书录》一书出版行世，为民国时期北大图书馆的学术活动画上了一个优雅的句号。

中华人民共和国成立以后直到"文革"结束，延续民国时期的惯性，加之政治运动频仍，北大图书馆也很少开展有组织的学术研究活动。但对于书本式目录的编撰出版还是很积极热情的。1956年全国图书馆工作会议通过了《全国图书协调方案》，北京大学图书馆被指定为北京第一中心图书馆委员会的中心图书馆，承担了协调采购、编制联合书目等工作。在编撰《西文普通图书编目条例》《中国地方志综录》《中国丛书综录》《西文图书联合目录》《西文期刊联合目录》等工作中都发挥了重要作用。1956年，编撰出版了《北京大学图书馆中文旧期刊目录》；1958年，编撰出版了《北京大学图书馆藏善本书目》。

20世纪70年代末改革开放以后，随着各项政策和相关组织机构的建立，北大图书馆有组织的学术研究日益发展，进入一个新的历史时期。

一方面，传统的书本式图书馆目录仍在继续编制出版，如：1980年编成《北京大学图书馆藏中国史中文书目》，1981年编成《北京大学图书馆馆藏西文科技期刊目录（1962—1978）》，1983年编成《北京大学图书馆馆藏日文工具书目录》。

另一方面，鉴于计算机技术和计算机网络的飞速发展，北大图书馆迅速开始了这方面的积极探索和研究。1979 年，北大图书馆成立自动化研究室，副馆长潘永祥亲自兼自动化研究室主任。1980 年开始与中科院图书馆等 6 家单位协作进行 MARC 的研究与试验，制定了《研究与试验美国机读目录协作计划》。1983 年，图书馆自动化部与校计算机研究所共同建立图书馆自动化与情报检索研究室。1985 年受全国高校图工委委托，由北大图书馆牵头，联合北京地区 13 家图书馆，研制计算机编目系统并编制《机编西文图书联合目录》，1987 年，该项目荣获国家教委科技进步二等奖、国家科委科技情报数据库建设三等奖。1988 年 5 月，北大图书馆完成了《北京大学 1978—1987 年科研论著题录》数据库的建设。同年，北大图书馆牵头承担了“中文书目合作回溯建库”项目，全国共 29 家图书馆参加。1991 年底，北大图书馆自行设计的自动化集成系统软件研制工作基本完成。可以说，在自动化研究和实施方面，北大图书馆一直走在了国内高校图书馆的前列。

1984 年北大图书馆成立文献编辑室，1990 年成立文献编辑出版工作领导小组，主管北大图书馆的馆藏文献开发工作，编纂出版了《北京大学图书馆藏稿本丛书》《北京大学图书馆藏善本丛书》《北京大学图书馆藏善本医书》《北京大学图书馆藏敦煌文献》《明清史料丛书》等大部头古籍影印本丛书，以及《中文古今辞书总目提要》等重要工具书，这些成果内容重要，学术参考价值大，产生了一定的社会效益和经济效益。

1990 年 4 月，北大图书馆成立索引编纂研究部，开始系统地进行索引学的研究，并有计划地编纂索引工具书，以促进我国索引研究与编纂事业的繁荣与发展。索引编纂研究部王世儒、王燕均、王一平等人先后编辑出版了《毛泽东选集索引》《论语索引》《孟子索引》《周易索引》等书，为学者研究提供了方便。其中《论语索引》《孟子索引》于 1994 年 9 月被全国索引展评会评为成果奖。

北大图书馆主持或参加了大量的国家级和省部级科研项目，如 1988 年，北大图书馆参加国家“七五”社科基金科研项目“全国文献资源调查”课题组，并从 1990 年底到 1992 年 8 月，组织动员数十位馆内外专家，对馆藏文献进行了全面的调查统计和分析评估，写出了调查评估报告 35 篇，分为文科文献、理科文献、古籍特藏、其他特藏、馆藏文献统计等 5 编，汇成《北京大学图书馆馆藏文献调查评估报告集》一书。这是北大图书馆建馆九十年多来文献资源建设成果的一次集中、系统的展示，也是馆藏文献研究成果的一次大汇总。通过这项工作的进行，摸清了全馆的家底，加深了对馆藏文献的认识，提高了职工队伍的水平，完善了文献计量评估的方法，意义重大，影响深远。

北大图书馆积极参与各个级别的标准和规范及其实施细则的制订和翻译工作，如从20世纪80年代初期起参加了中国图书馆学会主持的《中国图书分类法》第二版和第三版的修订工作；1984年本馆韩荣宇、林明主编《西文文献著录条例》，被中国图书馆学会推荐为全国行业内的著录规则；他们二人还翻译了《专著出版物国际标准书目著录》（第二版），成为供修订国家文献著录标准的框架性文件。本馆潘太明作为主要作者参加编制了《国际机读编目格式》、《中国机读目录格式》、《中国机读目录格式使用手册》（修订版）等重要编目工具书。本馆沈乃文参加起草了1987年、1992年两次颁布的国家标准《古籍著录规则》，此外还代表北大图书馆参加了国家标准《图书书名页（GB 12450）》《图书在版编目数据（GB 12451）》的起草工作。

1989年，北京地区高校图书馆学会发起，由该学会下属的期刊研究会与北大期刊部合作，以北大期刊部为主力、联系北京十几所高校图书馆众多期刊工作者及相关单位的专家共同参与，开始编纂《中文核心期刊要目总览》。该书第一版于1992年由北京大学出版社出版，由时任北大图书馆馆长庄守经主编。该书编纂的主要目的是为图书情报部门的期刊采购、典藏、导读等工作提供参考依据，并根据期刊的动态发展变化特点定期更新，后成为周期性大规模修订的出版物，社会影响广泛深远；1996年又出版了第二版，由时任馆长林被甸主编。1997年，由时任常务副馆长戴龙基主编、北大图书馆与南京大学图书馆共同研制的《国外人文社会科学核心期刊总览》也由北京大学出版社出版了第一版，与《中文核心期刊要目总览》成为姊妹出版物。

北大图书馆还组织或参加了大量的学术研讨活动。如1995年11月，常务副校长王义遒与图书馆馆长林被甸、常务副馆长戴龙基应邀参加台湾大学举办的“新资讯技术发展与图书馆建设研讨会”，1996年8月举办由张甲、曾蕾、储荷婷、陈慧杰等9位留美学者回国讲学的“信息高速公路与图书馆的未来讲习与研讨班”，全国高校图书馆80多人参加。同年9月北大图书馆与美国东亚图书馆学会、中国出版对外贸易公司共同举办IFLA会后会——“亚洲的出版事业”小型研讨会。

自1992年起，为了创造浓厚的图书馆学术研究氛围，北大图书馆开始每两年举办一次“五四科学讨论会”，到1996年已连续举办3届，出版了3册论文集。“五四科学讨论会”的制度化成为北大图书馆员开展学术研究的一个持续性的动力，在整体上提升了北大图书馆的学术水平和在图书馆界的学术地位。

四、积极参加图书馆界各级学术组织，长期发挥重要作用

早在民国时期，北大图书馆就参与了中国图书馆界的协调合作组织中华图书馆协会的创办与活动开展，中华图书馆协会创立于1925年，时任北大图书馆主任的袁同礼担任了协会第一任董事部的书记，抗战时期袁同礼更是一直担任协会的理事长。

1979年中国图书馆学会成立之后，北大图书馆积极参加学会的各项工作，担任学会的各项领导职务，在学会中发挥着重要的作用。例如庄守经馆长就长期担任中图学会副理事长一职，梁思庄副馆长任名誉理事，郭松年副馆长任理事，潘永祥副馆长任学术委员会委员。1990年6月北大图书馆与中国图书馆学会合办馆长研讨班，也取得了良好的效应。

1981年，由北大图书馆发起倡议召开全国高校图书馆工作会议，组建了全国高等学校图书馆工作委员会（简称图工委，1987年改称全国高校图书馆情报工作委员会）及其办事机构秘书处，北大图书馆长庄守经被任命为主管日常工作的副主任兼秘书长。秘书处及其主办刊物《大学图书馆动态》（1983年更名为《大学图书馆通讯》、1989年再次更名为《大学图书馆学报》）编辑部设在北大图书馆。《大学图书馆学报》后来成为图书馆学情报学核心期刊，在全国特别是高校图书馆中产生了很大的影响。

1979年10月，北京地区高校图书馆学会成立，北大图书馆梁思庄副馆长任副理事长，郭松年副馆长任秘书长。学会之下设立了5个研究会，其中目录工作和自动化研究会由北京大学图书馆负责，其他各会也都有北大图书馆人员参加并发挥重要作用。1985年10月第二届理事会组成，副秘书长一职由北大图书馆高倬贤担任。1989年北京地区高校图书馆学会第三届理事会组成，北大图书馆副馆长潘永祥任理事长兼秘书长。1995年7月，第四届理事会组成，北大图书馆副馆

长朱强任副理事长。

1983年6月成立的北京地区高等学校图书馆工作委员会（简称北京高校图工委），是国家教委（教育部）领导的全国高等学校图书情报工作委员会的下属机构，由北京市教育委员会具体领导。北大图书馆历任副馆长郭松年、潘永祥、戴龙基、朱强先后担任北京高校图工委副主任，在协助北京市教委研究制订北京地区高校图书馆发展规划，开展业务活动，组织馆际协作，培训干部和组织经验交流等各个方面，起到了中坚的作用。

五、结语

学术研究之于高校图书馆人，是必不可少的，是高校图书馆人不容推卸的责任和使命。北京大学图书馆百年来的学术研究轨迹，充分表明图书馆既是藏书之所、服务之处，同时也是学术之府。北大图书馆在全国高校图书馆中的特殊地位，更对北大图书馆人在学术研究上提出了较高的要求。北大图书馆人有义务肩负起社会和历史赋予的使命，更加勤奋努力，更加大胆敏锐，将相关的学术研究做得更多更好，取得无愧于时代、无愧于北大的优异成绩，续写更加辉煌的新篇章！

参考文献

[1] 姚伯岳主编《北京大学图书馆同人学术成果目录》，北京：北京大学图书馆，2002年。

[2] 朱强主编《书城春秋》，北京：北京大学图书馆，2012年。

[3] 吴晞《北京大学图书馆九十年记略》，北京：北京大学出版社，1992年。

[4] 庄守经主编《北京大学图书馆馆藏文献调查评估报告集》，北京：北京大学图书馆，1992年。

[5] 庄守经主编《纪念建馆九十周年北京大学图书馆同人论文集》，北京：北京大学图书馆，1992年。

原载《河南科技学院学报》2014年第3期：第88—94页

美国华盛顿大学东亚图书馆中文古文献的收藏与整理

华盛顿大学（University of Washington，UW）位于美国西北部华盛顿州的西雅图市，创建于1861年，是世界顶尖级的研究型大学，也是美国西部历史最悠久、规模最大的大学之一。华盛顿大学图书馆有总、分馆共16个，馆藏纸本文献800万册/件，在北美高校图书馆中排名第十五。作为分馆之一的东亚图书馆堪称美国西部收藏中日韩图书资料的重镇，2015年纸本馆藏总量达到68万册/件，馆藏中文古文献也颇具规模。但长期以来，由于缺乏相应的专业人员，相当一部分中文古文献没能得到正规的编目整理，华大东亚图书馆所藏中文古文献的构成、数量、来源等情况有如一团迷雾，无从窥其全貌。于2014年开始进行的“发现近代中国”项目使这一局面得到根本改观，不仅将馆藏中文古文献基本整理完成，而且也大致搞清了这些文献的数量和来源等情况，现将研究结果缕述如下。

一、华盛顿大学东亚图书馆中文古文献的收藏及来源

华盛顿大学东亚图书馆收藏中文图书的历史，可追溯到1909年华大聘请赫伯特·高文（Herbert H. Gowen）首次开设亚洲研究课程并创办东方学系，高文首任系主任。当时没有中文图书，教学研究所需的中文图书是由该系教师把自己的藏书出借给图书馆供师生使用。1937年，华盛顿大学图书馆从洛克菲勒基金会（Rockefeller Foundation）接受一笔资金赞助，购买了一批中文书籍，此为东亚图书馆中文藏书的开始。次年，哥伦比亚大学（Columbia University）又捐赠了2000册中文图书。这些书被集中存放在华大主图书馆即苏萨罗图书馆

（Suzzallo Library）中的一个房间，起名叫东方学会议室（Oriental Seminar Room），供有关师生阅览。1945年，华盛顿大学远东和俄国学院（UW Far Eastern and Russian Institute，FERI）成立，并获得洛克菲勒基金会资助，购买中、日、俄文图书。1947年，华大图书馆在上述藏书基础上成立远东图书馆（The Far Eastern Library），Dr. Ruth Krader为首任馆长，此时收藏规模仅为20 800册。1950年，远东图书馆迁入Thomson Hall的地下室。20世纪50年代，入藏洛克博士（Joseph Francis Rock）的部分藏书，以及高文教授原藏的一批中文古文献。60年代，购进卫德明教授（Prof. Hellmut Wilhelm）之中文古籍1 346种。1976年，远东图书馆改名为东亚图书馆（The East Asia Library），并搬迁到目前所在的高文楼（Gowen Hall），图书馆空间大大增加，购书量快速增长。20世纪80年代初，时任华大东亚图书馆馆长的卢国邦先生以10万美元将香港万有图书公司的全部库存一次性收购，共十万余册，其中包括不少中文古籍，同时还包括万有图书公司购进的陈凡私人藏书数万册。此外，历年来该馆还陆续接受了一些私人捐赠，如萧公权、房兆楹等著名学者所藏的中文古籍。

华盛顿大学东亚图书馆读者阅览室

粗略计算，目前华盛顿大学东亚图书馆所藏中文古文献应在3 000种以上，类型包括中文古籍、拓片、书信、舆图等。但由于其中一部分存放在总馆，东亚图书馆的一部分中文古籍仍与中文普通书混合典藏，还没有做到全部中文古籍的集中典藏，所以尚未统计出一个准确的数字。

下面分述华大东亚图书馆中几个重要的收藏来源。

（一）卫德明教授收藏的中国古籍

华大东亚图书馆藏中文古籍中最主要的来源之一，就是20世纪60年代购入的卫德明所藏中国古籍 1 346 种[①]，其中仅明版书就有上百种，无论在数量上还是在质量上都极大地提升了华大图书馆中文古籍收藏在美国的地位。

卫德明（Hellmut Wilhelm，1905—1990）[②]，德裔美籍汉学家，以研究中国历史、文学、哲学而著称。其父卫礼贤（Richard Wilhelm，1873—1930）是在国际上享有盛誉的汉学家。卫礼贤著述甚多，其最具代表性的成就就是对《易经》的翻译[③]。

卫礼贤（Richard Wilhelm）

卫德明 1905 年出生在中国青岛，并在那里接受了早期教育。第一次世界大战后，他随父母迁回德国。他深受父亲影响，醉心于中国文化，并于 1932 年获得柏林大学汉学研究的博士学位，随后返回中国。1933 年至 1937 年，他在国立北京大学德国语言文学专业任教，同时为德国和瑞士报纸做通讯记者。此后他长期主持中德学会的工作。1948 年，他离开中国赴美，进入华盛顿大学远东斯拉夫语言文学系（The Department of Far Eastern Slavic Languages and Literature）任教，直到 1971 年退休。

卫德明的研究领域遍及中国哲学、历史、政治、宗教以及文学等各个方面。他的博士论文是关于顾炎武的研究。他对清代禁毁书颇感兴趣，对钱谦益的研究非常深入。在中国期间，他讲授关于中国历史、社会结构和政治思想等方面的课程，并发表和出版了一系列的论文和著作。他曾协助其父翻译《易经》，他在中国期间所做的关于《易经》的系列讲座也被编订为《变幻：易经八讲》一书，于 1944 年在德国出版，1960 年又由贝恩斯翻译为英文，成为西方人学习《易经》的指南。在华盛顿大学任教期间，他是美国汉学界的领军人物，世

① 此数据根据华大东亚图书馆保存之卫德明赠书清单。

② 此文卫德明的资料和图片主要来自：Sinological Profiles/Hellmut Wilhelm，检索于 2016 年 12 月 1 日，https：//www.umass.edu/wsp/resources/profiles/wilhelmh.html.

③ 此文卫礼贤的资料和图片来自百度百科："卫礼贤"，检索于 2016 年 12 月 1 日，http：//baike.baidu.com/view/493598.htm.

界各地的许多学子慕名前来追随他获得深造。

卫德明既是学者也是藏书家，他继承了他父亲卫礼贤的藏书[①]，加上他本人的长期搜集，中文古籍收藏数量很大而且质量很高。他极力支持图书馆中文藏书的建设，并于20世纪60年代将他从中国带来的全部中文古籍出售给了当时的华大远东图书馆。这批书成为后来华大东亚图书馆最重要的中文古籍收藏。

（二）洛克博士收藏的中国地方志

华大东亚图书馆藏中文古籍的另一重要来源是洛克博士的收藏。

约瑟夫·洛克（Joseph Charles Francis Rock）

约瑟夫·洛克（Joseph Charles Francis Rock，1884—1962）[②]，美国探险家、植物学家、地理学家、语言学家、纳西文化研究家。出生于奥地利维也纳，1902年大学预科毕业后，便开始漫游欧洲和北非。1906年至美国，1911年进入夏威夷大学，主要从事植物学研究工作，建立了当地第一座植物标本馆，并在1911—1920年间担任馆长。他于1913年加入美国国籍，1919年成为夏威夷学院植物学教授。从1922年起曾六次到中国，以美国《国家地理》杂志撰稿人和摄影家，及美国农业部与哈佛大学植物研究所派出学者的身份，到云南各地及中缅边境和四川、甘肃、青海、西藏考察，拍摄生物资源照片，测绘地形地图，搜集并带走了大量生物标本和文物资料。洛克发表了大量关于中国西南地区的景物和民情的文章及照片。希尔顿那部著名的小说《消失的地平线》（又名《失落的境界》），就是在洛克探险记录的影响和启发下写成的。从此，人间仙境香格里拉名满天下。1944年，洛克从中国回到美国，成为哈佛燕京学社的研究员。他也曾漫游北京、上海、南京等地。1946年，他最后一次来到中国，1949年7月返回美

① 华大东亚图书馆现藏清抄本《经余必读》内叶就钤有卫礼贤的藏章“Ex Libris R. Wilhelm 尉礼贤希圣印”。

② 此文洛克的资料和图片来自百度百科：“约瑟夫·洛克”，检索于2016年12月1日，http://baike.baidu.com/view/1070768.htm.

国。20 世纪 50 年代中期，定居夏威夷，直到 1962 年 12 月 5 日去世。

约瑟夫·洛克被称为“西方纳西学之父”，在中国停留的 27 年间，共收集了大约 8 000 册纳西族东巴文经书，这些经书后来分别收藏在欧美的各大图书馆。他对东巴教仪式和东巴文文本的研究持久深入，发表了数十种相关论著。其早期主要著作为两卷本的《中国西南古纳西王国》（The Ancient Na-khi Kingdom of South-West China，1947），列为《哈佛燕京丛刊》第 8 卷。晚期的《纳西语英语百科辞典》（A Na-khi English Encyclopedic Dictionary）为纳西族象形文字研究的权威之作，在纳西学和东巴文的研究史上有着极为重要的地位和价值，被列为《罗马东方丛书》第 28 种，第 1 部于 1963 年、第 2 部于 1972 年出版。

除东巴文经书外，洛克还收集了大量的中文图书文献，这些图书文献后来被他转售给美国各大图书馆和研究机构，主要是哈佛大学、夏威夷大学、美国国会图书馆、卡耐基梅隆大学亨特学院以及华盛顿大学图书馆等。

华盛顿大学图书馆入藏的洛克藏书是 1954 年购入的，数量达数千种之多。其中的英文和其他西文图书当时很快就被编目上架，入藏到苏塞罗图书馆，纳入华大图书馆的藏书体系中。其中的中文文献则主要是中国的地方志和拓片，当时拨归华大东亚图书馆典藏。1966 年由楼珍希先生（Joseph Dzen-Hsi Lowe）编辑的《华盛顿大学中国地方志目录》记录华大东亚图书馆藏民国以前的方志总计为 883 种，约万卷以上，其中包括洛克所藏[①]。这部分地方志直到 1990 年 10 月到 1991 年 12 月间，借助美国联邦政府教育部资助的“清人诗文集清代地方志整理编目”项目，才全部完成计算机编目。洛克原藏地方志由于无法查到当时的购书清单，所以一时还不能明确其数量，估计约有数百种。这批书大多签有“骆博士印”篆体朱文印章，印章四周有鸟兽图案，应该是纳西族东巴象形文字，印章下方有英文署名“J. F. ROCK”。华大东亚图书馆这批洛克原藏中国地方志，有许多是风格颇为统一的抄本，这些抄本纸张洁白，墨色新鲜，很有可能是洛克在中国雇人抄写完成

① Joseph Dzen-Hsi Lowe. A Catalog of the Official Gazetteers of China in the University of Washington. Zug（Sweizerland）: Inter Documentation Company AG，1966.

的。对华大东亚图书馆这批洛克搜集的中国地方志进行深入研究，将是今后一个有益的课题。

洛克收藏的中国拓片大约有40多种，因为找不到懂专业的人来编目，所以一直放在东亚图书馆的仓库里。2005年其中的一箱约16件被人们发现后，移送到总馆的特藏库收藏。遗留在东亚图书馆的20余件拓片，则在2015年的CLIR项目中被整理编目。

（三）整批购进的原香港万有图书公司库存书

1981—1984年间，时任华大东亚图书馆馆长卢国邦先生将香港万有图书公司全部库存总计10万册以上，以10万美元的价格一次性收购，其中包括万有图书公司代为购进的陈凡私人藏书数万册。

陈凡（1915—1997）[①]

陈凡（1915—1997），字百庸，笔名周为、徐克弱、张恨奴、陈众一等，1915年12月26日出生于广东三水，《大公报》著名的左派记者、诗人、武侠小说作家；性情刚直，疾恶如仇，多才多艺，交游广泛。1941年考入桂林《大公报》做记者，先后派驻重庆馆、上海馆、广州办事处等处，1949年后赴香港任《大公报》采访主任、副总编辑等职，长期主持香港《大公报·艺林》副刊，80年代中期退休，1997年9月30日在香港去世。主要著作有散文集《海沙》《无华草》《灯边杂笔》，新体诗集《往日集》，旧体诗词集《壮岁集》，新闻报告集《转徙西南天地间》《一个记者的经历》《走马人间数十年》等，以“百剑堂主”笔名写武侠小说《风虎云龙传》，用“陈上校”笔名撰《金陵残照记》，编有《齐白石诗文篆刻集》《黄宾虹画语录》等[①]。

陈凡晚年体弱多病，可能是因为无力打理藏书，故将其藏书通过香港万有图书公司整体售予华盛顿大学东亚图书馆。香港万有图书公司现名万有图书贸易公司，为徐炳麟（1909—1991）于1955年创立，早期主要为欧美各大学东亚图书馆、

① 陈凡的生平资料主要参考下列文献：祝淳翔《陈凡与香港〈大公报·艺林〉始末》，上海：东方早报·上海书评，2013年7月7日，检索于2016年12月2日，http://blog.sina.com.cn/s/blog_54cbd8880101cips.html；许礼平《说百剑堂主陈凡》，2013年3月17日，检索于2016年12月2日，https://www.douban.com/note/266889745/.

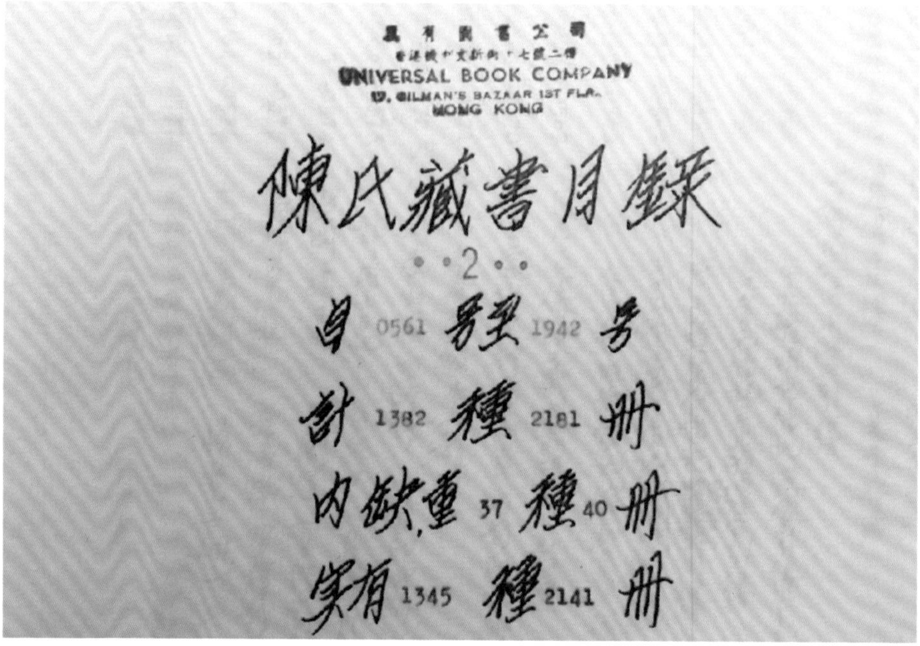

万有图书公司开列的陈凡部分藏书目录

美术馆供应所需图书，兼营旧书的买卖业务。20 世纪 80 年代初华大东亚图书馆一次性购买万有图书公司库存书的同时，也整体收进了陈凡的藏书。陈凡的这批藏书购进时不仅编有完整的目录，而且在目前所见的线装书中，还都贴有印着英文“Chen Fan Collection/ University of Washington Library”字样的藏书票，如《陈后山陆放翁生日诗录》二卷、《元倪云林书诗真迹》、《元俞紫芝临乐毅论真迹》、《金匮藏画评释》、《新体广注唐诗三百首读本》六卷等。这说明陈凡藏书进入华大东亚图书馆时，是与从万有图书公司购进的其他图书区别对待的。

除陈凡的藏书外，这批书中还有许多原为岭南藏书名家如东莞莫伯骥五十万卷楼、广州徐信符南州书楼、澳门姚钧石蒲坂书楼、邓芬蔼丝孔居等收藏的中文线装书，很多是用万年红纸装衬前后书衣，呈现出典型的广东藏书特点。如明正统十二年（1447）刻本宋代曾巩撰《南丰先生元丰类稿》五十卷续

① 图片来自百度百科：“陈凡（近代知名报人、武侠作家）”，检索于 2016 年 12 月 2 日，http: //baike.baidu.com/link?url=CeCsUiT5mF54l8Gt7BMghIsOq1ScfkTf1RRuU3OpZTPP5NcNWg_c4TO3qnNvgxdLGxSf89sfKSwtRNyg_KthrIsQN2uB_nf8N4pL4obD4-G.

附一卷钤有“广东肇阳罗道关防”“有斐斋图书”“退一步斋藏书图记”“蒍丝孔居”“东莞莫伯骥号天一藏书之印”“东莞莫氏五十万卷楼”等印，该书是华大东亚图书馆藏版刻年代最早的中文古籍善本！抄本《怀古田舍诗钞》二卷 1 册，书衣钤有“徐氏南州书楼寄托”字样及编号之印记；抄本《黄牡丹诗笺注》书衣有“南州书楼藏”墨笔。清康熙（1662—1722）内府刻本《钦定篆文六经四书》卷端钤“蒲坂书楼”“钧石所藏金石书画印”“民国庚辰”等印。清康熙四十九年（1710）朱昌辰等刻本《韦斋集》十二卷，卷端钤“邓芬”“蒍丝孔居”等印。明崇祯十三年（1640）乌程闵齐伋刻本《孙职方集》《刘拾遗集》，清抄本《网山集》八卷等书也均钤有上述二印。由此看来，这实在是一次颇具眼光、物有所值的购藏行动！

这批书很多是广东版本。其中广州出版的书就有数十种，如：清光绪三十二年（1906）广州陶氏爱庐刻本《梦溪笔谈》二十六卷补笔谈三卷续笔谈十一篇，清道光二十二年（1842）广州云梯阁刻本《四书不二字音释》，民国三年（1914）广州石经堂石印本《五千字字课》等。这些书虽然在内容上地方特点不鲜明，但反映了清末民初广州的图书出版水平，有其独特研究价值。

还有一些是在东莞、潮安、香港等地出版的，内容上则有浓厚的地方特色，如：民国十一年（1922）东莞祖坡吟馆铅印本《羊石吟社诗册》，民国二十三年（1934）潮安丽新印刷所铅印本《庸叟日记菁华》五卷卷首一卷，民国八年（1919）香港奇雅印务局刻本《仙桂重芳册（陈嘉谟暨夫人梁氏）》，民国二十一年（1932）香港永新公司铅印本《筌蹄诗草》六卷，1956 年香港东南书局铅印本《金匮藏画评释》，等等，都是居住其地人士的著作。

作者或内容与广东有关的也不少，如：何惠群等撰《岭南即事》，赵长龄撰《廉洋平贼记》，梁士诒撰《广东乡试朱卷（光绪己丑恩科）》，伍朝枢编辑之《伍秩庸（伍廷芳）博士哀思录》，吴趼人撰《我佛山人滑稽谈》，张之洞撰《忆岭南草木诗十四首》等。

总之，从香港万有图书公司购进的这批书广东地方特色最为浓厚。这也成为今天华大东亚图书馆藏中文古籍的一个突出特色。

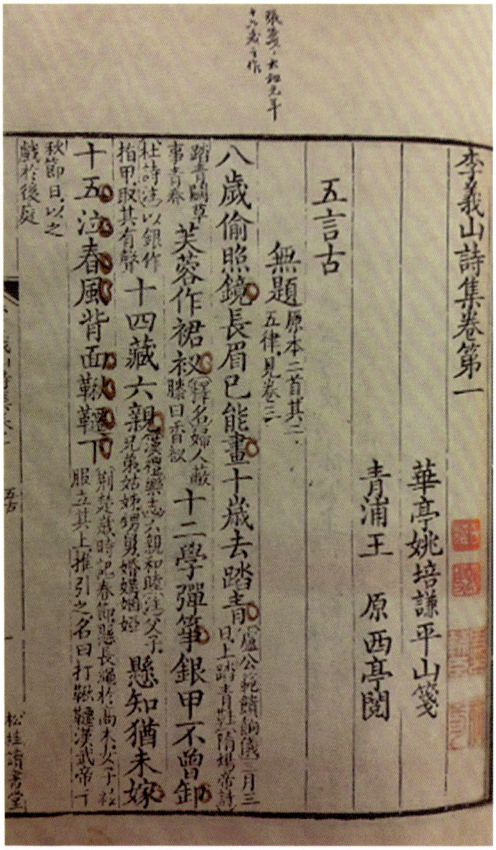
李義山詩集卷第一
華亭姚培謙平山箋
青浦王　原西亭閱
五言古
無題 原本二首其二五律見卷三
八歲偷照鏡長眉已能畫十歲去踏青
芙蓉作裙衩十二學彈箏銀甲不曾卸
十四藏六親懸知猶未嫁
十五泣春風背面鞦韆下
松桂讀書堂

萧公权教授原藏清乾隆四十四年（1779）松桂读书堂刻本《李义山诗集笺注》十六卷

（四）教授学者的捐赠

华大东亚图书馆所藏中文线装书中有不少是名家所赠，这类书大都贴有藏书票。如《佩文韵府》一百零六卷附拾遗一百零六卷、《佩文诗韵释要》五卷，这两部书前都贴有 UWL 的藏书票，印有英文：“From the collection of Professor Kung-chuan Hsiao”，说明是晚年在华大任教的著名学者萧公权教授的赠书。清乾隆四十四年（1779）松桂读书堂刻本《李义山诗集笺注》十六卷、清乾隆四十八年（1783）北京武英殿刻本《春秋经传集解》三十卷卷首附考证等古籍善本也是萧公权教授的赠书。

还有一批书，都贴有藏书票，题“THE GIFT OF MR. LLOYD LOCK”，应为 MR. LLOYD LOCK 的赠书。如《音注小仓山房尺牍》八卷、《齐东野语》二十卷、《遗山先生新乐府》四卷、《樊山书牍》二卷、《疑云集》、《简斋诗外集》、《灵素提要浅注》十二卷、《医方集解本草备要合编》、《增广正续验方新编》二十一卷等。

一些墨笔题记显示其为在美居留的中国学者的藏书，如《郑板桥道情词墨迹复印件》一书，书衣墨笔题书名并题词：“兆楹学兄惠存 / 陈云豹敬赠”。盖此书原为房兆楹所藏书。房兆楹是恒慕义主编之著名的《清代名人传记》一书最重要的作者，是国际知名的中国史专家。

还有一个非常重要的捐赠者就是高文（Herbert H. Gowen，1864—1960）教授。

赫伯特·高文 1864 年出生于英格兰的雅茅斯，1886 年在坎特伯雷的圣奥

MR. LLOYD LOCK 赠书上粘贴的藏书票

高文教授（Prof. Herbert H. Gowen）

斯汀学院文学士毕业，之后在英国、夏威夷、加拿大的各个教堂担任各级神职。1897 年来到美国西雅图任教区主持人，1909 年开始在华盛顿大学授课，并担任华大东方学研究系首任系主任直到 1929 年，1944 年 7 月 1 日才最后退休，1960 年在西雅图去世。

高文教授是美国著名的历史学家、汉学家，撰写出版了《中国简史》《日本简史》《印第安文学史》《宗教史》等著作，发表学术论文 150 多篇，是欧美许多学术团体的成员，在国际学术界享有很高声誉。今天华大东亚图书馆所在的 Gowen Hall 就是以他的姓命名的。

高文教授最突出的捐赠是拓片，华大东亚图书馆藏开封一赐乐业教寺的犹太教三大碑都是他捐赠的。还有一些日本和韩国拓片也极有可能是高文教授的捐赠。

二、华盛顿大学东亚图书馆中文古文献的整理

（一）前期的整理

华大东亚图书馆的清人诗文集收藏比较丰富，苏精早年就编有《西雅图华盛顿大学东亚图书馆清代文集目录初稿》，惜未能正式出版。1975 年，美国旧金山中国资料中心有限公司（Chinese Materials Center，INC.）出版了李直方编撰的《华盛顿大学远东图书馆藏明板书录》，共著录馆藏明版书 138 种。

其中最早者为弘治刻本，而以常熟毛晋汲古阁刻书为最多，计 65 种。该书按照经、史、子、集、丛书五大类编排，对每部书的著录体例是：书名、卷数、册数、作者、出版事项、卷端原题、板式、序跋名称、藏印、考核（主要著录参考书目）。作为书志来讲，著录内容甚简，但较之一般的书目记录，著录详细程度则过之，且每书均有英文的作者、书名和内容介绍，更是该书录的一大特点。

在长期的典藏过程中，华大东亚图书馆尽其所能地对其所藏中文古籍进行了编目整理，大多数馆藏中文古籍都有卡片目录，一半以上的中文古籍在 OCLC（全称是 Online Computer Library Center）上有 MARC 格式的电子记录。

1990 年 10 月至 1991 年 12 月，华大东亚图书馆申请到美国联邦政府教育部提供的特别经费，实施了“清人诗文集与清代地方志整理编目”项目，将馆藏清人诗文集 1 302 种、清代中国地方志 1 727 种合计共 3 029 种中文图书采用 MARC 格式编目，录入到 OCLC 的书目数据库中，其中三分之一以上为中国线装古籍。该项目负责人为汪珏女士，主要编目员为孙燕言女士等，前后几任馆长卢国邦、刘应淑、周明之也都为此项目耗费了心血[①]。

除编目外，华大东亚馆还与台湾“中央图书馆”合作，于 2010 年 1 月到 2012 年 12 月间，进行了一次较有规模的馆藏中文古籍的数字化扫描工程。整个项目历时 3 年，共扫描中文古籍 382 种 3 483 卷，计 236 424 影幅，其中很多是卫德明教授原藏书，绝大多数为善本，其中仅明刻本就有 78 种，最早版本为明正德五年（1510）刻本《鲍明远集》十卷。此外还有 11 种清抄本。

（二）“发现近代中国——UW 和 UBC 的中文典藏”项目

2014 年，美国华盛顿大学东亚图书馆和加拿大不列颠哥伦比亚大学（The University of British Columbia，UBC）亚洲图书馆联合向美国梅隆基金会资助的图书馆情报学资源委员会（Council on Library and Information Resources，CLIR）申请的“发现近代中国——UW 和 UBC 的中文典藏”项

---

① 汪珏《罕见的钱谦益遗著及其他清季善本诗文集——介绍西雅图华盛顿大学东亚图书馆藏书之一》，载《“国立中央图书馆”馆刊》，1992 年 12 月，新 25 卷第 2 期：第 151—162 页。

"发现近代中国——UW 和 UBC 的中文典藏"项目华大东亚图书馆海报

目获得批准，华大东亚图书馆长兼中文研究馆员沈志佳担任项目主持人，不列颠哥伦比亚大学亚洲图书馆中文研究馆员刘静女士为协同主持人。应该项目请求，北大图书馆派出古籍编目总校姚伯岳研究馆员前往这两个图书馆，作为项目古籍专家顾问兼古籍编目员，帮助完成该项目的实施。其间在华大东亚图书馆工作 1 年有余。

CLIR"发现近代中国"项目中，华大东亚图书馆的目标是向 OCLC 书目数据库提交 1 000 条 OCLC 中没有的馆藏原始编目记录，编目范围涵盖馆藏各类中文古文献（古籍、舆图、拓片、书画、书信等）、广东木鱼书、民国版图书等。具体的著录工作是在 OCLC 和 CALIS[①] 高校古文献资源库两个编目系统上完成的，也就是说，每一种原始编目都分别有 MARC21 和基于 Dublin Core 的中国古籍元数据格式两种不同格式的书目记录。

截止到 2016 年 7 月底项目完成，华盛顿大学东亚图书馆共计提交馆藏各类古文献编目记录 929 条，详情见下表。

① 中国高等教育文献保障系统（China Academic Library & Information System，简称 CALIS）。

表 1　华盛顿大学东亚图书馆向 OCLC 提交古文献编目记录

文献类型	种　数	册 / 件数
善本古籍	49 种	328 册
普通古籍	646 种	4 199 册
拓片	74 种	148 件
书画	154 种	229 件
舆图	4 种	12 件
书信	2 种	4 册
合计	929 种	4 920 册 / 件

此外，还提交馆藏木鱼书记录 261 条、粤剧剧本 40 条，晚清民国版非线装书图书记录 110 条，总共提交原始编目记录 1 271 条。

华大东亚图书馆实施 CLIR“发现近代中国”项目的另一大收获是，在提交 OCLC 上没有的原始编目记录的同时，还对馆藏未编目古籍进行了全面的整理。通过在 OCLC 上检索，在进行原始编目之后，将其他馆藏古籍未编书，分别用套录（copy）、提升（enhance）、判定为复本（duplicate）等方法，进行了编目整理。该项工作情况见下表。

表 2　华盛顿大学东亚图书馆 CLIR 项目未向 OCLC 提交的书目记录

书目记录 加工类型	套录 copy	提升 enhance	复本 duplicate	总计 total
种数	403	161	342	906

这样一来，华大东亚馆的 CLIR“发现近代中国”项目，实际变成了对馆藏未编目古籍全面彻底的编目整理，取得了远出于项目预期的成果。

稍感遗憾的是，由于时间关系，尚有 135 种馆藏古籍，虽在 OCLC 上经检索确认为没有书目记录，但没来得及在项目结束前完成原始编目，只能对这些书做了一个大致的分类统计，详情见下表。

表 3　华盛顿大学东亚图书馆尚未完成编目的 135 种古籍分类列表

版本类型	种　数	册　数
刻本	29	79
石印本	32	141
影印本	20	68
铅印本	45	150
钤印本	1	1
稿本	2	2
抄本	2	2
晒印本	1	1
朝鲜铅印本	1	1
和刻本	1	1
拓本	1	1
合计	135	447

遗留的未及编目的这批书虽然数量不大，但是品种丰富，版本类型基本齐全，非常适合用作华大东亚系、历史系、中国研究中心等教学单位关于中国文献学教学的实习用书。若能如此，将发挥其独特的价值和作用。

三、华盛顿大学东亚图书馆中文古文献的重点简介

（一）古籍

华大东亚图书馆的镇库之宝是清乾隆十三年（1748）内府精写精校本《御制盛京赋》20 册[①]。

乾隆八年（1743），乾隆皇帝到盛京（今沈阳）祭奠祖先，心情激动，写了一篇感情真挚、文辞华丽的《御制盛京赋》，共 3 390 余字，盛赞盛京这座清代

① 沈志佳，施懿超《华盛顿大学珍藏之一：清乾隆十三年内府精写精校本〈御制盛京赋〉》，见：《天禄论丛》，广西师范大学出版社，2017 年。

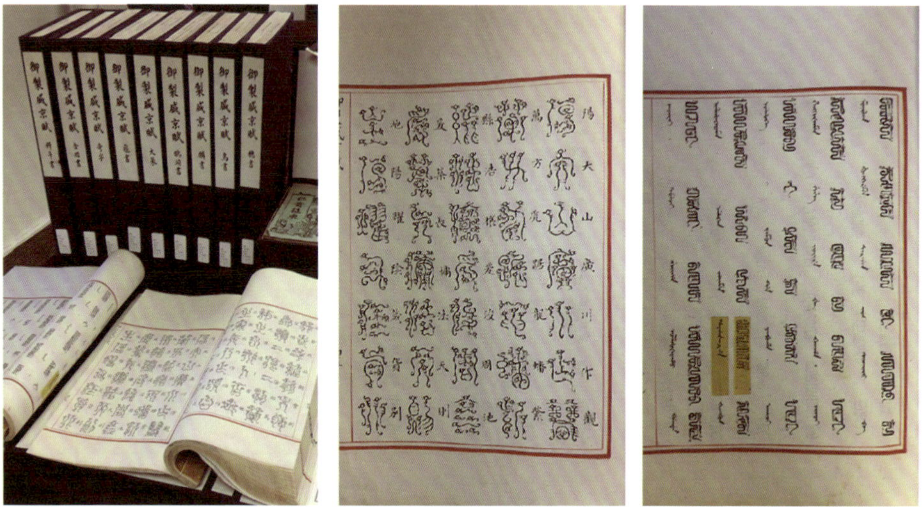

清乾隆十三年写本《御制盛京赋》外观及满汉文《龙书》内叶

开国皇帝建立的第一个都城。乾隆十三年，乾隆皇帝指授臣工，将该赋拟制 32 体满汉文篆书，由武英殿刊刻印行，分装 32 册，这个刻本目前海内外也仅有少数图书馆有收藏。但在刻本之前，还有一个写本。该写本共 64 册，32 体满、汉文篆书，每种篆体满、汉文各为一册。华大东亚图书馆藏有满、汉文 10 体共 20 册，另有 21 体计 42 册藏辽宁省图书馆，还有 1 体 2 册不知遗失何处。华大图书馆所藏满、汉文 10 体分别为：奇字篆、大篆、穗书、蝌蚪书、鸟书、鹄头书、麟书、龟书、龙书、金错书。每册半叶 5 行，行 7 字，每个篆字右侧有楷体小字释文；四周双边，白口，无鱼尾，版框为朱色，满文正文中常贴有黄籤校正文字。

该写本为孤本，其中辽宁省图书馆所藏 21 体 42 册已于 2014 年影印出版，但华大东亚馆所藏 20 册仍秘诸深闺，少为世人所知。

华大东亚图书馆所藏中文古籍的另一宝物是 261 种木鱼书。木鱼书是明末至民国时期流行于珠江三角洲地区的一种民间说唱曲本，属于弹词系统，龙舟歌、南音等都可归属此类。广州中山大学黄仕忠教授等人费十多年心血调查访求编撰而成的《现存广东木鱼书、龙舟歌、南音、解心叙录》[①]，著录也不过 455 种，而

① 程焕文，沈津，王蕾主编《2014 年中文古籍整理与版本目录学国际学术研讨会论文集》，桂林：广西师范大学出版社，2015 年：第 76—155 页。

华大东亚图书馆藏木鱼书

华大东亚图书馆所藏的这批木鱼书，内容集中，数量较大，品相完好，受到海内外有关学者的高度重视。

华大东亚图书馆藏明版书比较丰富。李直方先生编撰的《华盛顿大学远东图书馆藏明板书录》，共著录馆藏明版书138部，这些明版书大多来自卫德明教授的收藏。

现知馆藏版本最早的中文古籍是明正统十二年（1447）刻本宋代曾巩撰《南丰先生元丰类稿》五十卷续附一卷，该书线装8册，半叶11行，行21字，四周单边，版心黑口，顺鱼尾。这个版本也是这部书在明代的第一个刻本。该书是20世纪80年代初一次性购进香港万有图书公司全部库存图书时获得的，所以没有出现在李直

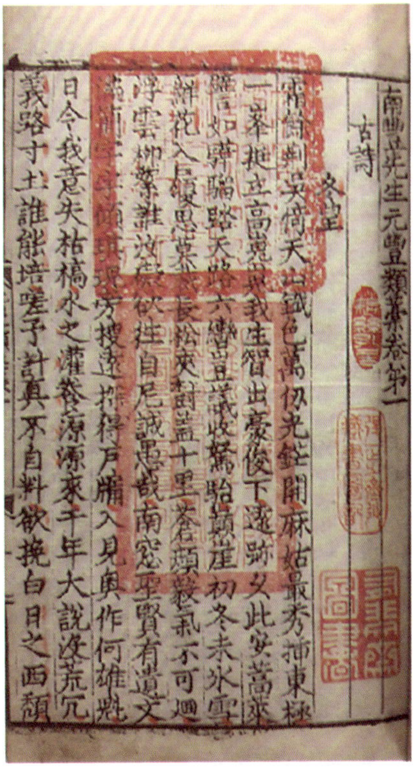

明正统十二年刻本《南丰先生元丰类稿》五十卷续附一卷

方先生 1975 年编撰出版的那部《华盛顿大学远东图书馆藏明板书录》中。

2015 年 CLIR 项目编目时，又新发现 5 部明版书，即：明万历沈氏尚白斋刻本《眉公笔记》二卷（2 册），明崇祯广文堂《辍耕录》三十卷（8 册），明天启崇祯间常熟毛晋汲古阁刻本《松陵集》十卷（5 册），明万历十七年（1589）刘思诚刻本《颜鲁公文集》十五卷补遗一卷（4 册），明末天德堂刻本《朱文公校昌黎先生文集》存卷六至二十二（4 册）。

综上所述，则现知华大东亚图书馆藏明版书至少有 144 部，实际数量应该比这个数字多很多。

华大东亚馆藏清代善本也不少。2010 年 1 月到 2012 年 12 月间与台湾“中央图书馆”合作扫描的中文古籍 382 种中，清版书乾隆以前刻本就有 105 种。最近 CLIR 项目的编目中，新发现的康熙刻本就有 11 种，清乾隆刻本 13 种。如清康熙四十九年（1710）朱昌辰刻本《韦斋集》十二卷，作者朱松是朱熹的父亲，钤印众多，流传有自；清康熙刻本《西堂乐府》六种、清康熙四十四年（1705）北京王士禛刻本《香祖笔记》十二卷、清乾隆二年（1737）赵侗敩刻本《赵裘萼公剩稿》四卷等书，均刻印精美，版本珍贵。以常识推断，华大东亚馆的清代乾隆以前的刻本数量不会少于该馆所藏明刻本的数量，应该在 200 种以上。

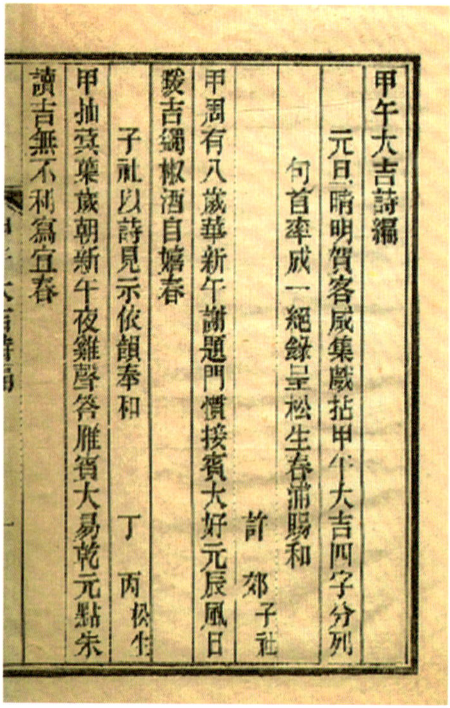
甲午大吉詩編
元旦晴明賀客咸集戲拈甲午大吉四字分列
句首牽成一絕錄呈松生春沛賜和
許郊 子社
甲周有八歲華新午謝題門慣接賓大好元辰風日
醱吉鍋椒酒自嬉春
子社以詩見示依韻奉和
丁丙 松生
甲抽藁葉歲朝新午夜雞聲答雁賓大易乾元點朱
讀吉無不利寫宜春

清光绪二十年刻本《甲午大吉诗编》一卷续编一卷

华大东亚图书馆的普通古籍中也常有罕见的品种和版本。如卫德明原藏的清光绪刻本《甲午大吉诗编》一卷续编一卷，这是 1894 年初杭州地方绅士给慈禧太后祝寿的一部诗集，其中还有八千卷楼主人丁丙的贺诗。因为书中所收的一百多首诗，每句开头的字组合起来，都是“甲午大吉”4 字，故以此作为书名。此书大概是因为随后的中日甲午战争的缘故，没有得到流传，华大所藏为仅见的一部。

清光绪三十四年（1908）唐县刘永诗刻本《选绿斋诗钞》三卷诗余一卷，作者韩德玉（1847—1899），号浣云，又号选绿斋主人，清末唐县刘传祁（字永诗）之妻。妇女著作是当前古籍整理和学术研究的热门话题，此书目前仅知苏州图书馆有收藏，海外此本为仅见。

彩色木刻套印本中，也有一些比较罕见的珍品，如清末木版彩印之《贵州百苗图》，他处均未见著录和收藏。贵州苗图一类书许多图书馆藏有彩绘本，但木版彩印之本却极为少见。华大此本，为我们提供了珍贵的样本。

清嘉庆五年（1800）木活字本《历代继统纪年总录》三卷6册，清乾嘉时汤棫撰，为自唐虞至明末三千年间之中国历史大事记。该书不见任何书目有著录。

华大东亚图书馆收藏的稿抄本也值得一提。例如这次CLIR项目的编目中，就发现了民国三十六年（1947）周明泰编纂的稿本《几礼居所藏戏曲文献目录》2册。

周明泰（1896—1994），字志辅，别号几礼居主人，祖籍安徽至德县（今东至县），近代著名实业家周学熙长子，周馥嫡孙。酷爱戏曲，与民国时著名京剧演员交往甚密。他熟悉梨园掌故，广泛搜集戏曲文献，并高薪聘人用特制笺纸工楷抄录清内府所藏戏曲传奇各书，是民国时期的藏书大家，所藏与马廉、齐如山相颉颃。曾任北洋政府总统府秘书、内务部参事等，亦从事实业。1949年由上海移居香港，后定居美国华盛顿州，潜心学术。生平撰著有《〈都门纪略〉中之戏曲史料》《道咸以来梨园系年小录》《五十年来北平戏曲史料》《清升平署存盘事例漫抄》《近百年的戏曲》《元明乐府套数举略》《几礼居杂著》《几礼居随笔》《读曲类稿》《枕流答问》《续剧说》《续曲类稿》《明本传奇杂录》《续封泥考略》《后汉县邑省并表》《三国志世系表》《三曾年谱》《易卦十二讲》《续易卦十二讲》等。生前将其戏曲藏书全部捐赠上海图书馆，唱片收藏捐赠中国京剧院。1994年5月28日在美国逝世。

华大东亚图书馆收藏的2册《几礼居所藏戏曲文献目录》，系周明泰亲手编订录写。该书蓝格，框高19.8厘米，宽11厘米，单鱼尾，半叶8行，行20余字不等，

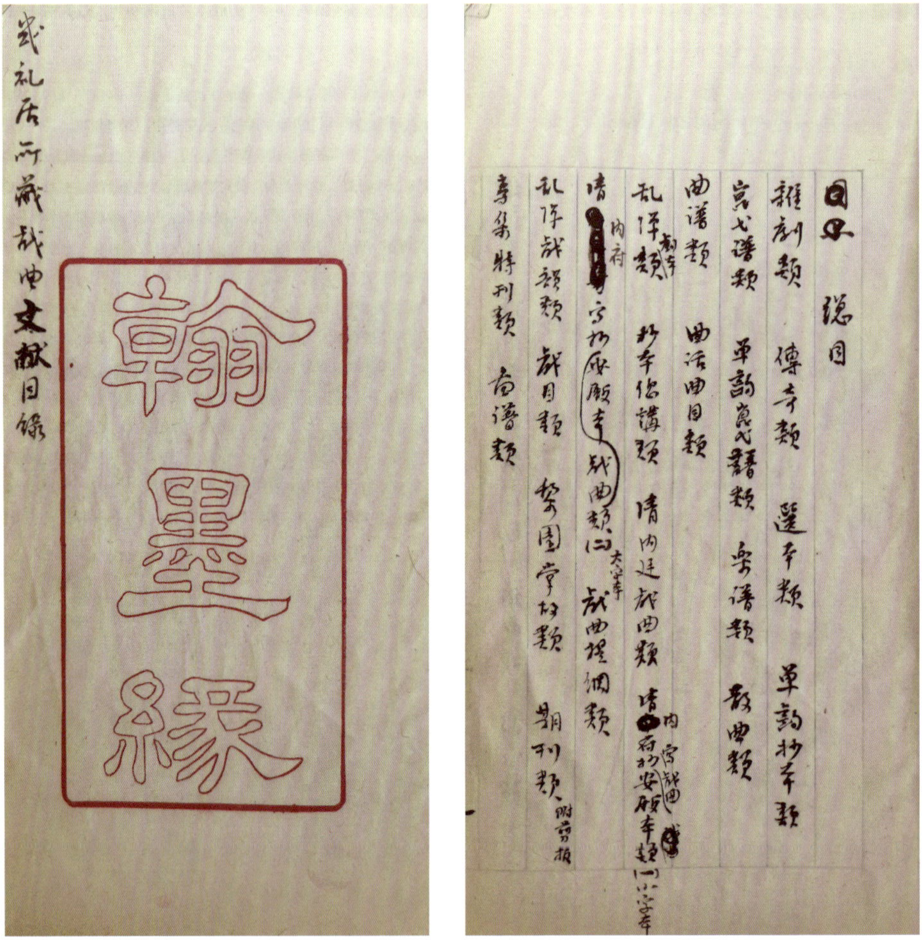

民国三十六年（1947）周明泰稿本《几礼居所藏戏曲文献目录》

小字双行。盖其书虽在1949年其离沪赴港时委托合众图书馆顾廷龙馆长代为保管，但目录却随身携带一直到美国。这部稿本何时进入华大图书馆已无从知晓，但反映出周明泰晚年或身后可能与华大产生过某种交集。

除《几礼居所藏戏曲文献目录》外，此次CLIR项目编目中，还发现了其他一些稿本，如《瀛鸥词稿》1册、《陆恩长牍文汇抄（光绪二十九至三十一年）》1册、《[民国]维西县志稿》5册等。这些稿本均未见正式出版，有较高的参考价值。

华大东亚馆藏中文古籍抄本数量较大，是其一大特色。如清抄本中有宋蒲积中编《古今岁时杂咏》12册，宋崔与之撰《崔清献公全录》2册，清戴名世撰《孑遗录》一卷1册，清苏了心撰《周易本义补》四卷3册，《湖北江西江宁军营钦奉上谕及奏折各稿》22 册，清萨迎阿、奕山撰《新疆龙堆奏议》四卷 6 册，清汤鹏撰《善后事宜三十条》1 册，清崔永安等禀《湖田垦务卷宗》2 册，《御定六壬直指》二卷 7 册，《各省官兵花名册》10 册，等等。

中文古籍中，除中国古籍外，还有一些和刻本、朝鲜本、越南本等。和刻本如日本元禄八年（1695）神雒书肆、甘节堂、汲古斋刻本《杼山集》十卷 4 册，朝鲜本如朝鲜光武年间（1897—1907）抄本《孙武子直解》三卷 2 册，越南本如越南维新五年（1911）河内刻本《中学越史撮要》五集 4 册。

铅印本、石印本、油印本出版年代虽然较近，但华大东亚馆所藏之本中，多有罕见或极具参考价值者。

如未见各家著录的清光绪三十三年（1907）铅印本《奏办吉林外国语学

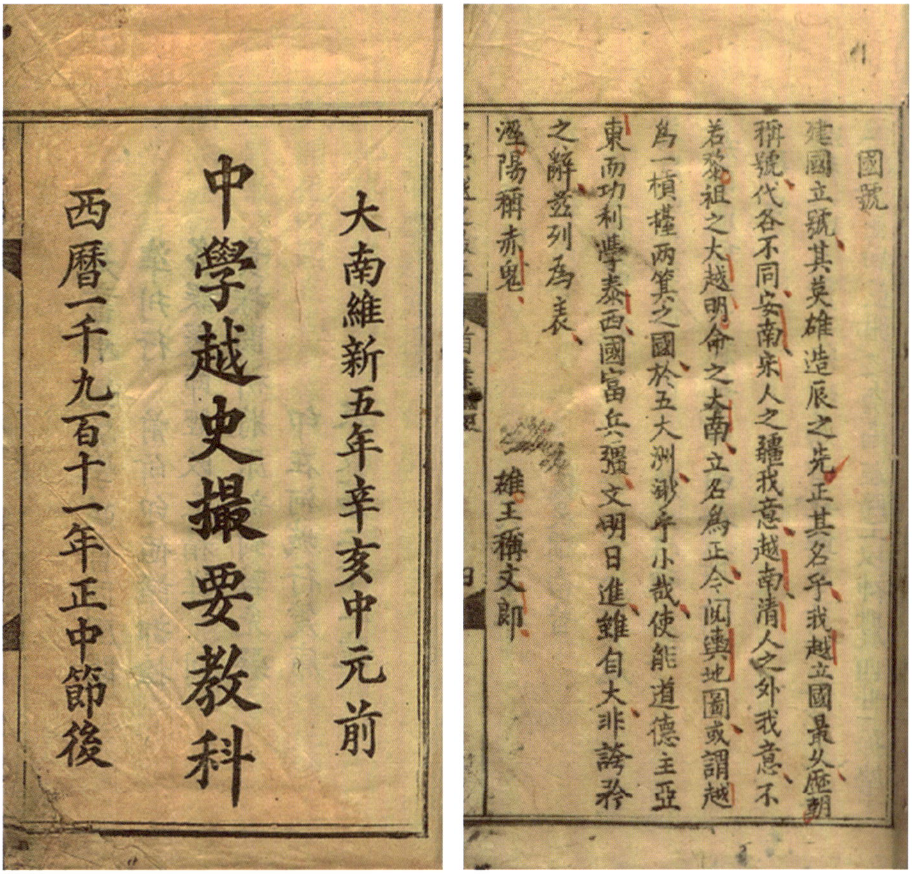
大南維新五年辛亥中元前
中學越史撮要教科
西曆一千九百十一年正中節後

國號
建國立號其英雄造辰之先正其名乎我越立國最久歷朝
稱號代各不同安南宋人之羈我意越南清人之外我意不
若黎祖之大越明命之大南立名爲正令閱輿地圖或謂越
爲一槓撻兩箕之國於五大洲渺乎小哉使能道德主亞
東而功利學泰西國富兵强文明日進雖自大非誇矜
之辭茲列爲表
涇陽稱赤鬼
雄王稱文郎

越南维新五年（1911）河内刻本《中学越史撮要》五集 4 册

堂暂行章程》，从版本上讲好像并不起眼，但其内容极其珍罕，书中许多内容可以和稍后的《京师大学堂章程》相印证，对于中国近代教育史的研究有重要价值。

清光绪铅印本《谕折汇存》，中国国内高校图书馆中收藏数量最大的是北京大学图书馆，为1 004册。但华大东亚馆藏该版本为1 110册，内容从光绪十七年五月至光绪三十二年十二月，数量超过了北大。

《悟善社诗文集》，民国八年（1919）北京悟善社油印本。悟善社是民国初年出现的带有宗教色彩的秘密结社，创办者为四川人唐焕章，又称“世界六圣宗教大同会”。该教教义称此教融合儒家、佛教、道教、天主教、基督教与伊斯兰教六大宗教为一体，教主唐焕章自称是创世以来继孔子、释迦牟尼、耶稣、穆罕默德等人之后的世界第七大教主。这部《悟善社诗文集》为国内外仅见，对于了解中国近现代邪教组织的宗旨和活动方式、内容等有一定的帮助。

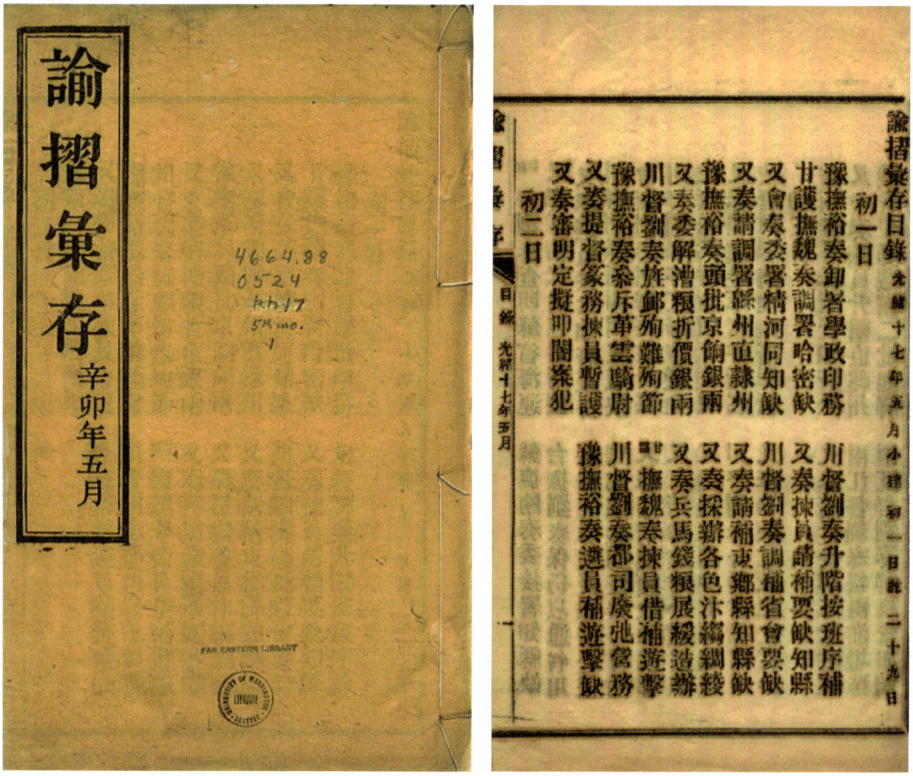

清光绪铅印本《谕折汇存》

（二）拓片

华大东亚图书馆藏全部拓片现知共 74 种，由于缺乏相关编目人员，长期未能编目。另有 16 种拓片收藏在总馆的特藏部，也未编目，由于一时难以找出，故此次实施 CLIR 项目仅对东亚馆藏这 74 种予以编目整理，采用 RDA 编目规则将记录提交到 OCLC，现在世界各地的读者都可以检索到这些记录。

华大东亚图书馆藏的这些拓片大致可分为 3 个来源：

一是民国期间拓自陕西西安碑林，这部分数量最大，有 43 种，但来源不详。

二是民国时搜集自云南各地，这部分大约有 20 余种，原本应该是洛克博士的收藏。收藏在总馆特藏部的 16 种拓片，也是洛克博士原来的收藏。

三是高文教授原藏的开封一赐乐业教寺的犹太教三大碑；还有 3 种日本拓片、1 种韩国拓片，很有可能也是高文教授的收藏。

华大东亚图书馆拓片总体数量虽然不是很大，但有几个特点比较突出：

1. 图像多。如：清康熙刻《至圣先师像》，清刻《万世师表孔子像》，民国三十二年（1943）昆明邓教坤造像《太上老君圣像》，清康熙三年（1664）刻《吴道子绘观音像》，清康熙六十年（1721）刻《关圣帝君像》，明末清初刻《明崇祯丽江处士和青墓前之浮雕金童玉女》，清疯癫和尚绘清刻《达摩图》二幅，清刻《福禄寿三星图》，清刻《关中八景图》，清刻《关中八景》之《骊山晚照》《草堂烟雾》，民国二十八年（1939）昆明刻《汉祠老柏诗图》，清光绪七年（1881）刻《彭玉麟为俞樾绘俞楼红梅图》，唐代刻《唐墓石椁线刻画像石》16 幅等。这些拓片大多捶拓于民国年间，纸质、品相皆好。

2. 大幅面碑刻多。如：唐永徽四年（653）刻《大唐皇帝三藏圣教序及记》，唐咸亨三年（672）刻《大唐三藏圣教序并心经》，唐会昌元年（841）刻《玄秘塔碑》，唐龙朔三年（663）刻《道因法师碑》，唐天宝二年（743）刻《隆阐法师碑》，唐德宗建中二年（781）刻《大秦景教流行中国碑》，唐元和元年（806）刻《唐故招圣寺大德慧坚禅师碑》，唐开元二十四年（736）刻《大智禅师碑》，唐长庆二年（823）刻《梁守谦功德铭并序》，明嘉靖二十五年（1546）七月刻《大观堂修造记》，明万历十六年（1588）钟化民刻《正己格物说》，清康熙刻《康熙临米芾书李白送友人寻越中山水诗碑》《康熙御笔草书七律诗碑》《康熙赐川

明万历十六年（1588）钟化民刻《正己格物说》（民国拓本）

陕总督佛伦诗碑》，清雍正间刻《雍正皇帝赐岳钟琪诗碑》，清道光十七年（1837）刻《洪瑚琏祝文碑》等，这些碑刻碑高都在 2 米左右。

3. 墓志所占比例较大，74 种拓片中，墓志有 12 种之多，其中北魏墓志 10 种：《元羽墓志》《元悦墓志》《元晖墓志》《尔朱绍墓志》《尔朱袭墓志并盖》《元天穆墓志》《侯刚墓志并盖》《王悦及妻郭氏墓志》《元诲墓志盖》《笱景墓志盖》；五代后梁墓志 1 种：《石彦辞墓志盖》；北宋墓志 1 种：《安守忠墓志盖》。

4. 云南地方碑刻多，且较为罕见。按刻立年代罗列如下：

《昆明玉案山筇竹寺圣旨碑》。元仁宗爱育黎拔力八达撰，元延祐三年（1316）昆明幺坚和尚立石。

《温泉庵记》。明高宗敬撰并书，明永乐十年（1412）云南大理杨禾镌。

《大观堂修造记》。明李元阳撰并书，明嘉靖二十五年（1546）大理刘琳等立石。

《万德宫记》。明木高撰，明嘉靖三十五年（1556）云南丽江府刻石。

《明崇祯丽江处士和青墓前之浮雕金童》《明崇祯丽江处士和青墓前之浮雕玉女》。明末清初（1628—1661）立石。

《升庵先生像及赞》。清范承勋撰，清康熙二十八年（1689）昆明范承勋立石。

《升庵先生祠落成敬纪诗二首》。清许弘勋撰，清康熙二十八年（1689）昆明立石。

《山中逸趣叙》。题明徐宏祖撰并书，清至民国（1644—1949）丽江立石。

《白沙金刚大定二刹碑记》。清管学宣撰，清乾隆八年（1743）云南白沙镇管

北魏永安二年（529）洛阳刻石《尔朱绍墓志》（民国拓本）

学宣刻石。

《云南鹤丽镇鸣音汛帝阁新建石碑记》。清陶宣撰，清嘉庆二十年（1815）秋云南鹤丽镇陶宣刻石。

《普济寺大喇嘛纪略》。清李樾撰，清道光十七年（1837）丽江普济寺立石。

《云南丽江知府勘定田亩界址告示碑》。清王氏撰，清光绪元年（1875）云南

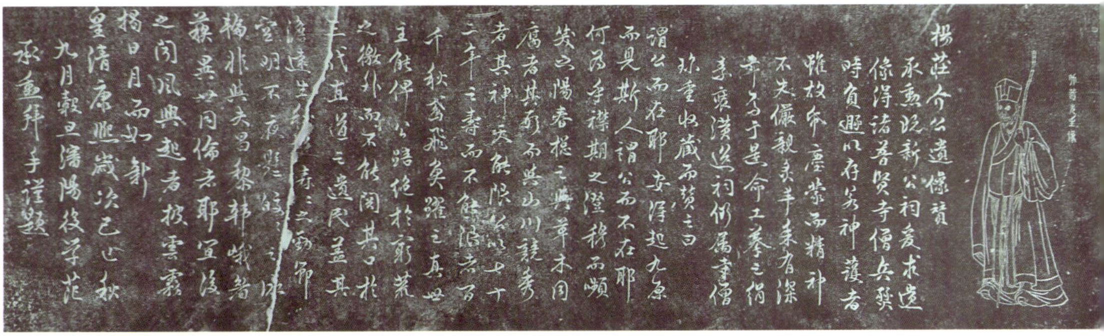

清康熙二十八年（1689）昆明范承勋立石之《升庵先生像及赞》（民国拓本）

丽江闵士达等立石。

《汉祠老柏诗图》。吴翼翚撰并书。民国二十八年（1939）昆明立石。

《老子像》。胡应祥绘像，民国三十二年（1943）昆明邓教坤造像。

《中甸南面四百里乾岩房端峰摩岩》。端峰撰并书，明至清（1368—1911）摩崖。

《端峰乙巳五言诗刻摩崖》。题乙巳年三月摩崖。

这些拓片虽然捶拓时间都在民国，但碑刻时间却元、明、清、民国皆有，反映了云南各地历朝各代不同的碑刻乃至摩崖的真实面貌，其中一些碑刻可能今已不存，则更属珍贵罕见。

5. 开封一赐乐业教寺的犹太教三大碑拓片俱有，这是古代犹太人在中国生活历史的最直接说明。这三大碑分别是：

明弘治二年（1489）五月吉日开封金瑛、金礼立石之《重建清真寺记》。

明正德七年（1512）七月甲子日开封尊崇道经寺立石之《尊崇道经寺记》。

清康熙十八年（1679）三月开封赵承基立石之《祠堂述古碑记》。

“一赐乐业”是希伯来文，即“以色列”的古音译。北宋年间，一批犹太人从西方来到东京汴梁，进贡西洋布于皇帝，皇帝下旨“归我中夏，遵守祖风，留遗汴梁”，允许他们在开封居住并保留信仰和风俗。金世宗大定三年（1163），开封犹太人在闹市区建起一座犹太会堂，以后历朝各代不断重修翻建，寺名也不断改换，先后有“清真寺”“尊崇道经寺”“一赐乐业教寺”等名称。自明末以来，中外学者对开封一赐乐业教关注甚殷，多所研究，其中以陈垣先生1923年所著《开封一赐乐业教考》一文最具代表性。上述三大碑则为开封一赐乐业教的研究提供了原始的记录资料，现在已被妥善保存在开封博物馆。

6. 日本、韩国拓片虽数量不大，但颇具代表性。

馆藏日本拓片首推日本天平胜宝五年（753）日本奈良药师寺立碑的《佛足石歌碑》。该拓片约拓于20世纪上半叶，品相完好，卷轴装1幅；纸幅高188厘米，宽62厘米；墨纸高151厘米，宽49厘米；正书，碑文分两节，上节11行，下节10行，行约38字。

佛足石指刻有释迦牟尼足掌印、以表千辐轮等妙相之石。又称佛脚石、佛足迹。当年佛将入灭，于摩揭陀国留足迹。后人相传见佛之足跖而参拜，如同参拜生身之佛，可灭除无量之罪障。唐初王玄策出使印度，曾图写佛足石归国，遂流传各地乃至日本。日本现存最古的佛足石收藏在奈良药师寺。依其铭文所记，乃天平胜宝元年（749）所造。天平胜宝五年（753）又在佛足印之侧镌刻二十一首诗歌颂扬佛祖，用万叶假名记音，世称《佛足石歌碑》。今二者皆为日本国宝。

馆藏日本另外2幅拓片是藤田东湖撰并书的《回天诗史》《瓢兮歌》，二者都是明治时期刻石和拓印，有可能是高文教授的收藏。

藤田东湖（1806—1855），名彪，号东湖，是日本江户时代末期的著名思想家，尊王倒幕运动的先驱，对日本近代思想的发展有很大影响。《回天诗史》是他所作最著名的一首诗。诗作于甲辰年（1844），重录于己酉年（1849），诗后有跋，落款为虎文藤田彪。拓片未装裱，高130厘米，宽62厘米；行草，8行，行22字，小字行33字。《瓢兮歌》亦生动地抒发了藤田东湖的人生志趣。拓纸高126厘米，宽32厘米；行草，正文8行，行23字；诗文下刻瓢图；最下有日本庆应丁卯（三年，1867）青山季跋，14行，行9字。

韩国拓片有百济义慈王时期（641—660）立石的《砂宅智积碑》，拓纸高108厘米，宽34厘米，未托裱；正书，4行，行14字。该碑发现于1954年，花岗岩制，仅存残碑高约1米，碑上残留文字共56字："甲寅年正月九日，奈祇城砂宅智积，慷身日之易往，慨体月之难还；穿金以建珍堂，凿玉以立宝塔；巍巍慈容，吐神光以送云；峨峨悲貌，含圣明

百济义慈王时期（641—660）立石之《砂宅智积碑》（韩国近拓本）

以……”甲寅年即百济义慈王十四年，公元654年，很可能就是此碑的刻立之年。砂宅智积当时官职是百济国的大佐平，大致相当于宰相。此碑刻为现存百济碑刻中最佳者，其体格与北魏造像题记同，而无其犷率，方整清和，楷法差备，气息与隋碑为邻里，书法史上评价很高。

（三）书画

此次实施CLIR项目，对华大东亚馆所藏书画做了比较彻底的清理和编目，共计整理编目各类书画154种，其中大多数是1949年以后北京荣宝斋、上海朵云轩、天津美术出版社、杭州浙江美术学院水印工厂制作的木版水印作品。木版水印书画虽然是印刷品，但由于制作工艺复杂，手工操作性强，印刷量小，所以也是价值不菲的珍贵文献。刻印工序大体可分勾描、刻版、印刷三步，有时一幅画分色多达1000余版。华大东亚图书馆藏《猴神（永乐宫壁画部分）》《清石涛听泉图》《清金农墨梅》等木版水印图画，均酷似原作，可以说是木版水印工艺的代表作。

北京荣宝斋新记木版水印唐周昉绘《簪花仕女图》

绢本的原样复制千百年来一直是个空白，除了手工临摹，无他法可想。但1949年后，荣宝斋发明了印绢上水法，攻克了绢画印制的技术难关。华大东亚图书馆所藏的北京荣宝斋新记印唐周昉绘《簪花仕女图》、宋佚名绘《宋人射猎图》、明王仲玉绘《陶渊明像》等，都是在绢上进行的木版水印，更是惟妙惟肖，精彩绝伦。

此次CLIR项目在编目整理华大东亚图书馆藏书画时，意外发现其中竟有一幅张大千所绘水墨画原作《云林生古木竹石》。该画画面右上方墨笔题：“云林生古木竹石/

戊子三月过渝州写似 / 大千张爰”下钤朱印二枚：“张爰之印”“大千”。图外左下方有墨笔小字题：“曾约重来啖荔枝，春花落尽别经时；风流前辈差堪拟，不属云林更有谁。/ 大千于春初入蜀，约期重游香港，期期不来，诗以寄意。/ 国英先生吟正 / 三十八年六月十二日马鉴于老学斋。”下钤阴文朱印“马鉴”。马鉴是民国时著名的宁波“五马”兄弟之一，时任香港大学文学院院长。张大千的原作加上马鉴的跋语墨迹，使得该幅作品更显珍贵！

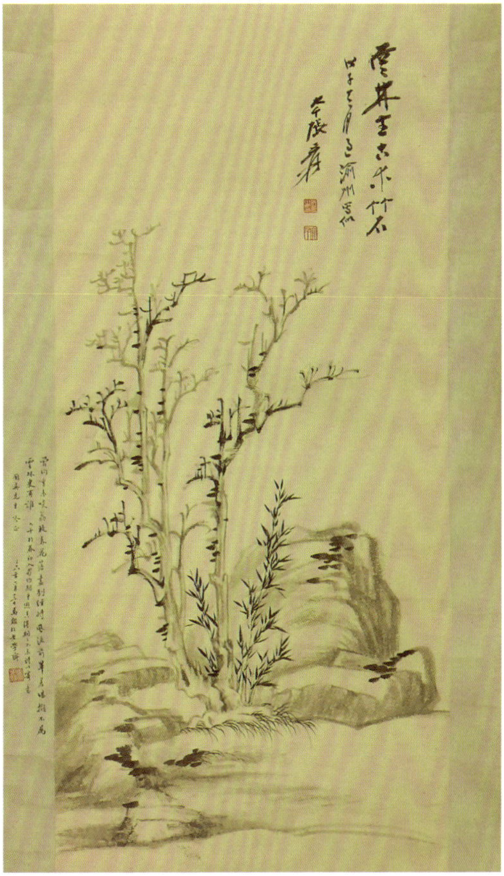
张大千绘水墨画原作《云林生古木竹石》

书法墨迹华大东亚图书馆所藏不多，其中较珍贵的有：《戴季陶赠镛声先生楷书条幅》《吴敬恒赠镛声先生篆书条幅》《盛朗卿先生七言对》等。

（四）书信

华大东亚图书馆藏古人书信原件目前只发现 2 种，但书信内容集中，且经整理，皆粘裱在硬纸上，总数近百通。

第一件《钱宫詹时贤通札》书信共 7 开，皆为乾隆年间钱大昕友人如秦蕙田、袁枚、卢文弨、顾修等人的来信。前有墨笔题书名 4 开，落款题“潜盦主人藏 / 周世恒题”，左侧钤印“邃清池馆”“孙心盦又号西桥”“汝南仲氏”。

第二件《陈法孙嘉淦致李元直书札合集》中，陈法书札共 35 开 1 册，孙嘉淦书札共 47 开，分装 2 册。时间从康熙末年至乾隆初年。陈法、孙嘉淦都是清代名臣；收信人无姓名，从信中透露出的信息来看为山东人，陈、孙二人皆

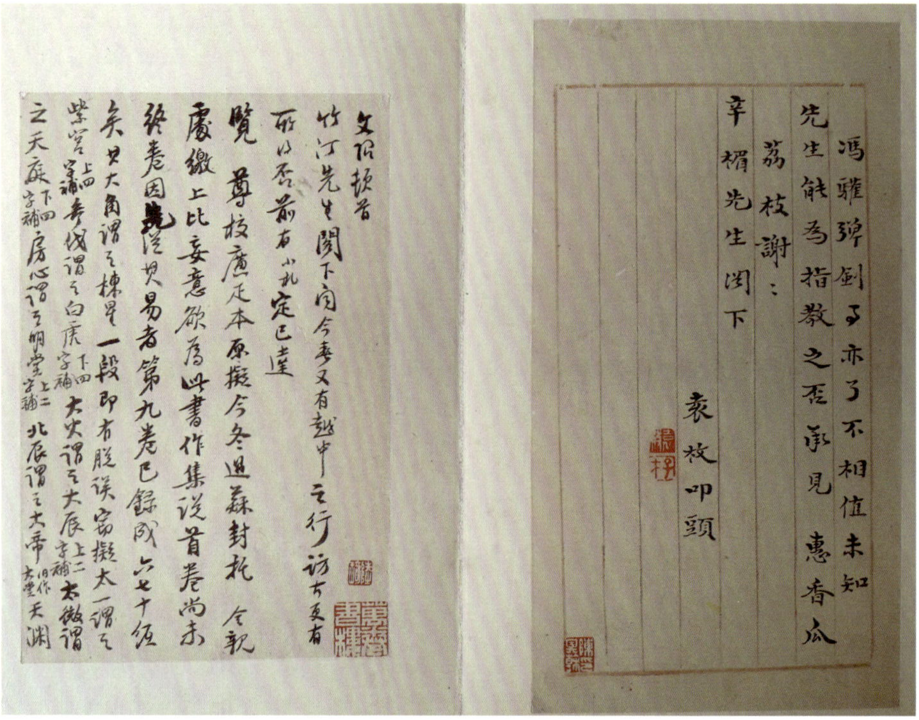
冯驩弹剑了亦了不相值未知先生能为指教之否承见惠香瓜荔枝谢谢
辛楣先生阁下
袁枚叩头

袁枚、卢文弨致钱大昕书信二通

称之为“年长兄”，应与孙嘉淦、陈法同于康熙五十二年（1713）中进士。查康熙五十二年癸巳恩科山东进士中，与信中内容最相符合的人物就是李元直。

李元直（1686—1758），原名元真，避雍正皇帝讳改为元直，字象先，号愚村，山东高密人，康熙五十二年进士，选翰林庶吉士。三年后授翰林编修。雍正七年（1729），考选四川道监察御史。为人刚介，直言敢谏，莅任仅八个月，即上谏章数十道，直声震台垣，被人褒呼为“戆李”。不久奉命巡视台湾，访察时弊，问民疾苦，革除陋规数十项，却被督抚诬劾“侵官”，降三级罢官。遂绝意仕途，怡志林泉，居家二十余年卒，《清史稿》有传。元直与孙嘉淦、陈法、谢济世交，以古义相互砥砺，时称“四君子”。

这批书信的发现是一件大事，将为清代政治、学术的研究提供新的资料，而其本身也具有较高的文物价值。

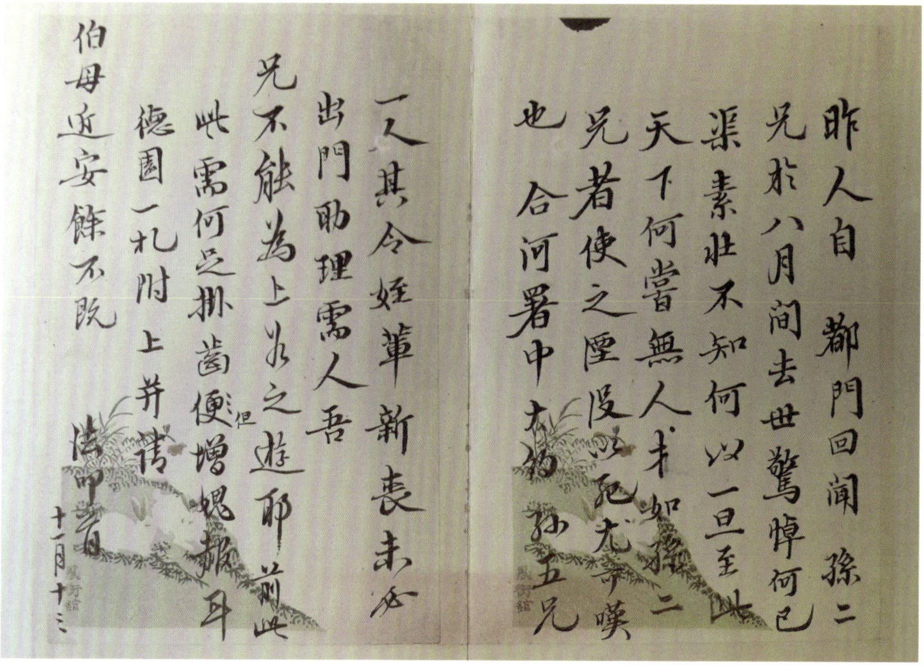

陈法致李元直书札

（五）舆图

华大东亚图书馆藏中文地图大多为民国时期印制，收藏中国古代地图不多，今人据清代彩色手绘长卷影印复制的《黄河图》《台湾地图》虽非原件，亦弥足珍贵。二图均长达七八米，极为精美壮观。

另有 2 幅朝鲜地图，其中清末朱墨蓝三色彩绘本《大东舆地全图》，是当时的朝鲜全国地图，描绘非常精细，很有研究价值。另一幅 1864 年雕版墨印的《首善全图》，描绘的是当时的朝鲜京城也就是现在的首尔，也有一定参考价值。

四、结语

客观而言，华大东亚图书馆及其前身一直以来虽没有刻意大量收藏中文古文献，但几十年来的种种机缘，最终造就了该馆的中文古文献收藏规模，使之与华大在美国高校中的排名和地位颇相吻合。经过数代华大东亚图书馆人的积极努力，特别是此次 CLIR 项目的集中整理，华大东亚馆藏中文古文献的编目任务基本完成，今后的工作方向主要是：

1. 实现馆藏中文古文献的集中典藏，改善保存条件，修复破损文献；

2. 编出印刷本的馆藏中文古文献总目和古籍善本书志；

3. 继续进行馆藏珍贵中文古文献的数字化扫描，建立全文图像数据库，对全世界读者开放使用，为扩大华大在全球的影响添上精彩一笔！

原载《古籍整理与版本目录学国际研讨会论文集（2016 年）》，广西师范大学出版社，2018 年：第 9—42 页

卷三

版本鉴定与古籍编目

古籍版本鉴别和著录中的内封、牌记依据问题

作为一部古书的重要组成部分，内封与牌记普遍存在于宋元明清乃至民国的各个朝代、各种类型的印本古籍中，其中的文字内容，集中反映了古籍的书名，作者，出版印刷的时间、地点、责任者，乃至制版方式、版权说明等重要版本信息，所以古今的版本鉴别者均视内封与牌记为鉴别和著录古籍版本最重要的依据。

但在实际的图书馆古籍编目工作中，我发现古籍内封与牌记的情况非常复杂，对于其上的文字内容，不能盲目相信，不能不加鉴别、不加分析地据之进行版本著录。下面就对这些复杂特殊的情况和事例作一些具体的举证。

一、翻刻本、覆刻本[①]的内封、牌记不可信

古籍在翻刻、覆刻图书时，经常将原书内封、牌记照原样雕刻，并且不加任何说明；或者虽然翻刻时有序跋说明，但后来佚去，或被作伪者抽掉；甚至还有伪造牌记图售高价的现象。在上述各种情况下，如果稍不注意，就有可能将覆刻本甚至一般翻刻本当成原刻著录。

例如清同治十三年（1874）湖南书局刻《御批历代通鉴辑览》一百二十卷内封背面牌记镌“同治甲戌中夏湖南书局重刊”。北京大学图书馆所藏除原刻本之外，还有另外两个本子的内封背面牌记所镌文字与之完全相同，然绝非同版，可

① 覆刻本是将古籍原书拆成散叶，直接粘贴到木版上作为版样，照其版式、字划原样雕镌，制成新的书版后刷印而成的本子。

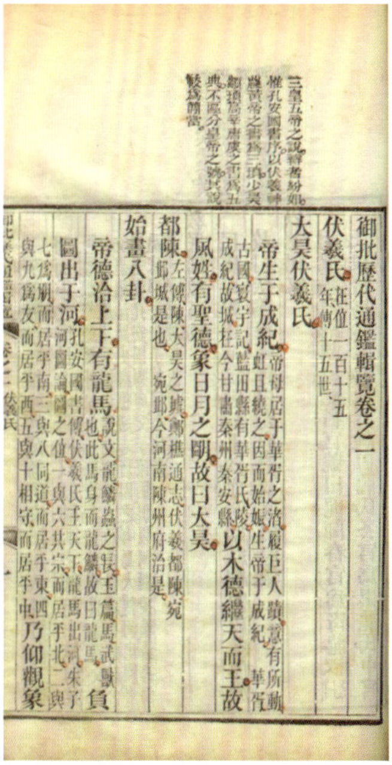

清同治十三年湖南书局刻本《御批历代通鉴辑览》

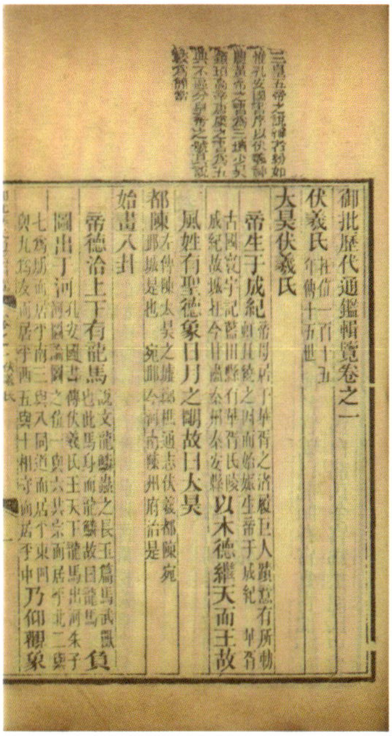

清末据同治十三年湖南书局刻《御批历代通鉴辑览》翻刻本

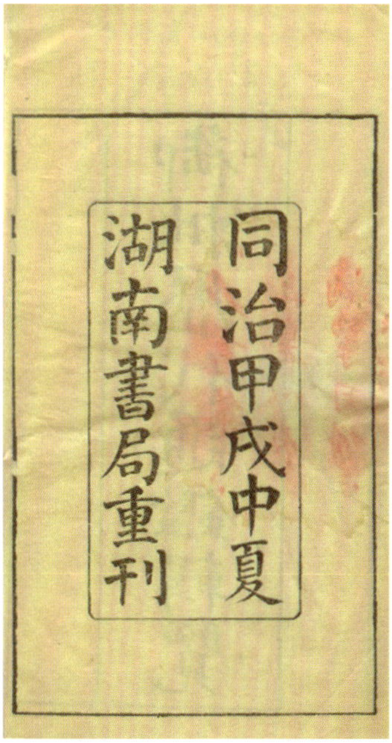

清同治十三年湖南书局刻《御批历代通鉴辑览》牌记

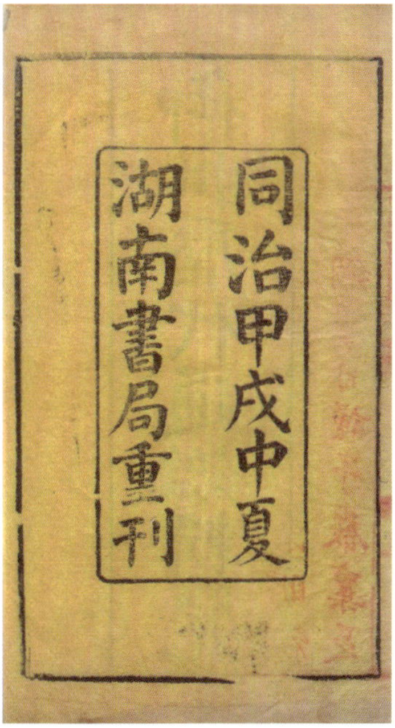

清末据同治十三年湖南书局刻《御批历代通鉴辑览》翻刻本牌记

见该书有翻刻本甚至覆刻本存在。著录版本时，应该在版印说明项根据实际情况分别标明“翻刻”或“覆刻”。

又如清嘉庆九至十二年（1804—1807）苏州聚文堂刻《十子全书》，其中《文中子》内封面题：“嘉庆甲子重镌 / 姑苏聚文堂藏板”。此后出现一个翻刻本，内封面同样刻“嘉庆甲子重镌 / 姑苏聚文堂藏板”，鉴别时如果不与原刻本比对，就很可能会犯错误了。

对于比一般翻刻本更接近原刻本面貌的覆刻本来说，其内封、牌记更具有欺骗性。因为许多覆刻本在刻印时并不添加抽换任何内容，甚至连内封、书牌、避讳缺笔，乃至刻工姓名，也都依原样刻出，使人难以意识到其为覆刻本。如北京大学图书馆藏有一部清万斯大撰《经学五书》的清末覆刻本，内封也和原刻一样，镌有“辨志堂藏板”5 字。编目时如果不是与原刻相比对，就当成辨志堂刻本来著录了。

又如清初吴伟业撰、清中期吴翌凤笺注的《梅村诗集笺注》十八卷，清嘉庆十九年（1814）苏州严荣沧浪吟榭初刻，内封面镌“沧浪吟榭刊板”，书前有嘉庆十九年严荣序言刻书事。稍后的覆刻本也将严荣序和原书内封完全照原样刊印。

有的翻刻本将记载有版刻情况的原版本内封原样摹刻，同时又有牌记说明翻刻本的版本情况，很容易使人产生误解，以为是利用原书版修版后印。如清光绪十一年（1885）吴县朱氏槐庐家塾刻清孙星衍辑《续古文苑》二十卷内封镌：“嘉庆壬申岁嘉平月刊成 / 续古文苑 / 冶城山馆藏版”。内封背面牌记镌：“光绪乙酉夏白堤八字桥朱氏槐庐家塾珍藏”。凡例末镌：“光绪岁在阏逢涒滩国子监肄业生吴县朱记荣校刊”。冶城山馆是孙星衍的堂号，嘉庆壬申是嘉庆十七年（1812），光绪岁在阏逢涒滩是光绪甲申年（十年，1885），光绪乙酉是光绪十一年。如果对两个版本不加比较，轻易相信内封文字，就会误以为孙星衍刻成于嘉庆十七年的书版后来转移到吴县朱家，光绪十年经朱记荣对原书版进行校勘修版，于第二年由朱氏槐庐家塾印行。其实朱氏槐庐家塾本只是内封袭用了嘉庆十七年本的内容和字体，正文根本没有利用孙氏的原版，完全是一个重新翻刻的本子。

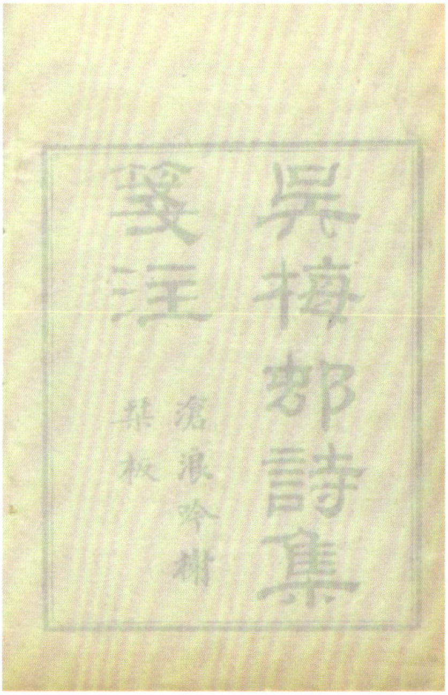

清嘉庆十九年严荣沧浪吟榭刻本《梅村诗集笺注》内封

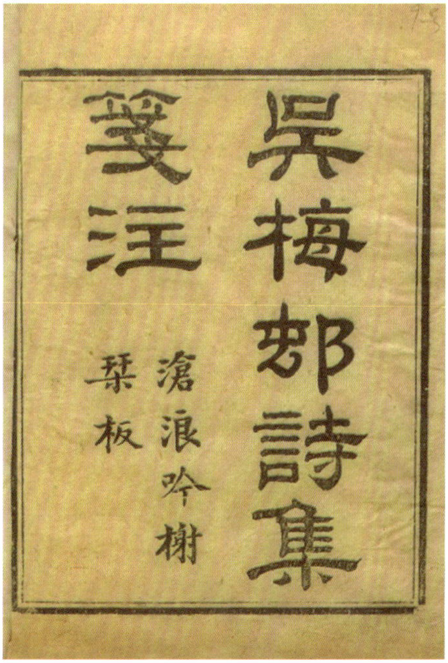

清末据清嘉庆十九年严荣沧浪吟榭覆刻本《梅村诗集笺注》内封

清嘉庆十七年本《续古文苑》内封

清光绪十一年朱氏槐庐家塾本《续古文苑》内封

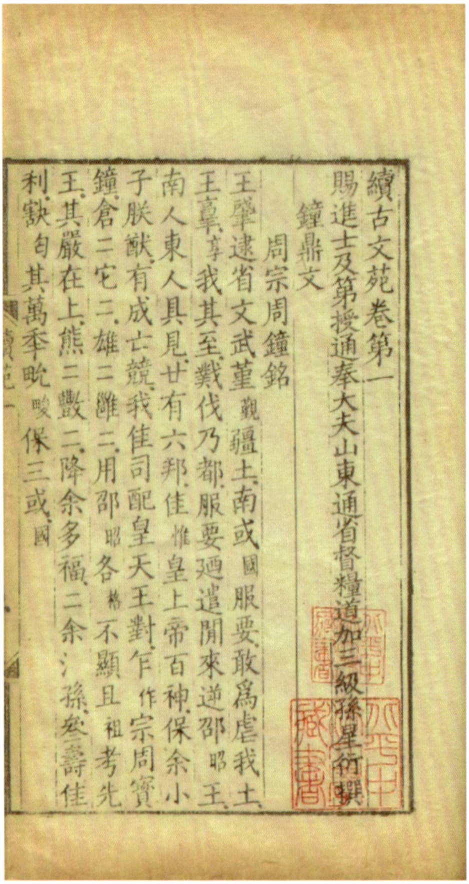
續古文苑卷第一
賜進士及第授通奉大夫山東通省督糧道加三級孫星衍撰
鐘鼎文
周宗周鐘銘
王肇遹省文武堇(覲)疆土南或(國)服要敢爲虐我土
王辜(享)我其至戮伐乃都服要迺遣閒來逆邵(昭)王
南人東人具見廿有六邦隹(惟)皇上帝百神保余小
子朕猷有成亡競我隹司配皇天王對乍(作)宗周寶
鐘倉二宅二雄二雝二用邵(昭)各(格)不顯且(祖)考先
王其嚴在上熊二數二降余多福二余之孫參壽隹
利欲(句)其萬季畯(畯)保三或(國)

清嘉庆十七年本《续古文苑》

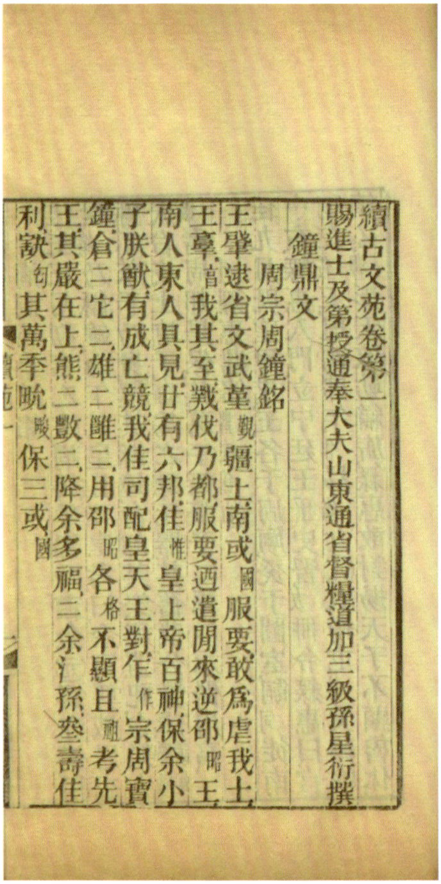
續古文苑卷第一
賜進士及第授通奉大夫山東通省督糧道加三級孫星衍撰
鐘鼎文
周宗周鐘銘
王肇遹省文武堇(覲)疆土南或(國)服要敢爲虐我土
王辜(享)我其至戮伐乃都服要迺遣閒來逆邵(昭)王
南人東人具見廿有六邦隹(惟)皇上帝百神保余小
子朕猷有成亡競我隹司配皇天王對乍(作)宗周寶
鐘倉二宅二雄二雝二用邵(昭)各(格)不顯且(祖)考先
王其嚴在上熊二數二降余多福二余之孫參壽隹
利欲(句)其萬季畯(畯)保三或(國)

清光绪十一年朱氏槐庐家塾本《续古文苑》

由此看来，对于古籍内封与牌记上所提供的版本信息不能贸然相信，只有在证明某版本确系原版，内封或牌记确为原印的情况下，才可以依据内封、牌记上的文字说明做出鉴别结论。可是这样一来，就给版本鉴别者出了一个难题：什么时候可以相信内封、牌记，什么时候不能相信内封牌记呢？一些收藏古籍版本比较丰富的图书馆可以通过对比同一种书的不同版本和复本，鉴别出哪部是原刻本，哪部是翻刻本、覆刻本；但那些收藏古籍规模较小的图书馆，很少有不同版本或复本，他们的鉴定依据只能是书上的内封与牌记，加之鉴定古籍版本的经验和水平所限，所以鉴定结果很可能是错误的。在目前各馆分散编目的条件下，这种情况是似乎不可避免的。今后最好的解决方式，就是各藏馆更多地参加古籍的联合编目，并且在提交古籍书目记录的同时提交书影，通过书影来比较，就可以及时发现问题，弄清哪些是原刻本，哪些是翻刻本、覆刻本。

二、古籍修版后印本、增刻本，其内封与牌记不能尽信

古籍有原刻原印，也有书版被长期保存若干年后继续刷印的情况。由于书版在大量刷印和长期存放后会有磨损、断烂、缺失等现象，或者内容需要增补，所以古籍在原版基础上修补后印、增刻后印的情况非常普遍。但许多修补后印本或增刻本常常不加任何说明，并将原来的内封、牌记照样刷印。如果鉴别版本时忽略了这一点，只是孤立地依据内封、牌记所题而下断语，不细审全书，不与其他版本对勘，就会混淆原刻与增刻、原印与后印，其鉴定结果就会发生错误。

如清徐赓陛撰《不慊斋漫存》九卷，内封面题："不慊斋漫存 / 光绪壬午刊于南海官署"。光绪壬午即光绪八年（1882），则此书似乎应该著录为光绪八年刻本。但细审全书，发现书中目录及卷七至九卷端题名为"不自慊斋漫存"，与前六卷不同，且最晚记事已至光绪十九年（1893）。经反复查证得知，该书原本为六卷，刊于光绪壬午即光绪八年（1882），此后先是增刻一卷，后又增刻两卷，故又有七卷本、九卷本传世，但内封均未改换。鉴别时如果稍不注意，就会将七卷本、九卷本也当成光绪八年原刻本。此外，该书七卷本还有翻刻本，也将内封原样翻刻，以后鉴别者碰到该书，一定要特别注意其版印情况。

清光绪刻本《不慊斋漫存》九卷内封

又如清潘曾莹撰《小鸥波馆诗钞》一书，北大图书馆藏有三种不同版本：一种是八卷，一种是十卷、词钞一卷，一种是十二卷、诗补录二卷、词钞一卷。三个本子的内封都题为："小鸥波馆诗钞 / 道光乙巳孟春嘉善周尔墉题"。道光乙巳是道光二十五年（1845），很可能就是版刻年。但十卷本和十二卷本书前序文中"醇"字均避同治皇帝之讳作"䣍"，则此二本的刷印必在同治或光绪之后。将十卷本与十二卷本对

比，发现十二卷本其实是在十卷本的基础上增刻第十一、十二卷和诗补录二卷而成。八卷本行款版式字体与十卷本和十二卷本都不同，且“醇”字不避讳，应是道光二十五年原刻本。十卷本和十二卷本虽然内封与八卷本所题相同，但都不是道光二十五年原刻本。

古人在利用原书版重印一书时，因为各种原因，会对原书版进行剜改修补，但仍然使用原来的内封、牌记。如清乾隆九年（1744）刘祖曾百禄堂刻本《司马文正公集》八十二卷目录二卷，内封天头横镌“乾隆甲子年重镌”，竖镌“司马文正公集/百禄堂藏板”，每卷卷端镌“临汾后学刘祖曾重镌”。乾隆甲子年是乾隆九年，这是刘祖曾百禄堂的原刻书年。到乾隆五十五年（1790），张钴等人在原版上进行剜改修补，将卷端剜改为“涂水乔人杰汉三/平阳徐昆后山/濩泽张钴心镌　重订”，并在书前增刻张钴序。内封则仍用旧版刷印。鉴别此本时，如果只凭内封的记载，

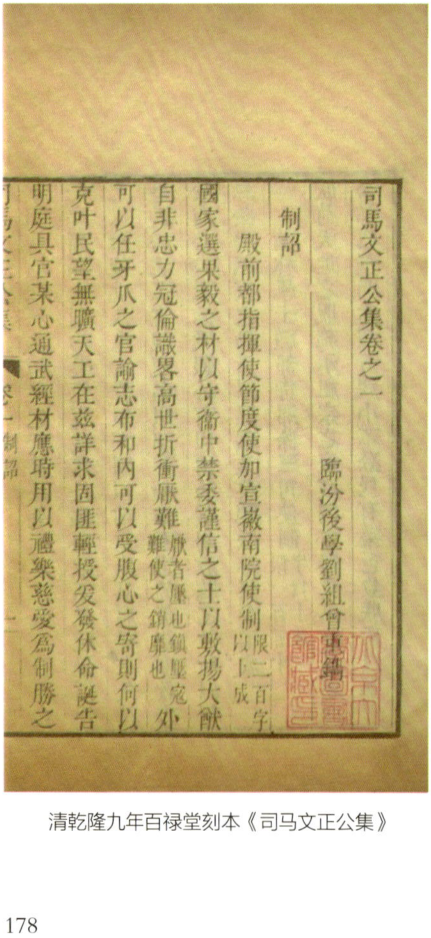

清乾隆九年百禄堂刻本《司马文正公集》

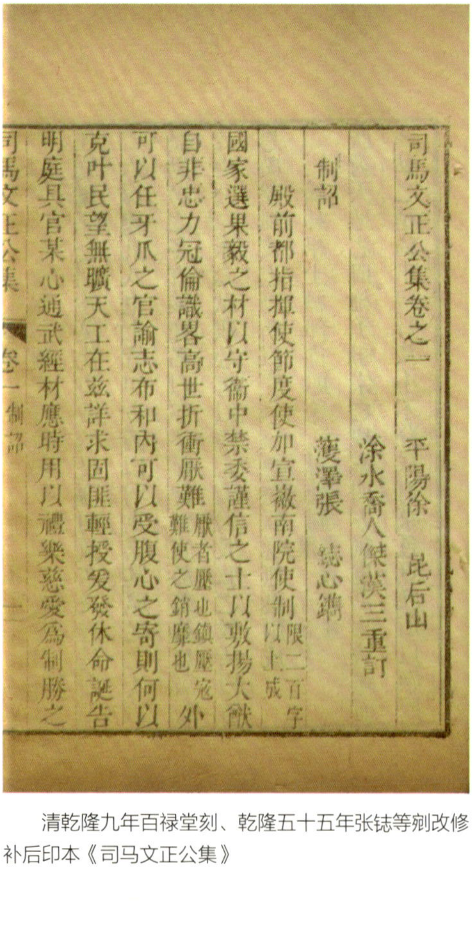

清乾隆九年百禄堂刻、乾隆五十五年张钴等剜改修补后印本《司马文正公集》

清乾隆九年百禄堂刻本《司马文正公集》内封

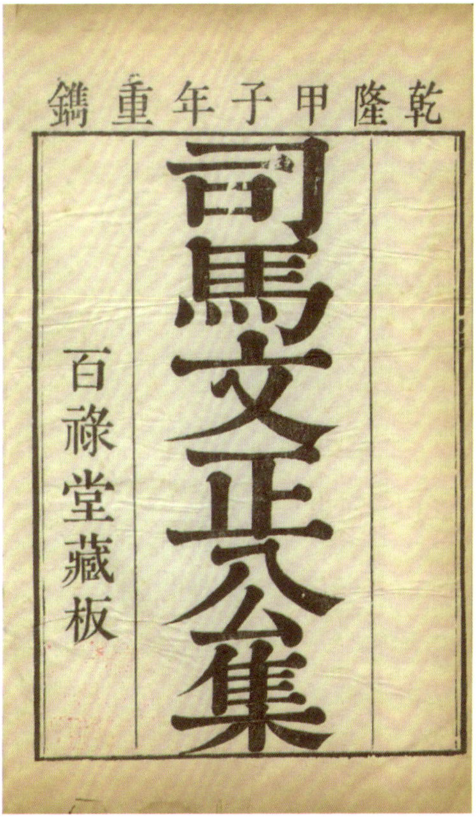

清乾隆九年百禄堂刻、乾隆五十五年张铦等剜改修补后印本《司马文正公集》内封

而不仔细阅读书前增刻的乾隆五十五年张铦序，不将其与乾隆九年原本相比勘，仅仅将之著录为乾隆九年百禄堂刻本，就抹杀了乾隆五十五年修补后印的事实，不能揭示张铦等人所做的剜改，从而混淆了两个本子的关系和区别。

对于修版后印本、增刻本的内封与牌记，虽然不能尽信，但是还应该对其予以充分的重视，著录时首先依据内封、牌记的记载著录该本的原刻情况，然后再著录修版后印或增刻后印的情况。

三、书版后印，对内封、牌记要区分新旧，版本著录不能张冠李戴

书版既然可以长期保存，当然就会出现所有者改变的情况，也就是常说的书版易主。在书版易主的情况下，后印者往往另刻内封或牌记，记录藏版后印情况。如

清吴任臣撰《十国春秋》一百一十六卷，有清乾隆五十三年（1788）周昂刻本。该版本的版片后归海虞顾氏小石山房，顾氏后来重新刷印该本时，在内封背面镌一书牌："版藏海虞顾氏小石山房"，但卷端仍保留原来的"昭文周昂少霞重校刊"字样，书前还有乾隆五十三年周昂刻书跋。有的图书馆著录该书时不加详考，出版项著录为"清乾隆五十三年（1788）顾氏小石山房"，这就犯了张冠李戴的错误。正确的著录方法应该是：清乾隆五十三年（1788）周昂刻，清海虞顾氏小石山房后印本。

不过，如果后来的书版所有者完全抹去原来的版刻信息，重刻内封、牌记，充作自己的最新出版物，这时依照内封、牌记所题著录版本，也不能算作错误；如果鉴别者水平高，能够指出其与原刻的关系，那当然是再好不过了。

四、对内封、牌记上的文字内容要仔细分析，审慎著录

古籍内封、牌记上提供的版本文字有时是不准确的，鉴别时需要认真分析，区别各种情况，不能盲目相信。

例如内封、牌记上的"雕""刊"字样，不能一概相信其为刻本。古代的活字本，甚至近代的铅印本、石印本，有时候也会用这类字眼。

家谱大多都是活字本，但其内封或牌记很多都标为"刊""雕"，鉴别时不能被这些字眼所迷惑。如民国三十四年（1945）活字排印的《[麻城]四修傅氏族谱》三十四卷，内封题："民国乙酉四修/傅氏族谱/益梗敬题"，内封背面牌记题："冈邑陶西泉氏承刊"。民国二年（1913）湖南湘乡理学堂活字排印的《[湘乡]荆林聂氏续修族谱》九卷，其内封背面牌记题："民国癸丑阴历仲夏开雕季冬成书"。

地方志中这种情况也比较多见。如清同治十一年（1872）湖北广济县广济志书局编印的《[同治]广济县志》十六卷，内封背面牌记题："同治壬申秋志书局开雕"，其实为活字本。

同样，古籍内封、牌记上如果出现"排印""排字"字样，也不能一概相信其为活字本。版本学界很多人都知道，清代有所谓的琉璃厂半松居士排字本，牌记一律镌"都城琉璃厂半松居士排字本"，但细审其版印风格，全都是刻本，没有一部是活字本。这些书世上比较流行的有：《明季北略》二十四卷，《明季南略》十八卷，《南疆绎史》五十八卷，《贰臣传》十二卷，《逆臣传》四卷。

近代出版的古籍，其内封、牌记上出现“石印”字样，也不能一概相信为石印本，因为清末有一些刻本是根据石印本翻刻的。如北大图书馆藏有一部清末出版的《切韵指掌图》，其内封正面镌“光绪九年孟秋/切韵指掌图/香山徐润署”，内封背面牌记镌“上海同文书局石印”。如果单纯相信牌记，便会错误地将其著录为清光绪九年同文书局石印本，而仔细观察此书的字体墨色便会发现，这其实是一部刻本。又如清光绪上海赐书堂刻本《经世斋时务丛书》，内收《盛世危言续编》三卷，其内封背面镌“光绪丙申孟夏上海书局石印”。通过对该书正文字体墨色的仔细观察，也可断定这是一部刻本。

对于牌记上的文字内容还要认真审视，真正弄清其含义，否则也容易出现著录错误。例如清六承如编《皇朝舆地略》一书，有清同治二年（1863）广州藏珍阁刻本。该本内封背面牌记题：“同治二年孟夏刊于广州城西宝华坊”。有的图书馆的馆藏书目记录据此将出版者著录为宝华坊，误以为宝华坊是一家书坊。其实宝华坊是清中后期广州西关的一处街区，建于20世纪30年代的宝华路，便是其当年所在的部分孑留。清代广州首富潘氏家族，就居住在宝华坊。该本书后镌有“粤东省城西湖街藏珍阁承刊”木记，真正的出版者应该是藏珍阁。

又如刻本《唐人说荟》二十卷，一百六十三种，又名《唐代丛书》，内封印“同治甲子冬镌/长沙周愚峰订/山阴陈莲塘辑/唐代丛书/双门底纬文堂藏板”。有的书目记录不知道双门底是什么意思，不能著录该本为何地刻本。其实稍加查考，即可知双门底也是广州的一处地名，位置就在现在的北京路中段，自宋代以来一直是广州的商业中心。据此可知，该本应是广州刻本。

总之，古籍的版本鉴别需要进行多方面的综合查考、分析和判断，即使是像内封、牌记这样最集中反映古籍出版情况的部位，也不能不加分析地以其所载内容作为唯一的著录依据。本文就笔者在平日古籍编目工作中碰到的有关内封、牌记的一些特殊情况和问题，作了一些粗浅的分析，希望能够引起版本鉴别者的注意，正确利用内封、牌记提供的版本信息进行古籍版本的鉴别和著录，避免出现不应有的错误。

参考文献

［1］姚伯岳《中国图书版本学》，北京：北京大学出版社，2004 年。

［2］姚伯岳，于义芳《论覆刻本》，见《版本目录学研究（第一辑）》，北京：国家图书馆出版社，2009 年。

［3］学苑汲古——高校古文献资源库 .http：//rbsc.calis.edu.cn/aopac/index.htm.

［4］黄佛颐《广州城坊志：6 卷》，长沙：商务印书馆，1948 年。

原载《版本目录学研究（第二辑）》，国家图书馆出版社，2010 年：第 363—372 页

活字本鉴别与著录的几个问题及思考

在古籍的各种版本类型中，活字本近年来得到了社会上越来越多的关注，围绕着活字本开展的研究也越来越深入。作为一个古籍编目工作者，笔者在实际工作中也碰到了一些关于活字本的问题，并在活字本的鉴别和著录方面有了一些新的认识和思考，遂撰写成文，以求教于方家大德。

一、活字本的翻刻、覆刻问题

笔者曾在沈乃文先生主编的《版本目录学研究》第一辑和第二辑上分别发表过《论覆刻本》和《古籍版本鉴别和著录中的内封、牌记依据问题》两文。现在看来，笔者在这两篇文章中所做的结论也都适用于活字本的鉴别和著录。

按照本人在《论覆刻本》一文中所述，覆刻本是将古籍原书拆成散叶，直接粘贴到木版上作为版样，照其版式、字划原样雕镌，制成新的书版后刷印而成的本子。而依据此说，活字本是最有可能会被用来作为覆刻的底本进行复制的。因为活字本一般不保存印版，即使是原出版者，再印也需要重新排版，在版权意识尚不突出的中国古代社会，复制一部活字本图书，如果采用覆刻的方法，也就是将其原书叶拆散直接上版刻印，无疑是最为简便易行的。

活字本有覆刻，其实早已有专家指出。例如魏隐儒先生在其《古籍版本鉴定丛谈》第八章“活字本的鉴定”中就曾说过，明铜活字本《锦绣万花谷》《会通馆印正文苑英华辨证》和《蔡中郎集》这三部书都有覆刻本传世（书中称覆刻为“影刻”）。其中《锦绣万花谷》覆刻本将原书版心“会通馆活字铜版印”字样改刻为“徽藩崇古书院”六字；而《蔡中郎集》仅在卷六第十叶版心上端刻有“兰雪堂”三字，未有其他任何说明，书叶中有断版痕迹，说明其为刻本无疑。而明铜活字本《会通馆印正文苑英华辨证》的覆刻本，除国家图书馆有藏之外，北大图书馆也存有一部。

韩国曹炯镇先生在其所撰《中韩两国古活字印刷技术之比较研究》（台北：学海出版社，1986）一书中也曾提到，朝鲜铜活字中，癸未字印本有两种覆刻本（第108页），庚子字印本有四种覆刻本（第109页），甲寅字印本有两种覆刻本（第110页），乙亥字印本有十种覆刻本（第112页）。曹先生的书出版得较早，书中所说的“覆刻”，是否是笔者意中的覆刻，还有待于进一步证实；但即便如此，也起码是用雕版印刷方式所进行的一种翻刻。

《武英殿聚珍版丛书》编印出版后，乾隆四十二年（1777），有诏将该部丛书颁发到东南五省，并准所在翻板通行。闽、江、浙、赣、粤乃奉敕重锓，世称外聚珍。翁连溪先生在其《清代内府刻书概述》一文说：“此书翻刻本有大小两种，原大本多为用内府聚珍本原书贴版影雕。”这就是说外聚珍中的大本应该是覆刻本。但实际上江苏和浙江两省翻雕，均为小本；江西、福建两省所谓大本，系照原书大小重新写样上版。据魏隐儒先生说，只有后来广东广雅书局所刻之聚珍版各书，才是采用了覆刻也就是翁氏所说的“用内府聚珍本原书贴版影雕”的方法（见魏隐儒《古籍版本鉴定丛谈》第八章“活字本的鉴定”）。这也许是因为各省只收到很少的复本，也可能只有一部，非常珍贵，不舍得或者是不敢将原书毁坏，所以只好重新写样上版了。

笔者近年来负责CALIS（中国高等院校文献保障系统）三期重点项目“高校古文献资源库”的具体实施工作，其发布平台名为“学苑汲古”，其上共有24所高校图书馆几乎全部的馆藏古籍书目记录约63.4万条。检索一部古籍，就会有各个馆的相关书目记录显示出来。这样一来，各馆著录的差异也就凸显出来了。活字本的情况也不例外：同书同著者，出版年也相同，但有的著录为活字本，有的著录为刻本。“学苑汲古”上还有各馆提交的古籍书影图像约24万幅，我们查看相应的书影图像，发现不少著录为活字本的古籍其实是刻本；准确地说，应该是活字本的翻刻本，甚至就是覆刻本。

例如《平定粤匪纪略》十八卷附记四卷，在“学苑汲古”上可以看到，北京大学、中国人民大学、南开大学、山东大学、苏州大学、厦门大学、郑州大学等校图书馆都有所谓同治十年（1871）京都聚珍斋捡子板的收藏（见图 2、图 4），除山东大学图书馆外，各馆都提交了书影图像，经比对应为同一版本。但各馆在版本类型上著录不一，有的著录为活字本，有的著录为木活字本，有的甚至非常谨慎地著录为印本，更多的藏馆则著录为刻本。笔者调出北大图书馆藏本细细察验，发现虽然该本内封题“京都聚珍斋捡子板”，版式风格也颇类活字本，但雕版印刷的各种特征极为明显，其为刻本毫无疑问。少数几个馆将之著录为活字本，是上了内封所镌“京都聚珍斋捡子板”几个字的当。

北大图书馆还有该书一个同治八年（1869）群玉斋的活字本（见图 1、图 3）。在“学苑汲古”上检索，看到上述各馆也几乎都有该本收藏，都著录为活字本，而且也大都提交有书影图像。笔者经过仔细比对，确认各馆所藏为同一活字本。

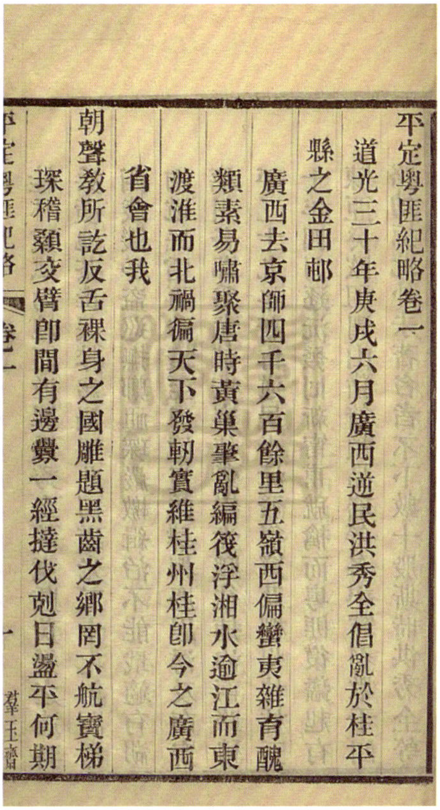
平定粵匪紀略卷一
道光三十年庚戌六月廣西逆民洪秀全倡亂於桂平
縣之金田邨
廣西去京師四千六百餘里五嶺西偏蠻夷雜育醜
類素易嘯聚唐時黄巢肇亂編筏浮湘水逾江而東
渡淮而北禍徧天下發軔實維桂州桂即今之廣西
省會也我
朝聲教所訖反舌裸身之國雕題黑齒之鄉罔不航竇梯
琛稽顙交臂卽閒有邊釁一經撻伐剋日盪平何期
平定粵匪紀略 卷一 一 群玉齋

图 1　清同治八年群玉斋活字本《平定粤匪纪略》

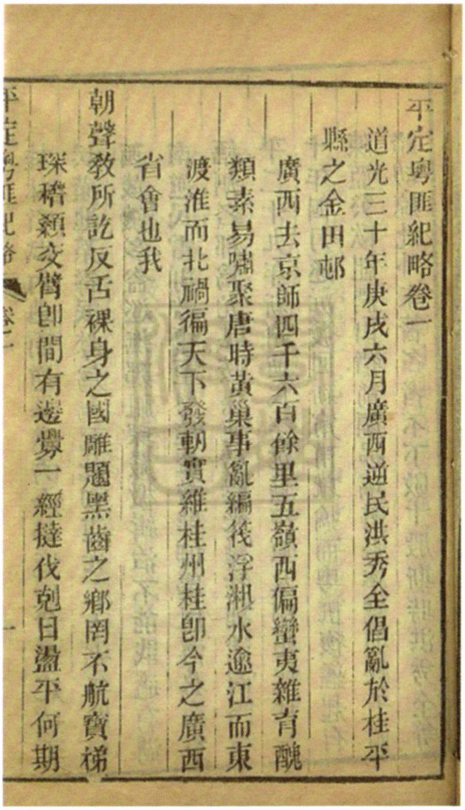
平定粵匪紀略卷一
道光三十年庚戌六月廣西逆民洪秀全倡亂於桂平
縣之金田邨
廣西去京師四千六百餘里五嶺西偏蠻夷雜育醜
類素易嘯聚唐時黄巢肇亂編筏浮湘水逾江而東
渡淮而北禍徧天下發軔實維桂州桂即今之廣西
省會也我
朝聲教所訖反舌裸身之國雕題黑齒之鄉罔不航竇梯
琛稽顙交臂卽閒有邊釁一經撻伐剋日盪平何期
平定粵匪紀略 卷一 一

图 2　清同治十年京都聚珍斋捡子板《平定粤匪纪略》

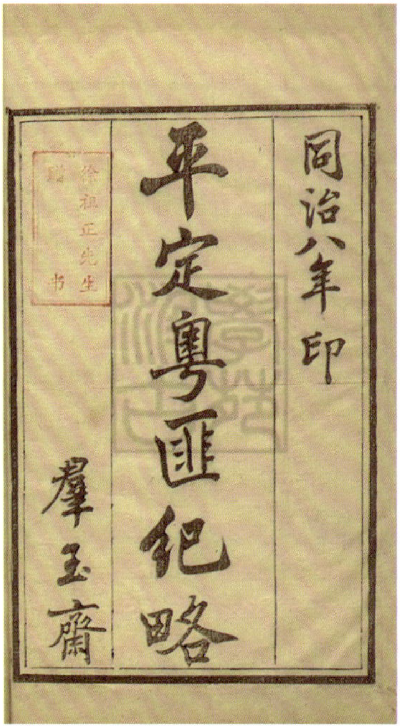

图 3　群玉斋活字本《平定粤匪纪略》内封

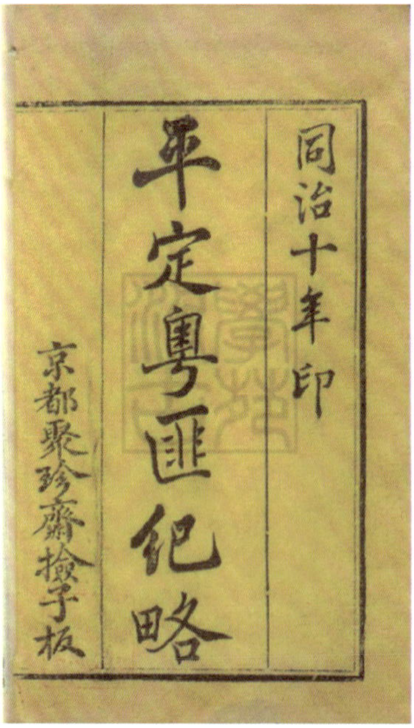

图 4　京都聚珍斋捡子板《平定粤匪纪略》内封

有意思的是，当我将北大馆所藏群玉斋活字本和所谓的“京都聚珍斋捡子板”两个本子放在一起比对时，发现二者竟然惊人地相似！不仅字体非常近似，版式行款完全一样，而且版框尺寸也都是 21 厘米。

在没有看到群玉斋活字本之前，我曾经设想应该是先有一个真正的“京都聚珍斋捡子板”，但因其印数有限，而此书社会上需求量很大，于是其他书商据该本翻刻，甚至连内封的文字也不改换，就像今天的盗版书一样。但在看到群玉斋活字本之后，我不敢这样说了。因为聚珍斋的活字不可能与群玉斋的活字一一对应地那么相像，说明绝不是聚珍斋用自己的活字重排了《平定粤匪纪略》。据我所知，聚珍斋只有一部真正的活字本传世，那就是光绪四年印行的《吴兴合璧》（见图 5、图 6）。苏州大学图书馆收藏有该活字本。将其字体与群玉斋《平定粤匪纪略》的字体相比，就可以发现聚珍斋的活字稍显瘦长，而群玉斋的活字更趋方正，二者整体上的风格是不同的。

这样一来，结论只可能有两个：一个是聚珍斋翻刻或覆刻了群玉斋的活字本《平定粤匪纪略》，一个是其他书商假借聚珍斋的名义翻刻或覆刻了群玉斋的活字本《平定粤匪纪略》。

除了“聚珍斋捡子板”之外，还有一件很奇怪的事情，就是所谓的“都城琉璃厂半松居士排字本”，目前我们所知所见的都是刻本，没有一部是真正的活字本！

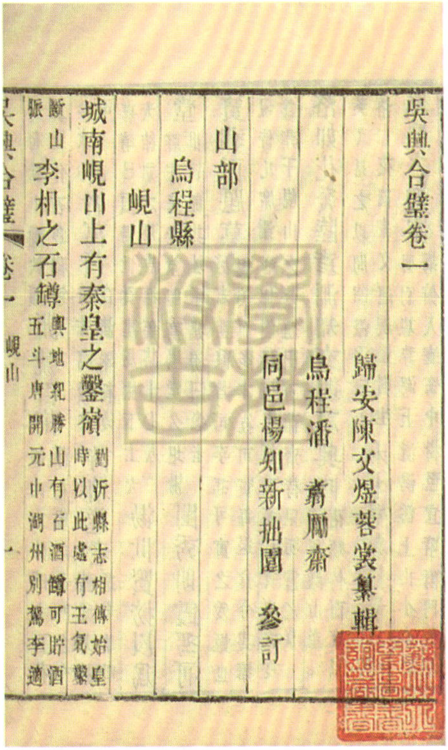

图 5　清光绪四年聚珍斋活字本《吴兴合璧》

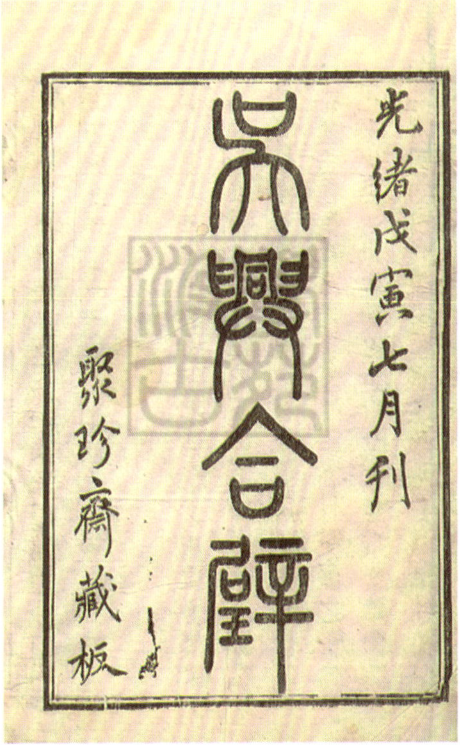

图 6　清光绪四年聚珍斋活字本《吴兴合璧》内封

例如《明季北略》二十四卷，中国人民大学图书馆和北大图书馆都有收藏，二本确属同一版本，但北大馆藏本版面边栏界行多有残损，显然是刷印在后（见图 7 至图 10）。这种现象证明，这两个藏本应该是同一刻本的前后印本。

而且我们还进一步发现，即使是都有“都城琉璃厂半松居士排字本”牌记的同一部书，也可能是不同的版本。例如《贰臣传》十二卷，下面图 11 至图 14 所示分别是北大图书馆和厦大图书馆关于该书的卷端页和牌记，两个本子虽都号称排字本，其实都是刻本，而且还不是同一个版本。但是版式风格字体又极为相似，显然有极为密切的关系。

又如都有“都城琉璃厂半松居士排字本”牌记的《明季南略》十八卷，笔者将北京大学图书馆、中国人民大学图书馆和四川大学图书馆 3 个藏本（见图 15 至图 17）相比对，发现竟然是 3 个不同的刻本！

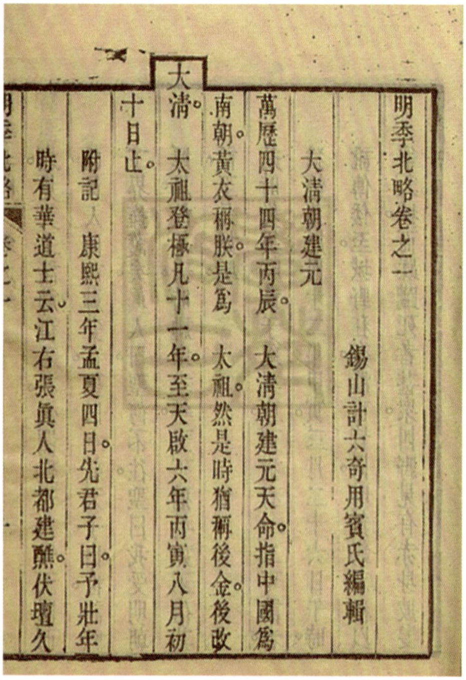
明季北略卷之一
錫山計六奇用賓氏編輯
大清朝建元
萬歷四十四年丙辰。大清朝建元天命。指中國爲
南朝。黄衣稱朕。是爲 太祖。然是時猶稱後金。後改
大清。 太祖登極凡十一年。至天啟六年丙寅八月初
十日止。
附記 康熙三年孟夏四日。先君子曰。予壯年
時有華道士云。江右張眞人北都建醮。伏壇久
明季北略 卷之一

图 7 人大图书馆藏琉璃厂半松居士排字本

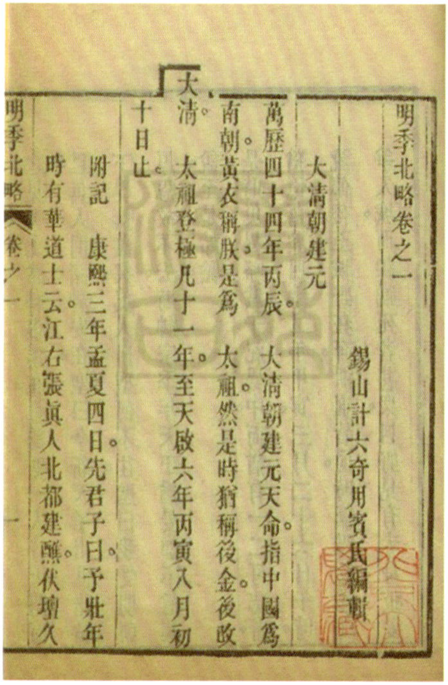
明季北略卷之一
錫山計六奇用賓氏編輯
大清朝建元
萬歷四十四年丙辰。大清朝建元天命。指中國爲
南朝。黄衣稱朕。是爲 太祖。然是時猶稱後金。後改
大清。 太祖登極凡十一年。至天啟六年丙寅八月初
十日止。
附記 康熙三年孟夏四日。先君子曰。予壯年
時有華道士云。江右張眞人北都建醮。伏壇久
明季北略 卷之一

图 8 北大图书馆藏琉璃厂半松居士排字本

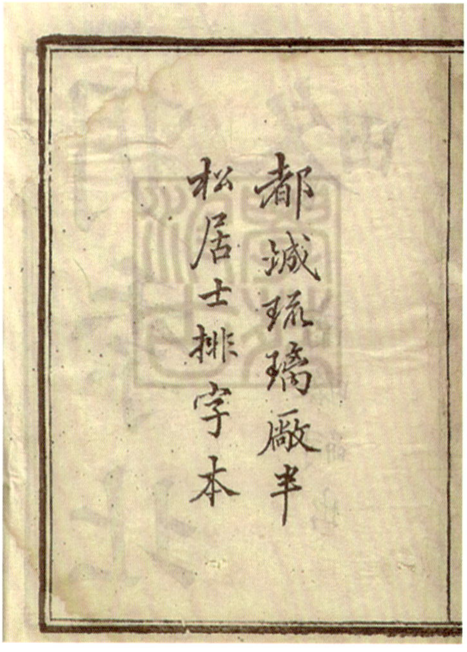
都城琉璃廠半
松居士排字本

图 9 人大图书馆藏琉璃厂半松居士排字本牌记

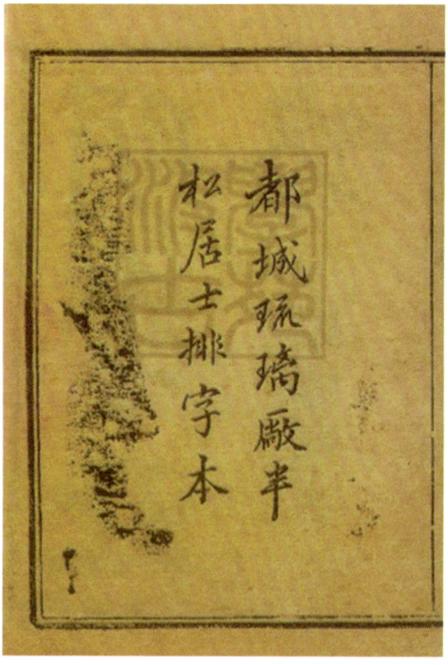
都城琉璃廠半
松居士排字本

图 10 北大图书馆藏琉璃厂半松居士排字本牌记

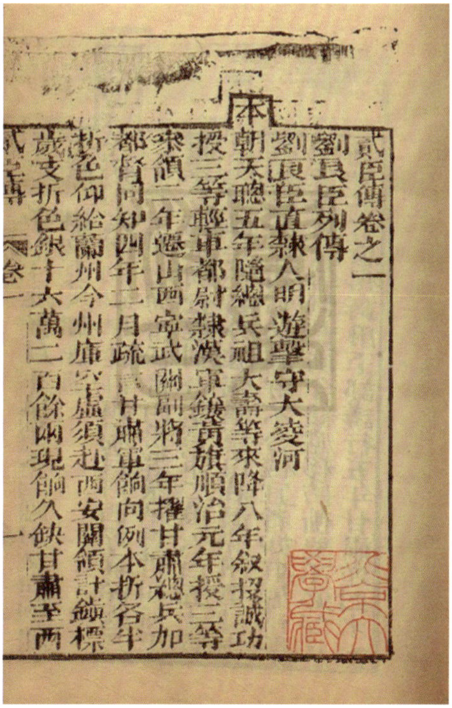

貳臣傳卷之一
劉良臣列傳
劉良臣直隸人明遊擊守大凌河
本朝天聰五年隨總兵祖大壽等來降八年敘招誠功
授三等輕車都尉隸漢軍鑲黃旗順治元年授三等
參領二年遷山西寧武關副將三年擢甘肅總兵加
都督同知四年二月疏言甘肅軍餉向例本折各半
折色仰給蘭州今州庫空虛須赴西安關領計餉標
歲支折色銀十六萬二百餘兩現餉久缺甘肅至西

貳臣傳 卷一 一

图 11 北大图书馆藏《贰臣传》卷端页

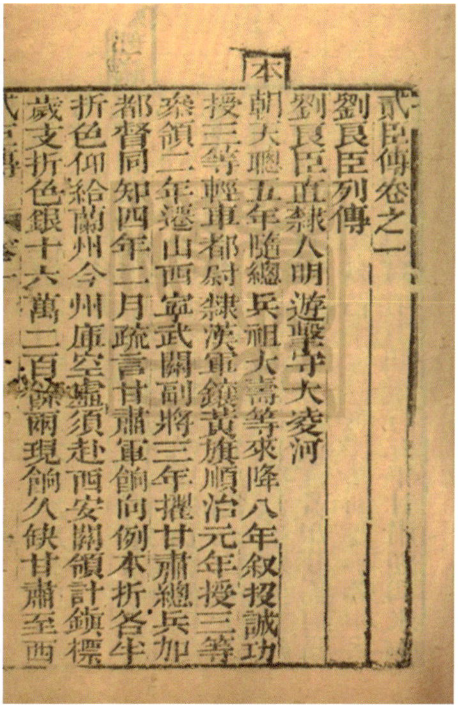

貳臣傳卷之一
劉良臣列傳
劉良臣直隸人明遊擊守大凌河
本朝天聰五年隨總兵祖大壽等來降八年敘招誠功
授三等輕車都尉隸漢軍鑲黃旗順治元年授三等
參領二年遷山西寧武關副將三年擢甘肅總兵加
都督同知四年二月疏言甘肅軍餉向例本折各半
折色仰給蘭州今州庫空虛須赴西安關領計餉標
歲支折色銀十六萬二百餘兩現餉久缺甘肅至西

图 12 厦大图书馆藏《贰臣传》卷端页

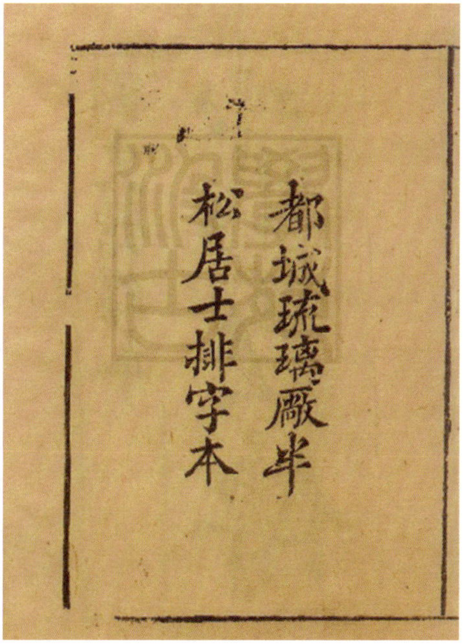

都城琉璃廠半
松居士排字本

图 13 北大图书馆藏《贰臣传》牌记

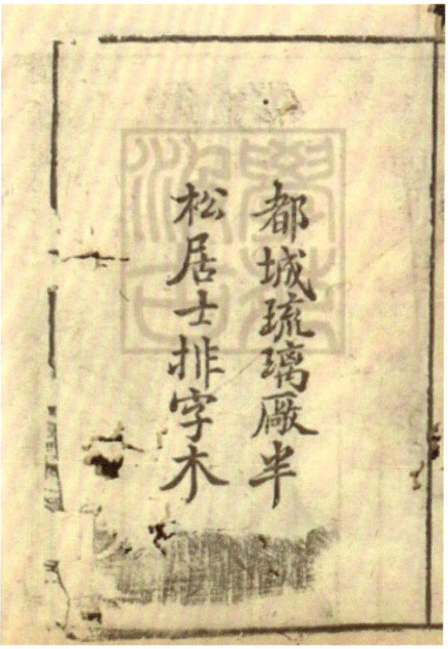

都城琉璃廠半
松居士排字本

图 14 厦大图书馆藏《贰臣传》牌记

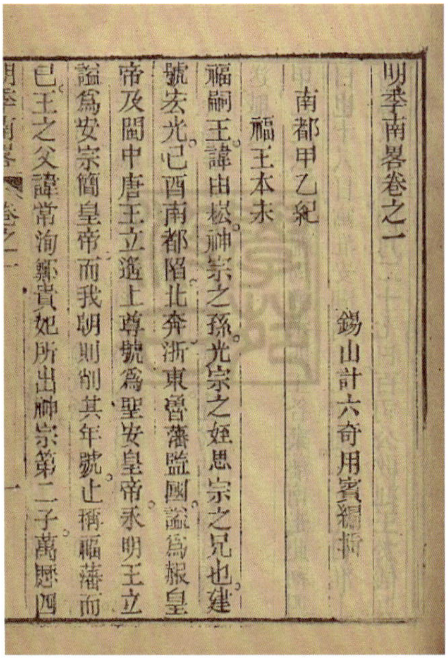
明季南畧卷之一　錫山計六奇用賓編輯
南都甲乙紀
福王本末
福嗣王諱由崧神宗之孫光宗之姪思宗之兄也建
號宏光乙酉南都陷北奔浙東魯藩監國謚爲赧皇
帝及閩中唐王立遙上尊號爲聖安皇帝永明王立
謚爲安宗簡皇帝而我朝則削其年號止稱福藩而
已王之父諱常洵鄭貴妃所出神宗第二子萬歷四

图 15　北大图书馆藏半松居士排字本

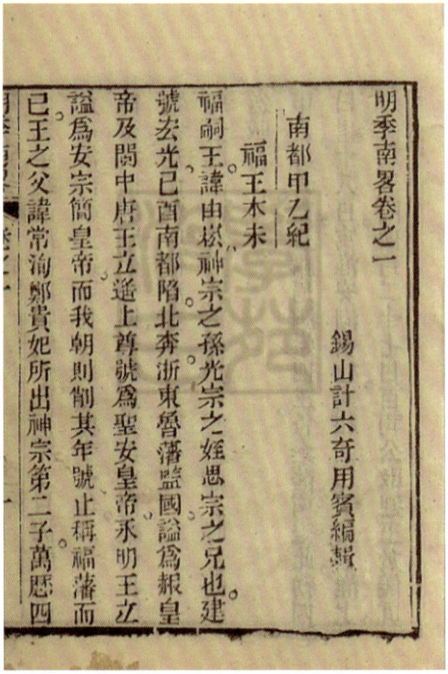
明季南畧卷之一　錫山計六奇用賓編輯
南都甲乙紀
福王本末
福嗣王諱由崧神宗之孫光宗之姪思宗之兄也建
號宏光乙酉南都陷北奔浙東魯藩監國謚爲赧皇
帝及閩中唐王立遙上尊號爲聖安皇帝永明王立
謚爲安宗簡皇帝而我朝則削其年號止稱福藩而
已王之父諱常洵鄭貴妃所出神宗第二子萬歷四

图 16　人大图书馆藏半松居士排字本

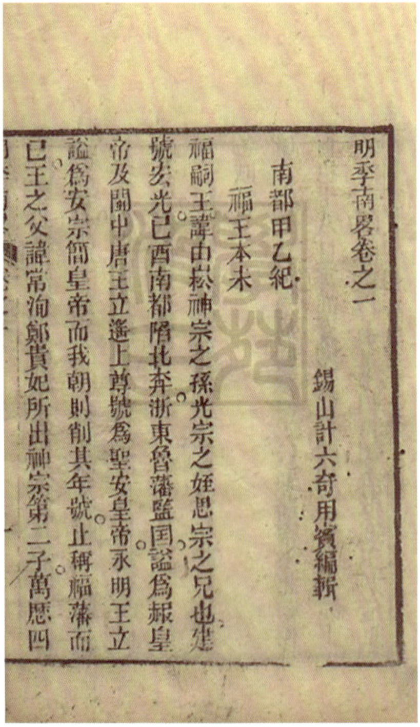
明季南畧卷之一　錫山計六奇用賓編輯
南都甲乙紀
福王本末
福嗣王諱由崧神宗之孫光宗之姪思宗之兄也建
號宏光乙酉南都陷北奔浙東魯藩監國謚爲赧皇
帝及閩中唐王立遙上尊號爲聖安皇帝永明王立
謚爲安宗簡皇帝而我朝則削其年號止稱福藩而
已王之父諱常洵鄭貴妃所出神宗第二子萬歷四

图 17　川大图书馆藏半松居士排字本

现在困扰我们的，是天底下到底有没有琉璃厂半松居士的活字本这种东西？是纯属虚构？还是当初确曾有过一个名副其实的“琉璃厂半松居士排字本”，然后其他书商据其翻刻或覆刻？迄今为止，我们还没有发现《明季南略》的任何一个活字本，所以也无法查证所谓的“琉璃厂半松居士排字本”是否是翻刻或覆刻了其他的什么活字本。还有一个问题是：既然不是活字本，为什么要在牌记上标明为“排字本”？

鉴于内封、牌记有被原样翻刻或覆刻的可能性，我们在鉴定活字本时，确实需要有翻刻、覆刻的意识存在，不能仅据书上的一二处活字本的特征，就贸然断定其为活字本，更不能轻易相信书上内封或牌记中的说明，一定要看全书的版式风格，在进行综合鉴别之后，才能最后下结论。

最后要提醒一下：就上述所举各本而言，既然已经断定其不是活字本，那么对出版项的著录当然也不能依据其内封或牌记上的文字了。例如有的藏馆著录为都城琉璃厂半松居士刻本，好像鉴别得很准确，但其实未必。因为对翻刻本或覆刻本来说，出版者大多已经发生变化了。应该著录为清末刻本，内封或牌记的情况可放到附注项去详细描述。

二、怎样看待断版、裂版现象？

在活字本的鉴别上，版本学界有个共识，就是活字本绝无断版、裂版现象。因为活字印书，版面各个部分相对独立，不会像雕版那样因存放年久或气候干燥而出现断版、裂版情况。

2010 年 8 月，中国社会科学出版社出版了邹毅先生的《证验千年活版印刷术》一书。作为一个非专业人士，作者花费 5 年的艰苦卓绝的努力，专心致志地投身于活字印刷术的研究、探索，其精神和毅力令人感佩。作者在书中提出了“活印线”的说法。什么是“活印线”？照邹毅先生的说法，就是版面上水平方向笔直穿破所有界栏和两端边框的白道子。这种白道子不是因雕版印刷中的裂版、断版而产生的，而是活字印刷时因使用浸了桐油的捆版绳横向将活字版紧紧捆住所致。

邹毅先生论述“活印线”的意图在于告诉人们，今后在版本鉴定时，不要再仅凭版面上有所谓的裂版、断版，而不敢将在各方面都具备活字本特征的版本鉴定为活字本了。

活印线的说法是否成立？我在看到邹先生《证验千年活版印刷术》一书后，对此说法很感兴趣，从此特别留心寻找相关的证据，以证其说。但我在屡次试图验证邹毅先生的说法时，都失败了，因为这些看起来似乎可以用“活印线”来解释的本子，其实都是活字本的翻刻本甚至是覆刻本。

例如，北大图书馆藏有一部所谓“聚珍斋摆字”的《忠武侯诸葛孔明先生全集》五种，11 册 1 函，内封右上角镌“同治元年秋月”6 字，左下角镌“聚珍斋摆字”5 字（见图 18）。观其版式字体和版面神气，也确实有活字本的特征。但该书几乎每叶靠下方

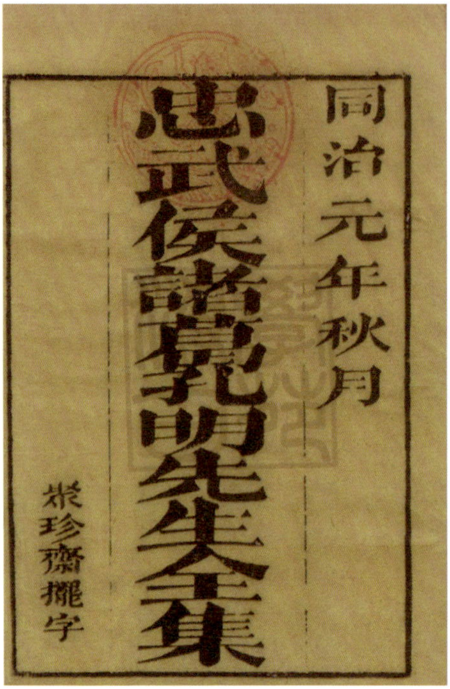
同治元年秋月
忠武侯諸葛孔明先生全集
聚珍齋擺字

图 18　北大图书馆藏《忠武侯诸葛孔明先生全集》内封

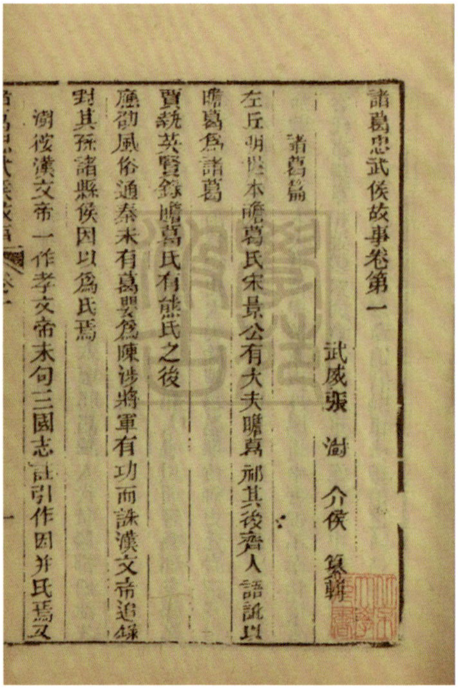
諸葛忠武侯故事卷第一　武威張澍介侯纂輯
諸葛篇
左丘明世本瞻葛氏宋景公有大夫瞻葛祁其後齊人語訛其
瞻葛爲諸葛
賈執英賢錄瞻葛氏有熊氏之後
應劭風俗通秦末有葛嬰爲陳涉將軍有功而誅漢文帝追録
封其孫諸縣侯因以爲氏焉
澍按漢文帝一作孝文帝末句三國志注引作因并氏焉又

图 19　北大图书馆藏《忠武侯诸葛孔明先生全集》卷端页

大约在版框三分之一的地方，都有一道白线横贯版面，并穿破版框（见图 19）。起初，我曾试图用邹毅先生的“活印线”理论来解释这个现象，但发现许多白道上方或下方的文字扁平而且变形，说明系采用了拼版的方法，即用两块甚至几块小木版拼成一个完整的书版，在刻版时，为了避开拼版中的裂缝，不得不改变文字的大小形状。如果是因“活印线”而形成的白道，就不会发生这种情况了。此外，书中还有一些叶面出现角上大片字迹残缺不全的现象，分明是版面残损所致，这是雕版印刷的特征。“高校古文献资源库”中辽宁大学图书馆著录该本为“翻刻本（根据聚珍斋活字本）”，大概也是发现其绝非活字本，才这样描述的。于是，我本想用这个本子来证实邹毅先生“活印线”说法的愿望又落空了。

邹毅先生还进一步说一些近代的铅印本上也有这种“活印线”，这就更令人疑惑了：假如说，因为中国古代印书所用墨中油的成分较少，所以捆版线在桐油中浸泡过，可以不沾染墨迹；那么近代的铅印本是用油墨印刷的，是否捆版线就应该用水来润湿呢？而水是很容易蒸发掉的，如果印的时间长了，那捆版线不就沾上油墨了吗？那不就很容易印出一道道黑线了吗？

笔者以为，捆版线在一些活字印刷中可能是应用了的，但应如李致忠先生在其《古书版本鉴定》中所说，捆版的方法应该是从版框四周来捆扎，而不是将线绳横贯版面来捆扎。“活印线”的说法，有待于进一步的认证。

邹毅先生在其《证验千年活版印刷术》一书的第四章中还提出，活字本也有“断版”现象。但所举例子都是一些版面上局部的、细微的裂纹，有的是因纸张皱褶而产生，有的是因木活字产生裂纹所致。这些裂纹不是“断版”，在具体的鉴别中，人们是能够轻易识别的，不应与雕版印本中的“裂版”现象等同齐观。而如果版面上的裂纹真是裂版甚至断版，那就一定不是活字本。

例如，我在编目时，碰到清内府印本《御制钦若历书》上编十六卷下编十卷表十六卷一书，发现其版式字体酷似清内府铜活字本《古今图书集成》，因而怀疑其为活字本。查翁连溪先生编《清代内府刻书图录》书后附《清代内府刻书概述》一文，也说康熙雍正间内府铜活字本中有《御制钦若历书》一书。再查北京大学、中山大学、中国人民大学、复旦大学图书馆的书目记录，都有该书康熙雍正间内府本，但都著录为刻本。而且该书印出后随即改名为《御制历象考成》，故各馆藏本版心上方“御制钦若历书”中的“钦若历书”4字均用墨涂去。而各馆所藏《御制历象考成》内府印本，除版心已改为“御制历象考成”外，其他正文文字与《御制钦若历书》完全相同，毫无二致。笔者仔细观察，发现各本版面有程度不同的轻微裂痕。如全书正文首页次行“历象”二字中间对应的右边框，在《御制钦若历书》本上只微现裂痕（见图20），到《御制历象考成》本上，此裂痕已穿破“历”“世”二字，甚至有向左延展至“月”“欲”二字者（见图21），各馆藏本仅在裂纹长短上有些微差异。如果是活字本，重印时需重新排版，版面、字体必会有所不同，更不会有裂纹扩大的现象，可见其必为雕版印本无疑，事实上，也确实没有一个藏馆将内府本《御制历象考成》著录为活字本的。就这样，《御制钦若历书》因为这个版面上的轻微裂纹最后被鉴定为刻本。至于是否确实有铜活字本的《御制钦若历书》存在，那就有待于日后的寻找和发现了。

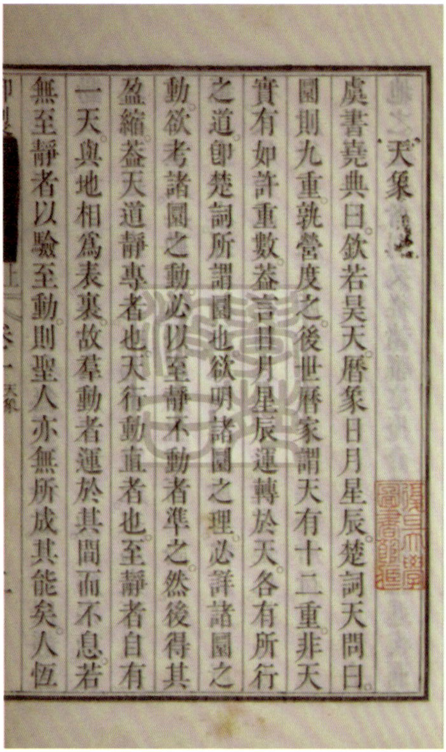
天象
虞書堯典曰欽若昊天曆象日月星辰楚詞天問曰
圜則九重孰營度之後世曆家謂天有十二重非天
實有如許重數蓋言日月星辰運轉於天各有所行
之道即楚詞所謂圜也欲明諸圜之理必詳諸圜之
動欲考諸圜之動必以至静不動者準之然後得其
盈縮蓋天道静專者也天行動直者也至静者自有
一天與地相爲表裏故羣動者運於其閒而不息若
無至静者以驗至動則聖人亦無所成其能矣人恆

图 20　清内府本《御制钦若历书》卷端页

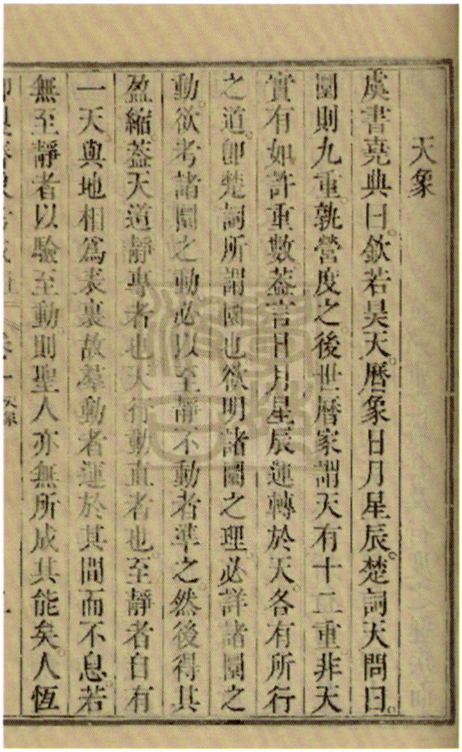
天象
虞書堯典曰欽若昊天曆象日月星辰楚詞天問曰
圜則九重孰營度之後世曆家謂天有十二重非天
實有如許重數蓋言日月星辰運轉於天各有所行
之道即楚詞所謂圜也欲明諸圜之理必詳諸圜之
動欲考諸圜之動必以至静不動者準之然後得其
盈縮蓋天道静專者也天行動直者也至静者自有
一天與地相爲表裏故羣動者運於其閒而不息若
無至静者以驗至動則聖人亦無所成其能矣人恆

图 21　清内府本《御制历象考成》卷端页

三、关于活字本中字与字之间的笔划交叉问题

过去的版本学著作，包括本人所著的《中国图书版本学》一书，都很肯定地说，活字本中字与字之间笔划绝不交叉，否则就不是活字本。邹毅先生《证验千年活版印刷术》第四章中指出，活字本字与字之间笔划可以交叉。邹毅先生主要的论据有二：第一，某些金属活字丁并非是上下规格一致的立方体，而是不规则的异形活字丁。他举了曹炯镇、艾俊川、刘大军三位先生的著作或文章作为支持。第二，木活字规格不一，排版时如出现排不下的情况，可以用刀切削字丁的空白部分，使字丁与字丁之间相互榫接，从而产生上字与下字之间的笔划交叉现象。笔者对以上观点表示赞同。

邹毅先生还指出，出现上下字笔划交叉的另一个可能，就是连字印的使用。他举了史金波先生鉴定宁夏灵武出土的元代木活字本西夏文《大方广佛华严经》的例子。笔者这里可以再追举两个例子。

如1991年在宁夏贺兰县拜寺沟方塔出土的西夏文佛经《吉祥遍至口和本续》，被认定为木活字本，但书中出现了上下文字之间连笔甚至笔划交叉的现象，如卷五的汉文页码："十一""十六"等，上下二字相连；"二十二""二十五""二十九""三十三"中的后两个数字，均为二字相连；"廿七"上下笔划交叉。这些现象应该是将二字或三字刻在一个字丁上所致。

20世纪初在黑水城遗址和1987年5月在甘肃武威亥母洞出土的西夏文佛经《维摩诘所说经》，被认定为泥活字本。但其卷首有西夏仁宗尊号题款"奉天显道耀武宣文神谋睿智制义去邪惇睦懿恭"一行西夏字，其中有的上下字有相接或交叉现象，字左右部的撇捺，特别是右部的捺伸出较长，笔端尖细，且文字书写风格相同，为一人手笔，字体与经文正文风格迥异，与活字本的特点不相符合，推断此行字是被刻在一整块长条木印上，检字排版时，将整条木印嵌于活字版内。因为仁宗的这个尊号可能不止出现在一个地方，而且文字较多，如果以字为单位进行检排则费时费力，所以就采用了这种连字长条木印嵌入的方法。

其实这种连字印的做法在汉文活字本中也是被经常使用的。如家谱中经常需要用墨围表示世系的"××世"如"第七世""十七世"等，就常常刻在一个字丁上。其他一些特殊类型文献中使用频率较高的词语如日期、年号、人名、官名、地名，等等，都有可能刻在一个字丁上，成为连字印，并有可能出现上下字之间的笔划交叉。由此看来，古代活字的制作不一定完全以字为单位，还可以是二个字、三个字，甚至十几个字，完全视其使用的频率而定。所以活字本中出现上下文的笔划交叉并不是不可理解的。

由此看来，以往那种认为活字本中活字与活字之间的笔划绝不交叉的观点，确实是显得武断了一些。

四、活字本是否包含铅印本？

活字本的类型虽然很多，有泥活字本、铜活字本、锡活字本、木活字本，甚至铁活字本、瓢活字本，但都可以用活字本概括称之。问题在于，近代出现的采用西方铅印术印刷的铅印本能否作为铅活字本而归入活字本的行列？

表面上看，铅印本当然是活字本，称之为铅活字本没有问题。在铅印本最初出现时，人们就是这样认识的，所以在铅印本的内封、牌记上仍然沿用过去传统活字本的各种说法。如：清咸丰十一年（1861）上海墨海书馆铅印本《大美联邦志略》（见图22至图23），其内封仍题“沪邑墨海书馆活字板”。

清宣统二年（1910年）上海华美书局铅印本《阿里巴巴遇盗记》，内封题“上海华美书局摆印”。清同治十二年（1873）中华印务总局铅印本《普法战纪》十四卷（见图24至图25），内封背面牌记题“同治十二年岁次癸酉秋七月中华印务总局活字板排印”（见图25）。

像这样的本子，过去各家著录编目时，也常常顺着书上的说法，将其著录为活字本。例如江澄波先生的《江苏活字印书》一书，收录明清两代及民国时期铜、木、泥、铅各种活字本图书1 800种，书中设“清代铅活字印书”“民国铅活字印书（线装本）”两节，明确将铅印本称为“铅活字本”而归入活字本。我们在“学

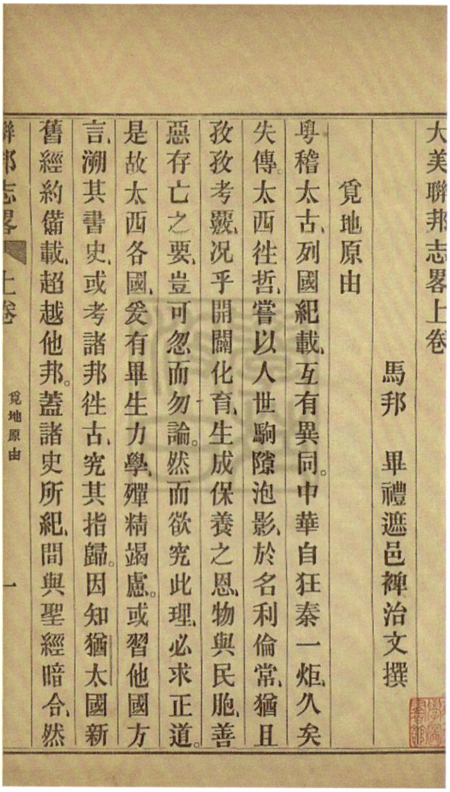
大美聯邦志畧上卷
覔地原由
馬邦 畢禮遮邑裨治文撰
粵稽太古、列國紀載、互有異同。中華自狂秦一炬、久矣失傳。太西往哲、嘗以人世駒隙泡影、於名利倫常、猶且孜孜考覈、況乎開闢化育、生成保養之恩、物與民胞、善惡存亡之要、豈可忽而勿論。然而欲究此理、必求正道。是故太西各國、爰有畢生力學、殫精竭慮、或習他國方言、溯其書史、或考諸邦往古、究其指歸。因知猶太國新舊經約備載、超越他邦。蓋諸史所紀、間與聖經暗合、然
聯邦志畧 上卷 覔地原由 一

图22　墨海书馆铅印本《大美联邦志略》卷端页

辛酉夏續刻
大美聯邦志畧
滬邑墨海書館活字板

图23　墨海书馆铅印本《大美联邦志略》内封

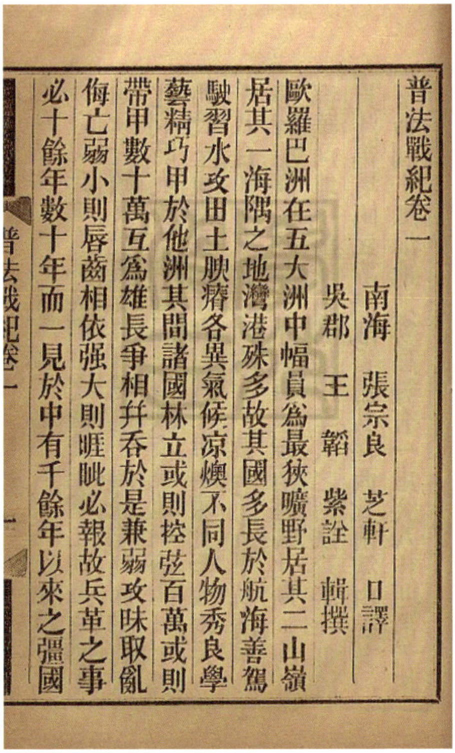

图 24　中华印务总局铅印本《普法战纪》卷端页

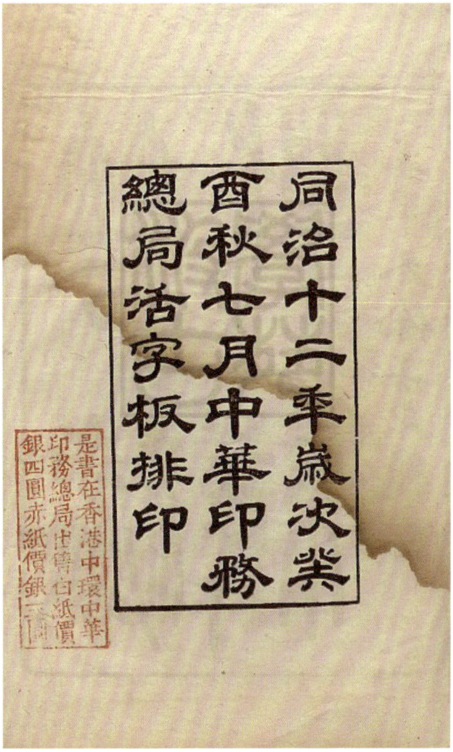

图 25　中华印务总局铅印本《普法战纪》牌记

苑汲古——高校古文献资源库”中，也常常看到对这类本子五花八门的著录方法，有称“铅印本”的，有称“铅活字本”的，有称“活字本”的，还有称“排印本”的。

现代一些论述活字本的专著也在某种程度上加剧了这种混乱。例如徐忆农所撰《活字本》一书（江苏古籍出版社，2002,《中国版本文化丛书》之一），以介绍中国古代的活字本为宗旨，但在最后却加入了铅印本的内容：印刷出版机构重点介绍了 19 世纪中期著名的上海墨海书馆；期刊出版印刷详细描述了《格致汇编》的编印情况；图书则举当代有代表性的铅印本《新华字典》为例；书中甚至还以“当代——活字印刷术的变革时代”为题，用相当篇幅介绍了 20 世纪 80 年代王选院士的激光照排。这对人们了解活字印刷术的发展史来说是有益的；但对于人们清楚认识活字本的概念和界定活字本的范围，则是不利的。

图书馆古籍编目是一项规范性很强的工作，古籍的版本类型也应该是概念准确，界限分明，不能模棱两可，让人无所适从。中国活字本的印刷方法是手工刷印，而铅印本的印刷方法是机器压印，所以在纸面字迹的凸凹感觉和墨迹、墨色方面二者都有明显的区别。活字本和铅印本之间各种不同的版本特征，每一个合格的古籍编目工作人员都是知晓的，是可以轻易识别的。他们需要的，只是一个明确的规定。

从古籍编目的角度出发，笔者不赞成称铅印本为铅活字本。据文献记载，中国古代确曾有过铅活字本，但那是属于中国传统活字印刷技术的产物，与用西方铅印术印刷的铅印本不是一回事。铅印本这个概念专指那些使用西方铅印术印刷而成的图书，它跨越古今且数量庞大。而活字本的概念只在中国古籍或者采用中国传统活字印刷技术的印本范围内使用。在古籍编目中，活字本和铅印本应该是两个各自独立的版本类型，它们是并列的关系，不是包含或交叉的关系。在现在的古籍书目数据库系统中，如果将铅印本著录为铅活字本，会影响活字本的检索结果，造成混乱，这也是我们需要严格区分铅印本和活字本的一个重要原因。

注：本文中所有图片均采自“学苑汲古——高校古文献资源库”，故图中均有“学苑汲古”水印。特此说明。

参考文献

［1］学苑汲古——高校古文献资源库.http：//rbdl.calis.edu.cn：8086/aopac/jsp/indexXyjg.jsp.

［2］邹毅《证验千年活版印刷术》，北京：中国社会科学出版社，2010年。

［3］徐忆农《活字本》，南京：江苏古籍出版社，2002年。

［4］曹炯镇《中韩两国古活字印刷技术之比较研究》，台北：学海出版社，1986年。

［5］张秀民著，韩琦增订《中国印刷史（插图珍藏增订版）》，杭州：浙江古籍出版社，2006年。

［6］上海新四军历史研究会印刷印钞分会编《活字印刷源流》，北京：印刷工业出版社，1990年。

［7］江澄波《江苏活字印书》，南京：江苏人民出版社，1997年。

［8］牛达生《西夏活字印刷研究》，银川：宁夏人民出版社，2004年。

［9］史金波《西夏出版研究》，银川：宁夏人民出版社，2004年。

［10］魏隐儒《古籍版本鉴定丛谈》，北京：印刷工业出版社，1984年。

[11] 姚伯岳《中国图书版本学》，北京：北京大学出版社，2004 年。

[12] 姚伯岳《论覆刻本》，见《版本目录学研究（第一辑）》，北京：国家图书馆出版社，2009 年。

[13] 姚伯岳《古籍版本鉴别和著录中的内封、牌记依据问题》，见：《版本目录学研究（第二辑）》，国家图书馆出版社，2010 年。

[14] 翁连溪编著《清代内府刻书图录》，北京：北京出版社，2004 年。

[15] 翁连溪《清代内府刻书概述》，见：《清代内府刻书图录》，北京：北京出版社，2004 年。

[16] 张树栋，庞多益，郑如斯《简明中华印刷通史》，桂林：广西师范大学出版社，2004 年。

原载《版本目录学研究（第四辑）》，北京大学出版社，2013 年：第 369—382 页

图书馆古籍编目中广州刻书的版本著录问题

广州是清代继北京、苏州之后我国的第三大传统印书业中心，特别是道光以后的晚清时期，广州的图书出版印刷乃至发行业异常发达，影响遍及全国。但长期以来，在中国书史、出版史、版本学史的教学和研究中，广州刻书没有得到足够的重视和应有的叙述，与广州在晚清时期繁荣发达的图书出版印刷状况颇为不符。笔者在长期的古籍编目工作中，发现这与广州刻书的特点和古籍著录规则的相关规定有一定关系，由此提出在图书馆古籍编目中古籍版本著录方面应该改进的一些建议，以求见教于各位方家。

一、原书地名标注的多样和书目记录的著录混乱

清代广州出版印刷的图书，其内封或牌记等处直接标注出版印刷地为“广州”的较少，而更多标注的是诸如“粤东省城”“粤省”“羊城”“五羊”“穗城”“南海”“番禺”等。例如：清咸丰八年至光绪八年（1858—1882）刻本《番禺陈氏东塾丛书》四种附一种，每书书后镌“粤东省城西湖街富文斋承刊”；清光绪十七年（1891）刻本《三国志补注续》一卷，内封钤朱色木记“粤省双门底儒雅堂书坊”；清光绪十一年（1885）刻本《爱育堂征信录》一卷，内封题“羊城兴隆街学文堂刊刻”；清道光二十七年（1847）刻本《小书巢诗赋汇存》三种，内封背面牌记镌“道光丁未冬重刊于五羊官舍”；清光绪十四年（1888）刻本《北堂书钞》一百六十卷首一卷，内封镌“南海孔氏三十有三万卷堂校注重刊”；清道光十年（1830）刻本《海云禅藻》四卷，卷端题刻书人为“番禺陶克昌重刊”。

迄今为止的各种古籍著录规则，在著录古籍的刻印地点时，基本都采用照录

或省略的原则。作为中国国家标准的《古籍著录规则》（GB 3792.7—2008），虽然没有明确提出地名照录，但在涉及抄刻地、修版地、印刷地等所有地名的举例中，都可以看出采用的是按著录对象所述予以照录的原则。国家图书馆出版社 2014 年出版的《国家图书馆古籍元数据规范与著录规则》一书，其著录规则在“出版者”元素部分更是明确规定：“出版者、出版地均按著录对象原题著录，不予规范。”①

对于抄刻地、印刷地的实际著录，各藏书机构基本上也是采用了照录的原则。以参加“高校古文献资源库”② 的 25 个图书馆的书目记录为例：中山大学图书馆藏清张心言撰《地理辨正疏》五卷首一卷末一卷，版本著录为“清道光七年（1827）粤东省城以文堂刻本”；北大图书馆藏清瑞昌撰《端江录别》，版本著录为“清光绪元年（1875）粤东省城业文堂刻本”。“粤东省城”这个地名还是比较好识别的，但像那些书上只标出“省城”字样的古籍，如果仍然采用照录原则去著录，读者单凭书目记录，就难以判断其准确的地点。如中国人民大学图书馆藏清李绍崧选订《曲江书屋新订批注左传快读》十八卷卷首一卷，内封面镌“省城双门底芸楼藏板”，该条书目记录的版本也照录为“清同治十一年（1872）省城双门底芸楼刻本”，一般读者仅根据该书目记录就不一定知道这个省城是哪个省的省城了。

根据照录原则，著录出版地为“羊城”“五羊”的也有不少。如北大图书馆藏清尹端模译《病理撮要》一卷，内封面镌“光绪十八年新镌 / 羊城博济医局藏板”，于是版本就著录为“清光绪十八年（1892）羊城博济医局”。又如中山大学图书馆藏乾隆十四年（1749）施念曾、张汝霖补辑之《宛雅》初编八卷二编八卷，内封题“五羊达朝堂梓”六字，于是该馆书目记录的版本也著录为“清乾隆十四年（1749）五羊达朝堂刻本”。人们一般都知道“羊城”“五羊”是广州的别称，所以这样的著录还不会发生误解。但还有不少是著录出版地为“南海”“番禺”的，人们就不一定能将其与广州联系起来。其实南海、番禺都是广州府的附郭县，县治都在广州府城中，番禺县衙在今天的广州市中心老城区，南海县衙就在其西边

① 肖珑，苏品红，刘大军《国家图书馆古籍元数据规范与著录规则》，北京：国家图书馆出版社，2014 年：第 57 页。

② 本文所举各例及书影，均采自“学苑汲古——高校古文献资源库”：http://rbsc.calis.edu.cn：8086/aopac/jsp/indexXyjg.jsp.

不远的地方，是最地道的广州城。采用上述地名著录不能说有错，问题在于读者如果用“广州”作为出版地来检索，就检索不到这些古籍的书目记录了。

还有一种比较普遍的现象，就是许多广州刻印出版的古籍只标注街名、社区名，如双门底、西湖街、宝华坊等，而不标注城市名。按照古籍著录地名的原则，是著录县级以上行政区划的名称，低一级的街道名是不著录的。这时根据地名照录的原则就无法著录出版地了。

例如中国人民大学图书馆藏清冯李骅评辑《左绣》三十卷卷首一卷，内封镌“双门底瑞云楼藏板”，编目员不知道“双门底”是什么，就只著录版本为“清（1720—1911）瑞云楼刻本”。北京大学图书馆藏清莎彝尊撰《正音咀华》三卷附仪略，内封镌“咸丰癸丑孟春 / 双门底聚文堂藏板 / 朱注 / 正音咀华 / 仪略附后 / 张维屏题”，没有标明刻印者是在哪个城市，所以版本就著录为“清咸丰三年（1853）聚文堂刻本（朱墨套印）”，出版地也不见了。

其实双门底是广州一个地名，地点在今北京路中段，清代其北叫双门底上街，其南叫双门底下街，清末是书坊聚集之地，极为有名。曾担任过学海堂山长的番禺人侯康（1798—1837），曾作《双门底卖书坊拟白香山新乐府》一诗云：“双门底，比阙峙。地本前朝清海楼，偃武修文书肆启。东西鳞次排两行，庋以高架如墨庄。就中书客据案坐，各以雅号名其坊。”现已知位于双门底的书坊就有：文选楼、全经阁、味经堂、聚文堂、福芸楼、聚锦堂、儒雅堂、九经阁、芸香堂、拾芥园、经韵楼、三元堂、古经阁、集成堂、登云阁、壁鱼堂、汲古堂、伟文堂、古香楼、经史阁、瑞云楼、元奎阁、纬文堂、文华阁、芸楼、文英阁、圣教书楼等，数量多达几十家，可见当年该处书业之繁盛。

双门底西边，有一条东西向的街道叫西湖街，也是书坊聚集之地，规模仅次于双门底，称得上是“书坊一条街”。西湖街上有名的书坊有：富文斋、六书斋、萃古堂、超华斋、绍经堂、博文斋、聚珍堂、心简斋、效文堂、正文堂、酌雅楼、留香斋、汗青斋、成文堂、墨宝楼、鸿文堂、藏珍阁、宝珍楼、艺苑楼、六云斋、行远堂、迂斋等二十余家。西湖街名气大，当时知道的人多，所以书坊在刊刻牌记时并不很留意将前面冠以比较准确的城市名，有的甚至干脆就只写西湖街某书坊。

例如中国人民大学图书馆藏清光绪三十二年（1906）刻本《忏花盦诗存》

十一卷，卷末镌“省城西湖街成文堂刊印”，编目员因为不知道“省城”确指那里，也没有西湖街方面的知识，所以出版地就付之阙如。

又如复旦大学图书馆藏清咸丰四年（1854）刻本《磨盾余谈》二卷，书上没有明确标明出版地而只标注“西湖街”。编目员就根据“西湖”二字，想当然地将出版地著录为杭州，这部书的版本就著录成了“清咸丰四年（1854）杭州西湖街藏珍阁”，将出版地从广州挪到杭州了。

还有一个宝华坊，就更容易著录错了。宝华坊是清代广州西关的一处街区。建于20世纪30年代的宝华路，便是其当年所在的部分孑留。清代广州首富潘氏家族，就居住在宝华坊。所以宝华坊的这个“坊”，是指古代城市如街市里巷一样的居民聚居区，而不是书坊的“坊”。编目员如果没有这个知识，稍一马虎，就会出错。如清六承如编《皇朝舆地略》一书，有清同治二年（1863）广州刻本，该本内封背面牌记题“同治二年孟夏刊于广州城西宝华坊”。有些图书馆的编目员误以为宝华坊是书坊名称，据此就将出版者著录为宝华坊。其实该本书后镌有“粤东省城西湖街藏珍阁承刊”木记，可以将出版者著录为藏珍阁。

错得最多的是对清冯询撰《子良诗录》二卷附摘句一卷的著录，该书内封背面牌记镌“同治二年孟夏刊于广州城西宝华坊”，与《皇朝舆地略》牌记的字体内容一模一样。北大、清华、复旦、苏州大学等许多高校图书馆都误认为宝华坊是书坊名称，将版本著录为“清同治二年（1863）广州城西宝华坊刻本”。我们在著录系统中可以很明显地看到，其中“宝华坊”三字是放在出版者一栏的。

由于古籍内封、牌记中对地名的标注十分随意，导致古籍版本中的地名著录如采用照录原则，在现实中就会产生一定的混乱。

同治二年广州刻本《皇朝舆地略》牌记

同治二年广州刻本《子良诗录》牌记

机读目录格式如 CNMARC 虽然有 620 字段设置了“出版地 / 制作地检索点”，但在实践中很少使用。现行的以 DC 元数据标准为基础的古籍元数据标准，基本是将著录与检索融为一体的，并不为出版地或印刷地设置单独的检索点。所以对于采用 DC 类型古籍元数据标准进行古籍编目的，就只能在地名著录的规范化上找出路。

结合广州刻书中广州地名标注的各种情况，笔者以为，著录古籍出版项中的地名时，最好采用该地在当时的正式名称，而不要用简称、别称；如果书上没有标明出版地，或只标明了街道、区社名称，也可以在考究确切的情况下，直接著录出版地的正式名称。总之，由于采用元数据格式的不同，古籍地名的著录也应随之发生相应的变化，以更好地揭示古籍，满足读者的检索阅览需要。

二、官、私出版者的名义掩盖了实际的刻印者

中国古代的官刻、私刻与坊刻之间并没有截然的界限。清末广州商品经济发达，书坊林立，无论公私刻书，都习惯于将刻印乃至发行事务交给书坊承办，例如清光绪五年（1879）广州学海堂刻本《东汉会要》四十卷，内封背面镌“光绪己卯八月岭南学海堂刊”，目录后则镌“粤东省城西湖街富文斋承刊印售”。著录时，编目员一般都选取学海堂作为出版者，而实际的刻印者富文斋却常常被忽略掉了。

富文斋在嘉庆十八年（1813）即见刻书，民国时尚存在，为广州刻书规模最大的书坊之一，承接公私刻书最多。公刻像学海堂、菊坡精舍、广东书局所刻各书，如《学海堂集》《学海堂丛刻》《续通典》《皇朝通典》《菊坡精舍集》《通志堂

经解》《广州府志》等，私刻如伍崇曜《岭南遗书》、李光廷《守约篇丛书》、陈澧《东塾丛书》、陈在谦《国朝岭南文钞》、黄遵宪《日本国志》等，都是富文斋承接刊刷的。

但富文斋并不是唯一一家承揽学海堂图书刻印业务的书坊，广州的许多书坊都有与学海堂合作的经历。如清同治九年（1870）学海堂出版的《尚书札记》四卷，内封背面牌记镌“同治庚午春仲刊板藏学海堂”，卷末镌“粤东省城龙藏街萃文堂刊刷”。

清咸丰十一年（1861）学海堂刻本《皇清经解》一千四百零七十八卷书前有夏修恕序云：“道光初，宫保总督阮公立学海堂于岭南以课士，士之愿学者苦不能备观各书，于是宫保尽出所藏，选其应刻者付之梓人，以惠士林，委修恕总司其事……修恕校勘剞劂，四载始竣。计书一百八十余种，庋板于学海堂侧之文澜阁，以广印行。”

夏修恕的序说明了学海堂的刻书，是由阮元负责选书，夏修恕负责校勘定稿，由书坊实施刻印，所以才能在短短四年间就刻了180余种书。在这种情况下，官府与书坊的关系可以说是出版者与实际刻印者的关系，书坊的角色相当于现在的印刷厂，而不是出版者。

官刻书中有许多是部头巨大、卷帙浩繁的，为了争取时间，常常由几家书坊共同刊刻。如：清同治七年（1868）广东书局出版的《钦定四库全书总目》二百卷卷首一卷，书后题“粤东省城富文斋、萃文堂、聚珍堂承刊”；同治三年重刻本阮元修《[道光]广东通志》三百三十四卷首一卷，书后题“粤东省城西湖街富文斋、龙藏街萃文堂承办”。

有些私人刻书常将刻印之事交付书坊办理，但又以自己的室名堂号作为刻书者。如北京大学图书馆藏朱墨套印本《苏文忠公诗集》五十卷，内封题“粤东省城翰墨园藏板”，封后镌“同治八年孟秋刊于韫玉山房”。按照现今著录规则，我们著录出版者为韫玉山房，而将广州翰墨园著录为印刷者。

又如北京大学图书馆藏清何炳堃著《经义初阶》，内封镌“宣统二年孟冬镌/每本实价银壹毫半/学院前翰元楼发售/经义初阶/介如石斋藏板”。卷末有宣统二年杨松芬跋，末镌“粤东省城学院前翰元楼刊刷”。该书的版本著录为：“出版：

清宣统二年（1910）介如石斋；印刷：广州翰元楼。”这种处理方法就不会产生混乱了。

过去的各种古籍目录很少著录实际的刻印者，学者引用文献时也是只提出版者而不提刻印者，这就造成许多承办图书刻印事务的书坊名称及其业绩被埋没。在对广州刻书的著录和文献征引中，这种现象表现得尤为突出。目前作为我国国家标准的《古籍著录规则》和《汉语文古籍机读目录格式》，乃至DC类型的古籍元数据标准，都在抄刻者和抄刻地外，设置了印刷者和印刷地的著录事项，弥补了这一缺憾，这是古籍著录法的进步。图书馆古籍编目人员要善于使用这一方法，不要轻易埋没实际刻印者的名称和功绩。

三、著录私人出版者的籍贯导致读者对刻印地点的误判

公立机构出版图书的刻印地，主要是地名的别称、简称以及省略等问题，无论怎样著录，读者根据其地理知识还可能做出正确的判断。但如果出版者为私人，传统的著录方法习惯于将籍贯和人名一起著录，就很容易使读者产生对图书出版地的误判。

例如中国人民大学图书馆藏清董佑诚撰《皇清地理图》不分卷，卷末镌“广东省城西湖街富文斋承办”，但编目员根据出版者应著录主持出版者的规定，又加上了出版者的籍贯，将该书版本著录为“清咸丰六年（1856）长沙胡氏刻本”。读者如仅看该书的简单书目记录，就会误以为该书是在长沙刻印的。

该馆藏清陈坤著《如不及斋诗钞》一卷，卷末端印有“羊城西湖街艺苑楼刊刷”字样，但版本著录却是“清同治十一年（1872）钱塘陈氏刻本”。也是同样的问题。

有些情况更复杂一些，如北京大学图书馆藏《重刻元本草堂诗笺》二十二卷，该条书目记录著录出版者为“清光绪二年（1876）巴陵方氏碧琳琅馆”。这是因为该书内封后有“光绪纪元岁在乙亥三月巴陵方氏碧琳琅馆开雕”牌记，下书口也镌印有“碧琳琅馆开雕”字样。但该书卷末还有一行木记：“粤东省城西湖街富文斋承接刊印”，说明该书是由广州书坊富文斋承接刊印的。如果读者只看该书的简要书目记录，就会误以为该书是巴陵刻本。其实巴陵在湖南省，是刻书主持人

光緒紀元歲在乙亥三月巴陵方氏碧琳琅館開雕

清光绪二年《重刻元本草堂诗笺》牌记

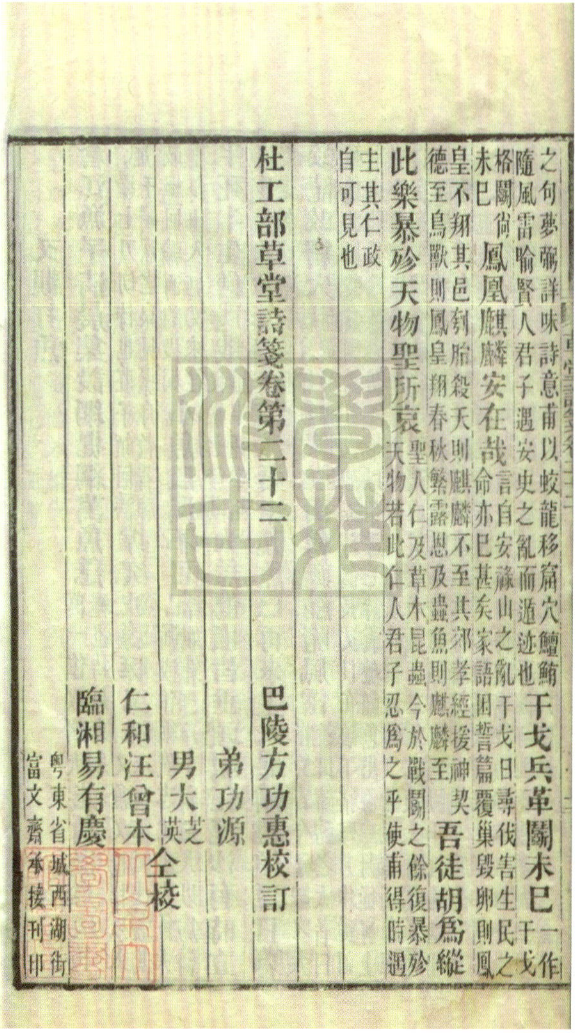
杜工部草堂詩箋卷第二十二
巴陵方功惠校訂
弟功源
男大芝 大英 仝校
仁和汪曾本
臨湘易有慶
粵東省城西湖街富文齋承接刊印

清光绪二年《重刻元本草堂诗笺》卷末

的籍贯，刻书主持人方功惠的居住地就在广州。北大图书馆对出版者的著录方式是传统的著录方式，不能说不对，但今天看来，更合适的著录方法应该是著录出版者当时的所在地广州，而不是出版者的籍贯巴陵，同时还应该著录该书的印刷者广州富文斋。

因著录出版者籍贯而产生的误解，甚至直接影响到中国书史、中国出版史的研究。这方面最典型的一个例子就是六色套印本《杜工部集》。

中国历史上，文字内容套印色数最多的就是清道光十四年（1834）卢坤六色套印的《杜工部集》。该书内封题“道光甲午季冬 / 杜工部集 / 芸叶盦藏板”；又左上角小字镌：“五家评本 / 王世贞　元美　紫笔 / 王慎中　遵岩　蓝笔 / 王士禛　阮亭　朱笔、墨笔 / 邵长蘅　子湘　绿笔 / 宋荦　牧仲　黄笔。”

卢坤（1772—1835），字静之，号厚山，顺天府涿州（今河北省涿州市）人。嘉庆四年（1799）进士，选庶吉士。历任兵部主事、兵部员外郎、兵部郎中、广东惠潮嘉道、山东兖沂曹济道、湖北按察使、甘肃布政使、广西巡抚、陕西巡抚、山东巡抚、山西巡抚、广东巡抚、湖广总督、两广总督等职。卒后赠太子太师、兵部尚书，谥敏肃。

卢坤是在道光十二年（1832）八月调任两广总督的，九月兼署广东巡抚。道光十五年八月卒于任上，任两广总督的时间整整三年。芸叶盦是卢坤的斋名，道光甲午是道光十四年（1834），正是卢坤在任两广总督期间。六色套印本《杜工部

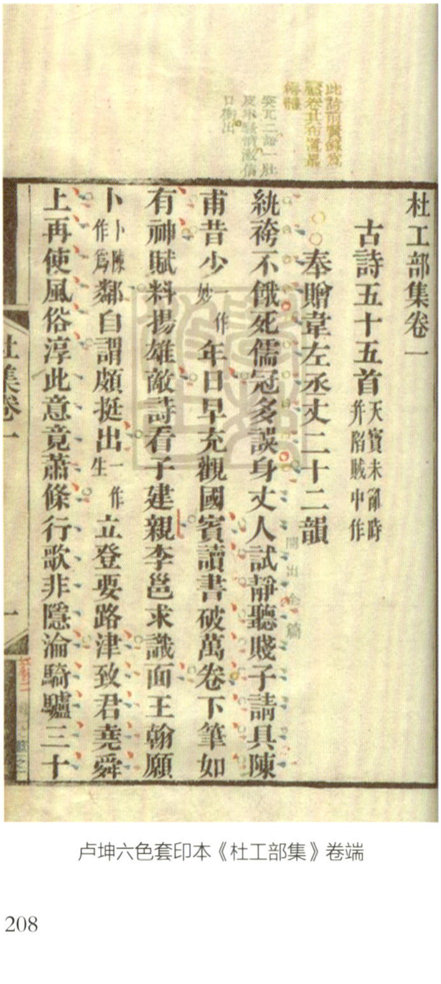

卢坤六色套印本《杜工部集》卷端

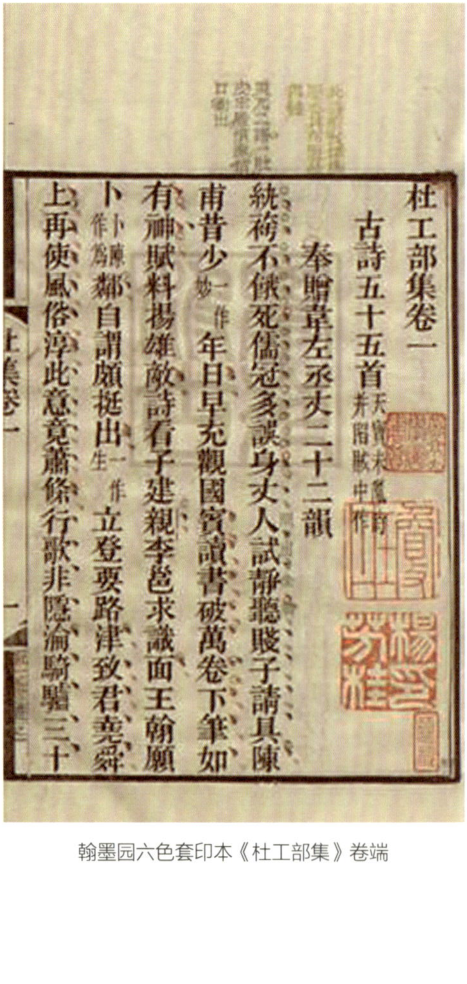

翰墨园六色套印本《杜工部集》卷端

集》的刻印只能是在广州。这也可以解释为什么恰恰是广州的翰墨园书坊在清光绪二年（1876）又重新刻印了六色套印的《杜工部集》。

翰墨园刻本内封面题“杜工部集 / 五家评本 / 王弇州紫笔 / 王遵岩蓝笔 / 王阮亭朱墨笔 / 宋牧仲黄笔 / 邵子湘绿笔”，内封背面镌“光绪丙子三月粤东翰墨园刊”。与卢坤刻本极为神似，很有可能卢坤道光十四年的本子就是委托翰墨园代为刻印的。

实际上，卢坤以两广节署名义于清道光十三年（1833）刊刻的朱墨套印本《史通削繁》四卷和《文心雕龙》十卷，于道光十四年（1834）刻印的朱墨套印本《苏文忠公诗集》五十卷，都是广州翰墨园刻印的。如《文心雕龙》十卷内封背面牌记题“道光十三年冬刊于两广节署”，该叶左下镌“粤东省城翰墨园藏板”。

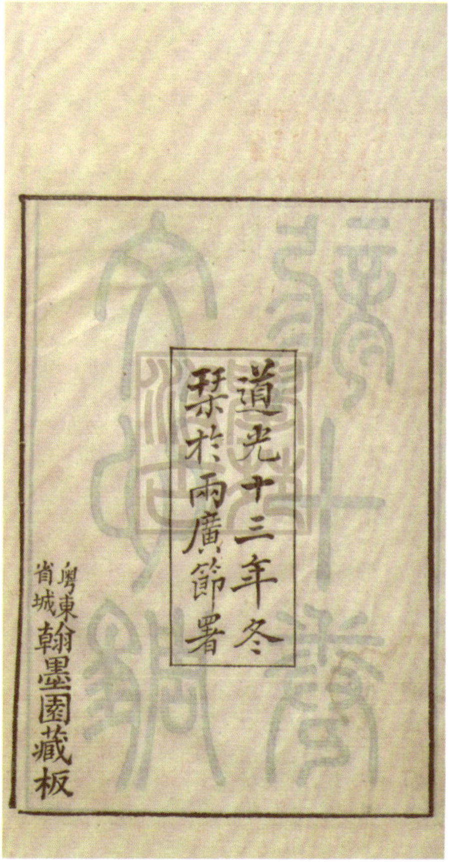
道光十三年冬
栞於兩廣節署
粵東省城
翰墨園藏板

两广节署刻本《文心雕龙》牌记

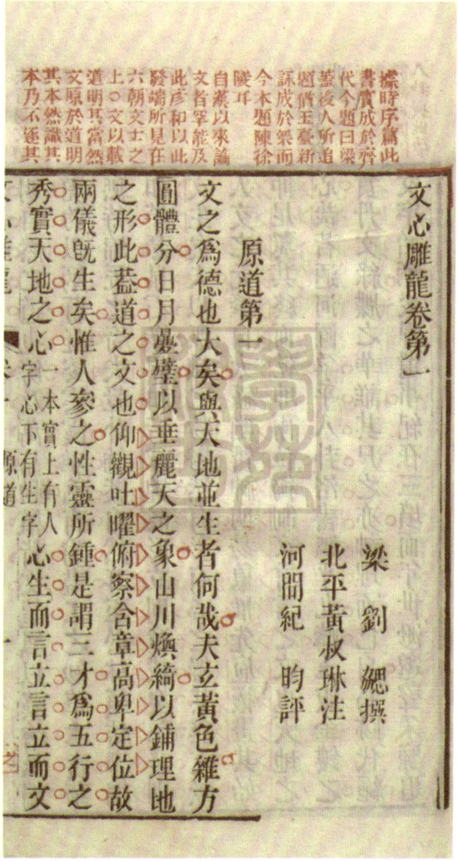
文心雕龍卷第一
梁 劉 勰撰
北平黃叔琳注
河間紀 昀評
原道第一
文之為德也大矣與天地並生者何哉夫玄黃色雜方圓體分日月疊璧以垂麗天之象山川煥綺以鋪理地之形此蓋道之文也仰觀吐曜俯察含章高卑定位故兩儀既生矣惟人參之性靈所鍾是謂三才為五行之秀實天地之心生而言立言立而文

两广节署刻本《文心雕龙》卷端

翰墨园主人骆浩泉，从道光年间就开始刻书，光绪年间刻书尤多。翰墨园刻书，多为经书、正史和子集名著，如《御纂周易折中》二十二卷首一卷，《钦定书经传说汇纂》二十一卷首二卷，《钦定春秋传说汇纂》三十八卷首二卷，《钦定诗经传说汇纂》二十一卷首二卷，《史记集解索隐正义合刻本》一百三十卷，《南北史捃华》八卷，《史通通释》二十卷，《七修类稿》五十一卷续稿七卷，《徐孝穆集笺注》六卷，《外台秘要》四十卷等。

翰墨园刻书的另一特色，即多套印本。朱墨本如据叶树藩海录轩本翻刻之《昭明文选李善注》六十卷，据听雨斋本翻刻之《唐贤三昧集笺注》三卷、《苏文忠公集》五十卷、《陶渊明集》八卷卷首一卷卷末一卷、《史记菁华录》六卷、《文心雕龙》十卷、《史通削繁》四卷等；三色套印本有据秀野堂本翻刻之《昌黎先生诗集注》十一卷；四色套印本有《重刊补注洗冤录集证》六卷；五色或六色套印本就是五家评本《杜工部集》了。孙毓修《雕版源流考》曾说“套板印本广东人为之最精”，其实说的就是翰墨园。翰墨园可称是清末广州书坊精湛刻印技术的突出代表。

但过去几乎所有对该六色套印本《杜工部集》的著录都是涿州卢坤刻本，没有揭示其为广州刻本。由于各家书目记录都没有明确著录卢坤的六色套印本《杜工部集》为广州刻本，导致各种中国书史著作也对其认识不清，连张秀民先生的那部书史名著《中国印刷史》，在叙述卢坤的六色套印本《杜工部集》时，都没有说明这部书是在哪里刊印的，当然更不能指出光绪二年（1876）翰墨园刻六色套印本《杜工部集》与其之间的渊源关系了。

由此看来，著录出版者籍贯的做法很不可取，尽管在编目格式上，籍贯是和出版者的姓名一起著录在出版者项的，但由于在供读者使用的显示界面上它恰好位于出版地的位置，导致籍贯地名很容易和出版地相混淆。特别是当出版地和出版者籍贯同时都著录的时候，就更乱套了。

著录私人出版者籍贯的做法是古已有之的，现在的许多古籍书目也传承了这一做法。但事实上籍贯的著录必要性不大，而出版地的著录却相当重要。为了使二者不致发生混淆和冲突，笔者根据多年的古籍编目实践经验，建议古籍编目最好彻底取消对私人出版者籍贯的著录。

四、广雅书局所刻书不都属于《广雅丛书》

古籍版本著录中过去常有“×× 丛书本”的说法，后来的卡片目录和现在的计算机编目一般也都设置“丛书项”或“丛编项”，指出某书为某部丛书的零种，自然版本情况也大多等同于所属丛书的刻印年代了。广州在清末民初刻印了许多丛书，如《粤雅堂丛书》、《学海堂丛刻》、《广雅丛书》（又名《广雅书局丛书》）、《碧琳琅馆丛书》、《端溪丛书》、《紫阳丛书》等。这其中，《广雅丛书》的情况比较特殊，著录广雅书局所刻书时需要格外注意。因为现在图书馆古籍编目中有一种错误做法，就是凡碰到单种的广雅书局刻本时，都在“丛书项”（或称“丛编项”）著录“广雅书局丛书”或“广雅丛书”，意为该书是从《广雅丛书》中散出的零种。

广雅书局由时任两广总督的张之洞于光绪十三年（1887）十月创办，第二年即开始刻书出版发售，至光绪三十年（1904）书局停办，历时近二十年，期间共刻书 215 种，其中如《钦定全唐文》一千卷、翻刻《武英殿聚珍版丛书》一百四十八种等大部头书，都各算作其中的一种，可见广雅书局刻书规模之大。

《广雅丛书》并非广雅书局刻书的全部，而是民国九年（1920）广东图书馆附设之“广雅版片印行所”据广雅书局所刻书版选编重印而成的一套大型丛书。广雅书局刻书之初并未考虑以丛书的形式刻印书籍，但因大多采用统一的稿纸写样上版，所以版式非常统一：四周单边，上下小黑口，单鱼尾，中刻书名、卷次和页码，版心下方右侧刻“广雅书局刊”五字。版框左上有书耳，记本版字数；绝大多数为半叶十一行，每行二十四字，大小字字数相同；版框的规格也基本相同，一般框高 21 厘米，宽 15 厘米，各书之间的差别基本上不超过一厘米。这就为后来《广雅丛书》的汇编出版创造了条件。所以民国九年广州图书馆成立“广雅版片印行所”对广雅书局刻书版片进行整理时，就明确冠以《广雅丛书》之名汇编印行。民国十六年二月更定的《“广雅版片印行所”营业书目》中有以下夹注：“以上共一百五十五种，分钉五百六十二册，板式一律，统名《广雅丛书》。”《广雅丛书》诸书刊刻年代，最早为光绪十三年，最迟是光绪二十七年，历时长达十五年，基本上汇集了广雅书局刻书的精华。

现在各图书馆所藏各种广雅书局刻书许多都是当年作为单刻本出版的，各有其授受源流，并不一定属于后来出版的《广雅丛书》的零种；有些书甚至根本就不在《广雅丛书》子目之列。将这类书著录为《广雅丛书》本或在丛书项著录“广雅丛书”或“广雅书局丛书”字样，显然是不合适的。

例如北京大学图书馆藏《三国志补注续》一卷，内封背面牌记镌“光绪辛卯十二月广雅书局刊”，内封钤朱色木记“粤省双门底儒雅堂书坊”，说明该书是在清光绪十七年（1891）刻印出版后，随即由儒雅堂书坊负责发兑的。但该条书目记录在丛编项著录了“广雅书局丛书”字样，这就不符合历史了。

又如北京大学图书馆藏《元史氏族表》三卷，封后镌“光绪甲午春三月广雅书局校刻”，卷端钤“大学堂藏书楼之章”阳文朱印，说明该书是在清末京师大学堂藏书楼时期入藏的，这时还没有《广雅丛书》的编纂，但该书目记录仍在丛

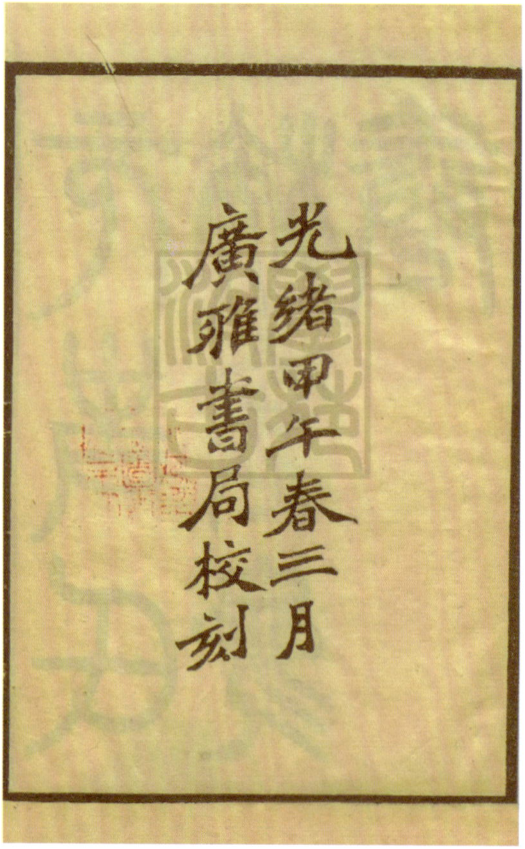
光緒甲午春三月
廣雅書局校刻

广雅书局刻本《元史氏族表》牌记

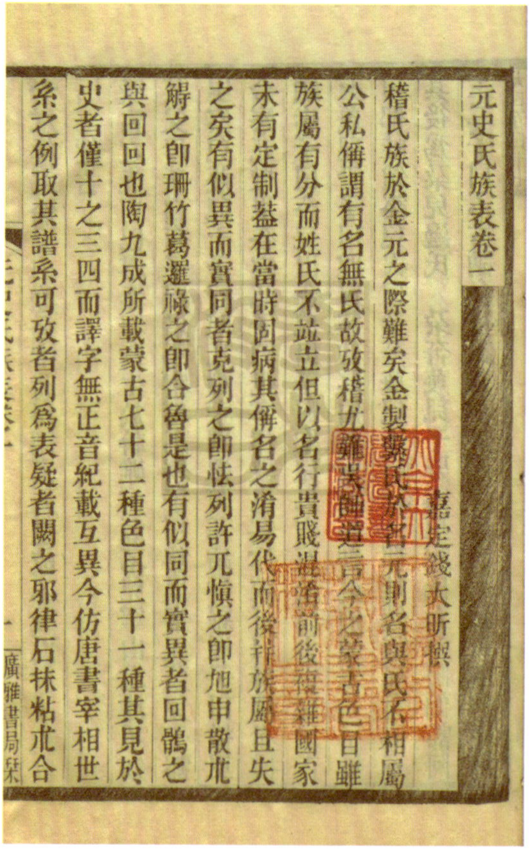

广雅书局刻本《元史氏族表》卷端

编项著录“广雅书局丛书”，应该删去。

其实，古代许多丛书的形成都有类似《广雅丛书》的这种情况，将单刻本著录为某种丛书的零种的现象也并不罕见。本文提出《广雅丛书》零种的著录问题，不仅是为了纠正对广雅书局刻书的一些不当著录，更是为了减少古籍编目中类似错误的发生，提高古籍书目记录的准确性和可靠性。

五、结语

古籍抄刻地、印刷地的著录问题，历来是图书馆古籍编目中一个难于处理的环节；私人出版者的籍贯是否应该著录，对此人们也是见仁见智；官、私刻书者和具体实施刻印事务的书坊之间的关系，也绝非今天出版社与印刷厂之间的关系那么简单；丛书的版本情况更是多种多样。古籍版本著录的这些复杂性在广州刻书中表现得尤为集中和突出。上述对广州刻书版本著录问题的分析，希望能引起古籍编目人员注意到这些问题，妥善处理好相应的著录事项；同时也提醒学者在利用古籍书目数据库检索古籍时，最好是多种思路、多种途径、多个角度地进行检索查阅，才能获得更为全面、完整的数据，使自己的研究成果严谨而周密。

原载《版本目录学研究（第六辑）》，北京大学出版社，2015年：第309—321页

“高校古文献资源库”的建设与发展

一、建设历程

“高校古文献资源库”的规划和设计发轫于2000年“北京大学数字图书馆古文献资源库”的建设。“北京大学数字图书馆古文献资源库”由北京大学图书馆负责建设，由中国高等教育文献保障系统（China Academic Library and Information

秘籍琳琅：北京大学数字图书馆古文献资源库首页

http://rbdl.calis.edu.cn/aopac/indexold.jsp

System，CALIS）提供技术支持，于2000年9月开始筹备，到2003年底初步建成，为国内外广大读者提供服务，其发布平台为“秘籍琳琅”。

在此基础上，CALIS随即又提出建设“高校古文献资源库”的设想，从2004年4月立项起步，迄今已发展成为高校范围内全球规模最大的中文古籍联合书目网络数据库，在社会上产生着日益广泛的影响。

（一）“高校古文献资源库”的一期建设

高校图书馆是我国公共图书馆系统之外，收藏中国古籍数量最大的图书馆系统。高校图书馆处在为学校教学、科研服务的第一线，古籍的收藏和利用为其重要的工作内容。因此，如何尽快实现馆藏古籍书目信息的数字化和网络化、实现古文献资源的共建共享，是许多高校图书馆在网络化时代面临的迫切任务。

基于此种考虑，2004年初，由北京大学图书馆牵头，联合南京大学图书馆、北京师范大学图书馆、四川大学图书馆，筹划建立包含多个高校图书馆古文献资源的数字图书馆或数据库，并以“高校古文献资源库”为项目名称。这一想法得到了CALIS的积极支持。同年6月，“高校古文献资源库”被批准列为CALIS“十五”建设项目“专题特色数据库”中的一级资助项目。从2004年6月项目开始实施到2006年9月20日项目一期验收，经过各成员馆两年多的紧张工作和艰苦努力，“高校古文献资源库”的建设取得了如下成效：

1. 建立了我国第一个高校校际古文献资源库。“高校古文献资源库”验收时，4个参建馆提交古籍元数据量202 449条，书影和全文图像数量5 467幅，电子图书1万余册。

2. 设计开发了基于新型元数据标准的网络型古籍联机编目系统，系统设计合理，实用高效。借助该著录系统，在项目实施后不到2年的时间，4个参建馆就都迅速完成了各馆所藏古籍的计算器回溯编目工作。

3. 推出了具有古文献特色的检索服务平台——“学苑汲古”，检索途径多种多样，系统运行良好。

4. 制订了一套适用的古文献数字化标准，包括：古籍元数据规范、古籍著录规则、古文献数字加工标准。

“高校古文献资源库”在验收通过并正式对外开放服务后，得到社会的普遍

“学苑汲古：高校古文献资源库”一期主页

好评，并受到国内外高校图书馆的关注，许多高校图书馆迫切希望加入，所以此后又酌情增加了香港中文大学图书馆、华东师范大学图书馆、吉林大学图书馆 3 个成员馆。截止到 2010 年 9 月底，该库已成为包含 7 个成员馆共 31 万条古籍元数据、2.6 万幅书影和全文图像、1 万余册电子图书的古文献网络数据库。

（二）“高校古文献资源库”的二期建设

2010 年 9 月 20 日，CALIS 三期建设正式启动。鉴于“高校古文献资源库”前期建设的成功进行和突出地位，以及许多高校图书馆不断主动申请加入该资源库的现实需求，该项目成为 CALIS 三期建设的重点建设项目，并制订了新的目标，即：“联合更多的收藏古籍有一定规模的高校图书馆，扩大建设高校古文献书目与全文图像资源库，尽可能多地反映我国高校古籍收藏情况，在为参建馆提供馆藏古籍回溯编目服务的基础上，建立全文图像加工与共享服务机制，促进高校图书馆藏古籍的编目整理与资源共享，在读者与图书馆之间建立方便快捷的沟通管道。”

“学苑汲古：高校古文献资源库”二期主页

http://rbsc.calis.edu.cn:8086/aopac/jsp/indexXyjg.jsp

经过各成员馆卓有成效的努力，到 2012 年 4 月 27 日项目验收时，“高校古文献资源库”成员馆增加到 24 个，古籍元数据达 63.8 万条、书影 24 万幅、电子图书 8.35 万册。复旦大学图书馆、吉林大学图书馆、四川大学图书馆三个成员馆，还利用“高校古文献资源库”发布平台“学苑汲古”，率先开展了在 CALIS 高校成员馆范围内三馆馆藏普通古籍的文献传递服务。

在此之后，又有中国海洋大学图书馆、美国华盛顿大学东亚图书馆、加拿大英属哥伦比亚大学亚洲图书馆、美国哈佛大学哈佛燕京图书馆四个馆陆续参加进来，资源库中的数字资源也在不断增加。截止到 2017 年 5 月底，“高校古文献资源库”已经拥有海内外 28 所高校图书馆成员馆，包含 67 万余条古文献书目记录、30 万幅书影图像和 8.35 万册电子图书。随着时间的推移，这些数字还在不断增加中。

表 1 “高校古文献资源库”28 个成员馆一览

序号	图书馆	序号	图书馆
1	北京大学图书馆	15	山东大学图书馆

续表

序号	图书馆	序号	图书馆
2	清华大学图书馆	16	苏州大学图书馆
3	中国人民大学图书馆	17	郑州大学图书馆
4	北京师范大学图书馆	18	河南大学图书馆
5	复旦大学图书馆	19	厦门大学图书馆
6	华东师范大学图书馆	20	中国海洋大学图书馆
7	南京大学图书馆	21	内蒙古大学图书馆
8	南京师范大学图书馆	22	宁夏大学图书馆
9	中山大学图书馆	23	浙江师范大学图书馆
10	四川大学图书馆	24	香港中文大学图书馆
11	武汉大学图书馆	25	澳门大学图书馆
12	南开大学图书馆	26	美国华盛顿大学东亚图书馆
13	吉林大学图书馆	27	加拿大英属哥伦比亚大学亚洲图书馆
14	辽宁大学图书馆	28	美国哈佛大学哈佛燕京图书馆

二、建设机制

（一）组织管理

作为 CALIS 三期重点建设项目的“高校古文献资源库”二期建设，在充分吸收一期建设经验的基础上，进一步完善了对项目的管理，成立了以北京大学为首、联合主要高校成员馆作为核心的项目管理组；在项目管理组下又设立业务工作组，具体负责制订建设方案，拟订相关规范和标准，对参建馆予以相关技术指导和业务培训，进行质量监控，协调资源建设，以保证项目的顺利实施和圆满完成。

（二）资源建设

资源建设包括元数据加工和书影、全文图像及电子图书的数字加工。

元数据由参建馆依据统一的元数据标准著录，并提交至项目中心数据库存贮。考虑到古籍版本的多样性，各馆古籍元数据的提交不以查重为前提，不进行数据合并，系统的设计也不支持成员馆之间的数据合并。

元数据的建设在采取联机编目方式的同时，充分整理利用各参建馆已有的古籍数字化成果，尽可能地将各馆已有的各种格式电子化古籍书目数据批量导入到“高校古文献资源库”系统中，然后由各馆逐条进行校对修改。

作为“高校古文献资源库”二期建设的重点内容之一，项目管理组鼓励各参建馆提供古籍书影图像的扫描、上传和链接，并予以相应的经费补贴。书影一般只选择古籍的卷端、内封、牌记叶等少数几个叶面进行扫描，每书原则上不超过 3 幅。

全文图像的格式与书影相同，但反映文献内容更为全面，通常用于书画、舆图或尺牍原件等作品。扫描工作由各参建馆进行，所得书影图像和全文图像则由各馆利用“高校古文献资源库”古籍著录系统上的“图像编辑”工具提交并与相应的元数据挂接，也可以批量提交到项目组，集中加工和上传、链接。

电子图书的提供基于两种情况：一是由图书馆主动进行古籍全文数字化而提供的电子图书，一种是过去应读者具体要求进行全文数字化复制而产生的电子图

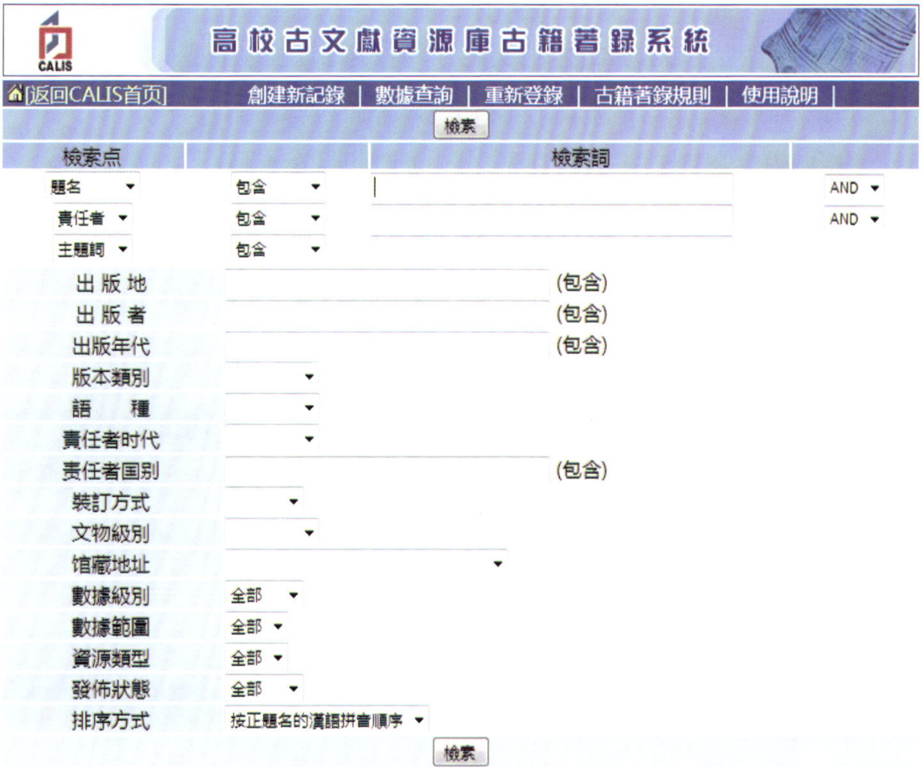

“高校古文献资源库”著录系统的检索界面

书。电子图书的提交和挂接与书影图像和全文图像类似，也是由各馆利用“高校古文献资源库”古籍著录系统上的“电子图书编辑”工具提交并与相应的元数据挂接，也可以批量提交到项目组集中加工和上传、链接。

（三）服务机制

“高校古文献资源库”提供给各参建馆一个富有古文献特色的服务平台，并采取以下共享服务机制：

- 参建馆可以上传、修改、复制、删除、下载本馆的元数据；
- 参建馆可以检索、浏览、套录其他馆的元数据，借以生成本馆元数据，但无权修改和删除其他馆的元数据。
- 书影的中精度图像随元数据对全社会开放；参建馆古籍编目员则可以浏览其他馆各种精度的书影和全文图像、电子图书。

（四）技术支持

在项目管理组的领导下，由业务工作组负责组织、建立和完善相应的标准规范，包括古文献元数据规范和著录规则、古文献数字加工规范、古文献全文图像的共享服务机制，并同时建立质量监控机制，保证数据质量。

CALIS 为参建馆提供古文献资源加工、管理和服务诸系统，并根据项目业务工作组提出的各项需求，及时完成对系统的修改、完善和维护工作。

三、建设特点

（一）数据资源体量庞大

目前国内收藏古籍规模较大的高校图书馆大都已加入“高校古文献资源库”中，今后还会有更多的海内外高校图书馆加入进来。“高校古文献资源库”的体量将不断增大，越来越广泛地反映高校图书馆系统的古文献资源收藏。

“高校古文献资源库”的建设宗旨之一，就是全面反映每一个参建馆完整的古籍收藏，所以要求参建馆尽可能提交本馆全面完整的古籍书目记录。随着参建馆的日益增多，该资源库也必将成为一个名副其实的系统而完备的高校馆藏古籍联合目录数据库。

“高校古文献资源库”内容不仅仅限于书目数据，同时还包含了大量的古籍书影图像和古籍全文电子图像等，已超出联合目录的范畴，具备了一个古文献数字图书馆的雏形。

（二）数据创建灵活便捷

“高校古文献资源库”具有最大的包容性，它对书目记录的详细程度乃至著录格式不做硬性规定，允许各成员馆提交反映其现有编目质量和水平的元数据，尊重各馆现有的工作成果，大大降低了成员馆的准入门槛，为更多的高校图书馆随时加入提供了便利。

“高校古文献资源库”不合并各馆的记录，既保持了各馆数据的独立性，也省去了各成员馆在上载元数据之前对其他成员馆数据的查重工序，使得一馆数据的整批导入成为可能，极大地加快了资源库的建设速度。

系统支持 CNMARC 格式、Excel 格式、XML 格式元数据的导入和导出，实现了同一系统内部或不同系统之间元数据格式的相互转换，便于成员馆古籍元数据的批量上载，也为今后各成员馆分别建立各自的古文献资源库创造了便利条件。

“高校古文献资源库”中对书目记录的著录是以每个藏本为单位，资源库中所有的书影图像也是分别挂接在每一条这样的书目记录之上，反映的是某馆某个具体藏本的面貌。这样的设计，有助于各馆编目人员以及读者比较和鉴别版本，统一认识，提高各馆古籍书目记录的规范性和准确性。

为了减轻元数据录入的工作量和促进各成员馆之间古籍元数据的借鉴利用，高校古文献资源库古籍著录系统允许对所有的古籍元数据进行套录，并为之设计了专门的套录功能。

（三）检索功能完备多样

针对用户需求而精心设计的“高校古文献资源库”发布系统“学苑汲古”，为读者提供了一个具有简单检索、高级检索、浏览、索引等完备功能的新型检索系统。

“学苑汲古”允许在单个成员馆范围内进行检索，使得“高校古文献资源库”兼具单个成员馆本馆古文献书目数据库的功能。

“学苑汲古”的高级检索方式提供了各种检索途径的单独和组配检索。其中许多检索途径如责任者时代、出版年代、出版地、出版者、版本类别、装帧方式等是专门设计的，并且允许单一途径的检索。这一设计打破了现有电子书目检索体制的束缚，极大地提高了数据库的使用效率，赋予了检索结果以很高的学术价值，成为学者治学的得力助手。

（四）服务方式公益性强

“高校古文献资源库”为公益性数据库，其书目记录及中精度书影图像向全社会开放，电子图书也在参建馆范围内免费共享，这就使得古籍数字化的受益人群大为扩展，使得高校图书馆所藏古籍资源得到更加充分的利用。

“高校古文献资源库”在二期建设中新增的文献传递功能，赋予了“学苑汲古”更加丰富的内涵，使各高校图书馆馆藏古文献的共享机制真正开始落实，开创了古籍服务工作的新篇章。

四、未来发展

“高校古文献资源库”已经搭建了一个网络型古籍联合编目平台，为在全世界范围内开展高校间广泛的古籍联合编目、摸清中文古籍收藏情况创造了必要的条件；同时它还将向数字图书馆的方向发展，努力为全社会读者利用中国古籍创造各种便利条件。

“高校古文献资源库”是一个可持续发展的建设项目，因为它是一个动态的网络型书目数据库，它的许多成员馆如北大图书馆、中国人民大学图书馆、吉林大学图书馆、郑州大学图书馆等，都将它作为本馆古籍编目的工作平台；它的成员馆在不断增加，各种数字资源的数量也在不断增加；它的各种书目数据都在经历不断的修改和完善，质量将逐步提高。

“高校古文献资源库”是一个开放性的数据库，表现在：一、成员馆数量的开放。“高校古文献资源库”的建设方针是：“自愿参加，合作共享，开放服务。”海内外收藏中国古籍稍具规模的高校图书馆只要有参加的意向，并签署参建协议，承诺履行一定的义务（如愿意提交馆藏古籍的元数据等），随时都可以加入该资源库，从而成为参建馆，享受参建馆的种种优惠待遇。二、资源类型的开放。“高校古文献资源库”现在的古文献类型基本是以古籍为主，兼有少量舆图。随着古文献数字化建设的深入，“高校古文献资源库”还准备将拓片、契约文书等古文献类型逐步列入，成为一个囊括各种类型古文献资源的大型综合性数据库。

“高校古文献资源库”目前参加古文献传递的图书馆数量还不多，传递范围还不够广。今后的发展目标是争取所有成员馆都成为服务馆，并通过 CALIS 文献传递系统和 CASHL 文献传递系统等更多的途径进行更为广泛大量的古文献传递活动。

作为一个网络型古文献数据库，“高校古文献资源库”的作用和意义是：

1. 通过数据库的建设，初步摸清了高校古籍收藏状况，使得高校古籍数字化和保护工作的开展有数据可依、有数字资源可考。

2. 可以帮助读者方便地了解海内外高校范围内古文献的收藏情况，有助于满足读者对古籍的文献传递需求，促进古籍的流通利用。加速珍贵古籍为大众所共享奠定基础，促进古文献的整理与利用，为中国古籍走向世界、弘扬中华传统文化提供重要的文献保障。

3. 对于那些尚不具备单独开发古文献数据库条件的高校图书馆来说，“高校古文献资源库”给他们提供了一个现成的工作平台，帮助其尽快实现馆藏古文献的各种类型数据数字化，并成为这些数字资源的保存空间和展现窗口。

4. 实现了各成员馆之间的古文献联合编目，有助于古文献书目数据的完善和规范。

5. 有助于古籍的保护，引导读者更多地阅读电子版古籍，间接地保护古籍原书，减少其在使用中造成的损坏。

6. 在研究和应用工作中培训培养古籍整理、古籍数字化人才，为高校全面开展古籍保护整理工作提供人才保障。

“高校古文献资源库”的建设，既有对海内外高校图书馆所藏中国古文献资源的系统整合效应，也有对成员馆古籍整理工作的促进和规范作用，而且也为国家各类古籍整理项目在各高校图书馆的顺利实施创造了有利条件。如能继续得到来自各方面的支持，加上自身的努力，“高校古文献资源库”必将取得更为辉煌的成绩，成为一个富有古文献特色、内容丰富、功能完备、理念先进、占有重要地位的全国性甚至世界性的高校古文献数字图书馆！

注：“学苑汲古：高校古文献资源库”网址：

http：//rbsc.calis.edu.cn：8086/aopac/jsp/indexXyjg.jsp.

参考文献

[1] 姚伯岳，沈芸芸《“高校古文献资源库”的扩大建设及其意义》，载《大学图书馆学报》，2012年第3期：第54—58页。

[2] 姚伯岳《“高校古文献资源库”检索功能综述》，载《数字图书馆论坛》，2009年第6期：第42—46页。

[3] 姚伯岳《“北京大学数字图书馆古文献资源库”的建设》，载《数字图书馆论坛》，2006年第12期：第12—17页。

在美国华盛顿大学东亚图书馆工作的总结报告

2014年，美国华盛顿大学东亚图书馆和加拿大英属哥伦比亚大学亚洲图书馆联合向美国梅隆基金会资助的图书馆情报学资源委员会（CLIR）申请的“发现当代中国”（Discovering Modern China）项目获得批准，两馆遂向以往签有战略合作协议的北京大学图书馆提出派遣专业人员协助完成该项目的请求，北大图书馆经馆方认真讨论后，派出古籍编目总校姚伯岳作为古籍顾问兼古籍编目员前往上述二馆具体实施该项目。

一、编目情况

我于2015年1月6日抵达西雅图，第二天即到华大东亚图书馆报到上班，工作至2016年5月24日晚，于次日下午离开西雅图，经旧金山于5月29日晚返回北京。其间除2015年4月1日至5月31日两个月在加拿大温哥华不列颠哥伦比亚大学图书馆担任同一项目的古籍顾问之外，均在华大东亚图书馆工作，为时近15个月。

CLIR“发现当代中国”项目的目标是向OCLC提交1 000条馆藏原编记录，编目范围涵盖馆藏各类中文古文献（古籍、舆图、拓片、书画、书信等）、广东木鱼书、民国版图书等。我的任务是完成中文古文献部分的原始编目工作，具体的著录工作是在CALIS高校古文献资源库和OCLC两个编目系统上完成的，也就是说，每一部书都分别有CALIS高校古文献资源库和OCLC两条不同格式的书目记录。最终的工作成绩如下：

文献类型	种　数	册 / 件数
善本古籍	49	328 册
普通古籍	646	4 199 册
拓片	74	148 件
书画	154	229 件
舆图	4	12 件
书信	2	4 册
合计	929	4 920 册 / 件

在上述文献类型中，拓片、书画、舆图、书信的编目，原则上是按照将馆藏未编目该类文献全部编目的方针进行的。可以说经此一役，华大东亚馆所藏拓片、书画、舆图、书信等中文古文献的家底基本上清楚了。

除此之外，我还对馆藏未编目古籍进行了全面的整理，通过在 OCLC 上检索，将馆藏所有未编目古籍分别标记为套录（copy）、提升（enhance）、复本（duplicate），并将 OCLC 上的相关记录打印下来，这样其他工作人员就可据此进行该书目记录的本馆化工作了。于是，华大东亚馆的 CLIR“发现当代中国”项目，实际变成了对馆藏未编目古籍全面彻底的编目整理，取得了远出于项目设计之外没有预想到的成果。该项工作情况列表如下：

书目记录加工类型	套录	提升	复本	总计
种数	403	161	342	906

但遗憾的是，我在 OCLC 上经过检索确认发现没有书目记录的 135 种馆藏古籍，由于时间的关系，未能在此次工作中完成这些书的原始编目，只能对这些书做了一个大致的分类，详见下表：

版本类型	种　数	册　数
刻本	29	79
石印本	32	141
影印本	20	68
铅印本	45	150

续表

版本类型	种　数	册　数
钤印本	1	1
稿本	2	2
抄本	2	2
晒印本	1	1
朝鲜铅印本	1	1
和刻本	1	1
拓本	1	1
合计	135	447

这批书放在一辆小书车上，在我临走时放在了东亚馆沈志佳馆长的办公室里。个人以为，这些书虽然数量不大，但是品种丰富，版本类型齐备，非常适合用作华大东亚系、历史系、中国研究中心等教学单位关于中国文献学教学的实习用书，可发挥其独特的作用。

综上所述，我在华大期间，共完成古籍、拓片、舆图、书画、书信等各类型中文古文献的原始编目和检索整理合计 1 835 种。虽尚有 135 种古籍应做原始编目的古籍未及完成，但古籍未编书库中所有古籍已全部获得整理并分类排列，华大东亚馆所藏中文古文献家底已基本摸清，这对于任何一个图书馆来说，都是很难得的。

二、馆藏古文献资源分析

（一）古籍

此次编目古籍共 698 种，其中善本古籍为 49 种，善本比例约为百分之七。虽不算高，但其中有 5 部明版书，将书名、责任者、出版信息、版本类型、数量、典藏号等列表如下：

1	眉公笔记: 2 卷	（明）陈继儒撰	明万历［1573—1620］沈氏尚白斋	刻本（修版）	2 册（1 函）	R0024
2	辍耕录: 30 卷	（元）陶宗仪撰	明崇祯［1628—1644］广文堂	刻本	8 册（1 函）	R0028

续表

3	松陵集：10卷	（唐）陆龟蒙，皮日休撰	明天启崇祯间［1621—1644］常熟毛晋汲古阁	刻本	5册（1函）	R0045
4	颜鲁公文集：15卷，补遗1卷，年谱，行状，神道碑铭，旧史本传，新史本传，后序	（唐）颜真卿撰	明万历十七年［1589］刘思诚	刻本	4册（1函）	R0047
5	朱文公校昌黎先生文集：存卷6—22	（唐）韩愈撰	明末［1605—1644］天德堂	刻本	4册（1函）	R0049

清康熙刻本11种：

1	温飞卿诗集：9卷	（唐）温庭筠撰	清康熙间［1697—1722］	刻本（翻刻）	4册（1函）	R0001
2	韦斋集：12卷	（宋）朱松撰	清康熙四十九年［1710］朱昌辰等	刻本	4册（1函）	R0002
3	香祖笔记：12卷	（清）王士禛撰	清康熙四十四年［1705］北京王士禛	刻本	4册（1函）	R0003
4	西堂乐府：6种	（清）尤侗撰	清康熙［1662—1722］	刻本	2册（1函）	R0005
5	长白山录：1卷，补遗1卷	（清）王士禛撰	清康熙间［1697—1722］	刻本（后印）	1册（1函）	R0010
6	侍侧纪略：［辛全］：1卷	（清）廉有声手录	清康熙十年［1671］山西范鄗鼎五经堂	刻本	1册（1函）	R0012
7	拟古乐府：2卷	（明）李东阳著	清康熙五十七年［1718］留芳堂	刻本	1册（1函）	R0018
8	南来志：1卷	（清）王士禛撰	清康熙间［1685—1722］	刻本（后印）	1册（1函）	R0030
9	白鹿书院志：［江西］：19卷	（清）毛德琦纂修	清康熙五十七年［1718］	刻本（递修）	8册（2函）	R0035
10	钦定篆文六经四书：存3种	（清）李光地［等］奉敕纂	清康熙［1662—1722］北京内府	刻本	7册（1函）	R0036
11	明诗综：100卷	（清）朱彝尊编	清康熙间［1705—1722］	刻本	24册（3函）	R0046

清乾隆刻本 12 种：

1	赵裘萼公剩稿：4 卷	（清）赵熊诏撰	清乾隆二年［1737］赵侗斆	刻本	2 册（1 函）	R0004
2	集异记：1 卷	（唐）薛用弱撰	清乾隆［1735—1795］	刻本	1 册（1 函）	R0008
3	春秋经传集解：30 卷，卷首，附考证	（晋）杜预注	清乾隆四十八年［1783］北京武英殿	刻本	16 册（2 函）	R0011
4	词科掌录：17 卷	（清）杭世骏编辑	清乾隆［1736—1795］杭氏道古堂	刻本	8 册（1 函）	R0025
5	心斋十种	（清）任兆麟撰辑	清乾隆四十六年至五十三年［1781—1788］任兆麟	刻本（递刻汇印）	8 册（1 函）	R0026
6	翻译易经：4 卷	（清高宗）弘历敕译	清乾隆三十年［1765］	刻本	4 册（1 函）	R0031
7	禹贡指南：4 卷	（宋）毛晃撰	清乾隆四十三年［1778］杭州府署	刻本（袖珍本）	2 册（1 函）	R0038
8	玉茗堂还魂记：2 卷 55 出	（明）汤显祖撰	清乾隆五十年［1785］冰丝馆	刻本	6 册（1 函）	R0039
9	御纂医宗金鉴：30 卷，外科 10 卷	（清）吴谦，刘裕铎总修	清乾隆间［1742—1795］	刻本	40 册（10 函）	R0044
10	太平广记：500 卷	（宋）李昉［等］撰	清乾隆二十年［1755］黄晟	刻本	24 册（2 函）	R0048
11	瓯北诗钞：不分卷	（清）赵翼撰	清乾隆五十六年［1791］湛贻堂	刻本	8 册（1 函）	R0050
12	泰山小史：不分卷	（清）萧协中著	清乾隆五十四年［1789］	刻本	1 册（1 函）	R0051

稿本 4 种：

1	瀛鸥词稿	（清）瀛鸥撰	清光绪三十三年［1907］北京瀛鸥	手稿本	1 册（1 函）	B0129
2	陆恩长牍文汇抄：［光绪二十九至三十一年］	（清）陆恩长编撰	清光绪三十二年［1906］陆恩长	稿本	1 册（1 函）	R0021

续表

3	维西县志稿：[民国]：不分卷	（民国）佚名纂修	民国间［1938—1949］	稿本	5册（1函）	R0033
4	几礼居所藏戏曲文献目录	周明泰编纂	民国三十六年至三十七年［1947—1949］周明泰	稿本	2册	R0037

活字本8种，其中3种归为善本：

1	北略：4卷	（清）计六奇撰	清道光二十四年［1844］品石山房	木活字本	2册（1函）	B0160
2	谈往：2卷	（清）花村看行侍者录	清道光二十四年［1844］北京品石山房	木活字本	1册（1函）	B0400
3	名山集：7种	钱振锽撰编	民国二十四年至三十六年［1935—1947］	木活字本	4册（1函）	B0485
4	平定粤匪纪略：18卷，附记4卷	（清）杜文澜纂辑	清同治八年［1869］群玉斋	活字本	8册（1函）	B0495
5	校经庼题跋：2卷	（清）李富孙撰	民国［1912—1949］杭州西泠印社吴氏	活字本	1册（1函）	B0541
6	历代继统纪年总录：3卷	（清）汤棫撰	清嘉庆五年［1800］汤棫	木活字本	6册（1函）	R0007
7	铜板音学五书：2种13卷	（清）顾炎武撰	清道光二十六年［1846］广州林春祺福田书海	铜活字本	6册（1函）	R0015
8	金渊集：6卷	（元）仇远撰	清乾隆间［1774—1795］北京武英殿	木活字本	4册（1函）	R0034

彩色木刻套印本6种：

1	芥子园画传：4集	（清）沈心友［等］辑	清末［1821—1911］金陵文光堂	刻本（彩色套印）	12册（1函）	B0286
2	诗经绎参：4卷	（清）邓翔撰	清同治六年［1867］	刻本（朱墨套印）	4册（1函）	B0305

续表

3	史通削繁：4卷	（唐）刘知几原撰	清道光十三年［1833］广州两广节署	刻本（朱墨套印）	4册（1函）	B0471
4	六朝文絜：4卷	（清）许梿评选	清光绪三年［1877］广东西腴仙馆	刻本（朱墨套印）	1册（1函）	B0505
5	芥子园画传	（清）沈心友辑	清嘉庆五年［1800］金陵芥子园	刻本（彩色套印）	5册（1函）	R0017
6	贵州百苗图	（清）佚名编绘	清末［1821—1911］	刻本（彩色套印）	1册（1函）	R0019

清代和民国抄本4种，其中2种归为善本：

1	湖田垦务卷宗：2册	（清）崔永安［等］禀	清宣统元年［1909］	抄本	2册（1函）	B0124
2	出围城记：1卷	（清）杨棨撰	民国三年［1914］扬州杨泰锟	抄本	1册（1函）	B0338
3	善后事宜三十条	（清）汤鹏撰	清末［1842—1911］	抄本（红格）	1册（1函）	R0022
4	礼律条例卷三	（清）佚名编辑	清［1773—1911］	抄本	1册（1函）	R0032

此外，还有和刻本、朝鲜抄本、越南刻本各1种：

1	杼山集：10卷	（唐释）皎然撰	日本元禄八年［1695］日本神雒书肆，甘节堂，汲古斋	刻本	4册（1函）	R0023
2	孙武子直解：3卷	（明）刘寅撰	朝鲜光武年间［1897—1907］	抄本	2册（1函）	R0020
3	中学越史撮要：5集	（越南）吴甲豆撰	越南维新五年［1911］河内	刻本	4册（1夹）	R0014

华大馆的古籍收藏虽非以善本取胜。但常有罕见的品种和版本。比如我开始编目的第一部书《甲午大吉诗编》1卷续编1卷（典藏号B0001），这是一部1894年初杭州一帮绅士给慈禧太后祝寿的诗集刻本，其中还有八千卷楼主人丁丙的贺诗。因为书中所收的100多首诗，每句开头的字组合起来，都是“甲午大吉”4字，故以此作为书名。此书大概是因为随后的中日甲午战争的缘故，没有得到流传，

华大所藏为仅见的一部。

又如未见各家著录的《奏办吉林外国语学堂暂行章程》（典藏号 B0136），是清光绪三十三年（1907）铅印本，从版本上讲好像并不起眼，但其内容极其珍罕，书中许多内容可以和稍后的《京师大学堂章程》相印证，对于中国近代教育史的研究有重要价值。

《悟善社诗文集》（典藏号 B0107），为民国八年（1919）北京悟善社油印本，悟善社是民国初年出现的带有宗教色彩的秘密结社。创办者为四川人唐焕章，又称“世界六圣宗教大同会”。该教教义称此教融合儒家、佛教、道教、天主教、基督教与伊斯兰教六大宗教为一体，教主唐焕章自称是创世以来继孔子、释迦牟尼、耶稣、穆罕默德等人之后的世界第七大教主。这部《悟善社诗文集》为国内外仅见，对于了解中国近现代邪教组织的宗旨和活动方式、内容等有一定的帮助。

《选绿斋诗钞》3 卷诗余 1 卷（典藏号 B0101），作者韩德玉（1847—1899），号浣云，又号选绿斋主人，清末唐县人刘传祁（字永诗）之妻。妇女著作是当前古籍整理和学术研究的热门话题，此书目前仅知苏州图书馆有收藏，海外此本为仅见。

石印本《四淫斋》4 卷（典藏号 B0064），啸天氏编，针对清末广东地方嫖娼、赌博、酗酒、说谎现象进行劝诫，很有社会意义，也未见有任何著录。

民国初期上海广益书局石印本《樊山书牍》2 卷（典藏号 B0153），收樊增祥所写书信，其中有记载赛金花事迹的著名的《彩云曲》和《后彩云曲》。此书《樊山全集》8 种中未收，也不见有国内外其他馆著录，非常独特。

民国间北京道德学社铅印本《段正元演讲丛刊》（典藏号 B0009），收段正元演讲《万教丹经》《居易俟命》《一礼法言》《一心法言》4 种，未见各家著录。段正元是民国时期著名道学家，被今人誉为“一代真儒，名副其实的现代孔夫子”。相信他的这部书会引起相关研究者的兴趣的。

又如民国五年（1916）武昌湖北交涉署铅印本《湖北交涉署交涉节要》（典藏号 B0152），收民国五年七、八、十、十一月份共 4 册，现仅知北大图书馆藏有该年七月份 1 册。民国初期外交部特派浙江交涉署油印本《特派浙江交涉署交涉节要》，收民国三年四月份至六年一月份共 23 册，而 CALIS 高校古文献资源库中仅北大馆一家收有该书16册，两家所收互补性很强。这是民国时期很重要的外交数据，应该受到应有的重视。

民国时期人物的别集也是其一特色，如郁屏翰的《素痴老人遗集》（典藏号B0002）、林葆恒的《瀼溪渔唱》（典藏号B0079）、顾璜的《顾渔溪先生遗》4卷（典藏号B0099）、黎贯的《豁卢诗钞》3卷（典藏号B0104）、瞿兑之的《修斋记学》（典藏号B0120）等书，虽都是民国刻本或铅印本，但大都极为罕见，今后编纂出版民国时期人物别集，都可以收入。

还有不少极富史料价值的古籍，如清李宗棠纂订《奏议辑览初编》16卷附录1卷（典藏号B0146），收光绪乙未年（二十一年，1895）以后的重要奏议，此书国内仅北大图书馆和北师大图书馆有藏，可惜卷四1册佚去。清宣统元年（1909）抄本《湖田垦务卷宗》2册（典藏号B0124），记清末山东填湖造田之事；清光绪二十二年（1896）刻本《戎幄麈谭》（典藏号B0111），系清末湘军将领王可升亲述其镇压太平天国等军旅生涯，都是不可多得的重要历史文献。

清光绪三十三年（1907）手稿本《瀛鸥词稿》1册（典藏号B0129），多咏江浙间景物，未见有刻本传世。

清嘉庆五年（1800）汤棫木活字本《历代继统纪年总录》3卷（典藏号R0007），清乾嘉时汤棫撰，为自唐虞至明末三千年间之中国历史大事记，不仅是一部活字本，而且绝不见诸任何书目记录。清康熙四十九年（1710）朱昌辰刻本《韦斋集》12卷（典藏号R0002），作者朱松是朱熹的父亲，钤印众多，流传有自；清康熙刻本《西堂乐府》6种（典藏号R0005）、清康熙四十四年（1705）北京王士禛刻本《香祖笔记》12卷（典藏号R0003）、清乾隆二年（1737）赵侗敩刻本《赵裘萼公剩稿》4卷（典藏号R0004）等书，均刻印精美，版本珍贵。

华大此批待编目整理古籍，大多为1982年一次性购自香港万有图书有限公司，显现出很强的岭南地方收藏特点，许多书都是用万年红纸装衬前后书衣，这是典型的广东藏书特点。许多书就是在广东出版的，其中广州出版的书有26种，如：清光绪三十二年（1906）广州番禺陶氏爱庐刻本《梦溪笔谈》26卷补笔谈3卷续笔谈11篇（B0029），清道光二十二年（1842）广州云梯阁刻本《四书不二字音释》（典藏号B0030），民国三年（1914）广州石经堂石印本《五千字字课》（典藏号 B0081）等。这些书虽然在内容上地方特点不浓厚，但反映了清末民初广州的图书出版水平，有其独特研究价值。

还有一些是在东莞、潮安、香港等地出版的，内容上则有浓厚的地方特色，如：民国十一年（1922）东莞祖坡吟馆铅印本《羊石吟社诗册》（典藏号 B0093），民国二十三年（1934）潮安丽新印刷所铅印本《庸叟日记菁华》5 卷卷首 1 卷（典藏号 B0108），民国八年（1919）香港奇雅印务局刻本《仙桂重芳册［陈嘉谟暨夫人梁氏］》（典藏号 B0119），民国二十一年（1932）香港永新公司铅印本《筌蹄诗草》6 卷（典藏号 B0027），1956 年香港东南书局铅印本《金匮藏画评释》（典藏号 B0050），等等，都是居住其地人士的著作。

作者或内容与广东有关的也不少，如：何惠群等撰《岭南即事》（典藏号 B0611），赵长龄撰《廉洋平贼记》（典藏号 B0184），梁士诒撰《广东乡试朱卷［光绪己丑恩科］》（典藏号 B0536），伍朝枢编辑之《伍秩庸博士哀思录［伍廷芳］》（典藏号 B0016），吴趼人撰《我佛山人滑稽谈》（典藏号 B0066），张之洞撰《忆岭南草木诗十四首》（典藏号 B0112）等。

此次编目整理的华大东亚馆藏古籍虽然主要来源地为广东，但并非全部如此，还有一些墨笔题记显示其为在美居留的中国学者的藏书，如《郑板桥道情词墨迹复印件》，书衣墨笔书名并题词："兆楹学兄惠存 / 陈云豹敬赠"。盖此书原为房兆楹所藏书。房兆楹是恒慕义主编的著名的《清代名人传记》一书最重要的作者，是国际知名的中国史专家。

有一些书贴有藏书票，显示其为赠书。如《樊山书牍》2 卷，贴有藏书票，为 MR. lIOYD LOCK 的赠书。《春秋名号归一图》2 卷考证 2 卷、《佩文诗韵释要》5 卷，这两部书前都贴有 UWL 的藏书票，印有英文：From the collection of Professor Kung-chuan Hsiao，应为萧公权藏书。《金匮藏画评释》、《新体广注唐诗三百首读本》6 卷两部书前贴有"Chen Fan Collection"藏书票，应为陈凡藏书。由此也可以说明华大东亚馆中国古籍收藏的来源和渠道不是单一的。

（二）拓片

此次编目共完成拓片编目计 74 种，几乎是华大东亚馆全部的馆藏。

华大东亚馆的拓片大致可分为 3 个来源：

一是民国期间拓自陕西西安碑林，这是主要部分，有43种；

二是民国时搜集自云南各地，这部分大约有20余种；

三是高文（Gowen）教授原藏的开封一赐乐业教寺的犹太教3大碑；还有3种日本拓片、1种韩国拓片，很可能也是高文教授的收藏。3种日本拓片是：日本藤田东湖撰并书的两种拓片和日本天平胜宝五年（753）奈良药师寺刻近拓《佛足石歌碑》。

华大所藏拓片总体数量虽然不是很大，但有几个特点比较突出：

1. 图像多。如：清康熙刻民国拓本《至圣先师像》，清刻民国拓本《万世师表孔子像》，民国三十二年（1943）昆明邓教坤造像《太上老君圣像》，清康熙三年（1664）刻民国拓本《吴道子绘观音像》，清康熙六十年（1721）刻民国拓本《关圣帝君像》，明末清初刻民国拓本《明崇祯丽江处士和青墓前之浮雕金童玉女》，清疯癫和尚绘清刻民国拓本《达摩图》二幅，清刻民国拓本《福禄寿三星图》，清刻民国拓本《关中八景图》，清刻民国拓本《关中八景》之《骊山晚照》《草堂烟雾》，民国二十八年（1939）昆明刻石拓本《汉祠老柏诗图》，清光绪七年（1881）刻民国拓本《彭玉麟为俞樾绘俞楼红梅图》，唐代刻民国拓本《唐墓石椁线刻画像石》16幅等。

2. 大幅面碑刻多。如：唐永徽四年（653）刻《大唐皇帝三藏圣教序及记》，唐咸亨三年（672）刻《大唐三藏圣教序并心经》，唐会昌元年（841）刻《玄秘塔碑》，唐龙朔三年（663）刻《道因法师碑》，唐天宝二年（743）刻《隆阐法师碑》，唐德宗建中二年（781）刻《大秦景教流行中国碑》，唐元和元年（806）刻《唐故招圣寺大德慧坚禅师碑》，唐开元二十四年（736）刻《大智禅师碑》，唐长庆二年（823）刻《梁守谦功德铭并序》，明嘉靖二十五年（1546）七月刻《大观堂修造记》，明万历十六年（1588）钟化民刻《正己格物说》，清康熙刻《康熙临米芾书李白送友人寻越中山水诗碑》《康熙御笔草书七律诗碑》《康熙赐川陕总督佛伦诗碑》，清雍正间刻《雍正皇帝赐岳钟琪诗碑》，清道光十七年（1837）刻《洪瑚琏祝文碑》等，这些碑刻碑高都在2米左右。

3. 墓志所占比例较大，74种拓片中，墓志有12种之多，见下表：

1	元羽墓志		北魏景明二年［501］洛阳	拓本（民国拓）	1册	T0002
2	元悦墓志		北魏永平四年［511］洛阳	拓本（民国拓）	1册	T0003
3	元晖墓志		北魏神龟三年［520］洛阳	拓本（民国拓）	1幅	T0004
4	尔朱绍墓志		北魏永安二年［529］洛阳	拓本（民国拓）	1幅	T0005
5	尔朱袭墓志并盖		北魏永安二年［529］洛阳	拓本（民国拓）	2幅	T0006
6	元天穆墓志	（北魏）戴智深撰	北魏普泰元年［531］洛阳	拓本（民国拓）	1幅	T0007
7	侯刚墓志并盖	（北魏）戴智深撰	北魏孝昌二年［526］洛阳	拓本（民国拓）	2幅	T0008
8	王悦及妻郭氏墓志		北魏永熙二年［533］洛阳	拓本（民国拓）	1幅	T0009
9	元诲墓志盖		北魏普泰元年［531］洛阳	拓本（民国拓）	1幅	T0034
10	笱景墓志盖		北魏永安二年［529］洛阳	拓本（民国拓）	1幅	T0035
11	安守忠墓志盖	（宋）吴郢篆盖	北宋咸平三年［1000］洛阳	拓本（民国拓）	1幅	T0038
12	石彦辞墓志盖		后梁开平四年［910］洛阳	拓本（民国拓）	1幅	T0073

4. 云南地方碑刻多且较为罕见。如：

1	云南鹤丽镇鸣音汛帝阁新建石碑记	（清）陶宣撰	清嘉庆二十年［1815］秋云南鹤丽镇陶宣刻	拓本（民国拓）	1轴（1盒）	T0043
2	云南丽江知府勘定田亩界址告示碑	（清）王氏撰	清光绪元年［1875］云南丽江闵士达［等］立石	拓本（民国拓）	1轴（1盒）	T0045
3	白沙金刚大定二刹碑记记	（清）管学宣撰	乾隆八年［1743］云南白沙镇管学宣刻	拓本（民国拓）	1轴（1盒）	T0046
4	老子像	胡应祥绘像	民国三十二年［1943］昆明邓教坤造像	拓本（民国拓）	1轴（1盒）	T0047
5	昆明玉案山筇竹寺圣旨碑	（元仁宗）爱育黎拔力八达撰	元延祐三年［1316］昆明玄坚和尚立石	拓本（民国拓）	1轴（1盒）	T0048
6	端峰乙巳五言诗刻摩崖		乙巳年三月端峰	拓本（民国拓）	1轴（1盒）	T0049
7	温泉庵记	（明）高宗撰并书	明永乐十年［1412］云南大理杨禾镌	拓本（民国拓）	1轴（1盒）	T0050

续表

8	明崇祯丽江处士和青墓前之浮雕金童		明末清初［1628—1661］	拓本（民国拓）	1轴（1盒）	T0051
9	万德宫记	（明）木高撰	明嘉靖三十五年［1556］云南丽江	拓本（民国拓）	1轴（1盒）	T0052
10	升庵先生像及赞	（清）范承勋撰	清康熙二十八年［1689］云南范承勋立石	拓本（民国拓）	1轴（1盒）	T0053
11	明崇祯丽江处士和青墓前之浮雕玉女		明末清初［1628—1661］	拓本（民国拓）	1轴（1盒）	T0055
12	山中逸趣叙	（明）徐霞客撰并书	清至民国［1644—1949］丽江	拓本（民国拓）	1轴（1盒）	T0056
13	升庵先生祠落成敬纪诗二首	（清）许弘勋撰	清康熙二十八年［1689］昆明	拓本（民国拓）	1轴（1盒）	T0057
14	中甸南面四百里干岩房端峰摩岩	端峰撰并书	明至清［1368—1911］端峰	拓本（民国拓）	1轴（1盒）	T0058
15	普济寺大喇嘛纪略	（清）李樾撰	清道光十七年［1837］丽江普济寺立石	拓本（民国拓）	1轴（1盒）	T0065
16	汉祠老柏诗图	吴翼翚撰并书	民国二十八年［1939］昆明	拓本（民国拓）	1轴（1盒）	T0067
17	大观堂修造记	（明）李元阳撰并书	明嘉靖二十五年［1546］大理刘琳［等］立石	拓本（民国拓）	1轴（1盒）	T0070

5. 日本、韩国拓片虽数量不大，但颇具代表性。如：

1	藤田东湖回天诗史	（日本）藤田东湖撰并书	1849年至1949年间日本	拓本（日本拓）	1幅（未装裱）	T0060
2	藤田东湖瓢兮歌	（日本）藤田东湖撰并书	1867年至1949年间日本	拓本（日本拓）	1幅（未装裱）	T0061
3	佛足石歌碑		日本天平胜宝五年［753］日本奈良药师寺立碑	拓本（日本拓）	1轴（1盒）	T0072
4	砂宅智积碑		百济义慈王时期［641—660］	拓本（韩国拓）	1幅	T0033

（三）书画

此次实施 CLIR 项目，对华大东亚馆所藏书画作了比较彻底的清理和编目，共计整理编目各类书画 154 种，其中大多数是 1949 年以后北京荣宝斋、上海朵云轩、天津美术出版社、杭州浙江美术学院水印工厂制作的木版水印作品。木版水印书画虽然是印刷品，但由于制作工艺复杂，手工操作性强，印刷量小，所以也是价值不菲的珍贵文献。例如：北京荣宝斋新记木版水印唐周昉《簪花仕女图》、《宋人射猎图》、永乐宫壁画局部《猴神》、明王仲玉绘《陶渊明像》、《明仇英山水》，上海朵云轩木版水印《明杜堇梅下横琴图》《徐悲鸿绘奔马图》，天津美术出版社木版水印《齐白石先生画荔枝蜜蜂》，都是惟妙惟肖，精彩绝伦。

令人惊喜的是，在编目整理这些木版水印作品时，竟然发现其中还混杂有 11 种字画原作！其中最有价值的是张大千所绘水墨画《云林生古木竹石》。该画画面右上方墨笔题："云林生古木竹石 / 戊子三月过渝州写似 / 大千张爰"下钤朱印二枚："张爰之印""大千"。图外右下方有墨笔小字题："曾约重来啖荔枝，春花落尽别经时；风流前辈差堪拟，不属云林更有谁。/ 大千于春初入蜀，约期重游香港，期期不来，诗以寄意。/ 国英先生吟正 / 三十八年六月十二日马鉴于老学斋。"下钤阴文朱印："马鉴"。马鉴是民国时著名的宁波"五马"兄弟之一，时任香港大学文学院院长。张大千的原作加上马鉴的跋语墨迹，使得该幅作品更显珍贵。

另有一件国画真迹是 1946 年河间陈醉菊彩绘《八哥松枝图》。此画系画家陈醉菊女士为美国友人前燕京大学教授卫思敦先生所作，画上下方有陈醉菊夫君应人所撰长跋，述绘画缘由。陈醉菊虽非绘画名家，但此画见证了一段中美学人之间友好交往的佳话，也别具价值。

其他 9 种墨迹是：

1	戴季陶赠镛声先生楷书条幅	戴传贤书	民国［1912—1949］	墨迹	1 幅（1 袋）	NK3634.D3 A62 1912z
2	帝门西望彩云高七言绝句	（日本）方庸哲书	1644—1911 年间	墨迹	1 轴	NK3634.F36/D5 1644z

续表

3	冯成名行草李白春夜洛城闻笛诗	冯成名书	1984 年成都冯成名	墨迹	1 张	NK3634.F4/A63 1984
4	开卷有益	傅申书	1978 年	墨迹	1 轴（1 盒）	NK3634.F8/A65 1978
5	盛朗卿先生七言对	（清）盛烺书	清末［1821—1911］盛烺	墨迹	2 轴	NK3634.S5/A75 1821z
6	吴敬恒赠镛声先生篆书条幅	吴敬恒书	民国三十七年［1948］	墨迹	1 幅（1 袋）	NK3634.W8 A77 1948
7	殷契集古句	项呆书	1970 年项呆	墨迹	1 轴（1 盒）	NK3634.X53/Y56 1970
8	诗学司空廿四品楷书对联	佚名书	1912—2000 年间	墨迹	1 轴	NK3634.Z6/S55 1912z
9	赠艾伯华先生金文对联	佚名书	1934—1989 年间	墨迹	1 轴	NK3634.Z6/Z46 1936z

其中戴季陶、吴稚晖都是民国名人，其墨迹颇具价值。傅申所书《开卷有益》是当年专门为华大东亚图书馆题写的，曾经在华大东亚馆悬挂多年，也颇具保存价值。

（四）书信

华大东亚馆藏书信原件并不多，只有 2 种，书信皆粘裱在硬纸上。

1	钱宫詹时贤通札：7 通	（清）秦蕙田，袁枚，卢文弨［等］撰	清乾隆［1736—1795］	稿本	1 册（1 函）	R0041
2	陈法孙嘉淦致李元直书札合集	（清）陈法，孙嘉淦撰	清［1713—1745］	稿本	3 册（3 函）	R0042

《钱宫詹时贤通札》书信共 7 开，皆为乾隆年间钱大昕友人如秦蕙田、袁枚、卢文弨等人的来信。前有墨笔题名 4 开，落款题："潜盦主人藏 / 周世恒题"，左侧钤印："邃清池馆""孙心盦又号西桥""汝南仲氏"。

《陈法孙嘉淦致李元直书札合集》中，陈法书札共 35 开 1 册，孙嘉淦书札共 47 开分装 2 册。时间从康熙末年至乾隆初年。陈法、孙嘉淦都是清代名臣；收信人经考证确认为李元直，与孙嘉淦、陈法同于康熙五十二年（1713）中进士。

这批书信的发现是一件大事，将为清代政治、学术的研究提供新的资料，而其本身也具有较高的文物价值。

（五）舆图

这里所说的“舆图”，指的是非书形式的地图，编目时采用RDA的编目格式，严格说来只有4种：

1	大东舆地全图	（朝鲜）佚名绘	清末［1860—1910］	彩绘本	1轴（1盒）	M0001
2	首善全图	（朝鲜）金正浩绘	1864年朝鲜汉城金正浩	刻本	1轴	M0002
3	黄河图地名透视对照图		1986年日本东京二玄社	照片	9幅（1盒）	M0003
4	袖珍上海新地图	童世亨编制	民国十一年［1922］上海商务印书馆	彩印本（三版）	1幅（1夹）	M0004

但是，其中的《大东舆地全图》是朱、墨、蓝三色彩绘本，非常精细，很有研究价值;《首善全图》是当时的朝鲜京城也就是现在的韩国首都首尔的地图，也是比较珍贵的。

三、其他工作

我此次在华大图书馆出访除编目外，还有一个身份是古籍顾问。所以2015年1月初开始上班后，第一件事就是了解馆藏中文古文献情况，确定东亚馆古籍编目工作方案，草拟了《美国华盛顿大学东亚图书馆古文献编目草案》等文件，并将未编书库中原来混杂在普通图书中的古籍挑选出来，集中到一处，为下一步的古籍编目工作创造条件。为了扩大华大东亚馆在中国国内的影响和保证其书目质量，我还积极促成华大东亚馆加入CALIS高校古文献资源库，并为其加入亲自做了各项设置。

在华大东亚图书馆工作期间，我还参加了总馆的几次编目会议和总馆文献修复部的会议，参加了东亚馆的几次职员工作例会，参加了总馆、东亚系、中国学研究中心的一些聚会活动。此外，2015年3月11—14日到费城出席宾夕法尼亚大学 CLIR 特藏学术研讨会。6 月 27 日至 7 月 3 日，到旧金山参加 ALA2015 年夏季年会，到斯坦福大学参加“Beyond book”的全美东亚图书馆学术研讨会。我还于 2015 年 3 月 10 日和 2016 年 5 月 10 日在华大东亚馆分别做了题为《在古籍编目中发现京师大学堂藏书楼的源头》和《北京大学图书馆与华盛顿大学图书馆古文献的收藏与整理》的学术讲座。2016 年 5 月 3 日至 5 日，俄勒冈大学也邀请我前往审阅该校图书馆所藏中文善本古籍，并为该校师生做了题为《北京大学图书馆古籍收藏与整理的历史回顾》的学术讲座。

四、我的建议

（一）函套制作问题

古籍编目从来都不是单纯的编目，而是伴随着大量的整理加工工作，其中函套的制作和加工就是其中非常重要的一项内容。

古籍因为是软皮线装，加之常常又不止一册，如果没有函套的包装，则既不便典藏，也不便读者利用。西雅图虽然常年下雨，但空气干燥，欧美的无酸纸函套不会吸收水分，对古籍更无任何损害。所以制作函套保护古籍是现实可行的。

至于拓片，滚动条形式的基本都有轴套，不必再做新套。但从西安碑林所拓的四十余种拓片，因为大部分幅面较大，全部摊平存放是不太现实的，可以折叠。

我们已经获批了 1 000 个函套的制作，但还远远不够，需要再申请 1 000 个函套的制作经费，这样就基本可以将馆藏全部线装书全部装进函套中保护了。这是百年大计，值得为此努力！

（二）书影扫描问题

书影就是图书的样张，可以最直观地反映原书的面貌，提供版本的对比，对于编目员和读者真是好处多多。CALIS“高校古文献资源库”上现已有近 30 万幅书影，这也是该书目数据库备受读者好评的一个重要原因。CLIR 项目中如果能够加入书影的内容，会为这个项目加分不少。

我在编目时，已经在需要扫描的叶面夹入纸条，图像的分辨率采用 300dpi 进行彩色扫描即可。扫描书影图像后，在 CALIS“高校古文献资源库”中，可以利用系统自带的图像编辑功能逐幅上传，也可以将图像集中交 CALIS 进行批量导入。

在 ALMA 本地系统上，也可以请总馆设计程序进行图像的上传和挂接。只要总馆有关方面同意或予以配合，这项工作的进行在技术层面应该是没有什么困难的。

（三）图录编制问题

加拿大 UBC 已经提出编制书影图录，作为该项目的一个成果总结。华大这边也应该早日着手进行。内容包括古籍、拓片、舆图、书信、字画、木鱼书、民国出版图书等各种类型，说明文字用中英文对照。首先落实选目，然后扫描图像，编制说明文字，撰写前序后跋等。如果抓紧进行，在 2016 年内编纂完成应该是可能的。

（四）防虫防蛀问题

华大馆藏古文献蛀蚀严重。由于西雅图地区气候温和，雨水较大，给各类蠹虫提供了生长的便利条件，我在编目中经常发现蠹虫在地面快速爬过，书中虫屎成堆，令人触目惊心！建议东亚馆藏古文献尽可能集中典藏，然后在书库投放防虫药物，尽可能遏制蠹虫的生长。

本文写作于 2016 年 6 月 6 日

在加拿大不列颠哥伦比亚大学（UBC）图书馆工作的总结报告

我于 2015 年 3 月 31 日从美国西雅图抵达加拿大温哥华，于 4 月 1 日至 5 月 29 日在不列颠哥伦比亚大学（UBC）图书馆工作，办公地点在 Irving B. Barber Learning Centre 的 Rare book and Special Collection，监理人是 UBC 亚洲图书馆的刘静研究馆员，馆长是 Hana Kim 女士，工作伙伴是 UBC 图书馆的编目馆员武亚民先生。

我的具体工作内容是为 UBC 图书馆的庞镜塘收藏进行正式规范的鉴定和编目，其图书部分由我采用中国 CALIS 的“高校古文献资源库”的著录系统进行编目（在此之前 UBC 亚洲图书馆已加入该资源库），然后由武亚民在 OCLC 上将其再次著录；拓片部分则由我在 OCLC 上直接编目。下面分别介绍一下相关情况。

一、庞镜塘生平及其家人和藏书源流

庞镜塘（1900—1977），原名庞孝勤，号嘿园，山东省菏泽市东郊庞楼村人。其祖父庞玉璞任清末两广督标中镇府兼两广水师提督，其父庞士云，清监生、候补知县。庞镜塘生于广州，9 岁时祖父去世，随父亲还乡。1921 年考入北京大学文学系，后来转入山西大学政治经济系；1925 年大学毕业后南下广州，参加国民革命；1927 年春，任黄埔军校政治教官；1928 年代理国民革命军第八路军右翼军政治部主任；1929 年秋，任黄埔军校武汉分校政治教官兼国民党汉口市党部整理委员；1932 年，调任国民党北平党部整理委员兼北平农学院讲师；1934 年夏，任浙江省台州行政督察专员兼临海县长；1937 年，任国民党中央组织部普通党务处处长；1943 年任国民政府参政会参政员；1946 年，任国民党山东省党部主任委员，山东绥靖统一指挥部副主任；1948 年被选为“国大”代表；1948 年 10 月 9 日济南战役后被解放军俘虏。1960 年 11 月 28 日，庞镜塘被第二批特赦，周恩来总理曾邀请他到家中作客，随后被安排到沈阳定居，任沈阳市政协文史专员。1977 年 5 月 12 日，庞镜塘在沈阳因病去世，终年 77 岁。

庞镜塘家学渊源，才华横溢，在北大就读时，是国学大师黄侃的爱徒。黄侃还曾写诗赞他：“诗各言性情，我独爱庞生。”庞镜塘家境丰饶，当年在北京、上海、南京、济南都有公馆，他本人也是吃喝玩乐、诗词书画，无一不精。济南省府前街著名旧书铺“大观阁”的牌匾就出自他的手笔。他亲笔书写的题签，一手王字，功力不浅。作为功德林中学历最高的战犯，庞镜塘被称为“狱中秀才”，曾担任监狱图书室管理员，监狱里要写什么决心书、挑战书、应战书、总结、计划，也基本都由庞镜塘执笔。在沈阳政协任文史专员期间，庞镜塘曾撰写《国民党中央组织部见闻》《中央俱乐部——CC 组织》《CC 系统反对杨永泰的一幕》《国民党与三青团的内部矛盾与合并》《日寇投降后冈村宁次的一个反共建议》等文章，发表在全国政协《文史资料选辑》上。

据《济南书肆记》记载，庞镜塘宦海之余，“好聚书，旁及碑帖书画，书贾趋之若鹜”，藏书达 9 万余册。1960 年他获特赦后，便将留在济南的一万余册图书捐献给国家，现藏山东省图书馆。由其子庞祯保存的赵之谦隶书四条屏捐献给了全国政协。

UBC 图书馆的这批庞镜塘藏书最早是由其夫人杨宝琳于 1949 年带到台湾，后又由其小女儿庞祎带到温哥华来的。

杨宝琳也是山东菏泽人，比庞镜塘小十一岁。杨宝琳年轻时秉性独立，颇有男儿气概，1928 年十七岁时就担任国民党菏泽县党部宣传部长，并与庞镜塘结婚。后去北平读书，在中国大学毕业后，适值抗战军兴，便随夫入川，奔走于大后方，动员妇女支持抗日。抗战胜利后，任山东省妇女运动委员会主任委员、山东省人民自卫总队妇女队总队长。1948 年国民政府行宪之初，她以高票当选为第一届立法委员。1949 年赴台湾后，曾任国民党中央委员，1993 年逝世。葬礼备极哀荣，孔德成、蒋纬国、吴伯雄、郝柏村都是治丧委员会委员。

庞祎 1935 年生于中国大陆。1949 年，14 岁的庞祎与姐姐庞禔随 38 岁的母亲杨宝琳来到台湾。20 世纪 50 年代中期到加拿大 UBC 读书。她热爱艺术，最后在台湾弃政从艺，成为一名画家，2000 年去世。庞祎去世后，其子方志豪（Paul M. Fang）和姐妹们商量，认为如将外公的藏书捐给 UBC 大学亚洲图书馆，让加拿大爱好中国古籍及书法的人士阅览，比留在家里更有意义。于是，方志豪给 UBC 亚洲图书馆袁家瑜馆长打电话，说明捐赠意向。袁馆长和前 UBC 亚洲图书馆中文部负责人谢琰先生负责接收了这批赠书。先后有马泰来、戴联斌、沈嘉等专家参与鉴定过这批赠书。2010 年 3 月 5 日 UBC 亚洲图书馆五十周年馆庆活动上，校方正式举办了庞镜塘藏书的捐赠仪式。

二、这批庞镜塘赠书的编目整理情况

根据我的编目整理结果统计，这批赠书共计 91 种、824 册。其中古籍 66 种、803 册，金石拓片 23 种、25 册（件）。古籍中经部 7 种，史部 12 种，子部 10 种，集部 37 种，内容分布比较均匀；从版本角度来看，多为明清珍善刻本，《熊廷弼杨涟书札》弥足珍贵；《宣德彝器谱》三卷为明末德国传教士邓玉函（Johann Schreck）亲手所抄；明嘉靖刻本《阳明先生则言》、清抄本《情话堂诗稿》等还是海源阁的旧藏。在全部 66 种古籍中，善本占 59 种，善本比例高达将近 90%！拓片中也有 3 种明拓本。详表如下：

1. 明版书 31 种，其中最早刻本为正德刻本，嘉靖刻本 8 种

1	战国策：10 卷	（宋）鲍彪校注	明万历间［1584—1620］	刻本	8 册（1 函）	Asian Rare-4 no.11
2	太史华句：8 卷	（明）凌迪知辑	明万历五年［1577］吴兴凌迪知	刻本	4 册（1 函）	Asian Rare-4 no.14
3	左国腴词：8 卷	（明）凌迪知辑	明万历四年［1576］吴兴凌迪知	刻本	4 册（1 函）	Asian Rare-4 no.15
4	两汉隽言：16 卷	（宋）林越辑	明万历四年［1576］吴兴凌迪知	刻本	10 册	Asian Rare-4 no.16
5	杜氏通典：200 卷	（唐）杜佑撰	明嘉靖［1522—1566］李元阳	刻本	90 册（15 函）	Asian Rare-4 no.17

续表

6	小学史断：2 卷	（宋）南宫靖一纂述	明嘉靖十七年［1538］张木	刻本	4 册（1 函）	Asian Rare-4 no.18
7	书经集注：6 卷	（宋）蔡沈集注	明万历［1573—1620］书林［福建］新贤堂张闽岳	刻本	4 册（1 函）	Asian Rare-4 no.2
8	朱文公小学：6 卷	（宋）朱熹撰	明嘉靖三十二年［1553］长治潞安府署	刻本	4 册（1 函）	Asian Rare-4 no.20
9	阳明先生则言：2 卷	（明）王守仁撰	明嘉靖十六年［1537］周文规	刻本	2 册（1 函）	Asian Rare-4 no.21
10	管子：24 卷	（春秋）管仲撰	明万历四十八年［1620］吴兴凌汝亨	刻本（朱墨套印）	10 册（1 函）	Asian Rare-4 no.23
11	庄子南华真经：4 卷	（战国）庄周撰	明末［1624—1644］南京闵齐伋	刻本（朱墨套印）	8 册（1 函）	Asian Rare-4 no.27
12	文选：60 卷	（南朝梁）萧统辑	明末［1621—1644］常熟毛晋汲古阁	刻本	24 册（4 函）	Asian Rare-4 no.28
13	六家文选：60 卷	（梁）萧统辑	明嘉靖十三年至二十八年［1534—1549］吴郡袁氏嘉趣堂	刻本	30 册（6 函）	Asian Rare-4 no.29
14	书经集注：6 卷	（宋）蔡沈集注	明万历［1573—1620］［福建］书林新贤堂张闽岳	刻本	1 册（1 函）	Asian Rare-4 no.3
15	六臣注文选：60 卷	（梁）萧统撰	明万历［1573—1620］	刻本（后印）	15 册（2 函）	Asian Rare-4 no.30
16	梁昭明文选：12 卷	（梁）萧统辑	明万历二十九年［1601］恽绍龙	刻本	12 册（1 函）	Asian Rare-4 no.31
17	文选锦字录：21 卷	（明）凌迪知辑	明万历五年［1577］吴兴凌氏桂芝馆	刻本	18 册（3 函）	Asian Rare-4 no.33
18	唐诗纪事：81 卷	（宋）计有功撰	明崇祯五年［1632］常熟毛晋汲古阁	刻本	18 册（3 函）	Asian Rare-4 no.35

续表

19	笺注唐贤三体诗法：20卷	（宋）周弼选	明末［约1567—1644］广陵火钱	刻本	1册（1册）	Asian Rare-4 no.38
20	楚骚绮语：6卷	（明）张之象辑	明万历四年［1576］吴兴凌迪知	刻本	4册（1函）	Asian Rare-4 no.43
21	类笺唐王右丞诗集：10卷，首1卷，外编1卷，唐诸家同咏集1卷，赠题集1卷	（唐）王维撰	明嘉靖三十五年［1556］无锡顾起经奇字斋	刻本	6册（1函）	Asian Rare-4 no.44
22	集千家注杜工部诗集：20卷，文集2卷，附录1卷	（唐）杜甫撰	明嘉靖十五年［1536］玉几山人	刻本	24册（6函）	Asian Rare-4 no.45
23	杜工部分类诗：10卷，赋1卷	（唐）杜甫撰	明万历二年［1574］	刻本	6册（1函）	Asian Rare-4 no.46
24	朱文公校昌黎先生文集：40卷，外集10卷，遗文1卷，传1卷	（唐）韩愈撰	明万历三十三年［1605］天德堂	刻本	4册（1函）	Asian Rare-4 no.48
25	唐陆宣公翰苑集：24卷	（唐）陆贽撰	明万历三十五年［1607］陆基忠	刻本	4册（1函）	Asian Rare-4 no.50
26	宋濂溪周元公先生集：10卷	（宋）周敦颐撰	明末［1573—1644］崔植	刻本（递修）	2册（1函）	Asian Rare-4 no.51
27	礼记：49篇	（明）佚名音注	明正德嘉靖间［1506—1566］北京内府	刻本	12册（2函）	Asian Rare-4 no.6
28	新刻旁注四六类函：12卷	（明）朱锦类辑	明万历［1573—1620］南京吴继武，王世茂	刻本	4册（1函）	Asian Rare-4 no.63
29	盛世新声：12卷	（明）佚名辑	明正德十二年［1517］	刻本	8册（1函）	Asian Rare-4 no.64
30	五代史：74卷	（宋）欧阳修撰	明万历二十八年［1600］北京国子监	刻本（后印）	10册（1函）	Asian Rare-4 no.8
31	资治通鉴：294卷	（宋）司马光撰	明万历二十年［1592］新安吴勉学	刻本	112册（14函）	Asian Rare-4 no.9

2. 清代善本刻本 16 种：顺治刻本 1 种，康熙刻本 10 种，雍正刻本 2 种，乾隆刻本 3 种

1	唐诗鼓吹：10 卷	（元）郝天挺注	清顺治十六年［1659］	刻本	10 册（1 函）	Asian Rare-4 no.37
2	贞观政要：10 卷	（唐）吴兢撰	清康熙［1662—1722］大易阁	刻本	4 册（1 函）	Asian Rare-4 no.12
3	文选：60 卷	（南朝梁）萧统辑	明末［1621—1644］常熟毛晋汲古阁	刻本	24 册（4 函）	Asian Rare-4 no.28
4	才调集：10 卷	（后蜀）韦谷集	清康熙间［1704—1722］	刻本（覆刻）	4 册（1 函）	Asian Rare-4 no.34
5	御选宋诗：78 卷，姓名爵里 2 卷	（清圣祖）玄烨选	清康熙四十八年［1709］北京武英殿	刻本	18 册（3 函）	Asian Rare-4 no.39
6	御选金诗：24 卷，姓名爵里 1 卷，卷首 1 卷	（清圣祖）玄烨选	清康熙四十八年［1709］北京武英殿	刻本	12 册（2 函）	Asian Rare-4 no.40
7	御选元诗：80 卷，姓名爵里 2 卷，卷首 1 卷	（清圣祖）玄烨选	清康熙四十八年［1709］北京武英殿	刻本	30 册（5 函）	Asian Rare-4 no.41
8	御选明诗：120 卷，姓名爵里 8 卷	（清圣祖）玄烨选	清康熙四十八年［1709］北京武英殿	刻本	36 册（6 函）	Asian Rare-4 no.42
9	杜工部集：20 卷	（唐）杜甫撰	清康熙六年［1667］钱曾，季振宜	刻本	10 册（1 函）	Asian Rare-4 no.47
10	渔洋山人精华录：10 卷	（清）王士禛撰	清康熙三十九年［1700］林佶	写刻本	6 册（1 函）	Asian Rare-4 no.56
11	谈龙录：1 卷	（清）赵执信撰	清康熙四十八年至六十一年［1709—1722］博山赵氏因园	刻本	1 册（1 函）	Asian Rare-4 no.61
12	诗经：8 卷	（宋）朱熹集传	清雍正［1723—1735］北京国子监	刻本	4 册（1 函）	Asian Rare-4 no.4
13	冯舍人遗诗：6 卷	（清）冯廷櫆著	清雍正十一年［1733］德州冯德培	刻本	4 册（1 函）	Asian Rare-4 no.59

续表

14	王荆公诗笺注：50卷，卷首1卷	（宋）王安石撰	清乾隆六年［1741］张宗松清绮斋	刻本	12册（2函）	Asian Rare-4 no.54
15	饴山诗集：20卷	（清）赵执信撰	清乾隆十七年［1752］博山赵氏因园	刻本	8册（1函）	Asian Rare-4 no.58
16	声调谱：3谱	（清）赵执信撰	清乾隆三年［1738］博山赵氏因园	刻本	1册（1函）	Asian Rare-4 no.62

3. 套印本4种

1	管子：24卷	（春秋）管仲撰	明万历四十八年［1620］吴兴凌汝亨	刻本（朱墨套印）	10册（1函）	Asian Rare-4 no.23
2	庄子南华真经：4卷	（战国）庄周撰	明末［1624—1644］南京闵齐伋	刻本（朱墨套印）	8册（1函）	Asian Rare-4 no.27
3	昌黎先生诗集注：11卷	（唐）韩愈撰	清道光十六年［1836］苏州膺德堂	刻本（朱墨套印后印）	6册（1函）	Asian Rare-4 no.49
4	苏文忠公诗集：50卷	（宋）苏轼撰	清同治八年［1869］广州韫玉山房	刻本（朱墨套印）	12册（2函）	Asian Rare-4 no.53

4. 稿本4种

1	熊廷弼杨涟书札：2通	（明）熊廷弼，杨涟撰	明天启间［1621—1625］熊廷弼，杨涟	手稿本	1册（1函）	Asian Rare-4 no.91
2	草韵五种	（清）佚名书	清康熙［1662—1722］	稿本	7册（1函）	Asian Rare-4 no.25
3	唐诗鼓吹：10卷	（清）赵执信评点	清乾隆［1736—1795］博山赵念	稿本	4册（1函）	Asian Rare-4 no.36
4	诗经金丹便读：不分卷	（清）阎湘蕙纂	清咸丰十年［1860］昌乐阎湘蕙	稿本	4册（1函）	Asian Rare-4 no.5

5. 抄本7种

1	宣德彝器谱：3卷	（明）吕棠编	明崇祯初年［1628—1630］邓玉函（Johann Schreck）	抄本	3册（1函）	Asian Rare-4 no.90

续表

2	周易解：不分卷		民国初期［1912—1927］	抄本	6 册（1 函）	Asian Rare-4 no.1
3	史记近：不分卷	（清）杨于陛辑	清［1644—1911］乔英	抄本	4 册（1 函）	Asian Rare-4 no.13
4	菉竹堂书目：1 卷	（明）叶盛辑	民国初期［1912—1927］	抄本	1 册（1 函）	Asian Rare-4 no.19
5	妆史：2 卷	（清）田霡撰	清康熙［1662—1722］	抄本	2 册（1 函）	Asian Rare-4 no.24
6	情话堂诗稿	（清）闵鼎撰	清［1644—1911］	抄本	2 册（1 函）	Asian Rare-4 no.55
7	董其昌临褚本兰亭序	（晋）王羲之原书	清［1644—1911］	写本（泥金）	1 册（1 函）	Asian Rare-4 no.66

6. 照片 1 种

1	宋拓兰亭序二种	/（晋）王羲之原书	民国初期［1912—1927］	照片	1 册（1 函）	Asian Rare-4 no.65

7. 杨氏海源阁藏书 7 种

1	杜氏通典：200 卷	（唐）杜佑撰	明嘉靖［1522—1566］李元阳	刻本	90 册（15 函）	Asian Rare-4 no.17
2	朱文公小学：6 卷	（宋）朱熹撰	明嘉靖三十二年［1553］长治潞安府署	刻本	4 册（1 函）	Asian Rare-4 no.20
3	阳明先生则言：2 卷	（明）王守仁撰	明嘉靖十六年［1537］周文规	刻本	2 册（1 函）	Asian Rare-4 no.21
4	资治通鉴：294 卷	（宋）司马光撰	明万历二十年［1592］新安吴勉学	刻本	112 册（14 函）	Asian Rare-4 no.9
5	小学史断：2 卷	（宋）南宫靖一纂述	明嘉靖十七年［1538］张木	刻本	4 册（1 函）	Asian Rare-4 no.18
6	饴山诗集：20 卷	（清）赵执信撰	清乾隆十七年［1752］博山赵氏因园	刻本	8 册（1 函）	Asian Rare-4 no.58
7	情话堂诗稿	（清）闵鼎撰	清［1644—1911］	抄本	2 册（1 函）	Asian Rare-4 no.55

8. 金石拓片共 23 种

顺序	题　名	刻石年代	版刻	版本	数量	典藏号
1	星凤楼帖兰亭序二种	明［1368—1644］	翻刻	清拓本	1 册	Asian Rare-4 no.67
2	兰亭序六种附黄庭经	清末［1851—1911］	原刻	清末拓本	1 册	Asian Rare-4 no.68
3	唐临绢本兰亭序黄庭经	清［1644—1911］	原刻	清拓本（朱拓）	1 册	Asian Rare-4 no.69
4	摹定武本兰亭序	明［1368—1644］	翻刻	明拓本	1 册	Asian Rare-4 no.70
5	旧拓禊帖八种	宋至清［960—1911］	翻刻	清末拓本	1 册	Asian Rare-4 no.71
6	兰亭序	清［1644—1911	翻刻	清拓本	1 册	Asian Rare-4 no.72
7	兰亭序	清［1644—1911］	翻刻	清拓本	1 册	Asian Rare-4 no.73
8	二王帖：存 83 帖	明万历十三年［1585］	原刻	清拓本	3 册	Asian Rare-4 no.74
9	爨宝子碑	东晋大亨四年［405］四月上旬	原刻	清末拓本	1 册	Asian Rare-4 no.75
10	星凤楼帖残本	明［1368—1644］	翻刻	清拓本	1 册	Asian Rare-4 no.76
11	郑固碑	东汉延熹元年［158］四月二十四日	原刻	清拓本	1 册	Asian Rare-4 no.77
12	史晨飨孔庙碑与史晨祀孔庙奏铭	东汉建宁二年［169］	原刻	清拓本	1 册	Asian Rare-4 no.78
13	曹全碑	东汉中平二年［185］十月二十一日	原刻	清初拓本	1 册	Asian Rare-4 no.79
14	关中本智永真草千字文	北宋大观三年［1109］二月十一日摹刻	原刻	明拓本	1 册	Asian Rare-4 no.80
15	关中本智永真草千字文	北宋大观三年［1109］二月十一日摹刻	原刻	清拓本	1 册	Asian Rare-4 no.81
16	刘熊碑	东汉［25—220］	翻刻	清拓本	1 册	Asian Rare-4 no.82
17	灵飞经	明崇祯三年［1630］	原刻	清拓本	1 册	Asian Rare-4 no.83
18	张猛龙碑	北魏正光三年［522］正月二十三日	原刻	民国拓本	1 张	Asian Rare-4 no.84

续表

顺序	题　名	刻石年代	版刻	版本	数量	典藏号
19	马鸣寺根法师碑	北魏正光四年［523］二月三日	原刻	清拓本	1册	Asian Rare-4 no.85
20	怀仁集王羲之书三藏圣教序记并心经	唐咸亨三年［672］	原刻	清乾隆拓本	1册	Asian Rare-4 no.86
21	李思训碑	唐开元八年［720］六月二十八日	翻刻	清拓本	1册	Asian Rare-4 no.87
22	多宝塔感应碑	唐天宝十一年［752］四月二十二日	原刻	明末拓本	1册	Asian Rare-4 no.88
23	太上玄元道德经	明万历三十八年［1610］冬日刻	原刻	清拓本	1册	Asian Rare-4 no.89

三、鉴定过程及辨伪

庞镜塘藏书虽然善本比例很高，但在鉴别过程中我也发现了一些问题：

1. 书品面貌保存不佳，虫蛀鼠咬现象严重。如果不加修补即允许读者取阅，会加速图书的破损；如果进行这部分藏书的数字化扫描，其中一些破损严重的，最好也事先修补一下。

2. 排放次序混乱，大部头书几乎没有一部是有序排列的，如《资治通鉴》112册14函、《杜氏通典》90册15函、《集千家注杜工部诗集》24册6函等书，册函数较多，次序严重混乱，编目时重新排序就花费了许多时间。拓本中《多宝塔感应碑》《李思训碑》《太上玄元道德经》等，虽然仅有一册，但由于折叶破损失连，导致次序严重混乱，需要根据原碑原帖内容重新理序，这些工作占用了大量的编目时间。

3. 部分藏书有作伪现象，如：

清康熙大易阁刻本《贞观政要》十卷，版心下方镌“大易阁”。经与相同版本比对，此本刷印时于每卷卷端剜去“朱载震校阅”五字，实为清康熙十八年徐惺大易阁刻本。书首所钤朱文大印“表章经史之宝”亦应系假冒明代御玺。

民国初期抄本《周易解》，书前有方苞题记，下钤朱印："望溪管窥"，其他方氏之印皆假。抄手笔迹拙劣，所谓批注毫无价值。疑系作伪之书。

民国初期抄本《菉竹堂书目》一卷，抄手拙劣，每一纸叶均系两张纸经溜口粘接而成，衬纸与字纸质地接近，不像后来修补时添加；季振宜印与季氏原印不符，其他各印除周菊伍印外均甚可疑。印章颜色和位置都有问题，书后周氏一段说明纯为此地无银三百两，应系周菊伍据民国初年抄本作伪。

清顺治十六年（1659）刻本《唐诗鼓吹》十卷，全书多有墨笔批评圈点，卷末后记落款署无想道人，但又为淡墨笔涂去。其上天头有刘峙墨笔："后记竟为三家村鄙人涂抹并加谰语，重装割去之。"书最后粘有赵执信书法照片一幅，其上有刘峙墨笔题记："影照此帧附后，以证前评为秋谷原本，非录副也。"但各册均有割去纸叶痕迹，批评文字字体绝不类赵执信笔迹；与赵念辑录稿本中赵执信批评文字相校，有多处漏略和不同，应系据他本过录。

明嘉靖十三年至二十八年（1534—1549）吴郡袁氏嘉趣堂刻本《六家文选》六十卷，原书卷三十、卷三十七等卷末镌有刻书时间及刊刻人姓名，庞氏藏本或剜去，或刮纸模糊之，欲消除刊刻信息。

更常见的是一些残书，为了冒充全书，就直接割去书前部分目录，来达到以残充全的目的。如：

清光绪元年（1875）泾川朱氏梅村家塾《文选集释》二十四卷，庞氏藏本缺卷十七至卷二十四。撕去书前目录卷十六以后部分，以充全本。

明嘉靖三十五年（1556）无锡顾起经奇字斋刻本《类笺唐王右丞诗集》十卷首一卷外编一卷，庞氏藏本缺诗集后五卷，遂将书前目录第六卷以后目录割去，并将目录终之题名剜补粘接在卷五目录之后，以充全书。

明万历三十三年（1605）天德堂刻本《朱文公校昌黎先生文集》四十卷外集十卷遗文一卷传一卷，庞氏藏本仅存前十八卷，将书前十九卷后目录割去，以充全本。

四、庞镜塘藏书上的藏章印记

庞镜塘的藏书印最常见的是"嬴缩研斋""嬴缩砚斋藏书印"。嬴缩砚斋是他的书斋名。《管子》曰："成功之道，嬴缩为宝……嬴嬴缩缩，因而为当。"庞镜塘其他的藏章还有：

庞镜塘读书记、镜塘读过、庞镜塘藏书记、镜塘长物、竟唐诵习、镜唐审定、镜塘乙酉后所得、嘿园、嘿园眼福、爱日楼、缘胜斋。

庞镜塘所藏拓片中的藏印与图书中的不完全一样，除了上述藏印之外，还有：镜塘所藏精品、竟唐、竟唐借读、镜塘曾藏、镜塘心赏、嬴缩研斋考藏金石书画、句阳庞镜塘鉴赏印、镜塘之钵、嬴缩研斋考藏金石书画、今生名是已。

庞镜塘的女儿庞祎的名章则仅见于写本《草韵五种》一书中，大概和庞祎的艺术爱好倾向有一定的关系。

其他藏印根据图书和印主的情况，分段抄录于下：

• 保彝私印、陶南山馆、香南室、凤阿、杨氏海原阁藏。

• 余事作诗人、刘峙私印、固安刘峙珍藏印记、六不艸堂、固安、刘峙。

• 一和藏书、泗水蒋氏家藏、蒋一和、孤云鉴赏、蒋一和书画。

• 毗陵周菊伍收藏书画印、周郎、菊坞读过、子孙保之、不薄今人爱古人、渤海周氏珍藏、东鲁琴斋周识。

• 吴鹗、友石、吴鹗私印、吴石君壬子后所得物、宝川、乐志、楚培、群玉山樵、杨铋之印、鹏翎、名余曰飞、高乐志。

• 赵执璲印（回文印）、高唐郝氏藏本、冰笋室、在轩、饴山季子、赵十二念、砚庄、岂得便徒尔、安处阁、手钞、赵寿余、臣念之印、砚庄十二念、蚕厓、暗钼心地种闲情、聊后尔尔、十二郎赵念、寿身道士、寿潜、在轩赵念、西巘、钝直书生、轻醉不成乡、敬堂、十二念、门庭萧寂名士风流、半醉、颐安所藏、近墨学人、半醉翁、足吾所好。

除庞氏藏印之外，庞镜塘所藏拓片上其他人的藏印还有：

祖孙父子兄弟进士之家、曲江风度、紫藤花馆、之江凉晕繁呆主人、张映玑印（回文印）、绍庭、管领湖山、老藤、石经阁、欧阳鸿逵鉴藏、琳锒庐、木达摩庵、华□斋鉴定书画图章、彝尊珍藏、王世贞、彭行先印、秀余、之硕、弼臣、恒轩、松桂读书林、溥、沈熙、绍庭审定、吴门蒋氏赋琴楼珍藏、朱家宝、长孺审定、经田经眼张氏枢臣赏玩、张氏家藏、刘氏家藏、詹氏文竹、二如斋、詹景凤、颐性老人、汪砚山所得金石文字、恩享印信长寿、仲汝于之真赏。

其中，“彝尊珍藏”“王世贞”“彭行先印”等印疑伪。

五、编目工作之外的其他活动

1. 参加 4 月 16 日 UBC 图书馆为我本人举办的欢迎会，并为同时举办的小型馆藏善本古籍展览作事前的准备和展览时的讲解。

2. 主讲 5 月 19 日题为“UBC 图书馆的中文古籍善本珍藏——从庞镜塘收藏说起”的讲座。

3. 指导学生助理向“高校古文献资源库”提交古籍书影的工作。

4. 参加图书馆业务范围内的各种相关工作，如为学生读者提供参考咨询服务，接待大英图书馆的吴芳思博士（Dr. Wood），等等。

六、感想和建议

两个月的时间是短暂的，但我也从 UBC 图书馆的同事们身上学到了很多东西，自己在工作过程中也有一些感想和体会，具体如下：

1. UBC 的中文古籍收藏是加拿大高校中最丰富的，这些古籍集中来自几个私人藏家的收藏，因而表现出各自收藏的风格特点，具有整体性的价值。UBC 没有将这些收藏打散，而是相对集中保存，这是难能可贵的，也是非常值得提倡的做法，希望能够继续保持下去，并对这些典藏及其收藏源流进行研究。

2. 馆藏中国古籍漂洋过海，历经磨难，不少藏书虫蛀、散乱现象严重，亟须修补。建议设立专门的修书岗位，予以较长时期的经费支持，修复工作人员也可以逐年向中国国内聘请，同时培养本馆的中国古籍修复人才。

3.UBC 亚洲图书馆的开架阅览室中还有相当部分的中国古籍线装书，由于中国古籍的手工装订形式和多册叶特点，这些古籍很容易丢失，建议尽早将中日韩文中这些传统装订形式的古籍集中一处，闭架管理。

4. UBC 图书馆还有一些珍贵的中国古旧地图。读者借阅使用都很方便。建议对这些地图进行一次普查，将其中比较重要的地图数字化，并建立数据库，在一定范围内为读者提供服务。

虽然本人努力工作，很想将UBC图书馆中的庞镜塘收藏在本人这次鉴定整理工作中全部正式编目，但由于庞镜塘藏品的复杂性和本次编目的规范性，我只能完成第一批接收的庞镜塘收藏中古籍和拓片部分的编目。这是我心中感到遗憾的地方。但值得庆幸的是，由于这个CLIR项目UBC方面请到了武亚民先生，这些遗憾是可以弥补的。武亚民先生学养深厚，国学功底扎实，知识结构全面，编目技能娴熟，思虑周全，耐心细致，尽职敬业，可以胜任中国古籍、拓片、字画等各种古文献的鉴定整理编目工作，是目前不可多得的图书馆古籍整理人才。我相信，武亚民先生将会出色地完成后续的相关工作!

最后我要感谢UBC领导和同事们对我无微不至的关心和照顾，你们为我工作的开展做了大量的准备和配合工作，是我能够顺利工作的前提和保障。感谢Ingrid！感谢Lea Starr！感谢Sue！感谢Jo Anne！感谢Katherine！感谢Felicia！感谢Phoebe！感谢张昕！更要感谢Hana、刘静和武亚民对我的全力支持和帮助!

此文写作于2015年4月30日

卷四

传统与现代

试论图书馆对其所藏古籍的权利和义务

倡导自由、平等、公正、法治，是社会主义核心价值观中社会层面的价值取向，是今后中国社会发展的努力方向。作为一个高校图书馆的古籍工作者，我由衷赞赏这个提法，并愿意就高校图书馆的古籍工作应该怎样积极实践社会主义核心价值观，做一初步的探讨。

古籍是图书馆最重要、最有价值的文献收藏。长期以来，图书馆藏古籍文献一直存在着藏与用的矛盾。相当有代表性的一种说法就是，图书馆对于其所藏古籍，应以安全妥善保管为主，对读者的服务应服从于安全妥善保管的前提。

在这种思想的支配下，拒绝读者阅览、复制请求，过度限制馆藏古籍为社会服务的现象屡屡发生，造成许多读者和社会的需求不能得到满足，阻碍了学术研究和文化建设的顺利进行。更有一些图书馆员，将古籍视为自己随意掌控之物，对读者漫天要价，造成读者和图书馆的矛盾，同时也影响了图书馆的声誉。

针对这种现象，读者不禁就要提出这样的问题，即：图书馆作为古籍收藏单位，对其所收藏的古籍文献究竟享有什么样的权利？这种权利是否有一定的限制？

一、图书馆藏古籍资源为谁所有？

在我国的现行法律体系中，物权法应该最适合用来解释图书馆的权利问题。《中华人民共和国物权法》已由第十届全国人民代表大会第五次会议于 2007 年通过并施行。下面就结合物权法的理论和条文分析一下上面提出的这个问题。

要明白图书馆的权利，首先要弄清图书馆的性质。

图书馆的构成有三种基本要素：

（1）图书馆建筑及其配套设备、设施；

（2）馆藏资源，包括：图书、报刊等各类文献资料，各类数字资源；

（3）图书馆的机构组织及其各级工作人员。

按照常规的理解，图书馆是一个机构，是由各种自然人组成的一个集体。而由自然人组成的机构应该是可以作为权利主体的。馆藏古籍是一种物品，图书馆作为古籍的收藏机构，享有对其所收藏的古籍文献的某种权利。也就是说，相对于馆藏古籍而言，图书馆是权利的主体，古籍是权利的客体。

但如果从图书馆作为建筑及其设备、设施和馆藏的角度来看，图书馆又是一种有体物，它是物权的客体，主体另有其人。

现代图书馆是近代西方文化的产物。与中国古代的私人藏书楼和皇家藏书的性质是截然不同的。在当代中国，图书馆基本都是公立的，是作为一项公益事业存在的，国家图书馆，各省、市、县公共图书馆都是政府拨款创建和经营的，图书馆的建筑是国家出钱建造的，图书馆的购书经费和运行经费是由国家拨给的；各级学校图书馆也是学校下设、由学校划拨经费运行的。图书馆的所有各级工作人员虽有职务高低之别，但都是被聘任的，图书馆只是他们的工作单位和工作场所，而不是他们的私有财产。由此看来，图书馆并不是一个自决自立的组织机构，相对于国家而言，图书馆乃是权利的客体。用句古语来讲，图书馆乃“天下之公器”！

《中华人民共和国物权法》第四十五条规定：“法律规定属于国家所有的财产，属于国家所有即全民所有。国有财产由国务院代表国家行使所有权；法律另有规定的，依照其规定。”

作为权利的客体，图书馆归国家所有，其中的设备、设施及馆藏图书文献资源都是国家财产。国家是权利的主体，是图书馆及其馆藏的所有者。具体而言，国务院下属的各部委可以代表国家行使所有权。例如文化部可以代表国家对各公共图书馆行使所有权，教育部可以代表国家对各高校图书馆行使所有权。

同时兼具物权中主体与客体的性质，这就是图书馆的独特性和复杂性。

那么，作为物权范畴的主体，图书馆对其藏书享有什么权利？

是所有权吗？当然不是。各级公共图书馆都有其上级领导部门，其当初的建造和日常的运行维护，都是依靠其上级领导部门决策和拨款。高校图书馆不是法人单位，要接受和服从其所属学校的领导。所以各类型图书馆其实对其所藏古籍文献都不享有所有权。图书馆的馆藏都是国家财产。

是版权吗？也不是。版权是作者对其所创作作品所享有的权利，所以大陆法系的国家一般都将版权称为著作权，我国制订的就是《著作权法》。图书出版者对其出版的图书依合同规定享有专有出版权和相应的邻接权。但图书馆既不是馆藏古籍的作者，也不是其出版者，所以说图书馆对馆藏古籍文献不享有版权。

通过上述分析，我们发现，图书馆对于其所收藏的古籍所享有的权利只能是占有权。因持有而获得占有，因占有而享有占有权。图书馆对其馆藏的占有属于有权占有，即基于法律或合同的规定而享有对某物进行占有的权利。有权占有者对其所占有的不动产或者动产，依法享有使用、收益和处分的权利。《中华人民共和国物权法》第五十四条规定："国家举办的事业单位对其直接支配的不动产和动产，享有占有、使用以及依照法律和国务院的有关规定收益、处分的权利。"

但占有权是一种有限的权利，即使是有权占有，也不能高于所有权。

《中华人民共和国物权法》第五十一条明确指出："法律规定属于国家所有的文物，属于国家所有。"古籍具有文物价值，古籍善本更是明确地被列为文物。自 2013 年 6 月 29 日起实施的《中华人民共和国文物保护法》第五条第二款明确规定：国有文物收藏单位以及其他国家机关、部队和国有企业、事业组织等收藏、保管的文物属于国家所有。第三十九条还规定："国务院文物行政部门可以调拨全国的国有馆藏文物。省、自治区、直辖市人民政府文物行政部门可以调拨本行政区域内其主管的国有文物收藏单位馆藏文物；调拨国有馆藏一级文物，应当报国务院文物行政部门备案。"这些规定也有力地说明：图书馆对其馆藏享有的是占有权，而不是所有权；占有权应服从于所有权。

古籍是老祖宗给我们留下的宝贵文化遗产，即使是图书馆所藏的古籍文献，也是国家财产，为全民所有，也应该为全民所用。图书馆藏古籍归根结底，是一种由图书馆保管的全民财产。

二、我国图书馆的若干陋习

图书馆作为公益性机构，为公众服务是其天职。图书馆藏古籍文献既然属于国家所有亦即全民所有，图书馆就有义务在对其安全妥善保管的同时，努力为社会服务，尽量满足各类读者的相关需求。

但现实并非完全如此。

有的馆秘封馆藏古籍善本、珍本，以种种借口拒绝为社会提供服务，读者用户无可奈何，许多研究和项目因此难以为继，甚至中途夭折。

有的高校馆不接待校外读者，或对校外读者设定极高的门槛，将社会读者挡在门外。

有的馆对读者限制过严，规定一个读者一天只能看寥寥几种古籍。

有的馆保守僵化，比如在书库和阅览室条件已得到充分改善的情况下，仍然墨守成规，以天气为由，在一年的某一时段不提供古籍善本的阅览服务，使得远道而来希望查阅古籍善本的国内外读者一筹莫展。

最典型的事例莫过于发生于 2005 年的“苏图事件”。一个并不十分保守的公共图书馆，一个埋首于学术研究的北大中文系教授，竟然因古籍的阅览复制问题，发生了激烈的冲突，并引发了全国性的广泛关注和讨论[①]。当时舆论几乎一边倒地谴责图书馆，甚至引述钱钟书妙喻，把图书馆比作太监，守着三千佳丽，自己不会用，还不许别人染指。这件事对中国现今的图书馆形象产生了很大的负面影响。

下面重点讲述图书馆古籍界存在的两个较为突出的问题。

1. 底本费问题

迄今为止的相当一段时期，凡是复制图书馆所藏古籍文献资料，都需交纳所谓底本费。这项收入作为图书馆的创收，通常是由图书馆统一发放给了本馆职工。也就是说，图书馆利用其藏本进行了有偿服务，本馆职工因其典守服务之责而获利。从物权法的角度来看，占有者对其占有物可以享有占有、使用、收益、处分

---

① 对此事描述较为客观详尽的是中山大学潘燕桃教授的《近 60 年来公共图书馆思想研究》（广州：中山大学出版社，2011）。

的权利。按照现在通行的思维方式，图书馆通过服务社会获取一定的收益，这种做法似乎也无可厚非。问题是这种收费并没有统一的标准，各馆自行其是。有的馆狮子大开口，利用读者或用户急切需要的弱点，索取高昂的底本费，引起读者或用户的不满。

我国的学者普遍有一个感受，就是在国外，他们要阅读复制国外各图书馆所藏中国古籍，都比在国内容易得多，交纳费用也便宜得多。有的常常是只收取数字扫描或胶片摄制工本费，如果读者自带相机拍摄则不收取任何费用。例如美国哈佛大学哈佛燕京图书馆，不允许无理拒绝读者提出的复制中国古籍的要求，也从不对读者拍摄或扫描古籍收取底本费，只是在读者要求图书馆为其拍摄或扫描的情况下，为加工者收取仅相当于成本价格的加工费。连广西师范大学出版社影印出版《美国哈佛大学哈佛燕京图书馆藏中文善本汇刊》，皇皇 67 种，哈佛燕京图书馆都没有收取一分钱的底本费。

20 世纪 30 年代，供职于国立北平图书馆的王重民先生奉派到法国巴黎国家图书馆做交换馆员，拍摄复制了大量的敦煌卷子寄回国内，也没有听说有交纳底本费的事情。

中国中医科学院中国医史文献研究所郑金生研究员近十几年来致力于将流散于国外的中医古籍版本复制回国，从日本、德国各图书馆访寻到现存中国散佚古医籍数百种，并将其进行全书的拍摄或扫描。所用经费除差旅费外，支付的基本都是制作费，而很少是底本费。在中国国内，这是根本不可能的事情。

为什么国外会这样做呢？因为他们的典守者认为，“学术乃天下之公器”，古籍文献写作年代久远，早已过了版权保护期，没有版权保护的问题；而图书馆，就是用来为读者提供服务的，国家或某些私人已经为图书馆的工作人员支付了劳务费用，图书馆再向读者或用户收取额外的费用是不合适的。也就是说，国外许多图书馆事实上是放弃了因占有古籍而获得收益的权利。在他们的制度或观念中，图书馆没有创收一说，收取底本费甚至是违法的。

在中华人民共和国成立以后的很长一段时期，我国的图书馆也没有所谓底本费的问题。20 世纪 70 年代末实行改革开放以后，因为图书馆工作人员的待遇相对较低，有的公共图书馆国家甚至只支付员工的部分工资，不足部分需要图书馆自己创收，来勉强维持图书馆的日常运行，或稍微改善一下本馆工作人员的物质待遇，所以图书馆开始收取复制古籍文献的底本费。直至目前，这种状况仍然没有多少改变，已经成为图书馆普遍执行的通则，在有些图书馆甚至变本加厉。

我国已经从低收入国家进入到中等收入国家，图书馆工作人员的经济收入也有了明显的改善，不再特别依赖图书馆自己的创收来维持日常的家庭生活。我们并不一定要马上取消读者或用户复制古籍文献的底本费，但图书馆一定要放弃借此获利的思维方式。收取底本费只应该是出于保护古籍原物的原因，用以控制读者无节制或不合理的复制要求。基于这样目的的收费相信也能得到读者的理解。

2. 古籍复本交换问题

《中华人民共和国物权法》第五十七条规定：“履行国有财产管理、监督职责的机构及其工作人员，应当依法加强对国有财产的管理、监督，促进国有财产保值增值，防止国有财产损失；滥用职权，玩忽职守，造成国有财产损失的，应当依法承担法律责任。”

对馆藏古籍文献安全妥善保管，这是图书馆的职责，是法律的要求，是必须做到的。但是，许多图书馆古籍复本众多，有的相同版本的复本量多达 10 多部乃至上百部，几十年、甚至上百年无人借阅翻动，占用大量优质储存设备设施，严重浪费书库空间，但就是没有哪一个图书馆敢将这些在本馆派不上用场的复本与其他图书馆进行交换，互通有无，以获取新的古籍品种，使所有的古籍都能服务于科研教学，充分开发其固有价值并得到应有的利用。

其实关于馆藏古籍文献的交换问题，现行《中华人民共和国文物保护法》第四十一条是明文许可的：“已经建立馆藏文物档案的国有文物收藏单位，经省、自治区、直辖市人民政府文物行政部门批准，并报国务院文物行政部门备案，其馆藏文物可以在国有文物收藏单位之间交换；交换馆藏一级文物的，必须经国务院文物行政部门批准。”

立法者甚至还考虑到了文物交换的收益即收益处置问题。该法第四十三条是这样规定的：“依法调拨、交换、借用国有馆藏文物，取得文物的文物收藏单位可以对提供文物的文物收藏单位给予合理补偿，具体管理办法由国务院文物行政部门制定。国有文物收藏单位调拨、交换、出借文物所得的补偿费用，必须用于改善文物的收藏条件和收集新的文物，不得挪作他用；任何单位或者个人不得侵占。”

早在1963至1965年间，湖南省中山图书馆（今湖南图书馆）就曾将馆藏复本与北京中国书店、上海古籍书店进行过3次古籍交换，换回了包括敦煌写经在内的400多种善本，取得了很好的效果。内蒙古图书馆也曾用多余的复本，与北京中国书店交换回一批包括钱玄同藏书在内的很有价值的古籍。但这些交换都是在图书馆与书店之间进行的，而且都发生在改革开放之前。耐人寻味的是，改革开放后，我们反倒没有看到哪一家图书馆进行过实际的馆藏古籍复本交换活动。

2003年，在天津图书馆召开的全国图书馆工作年会上，会议组织者发出了全国图书馆之间进行馆藏古籍复本交换的呼吁，会议对此议题也做了极为认真的讨论和设计，中国书店海王村拍卖公司主动提出愿意作为交换的平台，为这项工作的有效进行创造条件。但会后仍然是毫无进展，最终不了了之。

三、图书馆应努力做好馆藏古籍的社会服务工作

党的十八届三中全会告诉我们，新一轮全面改革的标准，就是解放思想，与时俱进，实事求是，求真务实。改革的目标，是完善有中国特色的社会主义体制，实现治理体系和治理能力的现代化，做到促进社会公平正义，增进人民福祉，通过改革，使全社会都充满活力。

目前，我国的公共图书馆已实行零门槛，免费向全体公众开放；高校图书馆也竭心尽力宣传推广，千方百计为师生创造有利条件，来利用图书馆、利用馆藏。可是图书馆中古籍文献的读者服务工作却停滞不前，甚至可以天经地义地封顶设限，拒绝改革创新，还美其名曰是完善管理、加强保护！

放眼全国，图书馆古籍界的因循保守是一个普遍的现象，但由于其特殊性质，外人不明就里，不便置喙；即使是图书馆的领导，也因为古籍文献的文物价值高，话题敏感，不愿出台新的政策，采取新的措施，进行深层次的改革；行内人出于自身物质利益的原因和明哲保身的思想动机，不愿也不敢进行改革，甚至抵触任何有损于其利益的改进措施。

现行《中华人民共和国文物保护法》第四十条规定：“文物收藏单位应当充分发挥馆藏文物的作用，通过举办展览、科学研究等活动，加强对中华民族优秀的

历史文化和革命传统的宣传教育。”图书馆作为文物收藏单位，没有权力将馆藏古籍资源束之高阁，秘不见人；更不能漫天要价，为难读者和用户。

图书馆古籍界存在的这些问题是长期以来诸种主客观原因造成的，有其历史必然性。但当我们进入新一轮全面改革的历史时期，我们发现这些问题与时代的要求已显得格格不入，是应当提出来并加以妥善解决的时候了。

其实只要摈弃私心，各图书馆不再将古籍当作私密之物、摇钱之树，而是本着妥善保护古籍、努力服务社会、真心服务读者的宗旨，积极开启思路，想方设法，就没有什么问题是解决不了的。

比如前述底本费的问题，图书馆可以按规定标准收取，但此项收益应专款专用，在支付制作费用之外，用其进行相关的古籍数据库的建设。其实就是借助读者或用户的力量，建立本馆的古籍全文影像数据库，凡是已为读者或用户进行过全文复制的古籍版本，今后就可以向读者提供其全文电子图像的服务，以取代过去的提供原书阅览。

也可以对读者的阅览要求进行统计，对于那些阅览频率较高的古籍版本，及时进行数字化拍摄或扫描，将其全文图像编入古籍数据库，提供给读者阅览使用，以达到保护原书的效果。

至于馆藏古籍复本的交换，可以以各馆公认的某一拍卖公司为平台，由拍卖公司为各馆提供的古籍复本进行估价，然后各馆进行等价交换。相信这个做法一定行得通，也会取得良好效果。

直至目前，我国还没有一部古籍保护法，我希望在新一轮的全面改革中，能够推出一部正确指导我国古籍保护事业的古籍保护法，使我们的图书馆古籍工作做到有法可依，依法进行，体现出自由、平等、公正、法治的社会主义价值观。我认为这也是推进国家治理体系和治理能力现代化的一个重要方面。

原载《山东图书馆学刊》2014 年第 6 期：第 1—4 页

《中国古籍名著经典版本鉴赏丛书》编纂出版设想

一、缘起

中国图书馆学会阅读推广委员会于2009年9月27日至28日在苏州召开了成立大会，其下设置了15个专业委员会，经典阅读推广委员会就是其中的一个。2010年4月8日至12日又在深圳召开了阅读推广委员会全体委员大会的第一次工作会议。在这次会议上，经典阅读推广委员会提交了2010年的工作计划和本委员会“十二五”期间的活动规划，提出了在“十二五”期间编纂《中国线装书精品鉴赏集成》和《中国少数民族原典鉴赏集成》两部大书的规划。在2010年7月22日至25日在银川召开的经典阅读推广委员会2010年年会上，出席会议的委员和代表们对《中国线装书精品鉴赏集成》一书的编纂问题进行了热烈的讨论。会后综合大家的意见，将编纂《中国线装书精品鉴赏集成》一书的规划修改为先编纂收书100种的《中国古籍名著经典版本鉴赏丛书》，然后在此基础上编纂完成《中国古籍名著经典版本鉴赏集成》一书。

二、编纂《中国古籍名著经典版本鉴赏丛书》的设想和宗旨

中国古籍是古人给我们留下的宝贵遗产，是中华文明最集中、最具体、最精确、最彻底的代表和体现。古籍名著脍炙人口，具有长久的生命力，滋养着一代代中国人的精神世界，并对世界文明的发展产生着巨大的影响。

但阅读古籍，不能忽略版本的因素。因为任何一部古籍都不是抽象存在的，它必然表现为一个具体的实物形态，人们才能感知它，认识它，这个具体的

实物形态就是版本。古籍的版本形态多种多样，从制作方法来看，有手工抄写的抄本、稿本，有用雕版印刷方法印刷的刻本，有用活字印刷方法印刷的活字本，还有用西方近代印刷术印刷的石印本、铅印本等；从制作年代来看，有宋本，有元本，有明本，有清本；从版印先后来看，有初刻初印本，有修版后印本，有递修后印本，有增修后印本。至于书的内容，不同版本之间，更是鲁鱼亥豕，千差万别，一言难尽！一种书的不同版本，价值也不相同，好的古籍版本，经常同时具有文物价值、文献价值、艺术价值，应该得到人们的珍惜爱护和认真研究。

古籍名著的阅读，更需与版本相结合！因为几乎每一种古籍名著，都有复杂的版本问题。版本的考究，是对古籍名著更高境界的把握和更深层次的探求。应该说，带有强烈版本意识的经典阅读，才是最正确的经典阅读。清末张之洞编撰了一部非常著名的推荐书目叫《书目答问》，就是在推荐古籍名著的同时也推荐好的版本。

为了强调版本的重要性，更是为了帮助读者树立版本意识，并进而掌握版本学的研究方法，我们将古籍名著鉴赏的重点放到了作为实物形态的版本上面，决定编纂一套《中国古籍名著经典版本鉴赏丛书》。计划遴选 100 部现藏于各公私藏书机构的中国古籍名著的经典版本，以每一个这样的版本作为鉴赏对象，写作一部 7 万字左右的图书，每书并伴有相应的书影、照片或插图。最终形成一套包含有 100 部图书的大型丛书。该套丛书的读者对象主要是大学生、藏书爱好者以及文献工作者，编纂宗旨是：在宣传推广中国经典图书的同时，也使读者受到中国古典文献学也就是目录学、版本学、校勘学的熏陶和教育，建立对中国古籍较为全面、客观的认识，学会科学、严谨的治学方法，提高自身的学术研究素养。

三、《中国古籍名著经典版本鉴赏丛书》的内容范围和体例

基于上述认识和目的，《中国古籍名著经典版本鉴赏丛书》要求所收的每一种书，内容应该是古籍名著，其鉴赏的主要对象则必须是这部古籍的一个经典版本。整套丛书在内容上尽可能兼顾各类，做到经、史、子、集四部和类书、

从书皆备；版本时代上则要求所收之书从宋、元、明、清到民国，每个朝代版本都有，而且要具有代表性；版本类型从刻本、活字本、抄稿本到石印本、铅印本都须讲到。

此套丛书要提供多种方法，教会读者如何认识一部古籍，要从哪些方面去揭示一部古籍。所以丛书中每一部书的写作，都应聚焦于某种古籍名著的某一个代表性版本上，描述该版本的内外书品面貌、流传经过，通过对这个具体版本的解读，阐明该名著的内容大意、著述宗旨、成书经过、作者情况，辨清其各种不同版本之间内容和形制上的差异，进而指出所鉴赏版本的地位和价值，围绕一个主要的版本鉴赏对象，对一部古籍名著进行一次从形式到内容的全景式扫描。

每部书的体例，都要求首先从对一个具体藏品的鉴赏开始，将一个版本的背景，进而是一种书的背景、一类古籍的背景，逐步展现在读者面前，从而加深其对所鉴赏版本的认识和了解。在全书的写作中，要求视野开阔，充分运用目录学、版本学、校勘学等各种文献学科的理论和方法，反映一书在古籍分类体系中的位置以及所在类目的源流演变，揭示一书的版本源流，辨析不同版本之间的文字差异，明确所鉴赏版本的地位和价值，努力使其写作具有方法论的意义。此外，还要努力做到文笔生动，深入浅出，像讲述国宝背后的故事一样，设置谜团，剥茧抽丝，层层深入，探明真相，让读者感到趣味盎然。

总之，是要编辑一套确实够“经典”的版本鉴赏丛书。每书版面文字大约 10 万字，并冠以彩图若干幅，书后应列参考文献和索引。书前有简短的丛书序言，书后有作者的后记。麻雀虽小，五脏俱全，要让这套丛书中的每一种都具有学术规范的作用。

每书作者在送交书稿的同时，还应该附加一篇约 5000 字的全书简写稿，以便在全部 100 种书出齐之后编纂出版《中国古籍名著经典版本鉴赏集成》一书。

四、出版规划和组织

《中国古籍名著经典版本鉴赏丛书》共含100种书，除统一的内容体例外，还要求有统一的装帧风格、统一的命名方式。全书分辑出版，每10种为1辑，共分10辑。每辑不要求内容的关联，基本上是根据写作的情况而定，够10种便出1辑。争取4年内也就是在2015年底之前出齐。

此套丛书的出版，规模较大，涉及作者众多，组稿和审稿任务艰巨，学术质量要求严格，必须组织一个切实有效的编委会和编辑班子。作为中国图书馆学会阅读推广委员会“十二五”规划出版系列图书，编委会成员应该在中国图书馆学会和下属的阅读推广委员会的领导或委员的范围内遴选，同时聘请业界的名家和权威担任顾问，要求编委会委员和顾问能够确实担负起相应的责任。我们还将联系国内外一大批有真才实学的学者、专家，建立起一个实力雄厚的作者队伍，催产出这100部别开生面、精彩纷呈的名著鉴赏之作！

原载《山东图书馆学刊》2011年第3期：第47—50页

中国传统纸张研究策略断想——从开化纸说开去[①]

2017年11月下旬，复旦大学中华保护研究院将要在浙江省开化县举办“开化纸制作工艺及开化纸本文献国际学术研讨会”。针对一种古纸召开这样一个高级别的国际研讨会，这是以往从未有过的，主办方复旦大学中华保护研究院的眼光和魄力令人钦佩，也令人振奋，让人们看到了中国传统纸张未来发展的希望，更促使笔者对古书用纸问题进行了一番认真的思考，并形成文字。现抛砖引玉，请各位方家指教。

开化纸在明清以来的古籍印刷用纸中很有一些名气，又因为其白色的纸上常常伴有一星半点微黄的晕点，如桃红，所以也叫“桃花纸”“开花纸”。民国时期著名藏书家陶湘因喜好并大量收藏用开化纸印刷的殿版书而得名“陶开化”，是人所共知的书林佳话。康熙内府刻本《御制避暑山庄诗》《御纂周易折中》《周易本义》《御选古文渊鉴》、雍正六年的《古今图书集成》，还有康熙间扬州诗局刻《全唐诗》等，都有所谓的开化纸印本，所以说开化纸是一种“贡纸”也不为过。用开化纸印刷的古籍今天仍有大量传世，而且大多保存状态良好，其纸张颜色的洁白雅致、质地的柔软坚韧，令人喜爱和赞叹。

但令人遗憾的是，开化纸具体的制作工艺后来无人知晓。近十年来，开化当地的黄宏健先生等人努力探索其制作材料及配伍，力图复原其制作工艺和纸张效果，目前也仅得其大概。2017年3月，复旦大学中华古籍保护研究院院长杨玉良

① 此文为作者2017年参加复旦大学中华保护研究院在浙江省开化县举办之“开化纸制作工艺及开化纸本文献国际学术研讨会”的参会论文。

院士亲自在开化县创办“开化纸研究实验室·杨玉良院士工作站”，为开化纸制作工艺的全面复原带来了希望。其更进一步的意义在于，这是国家一级的教学科研机构与民间和当地政府联手，对中国一项传统手工艺进行完整恢复的实验和研究，开创了一种新的模式，具有示范和引领作用。

造纸术是中国古代四大发明之一，中国传统纸张也历来为世人所关注。对于当今的印刷出版界、图书馆界、文物界来说，中国传统纸张更是一个非常现实的问题：新版线装书的印刷出版，古书修复，书画创作，金石拓片的拓印，都对中国传统纸张有着大量的需求。广东省编纂出版旷世巨作《广州大典》，虽然采用了价值昂贵的印钞纸印刷，但仍嫌其为期300年的纸张寿命太短，而在寻找寿命更长的手工抄造纸替代之，今后工艺复原并形成量产的开化纸成为其最大的期盼。现在一些颇有线装书情节的出版社，也在努力探寻着质量更优、产量更高的传统手工抄造纸而不得。现存中国古籍约五千万册，其中超过五分之一需要进行程度不等的修复，其修复用纸必须使用中国传统的手工抄造纸。

自宋代以来，古书用纸以竹纸为主，皮纸次之，麻纸数量更少，其他各种原材料混杂的地方土纸，所印之书一般价值不高，流传范围也不广。开化纸属于皮纸一类，材料来源有限，不如竹纸原料丰富产量大。今天看来，清代殿版书更多还是使用连史纸等竹料纸印刷。世人所认定的开化纸印本，基本上是用清代宫廷档案中所记载的连四纸所印，纸张白洁细润，绵薄柔韧，一般作为进呈御览之用，数量并不很大。至于当时各类文献上所记载的开化纸（包括小开化纸、大开化纸），究竟用来做何用场，还有待于进一步的考证。

按照古籍修复的原则，各种质地的古书应分别用相应质地的手工纸来修复。否则，纸质不同，会导致纸面发生褶皱和变形，影响修复质量。所以，原料来源相对较少的开化纸即使制作工艺能够完整复原，也不可能取代其他的手工抄造纸成为唯一的古籍修复用纸。但是，对开化纸的研究可以建立起一种模式，可以将这种模式扩大到对其他传统纸张的研究和生产中。即使是今后开化纸的生产，也可以不局限于开化县一地，其原材料还可以探索用其他类似的植物替代，甚至进行人工种植，成为现代社会的一个新品牌，在更大的范围推广。

受近来对开化纸的关注、实验、研究等一系列过程方式的启发，我们发现，在中国古籍用纸研究方面，要做的事情真的很多，今后的路还很漫长。现将笔者目前所能想到的胪列如下。

一、收集古今文献中的相关文字记载，编纂《中国传统纸张研究资料汇编》

古今文献中对古书用纸的描述有很多，这些描述涉及古书用纸的名称、外貌、材质、颜色、用途、产地、性能、优劣，等等，甚至详细描述造纸的工艺流程，是今天对古书用纸进行研究的基础。以开化纸为例，古今不乏对其各种记载。例如明代陆容（1436—1496）在其所撰《菽园杂记》卷十三中，就开始记载当时衢州常山、开化的造纸技术：

> 衢之常山、开化等县人以造纸为业。其造法：采楮皮蒸过，擘去粗质，糁石灰，浸渍三宿，蹂之使熟。去灰，又浸水七日，复蒸之。濯去泥沙。曝晒经旬，舂烂，水漂，入胡桃藤等药，以竹丝帘承之。俟其凝结，掀置白上，以火干之。白者，以砖板制为案桌状，圬以石灰而厝火其下也。

中国古今的文人笔记、书目题跋中涉及古纸的记述非常丰富，近现代关于中国传统手工纸的研究论文、调查报告、专著等各种文献资料也很多。建议搜集古今所有关于中国传统纸张的文字记载和研究资料，将其汇集起来，分类排比，编纂《中国传统纸张研究资料汇编》，既可以出版纸本书，也可以出版电子版、网络版，使之成为一个集大成的中国传统纸张研究资源库。

二、制订《中国传统纸张元数据标准》，规范古纸著录方法

古今文献中关于纸张的记述虽然丰富，但这些描述基本局限在肉眼观测的程度，所使用的词语也是五花八门，说法不一而足。现代的科学研究要求我们必须用规范、统一的专业术语去记录其相关事项，并建立起一套完整、细致的描述格式，以便真实准确地反映中国传统纸张的名称、产地、年代、应用、物理和化学特性等各方面情况。著录元素和子元素的内容可分为：纸张名称，产

地，原材料（竹、皮、麻、藤、稻、草等及其配比），纤维情况（纤维结构、纤维长度、纤维直径），帘纹宽窄，色度（纸张颜色），薄厚程度，透光度，纸面光滑程度，纸性（抗张指数、耐折指数等），酸碱度，纸龄估算（老化程度），纸寿估算，纸样图像（肉眼直观、显微镜微观），所印之典型古籍（书名、版本等）等。

编制《中国传统纸张元数据标准》是进行中国古纸研究的基础。这个《标准》将定义中国传统纸张的概念，解释相关的名词术语，胪列各种著录元素及子元素，规定每个元素的著录内容和方法，确立规范的著录用语。该标准如果编制得当并获国家权威机构通过，今后关于中国传统纸张的记录和描述，都应该参照或遵循这个《标准》而行。

三、编制《中国传统纸张鉴定实验手册》，规范中国传统纸张的鉴定实验方法

纸张的鉴定不能只停留在肉眼观测的水平，必须有一套科学的参数、方法和工具。例如纸张的酸碱度及其他化学成分及其比例，直接关系着纸张的寿命，因此就必须有一套专业的科学鉴定方法。又如对纸张原材料如竹、皮、麻、藤、稻、草等的测定，就要明确指出麻纸、皮纸、竹纸等在肉眼观测情况下的外观特征，在显微镜下呈现的不同景象。对于一张纸中不同原材料的配伍比例，也要指出鉴定和计算的方法。特别要加强对古籍纸张无损检测鉴定方法的研究，如红外光谱法等。所有这些鉴定实验内容，都要有统一、精确的规定。

除了规定鉴定实验的方法，还应该规定鉴定实验所使用的工具和材料用品，例如光学显微镜、扫描电子显微镜、纤维分析仪、各种实验试剂等。

对于每种鉴定实验的操作步骤和方法，《手册》中也应该有详细、明确的规定和示范，最好配有相应的图表乃至研究案例。

通过鉴定应该能够确定纸张的原材料构成，为古籍修复时选择合适的修复用纸提供指导。

开展鉴定工作时，应该努力缩小纸龄年份的测定范围，要不断完善古籍纸张老化程度无损检测的方法，为古籍版印年代的鉴定和修复方案的制订提供参考。

四、编制《中国传统纸张纸谱》，建设对社会开放的网络型数据库

目前的古籍保护工作主要在图书馆范围内进行，国家古籍保护中心也挂靠在国家图书馆下。在这种情况下，表面看来，对古籍用纸的著录似乎在古籍编目时进行最为可行，而且也应该鼓励编目员记录古籍的用纸情况，但事实上，由于古籍编目员对于古纸的知识一般来说了解有限，且缺乏相应的鉴定工具，加之古籍编目员每天要按照要求完成一定的工作量等，在古籍编目时，编目员不可能在古籍用纸方面下太多的功夫。此外由于著录事项和著录规则的限制，对于纸张的著录只能在附注项进行，而该项是自由行文，无章可依，势必导致编目员著录方法混乱、著录内容详简不一。所以，寄希望于古籍编目员在古籍编目时对纸张情况进行详细的著录，在目前条件下是很难实行的。

可行的办法是，编制具有档案和指南性质的《中国传统纸张纸谱》。对历代出现的中国传统纸张名称进行爬梳整理，进行分门别类的归纳总结，并大量采集传世手工纸纸样，利用现代先进技术手段对其进行鉴定，研究其原料成分、制作工艺、填料及染料成分等，准确定名，采用规范的著录元素和著录格式，著录纸张的质地、质感、质量、颜色、产地、出品年代、制作工艺等各方面情况，用彩色图像显示其外观形态和显微图像以及纤维微观形貌等科学分析检测结果，并尽可能多地著录相对应的现存图书文献，以资印证。

这项工作可以由一个机构发起，联系几个有条件的图书馆作为成员，建立一个网络型的著录系统，制订统一标准的著录格式，由各成员馆进行纸样的著录及图像的采集和上传，实物形态的纸谱则保留在各成员馆本地。发起机构指定专人负责此事，在一定期限内逐步建成《中国传统纸张纸谱》数据库，并在网上公开发布。其著录文献事项可以对外开放，用户注册登录后，可以在系统中添加使用相同纸质古籍的书目记录，丰富其著录文献，提高其参考价值。

国家图书馆善本修复室在 20 世纪六七十年代曾收集制作了各种古纸样本，北大图书馆从 20 世纪 70 年代至今也收集了一些古纸的样本，但还远远不够。这些古纸样本的来源主要是破损古籍修复时撤下的衬纸和附叶，随着古籍保护理念的改变，这些衬纸、附叶作为古籍的一部分，也不能轻易撤换，这样一来，今后古

纸纸样也不易得到。但实际上，各馆都有许多残破零散的古籍叶子，也可以将其搜集整理起来，助力古籍纸谱的编纂。

总之，《中国传统纸张纸谱》的编制，将对古纸的保存、利用和仿制有极大价值。现在的状况是仅凭纸样的外观就能识别出纸张名称、年代、材质、产地的老先生越来越少，如果不赶快抓紧做这项工作，今后即使保存有古纸样本，也会很难识别其纸张名称。这项工作越往后拖就越难以进行。

对于现当代采用中国传统工艺生产的各类纸张，也要搜集纸样，厘清种类，准确定名，采用与对传世古纸一样的方法，予以规范而细致的记录描述。

近年来，浙江图书馆古籍修复中心对 146 种现代修复纸张进行科学、规范的分类、编码，并标注纸张名称、厚度、PH 值、亮度、颜色、平面结构、纤维图等信息，配以纸张实物，编成《中国古籍修复纸谱》，并于 2017 年由国家图书馆出版社出版，成为一部对古籍修复、古籍拍卖收藏等领域人士来说，具有实物对照性质的工具书，这也是我国首次成系统、有规模地制作大型古籍纸谱工具书，值得嘉许和仿效。

五、制订《当代中国传统纸张制作标准》，规范今后手工纸的制作工艺

据了解，现在传统手工纸制作所使用的原材料、添加物、使用比例、制作工艺等，一般是根据文献记载和厂家研制的配方来进行。例如混料纸，需使用几种原材料合成抄制，其中每种原材料的含量、配方、工艺等，具体到各制造厂家都不尽相同。这就导致不同厂家制造的纸张虽然名称相同，但外观、规格、帘纹、纸质、薄厚、颜色却有很大差别，因此给古籍修复用纸的选用和采购造成各种困扰和不便。

从当今中国传统纸张使用者的角度来看，今后中国传统手工纸制造应该制定一个行业标准，统一各类纸张的名称、原材料及其配伍比例、制造工艺，使其产品规范、标准，质量稳定。

尤其是对著名古纸的仿制，应对现存古纸样进行物理和化学分析，得出科学准确的数据，以之为依据，同时参考以往文献记载的原材料配方、工艺进行，尽

可能地再现古纸的原貌，做到名副其实，始终如一。复原后的古纸，在不影响商业秘密的前提下，应公布其各项参数指标，以便使用者正确选用。

六、对全国传统手工造纸业进行普查登记，出版《中国传统纸业年鉴》，并将其发布上网

目前仍在进行中国传统手工抄造纸的生产的厂家为数不多，规模不大，且大多属于民企甚至私人小作坊，缺少有关方面的扶持，经营艰难。为了满足现实各种需要，传承中国传统工艺技术，延续民族文化，应该尽力保护其存在。相关科研机构应对现在仍保存有传统手工造纸的企业、作坊进行普查登记，全面记录其名称、生产规模（人数、设备、产量）、造纸种类、纸张特征、产品用途、发行方式、发行范围等。将上述资料整理建档，编纂出版《中国传统纸业年鉴》，并以数据库的形式在相关网站上发布，以后定期或不定期出版发布新的版本。这些信息对于相关出版社、图书馆、博物馆、教育机构都会有很大帮助。

七、建立中国传统纸张研究网站，打造最具权威的工作研究平台

中国传统纸张的研究，应该有自己专门的网络平台。应该在相关网站如复旦大学中华古籍保护研究院网站下，建立中国传统纸张研究子网站，全面展现相关的各种数据库，用文字、图表、图片、音视频等各种表现方式，全方位、多维度地反映中国传统纸张的品种、历史、应用、外貌、原材料、物理特性、化学特性、制作方法及流程、制作机构等所有方面。前述《中国传统纸张研究资料汇编》《中国传统纸张纸谱》《中国传统纸张鉴定实验手册》《当代中国传统纸张制作标准》《中国传统纸业年鉴》等研究成果均可在此网站上发布，供全社会使用。如此而言，该网站将成为最具权威的中国传统纸张研究资源库、研究平台、工作平台、发布平台，在全国乃至全世界产生深远而重大的影响。

八、加强对中国传统纸张的研究，促进传统造纸业的进步和发展

在进行上述各项基础研究工作的同时，还要加强对中国传统纸张的学术研究，例如：

• 对中国古代造纸术的发生发展历史进行全面深入的回顾和挖掘；

• 对中国传统纸张进行全面、系统、科学的分类和解析；

• 开展对域外各种传统造纸技术及其应用的比较研究，分析其与中国传统纸张的异同优劣；

• 研究当代环境条件下中国传统纸张制作工艺的改进之路，如何提高生产效率、提升产品质量、降低生产成本、减少环境污染，等等；

• 研究当代环境条件下中国传统纸张原材料采集方法的改进和人工培育的可行性方案；

• 研究中国传统造纸业的价值和发展前景，并在产地、品种、生产规模、发行渠道等方面进行全局性的规划，做到可持续发展。

九、结语

长期以来，中国传统造纸业基本采用手工制作的方法，生产规模相对较小，家庭作坊的性质较为浓厚，生产手段和使用工具都比较原始，对原材料的要求比较特殊，对环境也会有一定程度的污染，所以在社会化大生产的现代举步维艰，生存困难，需要政府和相关科研机构给予一定的扶持和指导。复旦大学中华古籍保护研究院能够将注意力放在中国传统纸张的研究方面，并与具有造纸传统的地方及个人携手合作，恢复优秀的传统造纸工艺，实属难能可贵，也是中国传统造纸业转型发展的一个良机。很多以往不敢想、无法做的事情，现在看到了转机，看到了希望。笔者借此机会提出一些粗浅的想法，也算是献计献策，如能有一二见用于复旦大学中华古籍保护研究院今后的科研规划中，则不胜荣幸之至。

原载《图书馆杂志》2019 年第 1 期：第 44—48 页

全球视野下的中国书史研究

——由何朝晖译《书史导论》所想到的

所谓中国书史，就是中国图书发生发展的历史。中国书起源于公元前 21 世纪开始的夏朝时期，可谓源远流长。在数千年的发展过程中，产生了数量庞大的图书，据最新出版的《中国古籍总目》估算，仅现存中国古籍（1911 年以前制作的具有古典装帧形式的图书）就有 20 万种左右。而围绕着图书所产生的各类文化现象，更是丰富多彩，令人炫目。中国书史内容的厚重、博大是无与伦比的。

但过去讲中国书史，基本局限在中国书籍制度史的范畴。纵向来讲，往往是从甲骨文开始，继之以青铜器铭文、竹木简策、帛书帛画，然后是造纸术的发明，印刷术的发明，等等。从横向的角度来讲，讲装帧形式，有卷轴装、经折装、蝴蝶装、包背装、线装、精装、平装等；讲制作方法，有手工抄写、雕版印刷、活字印刷、铅印、石印、胶印等；讲刻印年代，有宋本、元本、明本、清本等。在这种研究思路下的中国书史缺少对许多相关重要因素的关注，例如图书的创作、图书的传播、图书的使用，等等。在这方面，中国书史的研究有必要借鉴西方书史学的研究角度和思想内容。

西方书史学对我们一个很大的启示是，他们在对书的研究中大量引入了人的因素。以商务印书馆 2012 年最新出版的何朝晖教授翻译、英国戴维·芬克尔斯坦（David Finkelstein）、阿利斯泰尔·麦克利里（Alistair McCleery）著的《书史导论》（*An Introduction to Book History*）一书为例，我们不妨看一下这本书的目录：

第一章：书史理论

第二章：从口头到书面

第三章：印刷的诞生

第四章：作者、作者身份与权威

第五章：印刷商、书商、出版商、代理

第六章：读者与阅读

第七章：书籍的未来

这样一部比较典型地反映西方书史学架构体系的普及性读物，仅仅七章的篇幅中，关于人的论述就占了整整三章。从作者、出版商到读者，人的因素几乎贯穿了对书籍生产和传播过程研究的始终。为什么要研究印刷商、书商、出版商、代理人呢？书中的解释是“对珍稀罕见、令人着迷、不同寻常的图书制作过程背后的历史和人物的了解，常常与评估书籍的物质价值密不可分”。至于读者和阅读，这是西方书史最近几十年才开始重视起来的。作为图书的受众，读者对图书的选择、阅读的方法、阅读的能力，都成了书史学不可忽视的研究内容。作者清醒地认识到：“书籍史既研究个体的阅读情况，也利用范围更广的统计资料，以及书籍，来创造阅读的历史。”该书的最后一句话，更是精辟地指出了书史学的社会意义：“研究书史，就是研究我们的人性，研究支撑整个社会的知识搜集与传播的社会交流过程。”基于这样一种理念构建起来的书史学理论框架和研究方法，在我们看来真是别开生面。

何朝晖教授在为《书史导论》撰写的《译者前言》中，对西方书史学做了非常精辟的概括，他说：

> 西方书史学是半个多世纪以来西方学术界在突破传统文献研究藩篱的基础上兴起的一门交叉学科，它以书籍为中心，研究书籍创作、生产、流通、传播等书籍生命周期中的各个环节及其参与者，探讨书籍生产和传播形式的演变历史和规律，及其与所处社会文化环境之间的相互关系。它整合了关于书籍的各个方面的历史——编辑史、印刷史、出版史、发行史、藏书史、阅读史，将它们结合为一个有机的整体，成为一门对图书进行全面的历史研究的学科。由于图书内容与形式复杂的社会历史背景，于是，与图书有关的各种思想、政治、经济、社会、文化现象，都是书史的研究对象。所以书史研究，绝不仅仅是书

籍本身形制和内容的演化史，更是一部社会史、文化史、传播史。

这是我所知道的迄今为止中国学者对西方书史学最为全面深刻的理解和阐释。

近年来一些海外汉学家也开始热衷于中国书史的研究。与我们传统的研究思路和方法不同，他们从一种不同的视角和理念入手，开拓了中国书史研究的新领域，写出一种别具新意的中国书史。例如美国学者周绍明（Joseph P. McDermott）著、何朝晖翻译的《书籍的社会史——中华帝国晚期的书籍与士人文化》一书。周绍明在该书的中文版代序中这样说道：

> 书史学者在吸收目录文献学家们的精细研究成果的同时，致力于探讨关于我们人类共同经验的独特的核心问题，诸如这些书中所包含的人类知识是如何生产、传播和消费的，书籍如何催生了塑造我们今天生活的社会机构，书籍如何塑造和反映了思想的方式（相当于思想本身）。

这就将书史研究的内容上升和扩大到书文化史的范畴，甚至包括了图书对社会各方面乃至思想的影响。比如，周绍明提出，中国书史有一些现象很值得研究，那就是在中国，雕版印刷术长期占据出版技术的主流地位，与中国的文字和社会生活一直呈现出非常和谐的状态，这是为什么？这样的问题，我们的书史研究和教学不会提出，甚至根本就不会发现！因为我们只需将雕版印刷的来龙去脉介绍清楚就行了，以为这就是书史研究的任务，绝不会进而去探究其文化学层面的问题。回顾我们过去的书史研究，更为注重的是图书的物质形式和生产技术，对图书的文化意义和图书背后的社会史的研究则无所措意。反映到教学上，我们传授给学生的只是知识，而不是文化；学生只需要接受，而不需要思考。

了解一下西方的书史学，我们就会意识到，中国书史绝不仅限于书籍制度史，它应该有更丰富的内容和更深刻的内涵，更应该是中国图书文化史。图书与社会、思想、文化、政治、经济等周围环境的关系，图书所产生的社会影响，以及这种影响在图书中的反映，都应该是中国书史研究的内容。如果从这种视角来研究中国书史，我们马上可以发现许多重大的课题和有益的启示。

例如，中国古代图书通行以经史子集四部分类，明显缺少自然科学方面图书的地位：人文社会科学和自然科学发展的不平衡，非常明显地体现在中国书的分类体系上，反映着中国书的特质。

又如，卷帙浩繁的佛经，大多来自印度，而译自中土，说明古代中国人并不排斥外来文化，反而是善于学习和消化外来文化，中华文化从来就不是封闭的。

中国古代图书的装帧形式经历了卷轴装、经折装、蝴蝶装、包背装、线装等各种形式，考察今天的中国图书，我们惊讶地发现，所有这些中国古代的图书装帧形式，都不同程度地保留在了现代中国书的面貌上。这就给了我们一个启示，凡是历史上曾经有过的好的东西，都不会在后世完全消失和灭绝，只不过是在不同时期占据的地位和比例有所变化而已。有了这样的认识观，我们就会坦然面对当代新技术的出现，既能大胆接受新事物，也能同时注意保留原来好的东西或是好的一面，不会出现惊慌失措、妄自菲薄、全盘否定、一概拒绝等各种极端态度。

以往的中国书史研究，往往将现时疆域的中国作为一个整体，来考察中国书的演进发展。但即使在中国的范围内，这种不分行政区划和政权区划的研究方法也是不严谨的。例如我们常讲浙本、闽本、蜀本，那么浙江、福建、四川三地的地理环境各有什么特点？三地的人文气息有什么同与不同？受此影响，三地的书文化分别呈现什么样的风格和特色？只有注意到地域环境的独特性，才能正确认识那里的书文化所呈现的不同面貌。

不同的政权性质也决定其所统治区域的书文化的发展状况。比如宋代，北宋时有宋、辽、西夏的分立，南宋时有宋、金、西夏的分立，各个政权文化政策各不相同，其统治地区的文化发展也不平衡，图书事业的发展状况也有很大差异，而且各有特点，应该进行比较研究。又如我们常说的中华文化圈：中国、朝鲜、日本、越南等，在书文化的演变发展中，既相互作用，又独具特色，各有所长，这些情况也是研究中国书史所不能不关注的。朝鲜的铜活字印刷，日本对中国许多重要古籍的保存之功和近代的汉籍回流，都是中国书史上不可不书的内容。

长期以来，中国书史的研究者缺乏对中国以外世界的关注，缺乏对于同时期世界其他地区书籍演进情况的了解，没有能够用世界的眼光看待中国图书的发展。中国书史常常是被作为孤立的现象来对待，基本上是在一个封闭的格局中进行狭隘的研究。这就导致即使是接受过中国书史教育的学习者，往往也不知道同时期世界上其他地区图书发展的情况，无从比较中国图书事业所处的地位和发展水平。表面上，该讲的都已讲到了，但因为没有参照物，所以对各个时期中国图书的发展水平并没有真正的认识。

其实，欧美的书史学界也在犯着同样的错误，长期以来，他们的研究视野基本上也是局限在西方世界的认识范围内，在他们建立的书史研究框架里，几乎没有西方以外的各种书文化的位置。对于中国书的历史，他们知道得很少，即使偶尔提到，也只是当作一个几乎与世隔绝的部分来说上几句。1925 年由美国哥伦比亚大学出版社出版的美国人卡特（T. F. Cater）著《中国印刷术的发明及其西传》（*The Intervention of Printing in China and Its Spread Westward*，有商务印书馆 1925 年版中译本）稍稍改变了西方书史学界的一些认识，英国人李约瑟主编的《中国科学技术史》中由钱存训先生执笔的《纸和印刷》（*Paper and Printing*，英国剑桥大学出版社 1985 年出版，有科学出版社与上海古籍出版社 1990 年合作出版的中译本），才第一次为西方世界系统地讲述了中国书的演进过程，做了一次中国书史的普及宣传。即使到现在，西方学者对于中国书史常识的无知，也是非常普遍，甚至是非常严重的。就拿前述何朝晖博士翻译的《书史导论》一书来说，原书作者在专门为该书中文版所作的序中竟然说："到公元 150 年，纸张的使用和制造已经传到土耳其斯坦"，不知依据为何？谈到墨的起源，又说："最初中国人用它来拓印刻在石头上的文字，后加以完善而成。"谁都知道拓印是造纸术发明以后的事情，而墨在造纸术发明之前很早就在使用了，否则，几千年前的竹木简上的文字是用什么写上去的呢？

何朝晖教授在为《书史导论》所撰的《译者前言》中指出：

> 一个真正完备的书史理论体系，应该能够反映世界上各种优秀的书文化成果。中国、印度、埃及、伊斯兰世界、印第安文明中的玛雅文化都有着悠久灿烂的书文化……中国书史能够为世界范围书史学科理论、方法的构建提供许多新的资源。任何不能反映中国书史丰富而有典型意义的历史实践的书史理论体系都是不完整的。作为一个有着悠久灿烂图书历史的书文化大国，

中国理应在国际书史学界发出自己的声音，取得应有的话语权，并在借鉴西方书史研究成果的基础上，建立符合自身书文化特点的学说和理论体系。

何教授的这段话，指出了中国书史在世界书史研究中的重要地位，也指出了今后中国书史研究的努力方向。在此思想指导下的中国书史研究，是超越前人并具有全球视野的研究。所谓“全球视野”，可以包括以下三层含义：

第一层含义是认识的角度和方法，也就是将中国书的演进发展过程放在全世界的大背景下予以考察，随时随地与同时期世界上其他国家、地区的图书发展情况相比较，从而对各个历史时期中国图书的状况和影响有准确的定位和认识。此种认识方法也适用于中国内部不同割据政权和不同地区的书史研究。

第二层含义就是要注意历史上世界各国各地区书文化的传播和交流。埃及的象形文字和纸莎草纸，巴比伦的楔形文字与泥版书，小亚细亚的羊皮纸书，等等，都对西方书文化的起源产生了重大的影响。发明于中国的造纸术西传到阿拉伯地区和欧洲，对西方文明的发展产生了巨大的作用。中国发明的雕版印刷术和活字印刷术，对于西方印刷术的发明和普及，无疑也曾产生过重要的影响。西方的铅字印刷、石版印刷、铜版印刷、胶版印刷，同样也影响中国近现代社会甚巨。世界从来就是相通的，文化也必然是相互影响的，作为地域广大的中国来说更是如此。书史研究者对于这一点必须有深刻的意识，不能脱离世界的背景孤立地看待中国书的历史。

全球视野的第三层含义，就是及时吸取国际上对书史研究范围、方法的最新认识，日益丰富书史研究的内涵，把握书史研究的思想脉络和认知体系，发掘书史研究的社会意义和积极作用，建立新型的中国书史学理论框架和研究方法。

这就要求我们在进行中国书史研究的同时，还要将目光放到中国以外的地方；同时，我们看待和认识问题的角度也要有一个大的变化，也就是站的地位要更高，看的范围要更广。这在过去很难做到，但在现在却是必须要做到的。因为我们当前面临的已经是一个全球化了的世界。

一旦我们的眼界放宽，我们就会发现，中国书史有太多的内容需要我们去研究，它的前景是如此广阔，它的意义是如此重大。在全球的视野下，我们会为自己国家民族过去的辉煌成绩感到骄傲，同时也会为我们的每一项发明创造准确定位，不夸大，也不贬低；在全球的视野下，我们会更清楚地知道中国书史应该研究什么，怎样研究，为什么研究。在全球的视野下，中国书史的研究者将更加注意与国际同行的交流与合作，更加关注外部世界的变化和进步；中国灿烂悠久的书文化也将会更多、更普遍地传播到世界各地，影响世界，造福人类！

参考文献

[1][英]戴维·芬克尔斯坦，阿利斯泰尔·麦克利里著；何朝晖译《书史导论》，北京：商务印书馆，2012年。

[2][美]周绍明（Joseph P. McDermott）著；何朝晖译《书籍的社会史——中华帝国晚期的书籍与士人文化》，北京：北京大学出版社，2009年。

[3]卡特著；胡志伟译《中国印刷术的发明及其西传》，上海：商务印书馆，1925年。

[4]张秀民著，韩琦增订《中国印刷史（插图珍藏增订版）》，杭州：浙江古籍出版社，2006年。

[5]钱存训著，刘祖慰译《中国科学技术史》第五卷《化学及相关技术》第一分册《纸和印刷》. 北京：科学出版社，上海：上海古籍出版社，1990年。

[6]肖东发《中国图书出版印刷史论》，北京：北京大学出版社，2001年。

[7]郑如斯，肖东发《中国书史》，北京：北京图书馆出版社，1987年。

原载《山东图书馆学刊》2013年第4期：第109—111页

回归传统，呼唤深阅读

——在中国图书馆学会2009年会阅读分会场的发言

过去很长一段时间里，人们所讲的“阅读”基本上指的是阅读方法，讲的是技巧，求的是效率，相较而言，这只是一种“小阅读”。现在中国图书馆学会下面成立了阅读推广委员会，推广的是“大阅读”，是人类的一种普遍行为方式，而不是仅仅推广一些阅读方法。我这里要讲的“阅读”，就是这样一种“大阅读”。

传统的阅读载体材料，中国经历了甲骨、青铜器、石头、简策、缣帛、纸张等各种形式，国外则经历了纸莎草纸、泥版、羊皮纸、贝多罗树叶和植物纤维纸等形式。到近代，植物纤维纸成为全世界通用的阅读材料载体。对纸本书的阅读，我们现在称之为传统阅读。与之相对的，是网络阅读。

一、先谈谈网络阅读

计算机及其网络的飞速发展使得电脑在我们这个时代，似乎无处不在，无所不能。人们利用计算机网络工作、学习和娱乐。电脑就是一切，成了人们须臾不可离开的东西。阅读，这样一种人类独有的行为方式，当然更是首当其冲地被注入了计算机网络的因素。人们的阅读方式有了多种多样的选择。

那么，人们在网络上都看些什么?

新闻、博客、小说、图片、播客、录像、电影，多媒体、流媒体等信息技术使得在资讯的汪洋中嬉戏冲浪比挑灯夜读更具愉悦。现在的许多年轻人认为：“阅读”未必就要“读书”，网上有那么多Flash、视频和音频，任何时间其实“我”都在阅读，抱着一沓纸正襟危坐太枯燥了。由此看来，阅读的含义实际上已经发生了变化。

我并不反对网络阅读，事实上我每天在网络上阅读的时间也不少，但我仍然喜欢传统阅读，主张回归传统阅读。

• 网络的局限性

1. 网络不能解决一切问题。有人认为，现在网络上什么都有，即使完全抛开书本也没有什么不可以的。

首先我们要问，网络上真的是应有尽有吗？不是的。我们到书店里看一下就可以明白，新出版的书，人们迫切需要的书，真正有学术价值的书，网络上常常是没有的。这里有知识产权保护的问题，有时效的问题。你真正需要的书，有大量并不在网上。

读书要讲求版本，一部书的各种不同版本，传统经典的各种注解本，网络上常常是没有的。即使是经典图书，网络上也是最一般化、大众化、通俗化的版本。

可见网络上的资源是有限的，并不能囊括一切。

2. 服务对象的局限

老年人学习和操作电脑有困难，而少年儿童，其家长出于对黄、毒等因素的担心，一般也不允许其不加限制地上网浏览。

偏远贫困地区，计算机和网络的普及程度有限，也限制了网络阅读的普及。

3. 成本问题：上网费用高，实际并不划算。

• 网络阅读的弊病——容易导致浅阅读化

浅阅读就是阅读不需要思考而采取跳跃式的阅读方法，所谓囫囵吞枣、一目十行、不求甚解，它所追求的是短暂的视觉快感和心理的怡悦。浅阅读能够消费最大的信息量：交叉阅读，随意点击更多的链接，充分享受着阅读的光滑感和跳跃感，浅尝辄止，迅速接收，同时不断抛弃、更新，乃至遗忘。

有人认为纸本阅读是深阅读，网络阅读是浅阅读。这种说法有一定道理，但并不绝对。纸本阅读也有深阅读和浅阅读之分。浏览消遣性刊物、阅读报纸基本上都是浅阅读。网络阅读也可以是深阅读，许多中外经典名著也可以在网上轻松找到。我的一个朋友的孩子就是在网上坚持将但丁的《神曲》全部读完了。但是这样有毅力的年轻人是不多见的。网络阅读由于其方便、大量的链接，阅读中，很容易被网络支配而渐渐地迷失自我，最后不知道自己阅读到哪里去了，所以网络阅读更多的是浅阅读。

现代年轻人的阅读量其实并不小，上网浏览，阅读手机，阅读报刊，但人们却在担忧，认为现在的年轻人不爱读书。这种担忧有没有道理呢？我看还是有的。因为这些阅读基本上都是浅阅读。浅阅读的好处是能在短时间内获取大量信息，能在一种轻松愉悦的状态下度过一段时光；缺点是对于所看的东西记忆不深刻，看到的东西缺乏逻辑上的联系，不能进行知识的整合，涣散人的精神，容易导致不良的阅读习惯，甚至造成不良的学风。选择太多了，就无法选择了。

现在人们比以往任何时候都更了解外部世界，但其安全感却并没有增加，反而越来越感到自己置身于一种从未有过的不确定性之中。这就导致现代人的通病：什么都知道，什么都知之不深；只知道获取周围人的认同，却很难出类拔萃。网络助长了现代人类的浮躁和浅薄，某种程度上甚至可以说，网络使我们变愚蠢了。

二、再谈谈纸本阅读

我认为，最有价值的读物是纸本书。你欣赏一个人，是从她（他）的衣着、化妆、打扮、言谈、举止、气质、品行等各个方面进行全面观察，而不是仅仅看他的身体。纸本书的阅读约略相似，将书捧在手里，欣赏它的封面设计的美观独特、装帧的别致精巧，感受纸张的舒卷柔润，呼吸着墨的芳香，那也是一种精神的享受。藏书界有一类人叫毛边党，特别喜欢收藏毛边本图书，这就是对图书外观的一种美学欣赏。

而网络阅读相当于剥去了人的外衣和一切装扮，直接看到他的裸体，是一种失去美感的阅读。

纸本书的其他好处：

实体性——可以满足人的占有欲，也可以鲜明地展示其存在。

随意性——可以随时随地采用各种姿势阅读，不依赖机器，不依赖电源。

艺术性——一本书相当于一件艺术品，可以从装帧设计、用纸用墨、版式字体等方面进行欣赏和评价。

长久性——可以保存收藏、传后继承。

一个家庭，有藏书，就有品味。为什么？因为第一，它是一种展示，显示了主人的修养、爱好和兴趣取向；第二，收藏这些图书的过程，同时也是一个阅读和挑选的过程。它需要一定的时间，花费一定的金钱，投入一定的精力，是一个人的精神修养过程。

图书馆也一样，一个书架充盈、藏书丰富，让人徜徉其间、尽情选择的图书馆，和一个电子资源应有尽有、但四壁空空荡荡的图书馆，哪一个更能愉悦人心、给人以美感？哪一个更能吸引民众、更有文化气息呢？

三、人为什么要读书？

阅读的功能：学习生存技能，充实精神世界，进行娱乐消遣，增进交际能力。

读书是学习和消遣的一种重要方式，人类的知识和智慧的相当一部分保存在书本中，阅读是人们学习生存技能的一种方式，也是人们消遣娱乐的一种重要方式。随着人类社会的发展和成熟，人们越来越需要通过书本来学习知识和获取生存技能；但娱乐方式的日渐丰富导致阅读的功利性增强，而消遣性减退。有人据此认为建设书香社会的梦想已经破灭。可见，专家们担心的不是对纸本书功利性阅读的丧失，因为那是必需的，为了获取生存技能，人们是不择手段的。专家们担心的是对纸本书消遣性阅读的丧失。

其实，功利性阅读和消遣性阅读也并非是对立的。我现在床头经常放着与我的工作和专业有关系的图书，睡觉前翻上几页，同样也很有意思，既是消遣，也是学习。对于一个学习小提琴的小学生来说，每天拉小提琴是学习，是功课；但对于爱因斯坦来说，每天拉一段小提琴，那就是休息和放松，是一种消遣。所以，经典图书的阅读也可以是消遣。

消遣性的阅读是否就没有用了呢？我不这么认为。小孩子从出生到二三岁，基本上都是游玩，但同时就学会了说话。消遣性的阅读必然也是一个学习的过程。我在小学阶段，就看完了《水浒》《三国》《西游》和《东周列国志》，这些都是经典，没有人逼着我读，我是作为消遣把它们读完了，结果受益终身。看似消遣，但同时也产生了用处。这就是无用之用。

我主张，不但要多读书，还要读经典书；要读有用书，不读无用书。

经典图书是经过多少年披沙拣金提炼出来的图书，一个民族的经典图书是融入这个民族每一分子的骨髓的东西。哪个中国人不知道曹操、李逵、林黛玉、孙悟空呢？一个中国人没有看过中国的古典小说中的四大名著，那他就不配被称为一个读书人。对于外国图书，要阅读世界名著，因为世界名著是全人类的共同话题，是不同国家、不同民族相互沟通的桥梁。过去知识男女谈恋爱的时候，最多的话题就是世界名著，既是共同感兴趣的话题，也是考察对方学识才能的手段，既高雅，又实用。对于当代新出版的图书，要读畅销书，因为畅销书的读者多，是众人关注的对象。现在朋友们聚在一起，谈起某本畅销书，如果你对其一无所知，那你就会感到很尴尬。

阅读是一种主动的行为，是一种选择。在现代喧嚣的环境中，传统阅读更是一种选择。

阅读是一种境界，读书是一种美。手捧书卷在阅读，是一种很美的图景。宋庆龄女士留下了很多照片，我感觉其中最美的一幅，就是她年轻时全神贯注正在读书的情景。

让阅读成为一种生活习惯吧！阅读应该是一个人一生中一个重要的生活内容！

四、提倡深阅读

在网络阅读流行的今天，我主张回归传统阅读。中国古代几乎没有报纸和期刊，所以我说的传统阅读，其实指的就是阅读图书，也就是进行深阅读。我在很多年前就提出“多读书，精读刊，快读报”的口号。阅读要有深度，要系统，要边读边思考。过去人说“不动笔墨不看书”就是主张深阅读。

一般说来，读书属于深阅读，是最应该提倡的。传统的捧书阅读可以让人静下心来全身心地投入阅读中。这一过程，不仅可以帮助读书人完成知识的积累，还可以帮助读书人细细体味从行文架构到作者思维方式等方方面面，这是网络上的“拉栏式”阅读所无法达到的。

读书是长时间注意力集中于一个主题，同时往往还伴随着思考，可以凝聚精神，既可以加强记忆，也有助于身体健康。而浏览消遣性刊物固然可以使人身心放松，但是随看随忘，精神不能集中，不能加强人的记忆力和思考能力。读了一辈子报纸，不会读成一个学者。看了几十年的《读者》，也不一定能成为散文作家。而整本书、整本书读下来的感觉和收获，绝不是在网络上、报刊上泛泛浏览的效果可以比拟的。

对于刊物上的文章，最好不要一口气看完，每一次重点看几篇文章，最好是同一主题的，看过后，想一想，回味一下，等于在电脑上执行了一个“保存”的操作，同样也能达到深阅读的效果。

北大名师金开诚先生当初指导北大学海社的社员们时，曾一再强调说：“看为基础，想为主导，落实到写。”首先要看，这是前提；但不是盲目地看，要根据需要去看，用思想去支配阅读行为，并要边看边想，边想边看；最后还要写些东西出来。为什么要写？因为不写，你的思路就不容易理顺；不写，你的文采就不会焕发；不写，你的思想火花就会稍瞬即逝。

养成了深阅读的习惯，你就会比别人走得更靠前，走得更远，更接近成功。所以在目前浅阅读成为时尚的阅读氛围中，有必要提倡深阅读。因为深阅读的效果类似电脑操作系统的不断升级和完善，浅阅读如同电脑上随意拷贝的一些文件，随时可以删去而不影响电脑的任何功能。浅阅读只能保证你不至于落伍，不被人耻笑，但深阅读能够使你超出常人，出类拔萃，获得成功。于丹的《于丹〈论语〉心得》，易中天的《品三国》，当年明月的《明朝那些事儿》都是这些作者深阅读的结果，他们将自己读一本书的感受、心得和认知写出来，推广给大众，就引领了大众对这些作品的感受、心得和认知。个别人不认同他们的感受、心得和认知，但没有写出类似的作品，也就只能引起争论，而不能作根本的改变。所以，这也是一个容易成功的时代，因为流行于大众的浅阅读方式使人们很容易盲从，深阅读的引领作用就变得更加重要。

总之，我认为理想的阅读应该是：

1. 浅阅读与深阅读相结合。

2. 掘进式阅读。不断挖掘，不断深入，不断拓展，不要一辈子都在一个平面上徘徊。

3. 每次阅读的主题要相对专一，不能在阅读中迷失自己。通过阅读，达到神凝的效果，而不是神散的后果。

4. 通过阅读，达到对相关主题认识的升华，而不是仅仅能够达到从众的效果。真正的阅读不是获得信息，而是对内容的感受。

5. 让阅读帮助实现自己的人生理想，让阅读充实自己的一生。

传统阅读可以很好地实现上述目标，所以我推崇传统阅读。

但是，这并不意味着我是要人们抛弃电脑和网络。恰恰相反，现在的人们是太多地进行着网络阅读。我主张阅读纸本书要和网络阅读有分工，在阅读纸本书的同时，也要充分利用网络查询所需要的各种资料，因为这样做可以极大地提高我们的学习和工作效率。

要想有所为，就必须有所不为。我只是在主张，不要形成对电脑的依赖，不要使网络成为我们获取知识信息的唯一来源。每天，我们应该留出一些时间，关掉电脑，捧起书本，读一些我们应该读的书，想一些我们应该想的事，不要让我们迷失在网络的海洋里。

原载《中国文化报》，2009 年 11 月 15 日第 4 版

后　记

2009年，我的第一本个人文集《燕北书城困学集》在岳麓书社出版。整整十年之后，我的第二本个人文集《惜古拂尘录》又要在国家图书馆出版社出版了。“惜古拂尘”，正是我这十年工作状态的写照。

过去的这十年，是我在北大图书馆从事馆藏未编书编目工作最繁忙的十年，也是我作为古籍编目总校对古籍编目工作思考最多的一段时期。这其实很正常，见得多，自然收获多，也就会想得多。本书中所收的《古籍版本鉴别和著录中的内封、牌记依据问题》《活字本鉴别与著录的几个问题及思考》《图书馆古籍编目中广州刻书的版本著录问题》等文章，就是这种实践与思考的结果。几篇文章都不短，但列出的参考文献很少，因为所讲的都是自己在编目中遇见的古籍和发现的问题，没有其他文献可参考。“原创性”是古籍编目工作的一个重要特点。在如今的互联网时代，“百度”一下，“谷歌”一下，似乎所有的问题都可以解决了，但古籍编目偏偏不行，我们发现的大量问题在互联网上都找不到答案，这就让我意识到，互联网远远没有穷尽人类的知识，古籍这座宝库中仍有大量的资料没有被世人所认知，学问上的任何自满或骄傲都是无知的表现。

对于一个图书馆员来说，“书、人、事”永远是一个无尽的话题。我们在古籍编目中，时时要碰到人的问题。作者不论，书中内容不讲，仅仅是古籍上那些精美的藏章印记，背后就常常有着一个个动人的故事，引诱着你去发现、去探索。例如本书中的《北京大学图书馆新发现的三部王重民先生原藏线装书》《北京大学图书馆古籍收藏中的饶毓泰赠书》《北京大学图书馆张芝联文库中的线装书》等文章，就是这种探索的结果。一篇《北京大学图书馆古籍收藏中的饶毓泰赠书》，我的写作时间长达三四年，最后虽然发表，其实还没写完，之后又发生了许多事，发现了许多事，让人吃惊，让人感动。《北京大学图书馆新发现的三部王重民先生原藏线装书》一文，写了似乎不相关联的三本书，但这三本书背后的历史恰恰是王重民先生人生的几个关键点，凸显了王先生的人格魅力。我写完这篇文章，感觉代替王先生对他的几段重要人生经历做了一个交代。“文章千古事，得失寸心知”，每一篇文章，都应该是一次出发，是一次探索，都应该有新的发现。事实上，每当我完成了我的一次探索时，我经常会被自己的发现所感动，甚至为之泣下：真实的历史，才是最可歌可泣的。

在全中国乃至全世界，毕生做古籍保护工作的人还真的不多；能从事这项工作，是一种机缘，也是一种幸运。所以一旦投身于此，就应该有一种历史使命感、一种历史责任感。作为一个古籍保护工作者，一方面要想着怎么将古籍保存好，一方面还要想着怎么为古籍的读者服务好。因为古籍保护工作的目的除了延续古籍生命外，还有很重要的一点就是传承古籍的内容，服务于全社会。《“高校古文献资源库”的建设与发展》《试论图书馆对其所藏古籍的权利和义务》这两篇文章代表了我的心态，即：千方百计揭示古籍，让读者更全面地认识古籍，更方便地利用古籍。任何打着保护古籍的幌子将馆藏秘而不宣的做法本质上都是自私的，都是与古籍保护的目的背道而驰的。

我有幸被北大图书馆多次派出到海外，先后为美国哈佛大学哈佛燕京图书馆、华盛顿大学图书馆、加拿大不列颠哥伦比亚大学图书馆整理中国古籍，也亲身感受了国外图书馆的工作方式、服务理念和服务方法。在当今世界，关起门来孤芳自赏的做法是行不通的。古籍保护事业的建设和发展也必须具有国际视野，要学习国际上的先进做法，加强国际交流与合作，我们的工作才能不断改进，我们的学术才能不断进步。在新的视野和眼光下，传统的学问也会焕发出新的生机，呈现出强大的生命力。我的《全球视野下的中国书史研究——由何朝晖译〈书史导论〉所想到的》《中国传统纸张研究策略断想——从开化纸说开去》等文章就是在这种思想驱动下撰写的，看似完全不同的两篇文章，其实背后有相同的思想背景。

2018 年 3 月，我作为引进人才，调到天津师范大学创建古籍保护研究院，工作重点转移到为国家培养古籍保护事业的接班人，以避免出现古籍保护特别是古籍编目人才断档的危险。天津师范大学的领导有远见、有魄力，能够把握住时代赋予的机遇，在古籍保护教育方面加大投入，也给我提供了一个更好实现自己人生抱负的平台。这是我人生的又一次重大抉择，离开自己学习工作了大半辈子的北大，这个决心真的很不容易下，心情的矛盾、犹豫甚至痛苦也是可想而知的。

从 1980 年考入北大图书馆学系开始到这次调离北大，我在北大一共度过了三十八个年头。如果从 1999 年初从北大信息管理系调到北大图书馆古籍部算起，我在北大图书馆也恰好工作了二十个年头。我和北大、和北大图书馆的渊源不可谓不深。我的两篇文章《在古籍编目中发现京师大学堂藏书楼的源头》《京师大学堂第一座藏书楼原址小考》不仅将北大图书馆的建馆年代从 1902 年上推到 1898 年，而且还考定北大图书馆的第一个馆址就是原和硕和嘉公主府的公主寝殿，为北大图书馆找到了自己最早的家。我个人也一直将北大、将北大图书馆当成自己的家。

感谢培养和锻炼我的北大信息管理系和北大图书馆。对于这两个单位，我都充满了“娘家”的感情，充满了深深的眷恋之情。

感谢北大图书馆的戴龙基和朱强两位老馆长。正是在他们二位的先后领导下，我不断增长了见识，学到了各种新知识，增强了工作能力，逐步走向成熟。

感谢我在北大图书馆的同事们。他们如同我的家人，伴随着我度过我人生最重要的一段时期，让我感到温馨，感到充实，让我每天享受着工作的情趣和人生的快乐。

感谢我的妻子肖珑。无论是家庭生活还是单位工作，她都给予了我诸多的帮助和鼓励，让我的人生更加幸福圆满。

感谢我的女儿姚心璐。从 2009 年她开始上大学到如今成为一个年轻的资深记者，她依靠自己的力量走到今天，成为我人生的自豪和骄傲。

感谢我的父母和岳父母。他们尽可能地帮助了我和我的家庭，并很好地照顾了自己，这是对我事业的最大支持。祝愿他们健康长寿！

感谢沈津先生和韦力先生。他们都是誉满学林的大家，在百忙之中能慨然允诺为我的这本书作序，令我感动。韦力先生近五千字的序写在 2018 年的大年初一，可见其勤奋之状，也足见其重视之态。沈津先生的序写在 2018 年 8 月 8 日，选了这样一个特殊的日子，蕴含着沈先生对我这个晚生后辈的殷殷期望之情。

感谢此书的责任编辑邓咏秋女士。蒙她不弃，慨然允诺为我出版此书，并对书稿做了极其认真的审校，提出了各种好建议，让我回过头来认真审视自己当年的作品，从而获得新的收获。

往事已矣，前路漫漫，重任在肩，再次出发，能无感慨！在新的征程上，我只有勉力前行。

姚伯岳

2019 年 2 月 9 日于学岱斋